코로나 3년의 진실

THE TRUTH ABOUT COVID-19

THE TRUTH
ABOUT
COVID-19

◆

록다운에서 백신까지
코로나19 팩트체크

◆

코로나
3년의 진실

조지프 머콜라·로니 커민스 지음

이원기 옮김

에디터
editor

불의에 저항하고, 이상향을 꿈꾸며,
지구를 되살릴 비전을 가진 사람들에게
이 책을 바칩니다.

최고의 '코로나19 백서'로
꼽을 만한 책!

3년이 다 되어가도록 전 세계를 지배했던 코로나 광풍이 아침 안개처럼 사라져가는 분위기다. 의아한 것은 확진자와 사망자가 가장 많이 쏟아져 나오는 시점에 방역 규제들은 하나둘씩 해제되기 시작했다는 점이다. 누가 봐도 이해할 수 없는 방역 정책들이 반복되는 이유는 모든 지침이 하나의 컨트롤 타워에서 내려오기 때문이다. 이러한 막대한 힘과 권위를 가진 이들 혹은 단체는 누구인가?

코로나19 팬데믹이 처음부터 기획되었다면 이는 반인륜적 범죄에 해당한다. 하지만 신종 전염병에 대응하는 WHO와 각국 보건 당국의 미숙한 과잉 대응이 불러온 인재라면 이는 무능함이다.

어떤 경우가 되었든 엄중하게 책임을 물어야 할 사안이다. 전염병이라고 하는 불가항력을 전면에 내세워 공포를 부추기면서 전 세계인들은 통제당해야만 했다. 서민들의 삶은 무너졌고, 자유는 빼앗겼으며, 인간의 존엄성은 훼손되었다. 고의든, 실수든, 직무 태만이든, 아무도 책임지는 사람 없이 그렇게 이 사태가 끝나가고 있다.

이런 반인륜적 참사가 다시 반복되지 말라는 법이 있을까? 반드시 반복된다. 대중들이 깨어 있지 않는 한.

언론을 통해 공포를 송출하기만 하면 아무런 의심 없이 이에 반응하는 대중들이라면 제2의 코로나 사태는 얼마든지 반복될 수 있다. 아니, 코로나19 자체가 이미 처음이 아닌, 수차례 반복된 이벤트였지만 대부분의 사람들이 이를 모를 뿐이다. 지난 2009년 신종 플루 당시, 유럽과 미국은 소규모 코로나19 예행연습을 겪었다. 학교가 폐쇄되었으며 백신 접종이 강요되었다. 유럽 의회는 WHO를 상대로 "가짜 팬데믹을 선언해 제약 회사의 배만 불려준 것 아니냐"는 질타가 이어졌고, 이 문제를 성토하는 논문들이 《영국 의학 저널(BMJ)》에도 게재됐지만 언론에서는 조용했고 일반인들은 그런 사실이 있었는지조차 모르고 넘어갔다. 그렇게 무방비 상태로 잠을 자고 있다 보니 코로나19가 닥쳤을 때 똑같이 당하고 말았다.

이 모든 과정을 지켜보고 사건의 전말을 뻔히 알고 있는 전 세계의 양심 있는 학자들이 문제를 제기하고 우려의 목소리를 냈지만, 그들의 목소리는 언론에서 다뤄주지 않았다. 각종 소셜 미디어와 검색 엔진들 역시 그들의 글과 영상을 삭제했다. 그들은 '음모론자'로 낙인찍혔으며, 그들이 과학적인 질문을 던지면 '개인주의'니 '반지성주의'니 하는 구호로 몰아가며 재갈을 물렸다. 대중들은 (자유와 인권, 민주주의를 위해 구호를 외쳤던 이들조차도) 전염병을 축으로 하는 이러한 현상들에 대해 아무런 문제의식을 느끼지 못했고 언론이 만들어가는 여론몰이에 동참하며 이들을 음모론자로 몰아붙였다.

이 책은 코로나19 팬데믹이 한창이던 2021년 출판되었다. 하지만 코로나19가 다 끝나가는 지금 더욱 빛을 발하는 책이다. 시간이 가면 갈수록 책의 내용들이 스스로 검증되고 있기 때문이다. 사실 전염병 전문가로 전면에 나선 미국의 앤서니 파우치 박사나 WHO는 코로나19의 예측이나 진행 과정에서 제대로 맞힌 것이 별로 없다. 수도 없이 말 바꾸기를 번복했다. 그것이 무능력 때문인지, 아니면 다른 계획이 있어서인지 알 수 없지만, 정말 전문가가 맞나 싶을 정도로 민망한 발언 번복이 한두 번이 아니었다. 하지만 이 책의 저자 조지프 머콜라 박사는 처음부터 일관된 판단을 내놓았고, 번복할 필요 없이 이 책의 모든 것들은 현실화되었다. 처음부터 진실을 말했기 때문이다.

진실은 용맹한 사자와 같아서 증명하려 애쓸 필요도 없다. 풀어

두면 스스로 증명되기 마련이다. 다만 누군가는 용감하게 진실을 말할 수 있어야 한다. 대부분의 사람들은 진실을 원하는 것이 아니라, 본인이 진실이라 믿었던 것을 지속적으로 확인받기만을 원하기 때문에 대외적으로 진실을 말하는 것은 담대한 용기를 필요로 한다. 겁 많은 자들은 용기 있는 자들을 질투하며 미워하고 잡아 죽이길 원하기 때문이다. 용기만으로 충분하지는 않다. 대가도 치러야 한다. 조지프 머콜라 박사는 미국에서 가장 존경받는 의사 중 한 명이다. 기존 의료계의 문제점들을 거침없이 지적해왔기 때문에 의료계의 비판도 잇따랐다.

그런데 이 책을 출판한 대가는 혹독했다. 일부 사람들의 비판으로 그치지 않았다. 그의 웹사이트는 검열을 당해 지난 24년간 게재한 수많은 글들을 전부 다 내릴 수밖에 없었다. 그의 유튜브 채널은 삭제되었고, 상원의원이 이 책의 판매를 중단하라고 아마존을 압박했다. CNN과 같은 언론은 '가짜 뉴스', '음모론' 등을 거론하며 책을 비난하는 기사를 쏟아냈다. 백신 부작용 보고 시스템(VAERS)에 올라오는 수만 건의 영구 장애와 사망에 대해서는 눈하나 깜짝하지 않던 상원의원과 언론들이 이깟 책 하나를 검열하기 위해 총력을 기울였다. 코로나19와 관련한 검열과 비방은 상상 이상으로 혹독하다. 아무리 이해하려 해도 비정상적이고, 표현의 자유와 알 권리가 보장된 21세기 정보화 시대의 자유민주주의 국가에서 전혀 상상하지 못했던 일들이 벌어지고 있다.

이 책은 '전 세계 정부들과 각국의 보건 당국들이 이렇게 일사불란하게 같은 정책을 펴는데 어떻게 코로나가 사기일 수 있느냐?'는 생각이 드는 사람들이 봐야 할 책이다. 전 세계 각국 정부가 유사한 방역 정책을 내고, 언론이 앵무새 같은 소리를 반복해서 송출하기 때문에 계획된 음모가 확실하다고 판단하는 것이 이성적인 판단이다. 이 책의 내용들을 통해 몰랐던 부분들을 확인하고 나면 더더욱 확신이 설 것이다.

《코로나 3년의 진실》은 인류 역사에 영원히 기록되고 훗날 재평가를 받게 될 코로나 시대를 지나면서 출판된 책들 중 가장 중요한 책이다. 결국에는 '코로나19 백서'가 될 것이다.

조한경(《환자 혁명》 저자)

차례

코로나 팬데믹이
우리에게 빼앗아간 것들

테크노크라트 집단, 소수의 억만장자, 거대 제약사들, 거대 IT
기업들, 거대 언론사들, 악덕 자본가들, 군산 정보기관들은 팬데
믹을 너무 좋아한다. 그들이 전쟁과 테러 공격을 좋아하는 것과
같은 이유에서다. 재앙을 부르는 위기는 권력과 부를 키우는 데
더할 수 없이 좋은 기회를 제공하기 때문이다.

캐나다 출신의 세계적인 저널리스트 겸 베스트셀러 작가이자
진보주의 운동가인 나오미 클라인은《쇼크 독트린-자본주의 재
앙의 도래(*The Shock Doctrine: The Rise of Disaster Capitalism*)》
에서 강권주의를 내세우는 선동가, 대기업, 금권 정치가들이 부를
극소수의 상류층으로 이전하고, 중산층을 소멸시키며, 시민권을

박탈하고, 공공재를 사유화하고, 독재적 통제를 확대하기 위해 집단적 재난을 어떻게 사용하는지 실감 나게 설명했다.

버락 오바마 정부에서 백악관 비서실장을 지낸 람 이매뉴얼은 권력층의 노회한 내부자로 알려진 인물이다. 그는 확립된 권력 구조, 즉 지배층이 "위기를 헛되이 낭비해선 안 된다"고 말한 적이 있다. 위기를 빌미로 공공 테러를 부추긴다면 독재 권력의 길을 닦을 수 있다는 뜻으로 해석될 수 있다. 이는 실제로 지난 수천 년 동안 전체주의 체제가 우려먹은 전략이다.

그 방법론은 정형화된 것이라 할 수 있다. 독일 나치의 공군 총사령관이었던 헤르만 괴링은 뉘른베르크 전범 재판에서 이렇게 진술했다.

"민주주의 체제든, 파시스트 독재 체제든, 의회 체제든, 공산주의 독재 체제든 간에 지도자가 원하는 방향으로 국민을 이끌어가는 것은 간단한 문제다. 목소리를 내건 안 내건, 국민이 항상 지도자의 명령을 따르도록 할 수 있다. 아주 쉬운 일이다. 외부로부터 공격받고 있다면서 국민에게 겁을 주고, 평화를 주장하는 사람들을 애국심이 없다고 비난하고, 국가를 더 큰 위험에 노출시키면 된다. 그 방법은 어느 나라에서나 통한다."

예를 들어 나치는 제3제국의 흉포한 강권주의 체제를 정당화하려고 유대인과 집시의 위협을 부각시켰다. 미국에서는 독재를 추구한 선동가 조지프 매카시 상원의원과 비미(非美)활동조사위원회(HUAC)가 충성 서약과 블랙리스트를 합리화하기 위해 국무부와 영화 산업에 공산주의자들이 침투해 활동하고 있다고 경고했다. 조지 W. 부시 정부에서 부통령을 지낸 딕 체니도 미국 본토를 겨냥한 9·11 테러가 발생하자 그 기회를 놓치지 않고 명확한 형태가 없는 테러리즘에 대한 자신의 '기나긴 전쟁'을 시작하면서 현대판 감시 국가의 기초를 놓은 애국법을 시행했다. 이제는 의학 카르텔은 물론 그들과 결탁한 IT 대기업들이 다른 어떤 것보다 무시무시하고 오래가는 막강한 적을 이용해 자신들의 잇속을 채우려 한다. 그 적은 다름 아닌 코로나19 바이러스다.

누가 그들을 탓하랴? 대중은 소수 엘리트 집단에 부와 권력이 집중되는 것을 혐오한다. 공직자 선출을 위한 투표에 익숙한 시민들은 부자를 더 부유하게 만들고, 기업에 의한 정치적·사회적 통제를 강화하고, 민주주의를 약화시키고, 시민의 권리를 억제하는 정책을 지지하지 않는다. 따라서 선동가들이 국민에 대한 맹목적인 복종 요구를 정당화하고 그들의 시민적·경제적 권리를 박탈하려면 극단적인 공포심을 조장함으로써 그들의 묵인을 받아내는 수밖에 없다.

그 첫 번째 희생물은 늘 그렇듯이 표현의 자유다. 강도 귀족(robber baron, 악덕 자본가를 가리킨다)들은 시대에 맞는 공포의 대상을 내세워 극도의 공황을 부추기면서 자신들의 부와 권력 장악에 항의하는 목소리를 억누를 필요가 있기 때문이다.

미국 헌법의 아버지로 불리는 제임스 매디슨은 수정헌법 제1조에 자유롭게 의견을 개진할 수 있는 권리를 포함시키면서 우리의 모든 자유가 여기에 달려 있다고 강조했다. 반대의 목소리를 내는 입에 재갈을 물려 자신들의 잘못을 숨기는 정부는 아무런 거리낌 없이 온갖 만행을 저지를 수 있기 때문이다.

모든 독재자는 권력의 고삐를 잡자마자 조지 오웰의 반이상향 소설 《1984년》에 나오는 것과 같은 공포의 검열을 실시하는 동시에 반대자들에 대한 가스라이팅(gaslighting, 상황과 심리를 조작해 통제하는 방식)을 시작한다. 궁극적으로는 모든 형태의 창의적인 사고와 자기표현을 차단하려 한다. 책을 불태우고, 미술 작품을 파괴하며, 작가와 시인과 지식인들을 처형하고, 집회를 불법화한다. 하지만 가장 최악은 억압당하는 소수자들에게 마스크 착용을 강요하는 것이다. 마스크는 공동체 의식이나 연대 의식을 무너뜨리고, 신과 진화의 합작품인 42개의 얼굴 근육을 사용하는 미묘하고도 효과적인 비언어적 소통을 가로막는다. 또 가장 야만적인 중동의 신정 국가들은 여성의 마스크(정확히 말하자면 얼굴 가리개) 착용을 강제한다. 그들에게 여성의 법적 지위는 사유 재산과 다를 바 없다.

자유로운 정보 교환과 자기표현은 대의 민주주의의 생존에 필수적인 산소이자 햇볕이다. 대의 민주주의는 공개 토론이라는 용광로 속에서 단련되어 탄생한 정책이 시행될 때 최상의 기능을 발휘한다. 표현과 언론의 자유가 없으면 민주주의는 고사할 수밖에 없다. 너무나 자명한 일이다.

이 때문에 가장 이상적인 민주주의의 상징을 이야기할 때는 고대 그리스 아테네의 아고라(시민 집회 광장)와 영국 런던 하이드 파크의 스피커스 코너(Speakers' Corner, 시민 자유 발언대)가 빠지지 않는다. 또 영국 하원의 시끌시끌하고 격정적인 토론 광경을 보거나, 영화 〈스미스 씨 워싱턴에 가다〉에서 주인공(지미 스튜어트 분)이 필리버스터(소수파가 다수파의 독주를 막기 위해 무제한 토론 등으로 의사 진행을 고의적으로 방해하는 행위)를 하는 장면을 볼 때 우리는 희열을 느낀다. 그 같은 자치주의의 고매한 실험이 토론과 민주주의의 뗄 수 없는 관계를 잘 보여주기 때문이다.

독재 체제는 그들의 권력을 공고히 다지고 강화할 목적으로 토론과 자기표현, 반대, 회의론 같은 자치주의의 중요한 요소를 마치 종교와 같은 경직된 권위주의적인 제도와 정책으로 금지한다. 그런 획일적인 통치 방식은 비판적인 사고를 억누르고 대중을 통제함으로써 자격 없이 권력을 휘두르는 당국에 맹목적으로 복종하게 만든다.

지금의 코로나19 상황에서는 의학·의료계를 지배하는 세력들이 마스크 착용, 록다운(이동, 집합, 영업 제한), 백신 접종의 의무화를 정당화하기 위해 과학적인 연구 결과는 제시하지 않은 채 세계보건기구(WHO), 미국 질병통제예방센터(CDC), 미국 식품의약국

(FDA), 미국 국립보건원(NIH)의 주장을 내세운다. 이 기관들은 자신들이 규제해야 할 업계에 오히려 아첨하는 꼭두각시일 뿐이다. 미국 연방 수사와 국제 조사에서 그들 규제 기관과 제약사들이 재정적으로 서로 얽혀 있다는 사실이 드러났다. 그 같은 상황이 이 기관들을 부패의 소굴로 만들었다.

'의사 지배자들에 의한 통치'는 매우 생소한 개념이다. 역사를 돌아보았을 때 그들의 실험이 재앙만 불러왔기 때문인 듯싶다. 그들은 민주적인 제도나 시민권의 적극적인 옹호자였던 적이 없다. 나치 독일에서는 거의 모든 의사가 정신장애인, 동성애자, 장애인, 유대인을 제거하려는 제3제국의 프로젝트에서 주도적인 역할을 맡았다. 수많은 독일 의사가 집단 학살과 수용소에서 자행한 언어도단의 인체 실험 같은 히틀러의 만행에 참여하여, 연합군은 뉘른베르크 전범 재판에서 별도의 '의사 재판소'를 설치해야 했다. 나치의 끔찍한 만행에 반대하는 목소리를 낸 저명한 의사나 의학 단체는 하나도 없었다.

지금은 어떤가? 코로나19 팬데믹 대응을 책임지면서 새로운 권력을 거머쥔 부패한 공중 보건 관리들은 안전한 과학을 요구하거나 과학적인 연구 결과를 의제로 삼아 정직하고 공개적이며 책임감 있는 토론을 장려하지 않는다. 오히려 그들은 주류 언론이나 소셜 미디어와 결탁해 시민들의 생활에 중요한 공중 보건, 그리고 자유와 권리에 관한 문제의 토론을 차단했다. 이 책의 공동 저자인 조지프 머콜라 박사를 비롯해 거대 제약사에 무릎 꿇지 않고, 엉성한 과정을 거쳐 승인된 실험적인 백신과 그 과오 및 과실의 면책에 대한 무조건적인 믿음을 거부한 소위 '이단자'(그들의 표현이다)들은 그들에 의해 침묵을 강요당하고 파문당했다.

현재 의사 지배자들이 강조하는 '과학적인 합의'는 현대판 스페인 종교 재판이라 해도 지나치지 않다. 부패한 의사들로 구성된 테크노크라트 집단과 그들의 미디어 공모자들이 권력을 강화하려는 위험한 야욕을 정당화하기 위해 허위로 만들어낸 도그마일 뿐이기 때문이다.

현대판 종교 재판에서는 거대 제약사 네트워크와 언론을 포함한 미디어가 판결을 내리는 고위 성직자들에 해당한다. 그들은 다양한 미디어를 통해 대중에게 록다운과 사회적 거리 두기 등의 공식 지침을 군소리 없이 따르라고 전파한다. 특히 마스크 착용이 '도덕적으로 올바른 행동'임을 강조한다. 그러나 실상 마스크 착용이 코로나19 감염 확산을 막는다는 것을 설득력 있게 보여주는 신빙성 있는 연구 결과는 없다. 그들은 그런 증거가 불필요하고 쓸데없는 것이라고 주장한다.

오히려 그런 증거보다 "(과학적 합의를 대변하는) 전문가들을 신뢰하라"고 우리에게 요구한다. 하지만 그 조언은 반민주적이고 반과학적이다.

무엇보다 과학은 역동적이다. '전문가들'은 과학적인 의문에서 흔히 다른 입장을 보이고, 그들의 견해는 정치와 권력의 요구나 금전적인 자기 이익에 따라 달라질 수 있다. 가령 내가 제기한 대부분의 소송에서는 서로 반대 입장에 있는 전문가들이 대치했다. 그들 모두 선서를 하고 똑같은 팩트에 근거한 정반대의 입장을 진술했다. 이처럼 과학에는 서로 다른 견해가 난무한다. 그러므로 '과학적인 합의'라는 개념 자체가 모순이다.

현대 전체주의 국가는 기업 중심의 도둑 정치를 지향한다. 민주적 절차를 비선출 테크노크라트 집단의 임의적이고 독단적인 '포고령'으로 대체하는 구조다. 그들이 내리는 '포고령'은 언제나 다국적 기업에 이례적인 권한을 준다. 그것은 우리 삶의 가장 은밀한 부분을 상품화하고 조종하고 통제하며, 부유층을 더욱 부유하게, 대중을 더욱 빈곤하게 만들면서, 무자비한 감시와 복종 훈련으로 반대자들을 다스릴 수 있는 권한이다.

2020년 들어 코로나19 팬데믹이 기승을 부리면서 막강한 권력을 휘두르는 돌팔이 의사들의 세상이 도래했다. 그들은 신뢰할 수 없는 모델에 기댄 가장 비관적인 전망과 쉽게 조작할 수 있는 PCR 검사 결과, 그리고 코로나19 사망자 수를 부풀리기 위한 의도로 보이는 새로운 사인(死因) 기재 규정을 내세워 팬데믹 공황을 부추기며 전 세계의 대중을 가택연금 아래 두기 시작했다. 실리콘 밸리의 거대 IT 기업들은 그 과정을 곁에서 흐뭇하게 지켜보며 빌 게이츠의 선창에 따라 환호성을 올렸다.

적절한 절차와 마땅히 있어야 할 입안 공지 과정이 위기를 핑계로 무시되었다. 그로 인해 세계 경제가 무너지고, 음식과 의약품 공급 체계가 교란되고, 수십억 인구가 끔찍한 빈곤과 식량 불안정 상태에 빠졌다. 방역 정책을 결정하는 정부 관리들은 그 같은 조치가 사람들을 구하기는커녕 오히려 더 많은 사람의 목숨을 빼앗는 게 아닐지 사전에 공개적으로 따져보지도 않았다. 그럴 필요가 없다고 생각한 것이다.

이처럼 터무니없는 방역 조치가 시행되면서 한때 호황을 구가하던 미국의 경제 엔진이 꺼지기 시작했다. 미국인 5800만 명이 일자리를 잃었고, 흑인 자영업자 4만 1,000명을 포함해 10만 곳 이상의 소상공인 업소가 영구 폐업했다. 3세대에 걸친 투자를 통해 어렵게 세운 업소들조차 견디지 못하고 파산하는 가슴 아픈 일도 벌어졌다. 더구나 이런 정책은 다른 나라가 부러워하던 미국 중산층을 성장시킨 사회 안전망의 파괴를 불렀다. 정부 관리들은 방역 조치 시행에 따른 누적된 부채를 갚기 위해 100년에 걸친 뉴딜, 뉴프런티어, 위대한 사회, 오바마케어의 유산을 청산하기 시작했다. 이제는 학교 급식, 국가 건강보험제도, 국가영양지원제도(WIC), 메디케이드(저소득층 의료보장제도), 메디케어(고령자 의료보장제도), 대학 장학제도 등도 사라질 운명에 처할지 모른다.

2020년의 '코로나19 쿠데타'는 미국 중산층을 무너뜨리고, 미국인의 8%를 추가로 빈곤선 아래로 떨어뜨린 반면 1조 달러 가치의 부를 거대 IT 기업, 거대 데이터 기업, 거대 이동 통신 기업, 거대 금융사, 거대 미디어 기업(전 뉴욕 시장이자 블룸버그 통신 등을 포함한 대형 미디어 그룹 블룸버그 LP의 창업자 마이클 블룸버그, 뉴욕 포스트와 폭스 방송 등을 포함한 뉴스 코퍼레이션의 창업자 루퍼트 머독 등), 그리고 실리콘 밸리의 인터넷 거물(세계 최대의 전자상거래 업체 아마존 창업자인 제프 베이조스, 마이크로소프트 창업자 빌 게이츠, 세계 최대의 소셜 미디어 페이스북의 창업자인 마크 저커버그, 구글의 공동 창업자 세르게이 브린과 래리 페이지, 트위터 창업자 잭 도시 등)에게로 이전시켰다. 세계적인 록다운이 일으킨 빈곤과 비참함을 이용해 부를 그러모으는 그들의 회사가 기이하고 섬뜩한 검열을 통해 그런 정책을 비판하는 사람들의 목소리를 억누르는 것은 결코 우연이 아니다.

통신의 민주화라는 달콤한 약속으로 우리 모두를 속인 거대 IT 기업들은 당국의 정책에 대한 비판을 허용하지 않을 뿐 아니라, 의약품의 효능과 부작용에 대한 비판을 사실상의 '범죄'로 취급하는 세상을 만들어냈다. IT와 데이터, 이동 통신업계의 강도 귀족들이 쓰러진 중산층의 송장을 먹어 치우며 한때 자랑스러웠던 미국의 민주주의를 검열과 감시를 일삼는 경찰국가로 급속히 전락시키고 있다. 그 과정에서 그들은 자기 잇속을 두둑이 채운다.

이 도당들은 록다운을 이용해 위성, 안테나, 생체 측정에 의한 얼굴 인식 시스템과 '동선 추적' 인프라의 5G 네트워크 건설을 가속화했다. 이제 그들과 그들의 정부, 정보기관 파트너들은 그 네트워크를 이용해 우리의 개인 정보를 무료로 채굴하고 상품화하며, 우리에게 독단적인 지시에 복종할 것을 강요하고, 반대자들을 억압할 것이다. 독감 같은 유행병의 위험을 의도적으로 과장함으로써 우리가 두려움에 떠는 동안 이 불법 도당들이 우리의 민주주의와 시민적 권리, 우리의 조국과 생활 방식까지 훔쳐간다는 뜻이다. 미국인들이 마침내 깨어나 그런 사실을 인식하게 되더라도 그들의 정부-산업 합작 프로젝트는 이 시스템을 활용해 그들의 분노를 '효과적으로' 관리할 것이다.

그리고 헌법에 보장된 우리의 다른 권리들도 표현의 자유에 이어 잇따라 교수대에 매달린다. 집회의 자유(사회적 거리 두기와 록다운 규정을 통해), 종교의 자유(주류 판매점은 '필수 서비스'로 계속 영업이 허용되었지만 교회는 예외를 인정받지 못하고 문을 닫아야 했다), 사유 재산(가게를 운영할 수 있는 권리), 적절한 절차(법률 제정이나 공청회 또는 경제 환경적 영향 평가 없이 이동과 교육, 집회의 자유를 제한하는 조치 시행), 수정헌법 제7조에 명시된 배심원 재판을 받을 권리(제약사의 과실에 의한 백신 피해의 경우), 사생활을 보호받을 권리와 불법 압수 수색을 거부할 수 있는 권리(영장 없는 동선 추적), 우리를 정탐하거나 우리의 개인 정보를 유해한 목적으로 이용하지 않는 정부를 가질 권리가 그 예다. 그러한 우리 헌법의 조직적인 침해 사실을 그들은 미디어의 검열을 통해 은폐한다.

그들에게 공개적으로 반기를 드는 머콜라 박사 같은 용기 있는 사람들의 목소리를 억누르는 것이 당연히 의학·의료계 도당들의 선행 과제였다. 머콜라 박사는 수년 동안 제약업계의 관행을 비판해온 효과적이고 영향력 큰 목소리 중 하나였다. 제약업계의 부패한 시스템은 미국인을 세계에서 의약품을 가장 많이 소비하는 국민으로 만들었다. 머콜라 박사는 설득력 있는 유창한 언변과 강한 카리스마, 깊고 넓은 지식을 가진 비판자로서 그들을 가차 없이 질타했다. 세계의 상위 75개국 가운데 의약품을 구입할 때 최고로 비싼 가격을 지불하면서도 건강 상태는 제일 나쁜 편에 속하는 국민이 미국인이다. 미국에서는 마약성 진통제 과다 복용으로 연간 5만 명이 목숨을 잃는다. 생명을 구해야 할 의약품이 미국인의 사망 원인 중 심장마비와 암 다음으로 3위를 차지한다.

머콜라 박사는 주사나 알약이 아닌 강한 면역 체계를 구축함으로써 건강을 지킬 수 있다고 수년 동안 주장했다. 마치 광야에서 외치는 선지자처럼 그는 영양과 운동이 가장 효과적인 약이며, 의약품 의존을 억제하고 거대 식품 기업과 화학 기업, 농업 기업으로부터 우리의 식량 공급을 보호하는 정책을 추진하는 것이 공중 보건 관리의 중요한 의무라고 역설했다. 약탈 기업들이 머콜라 박사를 공공의 적 1호로 지목한 것은 너무도 당연한 일이었다.

부도덕한 거대 제약사들은 연간 광고비로 96억 달러를 쓰면서 우리의 뉴스와 TV 매체를 쥐락펴락한다. 제약사는 방송사들의 최대 광고주다. 주류 언론이 오랫동안 백신 제조사들을 향한 비판을 자제한 것도 그런 강력한 경제적인 이유 때문이었다. 2014년 당시 폭스 뉴스 대표였던 로저 에일스는 심지어 백신의 안전에 관한 나의 언급을 방송에서 내보내는 폭스 뉴스 진행자는 누구든 해고하겠다며 나에게 대놓고 말했다. "선거가 없는 해에는 우리 뉴스룸 광고 수입의 최대 70%가 제약사에서 나온다"는 것이 그의 설명이었다.

의약품은 말 그대로 '캔슬 문화'의 원조다. 거대 제약사를 등에 업은 언론사들은 이미 오래전에 방송과 인쇄 매체에서 머콜라 박사의 등장을 금했다. 한편 거대 제약사의 선전 도구 역할을 톡톡히 하는 인터넷 백과사전 위키피디아는 머콜라 박사를 비롯해 통합·실용 건강 전문의들의 신뢰를 떨어뜨리고 그들을 중상 비방하는 도구가 되었다. 코로나19 팬데믹이 시작되면서 소셜 미디어의 강도 귀족들(그들 역시 방식은 달라도 전부 거대 제약사와 재정적으로 얽혀 있다)도 머콜라 박사를 플랫폼에서 '캔슬(퇴출)'함으로써 그를 침묵시키는 계책에 동참했다.

경제와 공중 보건, 개인적 자유와 헌법적 권리에 막대한 영향을 미치는 주요 정책에 관해 진실된 정보에 입각한 시민적인 토론을 할 수 없다면, 그것은 민주주의의 앞날을 어둡게 하는 불길한 조짐이 아닐 수 없다. 검열은 공공의 토론을 조직적으로 차단하는 폭력이다. 검열을 옹호하는 쪽은 그런 조치가 사회 분열과 위험한 양극화를 줄일 수 있다는 논리로 정당화하지만 실상은 오히려 사회의 양극화와 극단주의를 더욱 부추길 뿐이다. 독재 세력은 그런 사회적 갈등을 이용해 더욱 가혹한 통제로 시민들을 억압하려 한다.

미국과 세계의 역사에서 아주 기이한 시기인 지금, 나의 아버지 로버트 F. 케네디(존 F. 케네디의 동생으로 미국 법무장관을 지냈다)의 친구였던 에드워드 R. 머로의 경고를 되새기며 결의를 다지는 것만이 우리가 민주주의를 살릴 수 있는 길이라고 나는 생각한다. 머로는 이렇게 말했다.

"반대할 수 있는 권리는 민주 사회의 존재에 필수적이다. 전체주의로 전락한 모든 나라에서 가장 먼저 사라진 것이 바로 그 권리였다."

로버트 F. 케네디 주니어

저자 서문

우리가 몰랐던 팬데믹의 진실

기성 권위 집단의 잘못에 대해 입바른 소리를 하면 위험천만하다.

—볼테르, 《루이 14세의 시대》에서

    이 책은 출간되자마자 베스트셀러에 올랐지만 늘 그렇듯이 너무 일찍 옳은 지적을 한 데 대한 혹독한 대가가 따랐다. 2021년 4월 미국에서 이 책이 처음 출간된 이후 우리를 겨냥한 대대적인 검열과 무자비한 공격은 더욱 거세졌다. 게다가 그 같은 위협의 다수가 민주주의와 우리의 헌법적 권리를 보호하기 위해 선출된 인사들에게서 이루어졌다는 사실이 우리를 더 슬프게 했다.

    대표적인 인물이 엘리자베스 워런 미국 연방 상원의원(민주당)이다. 워런 의원은 얼마 전 온라인 서점 아마존의 CEO 앤디 재시에게 서한을 보내 "코로나19에 관한 허위 정보"를 퍼뜨리는 책들을 퇴출시키는 아마존의 알고리즘을 "즉시 재검토"할 것을 촉구했다.

    워런 의원은 특히 이 책이 출간되자마자 베스트셀러가 되었으며, 자신이 서한을 보내는 시점에서도 코로나19와 팬데믹 관련

도서 검색 결과에서 여전히 상위 3위 안에 들었다고 지적했다. 그러면서 이런 음모론 도서가 아마존 플랫폼에서 돋보이게 전시되도록 허용하는 이유가 무엇이며, 이 책을 비롯해 그와 유사한 출판물을 플랫폼에서 어떻게 없앨 것인지 답변을 요구했다.

또 그해 10월 4일 CNN 방송의 '앤더슨 쿠퍼 360도' 프로그램은 저자와 이 책을 비방하는 두 번째 제작물을 내보냈다. 5분 분량의 이 영상은 워런 의원이 아마존에 보낸 공식 서한을 보여주며 내 책의 판매를 중단하라고 압박하는 문제와 관련해 CNN과 아마존이 주고받은 이메일 내용을 소개했다. 그들은 이 책의 출판사인 첼시 그린과 주고받은 통화 내용도 공개했다. CNN은 출판사 측에 허위 정보가 나도는 데 기여하고 있다고 생각하지 않는지를 물었고, 출판사 측은 이렇게 답했다고 전했다.

"우리가 알기로, 허위는 전혀 없다. 오히려 우리가 코로나19에 관한 진실을 밝히는 데 기여한다고 생각한다."

이 책을 펴낸 뒤 나는 내가 만든 웹사이트에서 24년간 게재한 수많은 글을 다 내릴 수밖에 없었다. 지금은 48시간 동안만 열람할 수 있는 새로운 글들을 올린다. 시간이 지나면 그들이 강제로 삭제하기 때문이다.

힘들긴 해도 이렇게밖에 할 수 없는 것은 나와 우리 가족 그리고 나의 사업체를 향한 사악한 협박 때문이다. 전쟁에서 이기려면 몇몇 전투에서는 저줄 필요가 있다고 믿는다. 무슨 전쟁이냐고?

지금 우리는 실제로 전쟁을 치르고 있다. '코로나19 허위 정보' 유포자들은 미국 국토안보부의 잠재적 테러 위협 목록에서 맨 위에 올라 있다. 이 전쟁에서 그들의 적은 우리처럼 '진실을 말하는 자'들이다.

진실을 은폐하는 '진실부'

이 정보 전쟁의 최전선에는 '진실부'가 있다. 조지 오웰의 소설 《1984년》에서 모든 의사소통과 정보의 흐름을 통제하고 진실을 왜곡하는 일을 하는 정부 부처를 그렇게 불렀다. 그들은 당국이 내리는 지시에 반대하는 것은 무엇이든 파멸시킨다.

팬데믹 상황에서 현대판 진실부의 핵심을 이루는 것은 세계 최대의 홍보 회사로 꼽히는 퍼블리시스 그룹이다. 마침맞게도 퍼블리시스는 세계 최대의 팩트체킹 에이전시로 꼽히는 뉴스가드도 소유하고 있다.

그러나 그들이 팩트를 실질적으로 확인할 수 있다고 생각한다면 이런 사실을 떠올려보라. 2021년 5월 매사추세츠주 법무 책임자 마우라 힐리는 퍼블리시스 그룹을 상대로 소송을 제기했다. 마약성 진통제 옥시콘틴의 중독 사건에 그 회사가 기여했다고 판단했기 때문이었다.

힐리는 퍼블리시스가 제약사 퍼듀 파마의 옥시콘틴 판매를 위해 '기만적인 마케팅 계책'을 고안하고 실행했다며 고발했다. 그

약의 과용과 남용이 공중 보건에 큰 피해를 안기며 미국인 수십만 명의 목숨을 앗아가고 있음이 확실한데도 퍼블리시스가 그런 증거를 무시하고 제약사의 이익을 올려주기 위해 무리수를 두었다는 취지였다. 그런 퍼블리시스가 '진실부'의 중심을 차지하고 있으니 그들의 윤리관이 어떤지는 짐작하고도 남을 것이다.

퍼블리시스가 소유하고 있는 팩트체킹 에이전시 뉴스가드는 어떤가? 2021년 9월 미국경제연구소(AIER)는 뉴스가드의 팩트체킹 결과를 분석 평가하면서 100점 만점에 37점을 매겼다. 그들의 자체 기준도 만족시키지 못한다는 뜻이다. 뉴스가드는 팬데믹이 선언되기 직전에 코로나19 바이러스의 실험실 유출설을 제기한 나의 웹사이트를 비롯해 몇몇 온라인 페이지들을 허위 정보 사이트로 분류했다가 나중에 사과하는 해프닝까지 벌였다.

이 책이 아마존 베스트셀러 목록의 전체 부문에서 1위에 오르자 그들은 일제히 비방 공격의 수위를 높이기 시작했다. 《뉴욕 타임스》는 나를 '코로나19 허위 정보의 영향력이 가장 큰 슈퍼 전파자'라고 불렀다. 그 근거는 '디지털 증오 대응 센터(CCDH)'의 보고서 '허위 정보 유포자 및 단체 톱 12'였다. 그러나 곧이어 그 보고서 자체가 허위로 밝혀졌다(CCDH는 미국 정부에 등록되지 않은 외국 에이전트로부터 검은돈의 지원을 받는 비영리 단체다). 또 CNN 기자는 이 책의 제목도 조롱했다. 그는 플로리다주의 우리 집 부근으로 찾아와 내가 자전거를 타는 동안 차량 두 대로 나를 스토킹했다. '코로나19의 진실'이라는 이 책의 제목은 TV에서 그대로 정확하게 언급하는 것조차 매우 위험한 것으로 여겨졌다.

그러나 예상치 않은 반전이 있었다. 페이스북이 최근 CCDH를 비난하고 나선 것이다. 그들의 보고서에서 공격 표적으로 오른 개인과 단체에 대한 정보가 왜곡되었음을 지적한 내용이었다. 그럼에도 언론과 정부 관리들은 그 보고서를 근거로 미국 시민들의 명예를 짓밟고, 협박하고, 자유로운 발언 권리를 침해했다.

CCDH는 보고서에서 그 개인과 단체들이 페이스북에 올라 있는 백신 관련 허위 정보의 65%에 책임이 있다고 주장했지만 페이스북은 그들이 실제로는 잘못된 백신 관련 정보 중 0.05%에만 책임이 있다고 결론지었다. CCDH의 주장보다 1,460배나 낮은 비율이다. CCDH는 그들이 원하는 이야기에 들어맞게 데이터를 조작한 것이었다. 그 뒤 몇 달 동안 정부 관리들은 그 조작된 데이터에 근거해 우리를 주요 위협으로 지목했다.

이처럼 비율이 큰 차이가 나는데도 워런 상원의원은 2021년 9월 아마존 CEO에게 보낸 서한에서 여전히 잘못된 그 보고서를 인용했다. 에이미 클로부샤르 상원의원과 애덤 시프 하원의원도 백신 관련 허위 정보 감시를 자임하는 '안티백스워치'와 CCDH가 제공한 엉터리 데이터를 근거로 수정헌법 제1조를 무시하고 검열을 촉구했다.

그와 대조적으로 조시 홀리 상원의원은 2021년 7월 20일 트위터에 올린 글에서 "이 해외의 검은돈 그룹에 누가 돈을 대는가? 거대 IT 기업인가? 억만장자 행동가들인가? 외국 정부들인가? 우리는 전혀 모른다. 미국인들은 어떤 외국의 이익 단체가 미국 민주주의에 영향력을 행사하려 하는지 알 권리가 있다"며 CCDH의 의심스러운 후원자와 그 의도에 관심을 불러일으켰다.

나는 유튜브에서 완전히 지워졌다

2021년 9월 29일 마침내 유튜브가 나의 계정 사용을 금지하고 기존에 있던 나의 채널을 삭제했다. 커뮤니티 지침을 위반했다는 이유였다. 희한한 것은 그 지침이 바로 그날 아침에 업데이트되었다는 사실이다. 우리 콘텐트는 10년 넘게 유튜브의 아무런 지적 없이 잘 올라 있었다. 그러나 유튜브는 '의학적 허위 정보 지침'을 업데이트하면서 코로나19만이 아니라 어떤 백신이든 비효과적이거나 위험하다는 언급도 허위 정보에 포함시켰다. 그렇게 지침을 개정함으로써 그들은 나를 완전히 지울 수 있었다.

당연히 CCDH와 안티백스워치는 자신들의 공로로 내가 유튜브에서 퇴출되었다고 떠벌렸다. 하지만 이런 조치로 인해 나는 검열의 이면에 더 높은 차원에서의 공조가 이뤄지고 있다는 사실을 알게 되었다. 유튜브가 나를 퇴출시킨 지 몇 시간 안에 《워싱턴 포스트》, CNN, 로이터 통신, CNBC 기자들이 나에게 논평을 요청했다. 다른 많은 매체도 그 뒤를 따랐다.

유튜브는 기존 지침으로는 우리를 쫓아낼 수 없자 아예 지침을 바꿔 자신들의 마음에 들지 않는 사용자의 퇴출을 정당화했다. 그러고 나서 곧바로 언론이 나에게 논평을 요구했다는 사실은 거대 IT 기업과 언론 사이의 결탁과 공조를 드러낸 것이나 다름없다. 기자들은 유튜브의 지침이 바뀐다는 사실을 진작에 알고 있었다. 내가 통보받기 전에 이미 나의 채널이 삭제되고 있다는 사실도 알았던 것이다.

뉴노멀이 된 오웰식 더블스피크

'과학을 믿어라'라는 말이 이제는 아무런 과학적 근거 없이 제시된 견해를 맹목적으로 신뢰하라고 외치는 구호로 변했다.

최근 우리는 그와 관련해 희한한 경우를 목격했다. 노벨상을 받은 약 이버멕틴이 코로나19 예방과 치료에 효과적인 것으로 널리 알려졌지만 주류 의학계와 보건 당국은 그 약이 바보들만 손대는 "독성 있는 가축 구충제"라고 평가절하했다. 그와 대조적으로 화이자의 코로나19 백신은 미국에서만 약 1만 5,000건의 사망, 5만 6,900건의 입원, 1만 8,000건의 영구 장애 등 심각한 부작용과 연관 있는 것으로 밝혀졌으나 식품의약국(FDA)은 그에 관한 언급 없이 전면 사용을 승인했다.

그 정도만 해도 부작용이 상당히 크다고 생각되지만 백신 부작용 보고 시스템(VAERS) 데이터베이스에 등록된 사건은 실제 건수의 1~10%에 불과하다. 미국에서 코로나19 백신의 희생자는 이미 10만 명을 넘어섰을 가능성이 크다.

실제로 보고된 사망과 장애 건수만 해도 화이자의 코로나19 백신은 미국에서 개발된 '백신' 중에 가장 치명적이라 해도 과언이 아니다. 다른 모든 백신으로 발생했다고 보고된 사망 건수를 모두 합한 수치보다 높다. 게다가 접종한 지 얼마 되지 않았으므로 시간이 흐를수록 그 수치는 더 높아질 수밖에 없다.

하지만 증가 수치의 많은 부분이 감춰질 것이다. 왜냐하면 현재의 기준으로는 2차 접종 후 14일 안에 발생한 사망은 '미접종 사망'으로 분류되기 때문이다.

현재 미국 수정헌법 제1조가 보장하는 표현의 자유가 급속도로 침해되고 손상되고 있다. 연방 정부 관리들은 민간 기업과 단체가 다른 사람이나 단체를 검열하도록 적극 권장함으로써 헌법적인 의무를 완전히 무시한다.

또 글로벌 엘리트 집단의 어젠다에 맞추기 위해 의학적인 용어와 정의도 제멋대로 수정되고 있다('백신'에 대한 정의도 그중 하나다). 그런데도 우리 대다수는 그들이 우리를 속이려고 용어까지 바꾼다는 사실을 모른다.

이 문제는 나의 다음 책에서 코로나19 '백신'(좀 더 정확히 말하자면 '유전자 요법')에 대한 심층 해부와 함께 상세히 다룰 예정이다.

2021년 3월 말 FDA는 얀센의 코로나19 백신에 경고문을 덧붙였다. 뇌를 포함한 여러 신체 부위(복부와 다리 등)에서 심각한 혈액 응고 현상과 혈소판 감소증이 발생할 위험이 있으며, 특히 여성에게 그럴 위험이 높다는 내용이었다. 7월 중순에는 길랭-바레 증후군과 면역력 저하가 추가되었다.

2021년 6월 화이자와 모더나도 코로나19 백신에 경고문을 추가했다. FDA가 청소년과 젊은 층에게서 mRNA 백신(주로 2차 접종 후)과 심근염 사이의 '연관 가능성'이 있다고 결론지었기 때문이다.

또 2021년 9월 초에는 미국 국립보건원(NIH)이 월경불순과 코로나19 백신 사이의 연관성을 조사하기 위해 5개 연구 기관에 167만 달러를 지원한다고 발표했다.

이 같은 위험이 밝혀졌음에도 당국은 백신 접종 의무화 정책을 철회하지 않았다.

굳어지는 코로나19 바이러스의 실험실 유출설

이 책에서 우리는 코로나19 바이러스의 기원을 논하며 실험실 유출설을 제기했다. 1년 넘게 그 이야기를 전하는 사람은 모든 소셜 미디어에서 퇴출당하고 음모론자, 심지어 '과학 부인자'로 낙인찍혔다.

그러나 실험실 유출설은 독일 철학자 쇼펜하우어가 말한 진리의 3단계 중 마지막 단계를 밟아가는 중이다.

- 제1단계: 조롱당한다.
- 제2단계: 극렬한 반대에 부닥친다.
- 제3단계: 자명한 것으로 널리 받아들여진다.

정보공개법(FOIA)을 통해 입수한 새로운 문건에 따르면, 에코 헬스 얼라이언스는 2018년 'DEFUSE' 연구를 제안했는데, 이 연구는 우한 바이러스 연구소에서 실시하도록 되어 있었고, SARS-CoV-2 팬데믹 바이러스에서 발견된 것과 같은 염기 서열을 가진 신종 사스 코로나바이러스를 유전자 조작을 통해 만드는 것으로 명시되어 있다.

이제 코로나19 바이러스의 기원으로 실험실 유출설이 널리 받아들여지면서, 코로나19 팬데믹이 어떻게 시작되었는지에 대한 주된 설명은 아니더라도 가능한 또 하나의 설명으로 보도되고 있다. 수많은 증거가 존재하지만 보건 당국과 관리들은 계속 부인하고 감추며, 적절한 조사의 진행을 막고 있다. 결국 진실을 찾는 중요한 일은 개인의 몫이 되고 말았다.

우리는 비영리 단체인 '미국 알 권리(USRTK)'에 많은 기여를 한다. 이 단체는 위험한 기능 획득 연구와 관련된 연방 기관 및 대학들에 끊임없이 해당 자료를 요구하고 있다. 기능 획득 연구는 세계 도처의 수백 개 실험실에서 지금도 진행되는 중이다.

이처럼 많은 유력 인사들이 진실을 찾는 길을 가로막고, 아울러 검열과 비방도 만연하고 있다. 이처럼 진실을 은폐하는 과정에서 수많은 미국인의 시민적 자유와 헌법적 권리가 침해받고 있다. 그래도 우리는 단념하지 않고 표현의 자유와 알 권리를 지키려는 이 전투에서 수백만 명에 이르는 지지자 그리고 파트너들과 함께하고 있다.

궁극적으로는 팩트가 너무 확실해 쉽게 묻히지 않을 것이다. 이 책에 기록된 모든 내용도 코로나19 바이러스의 실험실 유출설처럼 결국에는 진실로 판명 날 것이다.

충격적인 인권 침해

2021년 우리는 인권 침해가 급증하는 상황을 목격했다. CNN 방송의 한 앵커는 심지어 백신 미접종자에게는 식료품 구입도 허용하지 말아야 한다는 이야기를 했다. 백신 접종 의무화와 백신 여권은 반이상향의 현실이 되고 말았다. 이에 따라 업체와 개인이 백신 접종을 강요당하고, 거부자에게 불이익을 안기는 새로운 차별의 시대가 도래했다.

호주에서는 코로나19 바이러스 검사에서 양성이 나온 사람들을 새로 지은 코로나19 확진자 생활 시설로 옮기고 있다. 동시에 호주 총리는 백신 미접종자가 공공 병원에서 의료 서비스를 받지 못하도록 하는 방안을 검토하겠다고 말했다.

나이지리아의 백신 미접종자는 2021년 9월 말 이후 금융 서비스를 이용할 수 없게 되었다. 이 책에서 우리가 경고한 그대로 이루어지고 있는 것이다.

코로나19 '백신'은 이미 실패했다

세계적으로 백신 접종률이 높은 지역에서 돌파감염률이 가장 높게 나타나고 있다. 이에 따라 항체의존 면역증강(ADE)의 우려가 더욱 커지는 상황이다.

대표적인 예가 이스라엘이다. 이스라엘은 가장 먼저 백신 미접종자를 사회에서 추방한 나라들 중 하나였다. 인구의 과반수가 백신 접종을 완료했지만 그 효과는 39%로 떨어졌고, 병원에는 코로나19 돌파감염 환자로 가득 차기 시작했다. 8월 중순에는 중증 환자의 59%가 백신 2차 접종 완료자였다.

영국의 경우엔 2021년 8월 중순 기준으로 50세 이상인 코로나19 환자들의 입원과 사망 건수가 이스라엘과 비슷한 추세를 보였다. 그 연령층에서 코로나19 입원 환자의 68%, 사망자의 70%가 백신 주사를 한 차례 이상 맞은 사람들이었다.

2021년 8월 25일 발표된 연구 결과(아직 학술지에 게재되지는 않았다)에서 코로나19에 걸린 적 없이 화이자 백신을 두 차례 접종한 사람들의 돌파감염 위험이 실제 감염에 따른 자연면역을 가진 사람에 비해 5.96배 높게 나타났다. 코로나19 증상을 보일 위험은 7.13배, 델타 변이의 돌파감염 위험은 13.06배였다. 코로나19

로 입원할 위험은 그보다도 더 높았다.

동반이환(comorbidity, 한 환자가 두 가지 이상의 질환을 동시에 앓는 상태를 말한다)의 변수를 포함하자 코로나19에 걸린 적 없이 화이자 백신을 2회 접종받은 사람이 돌파감염으로 유증상자가 될 위험은 자연면역을 가진 사람의 27.02배나 되었다.

예측한 대로 이스라엘 정부는 부스터 샷을 선택했다. 3차 추가 접종을 뜻한다. 이 글을 쓰는 시점에서 이스라엘 당국은 12세 이상의 화이자 백신 3차 접종을 의무화하고, 이를 거부할 때는 '사회적 특권'을 박탈하기로 했다.

2021년 8월 21일 미국 보건 관리들은 65세 이상이거나, 면역력이 약화되었거나, 작업 관련 노출에 의해 감염 위험이 높은 사람들을 대상으로 3차 접종을 승인했다. 그리고 한 달 뒤인 9월 20일에는 2차 접종 후 6개월이 지난 성인들을 대상으로 3차 접종이 시작되었다.

승인은 FDA 고위 관리 두 명의 사임 직후 이루어졌다. 그들은 부스터 샷이 필요하다는 증거가 충분하지 않다고 믿었다. 다른 기관들에서도 반대 의견이 많았다. 일례로 CDC의 전문가 자문 패널은 인구의 대다수에게 추가 접종이 필요하지 않다는 결론을 내렸다. 그러나 로셀 월렌스키 CDC 국장은 전문가들의 견해를 무시하고 부스터 샷의 필요성을 주장하는 백신 제조업체의 손을 들어주었다.

이 책의 영문판 양장본이 처음 나온 이후 우리는 원래의 백신 안전성 시험에서 대조 그룹이 2020년 12월에 이미 해체되었으며, 백신 제조사들이 시판 후의 부작용 등에 관한 사후 데이터 수집과 분석을 생략할 수 있도록 FDA가 허용했다는 사실을 알게 되었다.

이 모든 사실이 의미하는 바는 우리가 현실 세계에서 백신의 효과를 정확하게 파악할 기회가 아예 없다는 것이다. FDA 역시 화이자-바이오엔테크의 코로나19 백신 '코미르나티'를 승인했을 때 공청회나 논평 기간을 생략함으로써 표준 프로토콜을 무시했다. 규정과 지침, 규제, 법이 번번이 깡그리 무시되었다. 이런 무법적인 행태가 조만간 제어되리라는 조짐조차 없다.

코로나19는 보건과 의학의 패러다임 전환을 요구한다

공중 보건 기관들이 우리의 건강과 웰빙을 보호해주지 못한다는 사실을 우리가 막 깨닫기 시작하는 가운데 코로나19 팬데믹이 우리의 건강 상태를 그대로 반영하고 있다는 사실도 시간이 갈수록 명확해지고 있다. 코로나19 관련 사망자의 94%가 여러 기저질환을 갖고 있었다. 비만, 비타민 D 결핍, 대사 장애가 코로나19 팬데믹의 핵심을 이룬다는 뜻이다. 이 문제는 자신의 건강을 스스로 관리하고, 과학에 기초한 식이법과 생활 방식 개선으로써만 해결할 수 있다.

건강 재건은 하룻밤 사이에 이룰 수 없는 일이다. 그러나 이 책에서 다루는 전략 중 다수가 여러분을 올바른 궤도에 올려줄 수 있다고 우리는 믿는다. 지금 당장 실행할 수 있는 전략은 다음과 같다. 우선 리놀레산 섭취부터 줄여라. 리놀레산은 모든 식물성 기름과 대부분의 닭고기, 돼지고기(방목한 닭이나 돼지의 경우에는 리놀레산 수치가 낮다), 식당에서 사용하는 소스와 드레싱에 다량 함유되어 있다. 또 비타민 D 수치를 60ng/mL(100nmol/L) 이상으로 유지하고, 규칙적으로 운동하며, 신선한 공기를 마시고, 햇빛을 적절히 쬐며, 매일 식사를 하루 중 6~8시간대 안에서 하려고 노력하라.

만약 코로나19 바이러스에 감염된다면 무엇보다 조기 치료가 중요하다는 사실을 명심하라. covid19criticalcare.com에서 내려받을 수 있는 I-MASK+나 I-MATH+ 프로토콜에 따라 감염이나 증상 초기에 치료하는 방법을 권장한다.

2021년 10월*
조지프 머콜라

* 저자 서문은 영문판 양장본이 2021년 4월 출간된 후 2021년 10월에 페이퍼백 발간 시 작성된 것입니다.

제1장

팬데믹 계획, 어떻게 펼쳐졌나?

로니 커민스

코로나19 바이러스가 실험의 산물로 판명된다면 과학의 허울이 완전
히 벗겨질 것이다.

—안토니오 레갈라도(MIT 테크놀로지 리뷰 생물의학 담당 편집자)[1]

　코로나19 팬데믹과 그에 대한 잘못되고 자멸적인 대응으로 우
리는 제2차 세계대전 이래 최대의 위기를 맞으며 깊은 수렁으로
빠져들었다. 공포에 질린 채 무기력하게 끌려 들어가지 않으려고
발버둥 치며 비명을 지르고 저항했지만 거대한 수렁이 끌어당기
는 힘은 강했다. 코로나19 팬데믹은 세계 각국이 안고 있는 근본
적인 불안정성과 병폐를 백일하에 드러냈다. 이 위기는 생명을 위
협하는 여러 합병증과 의학적 과실 및 오류, 제약 산업 전반의 부
패에 우리가 얼마나 취약한지 잘 보여주었다.

　코로나19는 보건과 의료 시스템에 결정적인 타격을 가하면서
글로벌 엘리트 집단에 과거 어느 때보다 거짓말과 반쪽의 진실을

더 많이 만들어내는 구실을 제공했다. 페이스북, 구글, 마이크로 소프트, 아마존 같은 실리콘 밸리의 거대 IT 기업, 거대 제약사, 세계보건기구(WHO), 그리고 마이크로소프트 창업자에서 자선 사업계의 거물로 변신한 빌 게이츠는 수단과 방법을 가리지 않고, 또 정치적 이념을 불문하고 수많은 정치인과 과학자들을 포섭했다. 팬데믹으로부터 우리를 보호해준다는 미명 아래 공포심을 조장하고, 정치적 양극화를 부추기며, 대중의 심리와 여론을 사회공학적으로 조작하기 위해서였다.

생물의학과 백신 연구라는 간판 뒤에는 방위 산업체와 생물무기 전문가들의 은밀한 네트워크가 숨어 있다. 비영리 단체 '어린이건강보호(CHD)'를 설립한 로버트 F. 케네디 주니어는 이렇게 지적했다.

"코로나19 팬데믹 위기에 권모술수를 동원한 마키아벨리식 조작으로 대처하는 것은 빅데이터, 이동 통신, IT, 석유화학 업계의 대기업들과 빌 게이츠 그리고 WHO가 이끄는 글로벌 공중 보건 카르텔에 의한 쿠데타 시도와 다름없다. (……) 그들은 자신들의 부를 늘리고, 우리의 삶과 자유를 마음대로 주무를 수 있는 권력을 확대하려 한다. 또한 우리의 민주주의를 전복시키고 우리 삶과 우리 자녀의 건강에 대한 우리의 주권과 통제권을 빼앗으려 한다."[2]

이 같은 전례 없는 위기를 이해하고 극복하려면 먼저 코로나19

의 기원과 성격, 독성, 예방법 및 치료법 그리고 팬데믹 대응이 사회에 미치는 영향을 비판적인 시각으로 면밀히 따져봐야 한다. 그런 노력 없이는 향후의 다른 팬데믹에도 속수무책으로 당할 수밖에 없다. 이와 함께 매스 미디어와 IT 대기업, 세계적인 공중 보건 기구가 우리에게 끊임없이 강제로 주입하는 '공식적인 스토리'만이 아니라 강한 전파력과 함께 만성 기저 질환과 합병증을 악화시키는 코로나19의 실질적인 건강 위협도 철저히 살펴야 한다. 고령층과 비만, 당뇨, 심장병, 폐 질환, 신장 질환, 치매, 고혈압 같은 기저 질환을 가진 사람들이 특히 위험하다. 그 같은 심각한 건강상의 문제는 우리를 코로나19만이 아니라 앞으로 발생할 수 있는 다른 팬데믹에도 매우 취약하게 만든다.

코로나19를 일으키는 SARS-CoV-2 바이러스의 성격과 독성을 따져보는 일 외에도 팬데믹에 대한 정부의 다양한 대응 조치가 가져다주는 효과와 부수적인 피해도 반드시 짚어봐야 한다. 팬데믹과 그에 대한 대응이 국민의 전반적인 건강(정신과 신체 둘 다에 해당한다)에 미치는 영향, 치료받지 못한 만성 기저 질환으로 인한 사망자 증가, 수많은 사람이 겪는 만성 스트레스 상황 등이 부수적인 피해의 예다.

그 밖에도 팬데믹이 경제와 빈곤, 기아, 노숙자, 실업 문제에 어떤 타격을 주는지, 사회의 양극화와 갈등 심화에 어떤 역할을 하는지도 분석해야 한다. 마지막으로 우리는 강권주의와 전체주의 추세의 놀라운 고조도 주목해야 한다. 검열, 사생활 위협, 이동과 집회, 건강, 소비자 선택의 자유에 대한 제한, 지자체 주권 박탈, 기타 기본 인권 침해가 그 예다.

기획된 '플랜데믹'? 아니면 예견된 팬데믹?

우선 SARS-CoV-2 바이러스가 실험실에서 만들어졌다는 주장이 있다. 우리도 그렇게 믿고 있다. 하지만 그 바이러스가 실험실 제조물이라 해도 유출은 고의적이라기보다 사고로 발생했을 가능성이 크다. 따라서 우리는 먼저 유출 가능성을 시사하는 증거들을 살펴볼 것이다. 다시 말해 코로나19 팬데믹이 글로벌 엘리트 집단의 사전 계획에 따라 의도적으로 이루어진 것이라고 단정할 수는 없다는 말이다. 그러나 코로나19가 오랫동안 예견되어온 팬데믹이라는 것은 분명한 사실이다.[3]

바이러스에 대한 '기능 획득' 실험부터 짚어보자. 그것은 바로 SARS-CoV-2 바이러스를 무기화하려는 과학적인 광기에서 시작된 무모한 실험을 가리킨다. 중국과 미국 등 여러 국가의 정부, 군, 거대 제약사들이 후원한 프로젝트로 전 세계 수십 곳의 생물의학·생물무기 실험실에서 실시되었다. 수십 년 동안 관리가 엉망이고 거의 규제를 받지 않은 실험실에서 잠재적 대유행 병원체(PPP)가 유출되는 위험한 사고가 있었지만 실험은 계속되었다.[4]

따라서 비록 WHO가 2020년 3월 11일 코로나19 팬데믹을 공식 선언했지만 그 팬데믹은 시간문제였을 뿐 이미 오래전부터 예견되어온 일이었다. 또 다른 문제는 막강한 기업과 거부들의 국제적인 네트워크가 그들의 권력과 부, 통제권을 더욱 확장하기 위해 팬데믹을 이용했다는 사실이다. 글로벌 쿠데타로 묘사될 수밖에 없는 행위다.

2019년 10~11월에 중국 우한에서 공식적으로 처음 발견된 SARS-CoV-2 바이러스와 그 바이러스가 일으킨 코로나19는 전 세계를 쓰나미처럼 휩쓸면서 지역 사회와 공동체를 뒤흔들고 와해시켰다. 그때부터 지금까지 코로나19가 주도하는 시간 왜곡 속에서 정치와 경제, 여론, 사회적 행동이 모두 뒤집혔다. 물론 긍정적인 면도 있다. 가령 사회적 행동의 중요한 측면들은 때때로 개선되는 듯했다. 비필수적인 이동이 줄고, 소비가 감소하고, 가족 중심의 생활이 늘어나고, 온실가스 오염이 줄고(2020년 4월 초 기준으로 전 세계에서 온실가스가 17% 감소했다), 유기 농산물을 포함해 가정에서 요리하는 건강 식료품의 수요가 늘고, 자연건강 요법에 대한 관심이 높아지고, 자연과 상호 부조가 중시되고, 요양원 환자와 농장 근로자, 소농 종사자, 의료 종사자, 식료품 유통업계 근로자의 어려움에 대한 관심이 더 커졌다.

그러나 안타깝게도 팬데믹이 우리 사회에 미친 영향은 매우 부정적이었다. 아니, 재앙에 가까웠다. 코로나19에 의한 입원과 사망 건수가 크게 늘고, 불안과 공포가 사회 전반을 뒤덮었으며, 극단적인 정치 양극화 현상이 나타나고, 미디어 검열이 횡행하며, 혹독한 록다운과 학교 폐쇄, 업소의 영업 정지 조치에 수많은 중소기업과 심지어 대기업마저 파산하는 경제 붕괴 현상이 나타났고, 미국에서만 3000만 명이 일자리를 잃었다.

미국 질병통제예방센터(CDC)는 2021년 1월 20일 기준으로 미국인 40만 명 이상이 코로나19나 그 합병증으로 사망했다고 발표했다. 1년 기간으로 보면 하루 평균 1,096명이 희생된 것이다.[5] 그러나 2020년 8월 26일 발표된 CDC 수치는 미국에서 코로나19 사망자 중 6%만 사망진단서에서 코로나19를 유일한 사인으로 명시했다는 것을 보여준다. 나머지 94%는 평균 2.6가지의 합병증이나 추가 사인이 있었다.[6]

미국에서 코로나19 희생자의 대다수(80%)는 고령자(65세 이상)였다.[7] 대부분 중증 만성 기저 질환을 앓고 있었으며 전체의 약 절반이 요양원에서 사망했다.[8] 2020년 세계 전체에서 코로나19나 그 합병증으로 인한 사망자는 280만 명으로 추정된다.[9] 그리고 코로나19에 따른 세계 전체의 경제적인 피해는 16조 달러로 집계되었다.[10]

코로나19 팬데믹으로 인해 미국인 수백만 명, 세계 전체로 보면 수억 명이 일자리와 생계 수단을 잃었다. 그중에서도 저소득층 근로자의 피해가 컸다. 수많은 업체, 특히 소기업이 문을 닫았다. 미국인의 40%는 위급할 때 비상금으로 사용할 수 있는 돈이 400

달러도 없는 어려운 형편에 처했다.[11] 그와는 대조적으로 전자상거래 업체 아마존, 거대 제약사, 대형 할인 매장 월마트, 패스트푸드 체인 맥도널드 등 다국적 기업 다수와 빌 게이츠, 제프 베이조스(아마존), 마크 저커버그(페이스북) 같은 억만장자들은 여느 때보다 더 많은 소득을 올렸다. 미국 정책연구소(IPS)의 조사에 따르면, 미국 부호들의 자산은 팬데믹 정점 기간 동안 1조 달러 넘게 늘었다.[12]

어린이와 청소년 한 세대 전체가 교육과 생활 면에서 큰 피해를 입었다. 70억 세계 인구 중 대다수에게 코로나19는 생애 전체에서 가장 파괴적인 사건이었다. 세계사의 전환점이라고 해도 지나친 표현이 아니다.

디지털 독재의 부상

미국뿐만 아니라 수많은 국가가 두려움과 혼란 속에서 허위로 조작된 동의 아래 '디지털 독재 체제'로 변해가는 중이다. 이 용어는 인도의 학자이자 저술가이며 환경 운동가인 반다나 시바 박사를 비롯한 몇몇 인사들이 처음 사용했다.

21세기의 디지털 독재는 지금까지의 상황으로 판단할 때 중국에서 가장 눈부시게 발전했다. 중국 경제는 세계 최대의 규모를 자랑하며 빠르게 성장하고 있지만 감시와 중앙 집권화된 기획, 검열, 전체주의적인 통제를 토대로 구축된 군국주의적, 강권주의적인 정권이다. 그러나 서방에서도 엘리트 지배 체제의 글로벌화된 디지털 독재 모델이 등장하고 있다. 그들은 현재 중국 엘리트들과 경쟁하는 동시에 협력하는 관계다.

이 서방 엘리트 집단은 빌 게이츠와 에릭 슈미트(구글 초대 회장) 같은 초자본주의 억만장자들이 페이스북, 아마존, 애플, 오라클 등 실리콘 밸리의 다른 IT 대기업, 거대 제약사, 금융사, 다국적 기업, 세계경제포럼(WEF), 군산 생물전쟁 복합체의 지도자들과 함께 이끈다.

이 글로벌 엘리트 집단은 그들에게 포섭된 정치인, 과학자, 미디어 거물, 정부 관리들의 도움과 부추김으로 현재 진행 중인 팬데믹과 경제 붕괴를 이용해 권력과 부를 독점하고(캐나다 출신의 세계적인 환경 운동가 나오미 클라인은 이를 '쇼크 독트린'이라고 불렀다), 공중 보건과 '생물방어'라는 이름 아래 가혹한 감시와 검열, 통제를 일삼고자 술수를 부린다. 이 집단은 전례 없는 권력 장악을 통해 참여 민주주의와 자유로운 의사 표현, 문화적 다양성, 생태학적 생물 다양성, 개인적 자유의 마지막 흔적까지 지우려고 한다.

나오미 클라인은 2020년 5월 온라인 매체 '인터셉트'에 기고한 글에서 우리 세계에 도래하고 있는 그 같은 반이상향을 '스크린 뉴딜'이라 부르며 다음과 같이 예측했다.

(……) 그 미래에선 우리 집이 누구도 간섭할 수 없는 개인적인

공간이 다시는 될 수 없을 것이다. 또 고속 디지털 연결을 통해 학교와 병원, 체육관만이 아니라 국가가 마음만 먹는다면 교도소도 그와 같은 상황이 될 것이다. (……) 이런 미래에서는 모든 추세가 초고속으로 진행될 것이다.

이 같은 미래에선 특권층에게는 거의 모든 것이 가정으로 배달될 것이다. 가상적으로는 스트리밍과 클라우드 기술을 통해, 물리적으로는 자율주행차나 드론을 통해, 그다음에는 중간 플랫폼에서 '공유되는' 스크린을 통해 이루어질 것이다. 교사와 의사, 운전기사가 크게 줄어들 것이다. 바이러스 통제라는 핑계로 현금이나 신용카드 사용이 용인되지 않으며, 대중교통이 크게 줄고, 라이브 아트가 거의 사라질 것이다. '인공지능'으로 운영된다고 주장하겠지만 사실은 창고, 데이터 센터, 콘텐트 관리소, 전자 작업장, 리튬 광산, 산업형 농장, 육류 가공 공장, 교도소에 있는 익명의 근로자 수억 명에 의해 지탱될 것이다. 거기서 일하는 근로자들은 질병으로부터 보호받지 못하고 극심한 착취에 시달릴 것이다.

그 미래에선 정부와 IT 대기업 사이의 전례 없는 협력을 통해 우리의 일거수일투족, 우리의 모든 말, 우리의 모든 관계가 추적 가능하고 그에 대한 정보가 채굴 가능해질 것이다.[13]

디지털 지배자들과 억만장자들은 우리가 기본적인 자유와 민주적인 권리를 기꺼이 포기하고 '위대한 리셋'과 '새로운 세계 질서'의 충성스러운 노예가 되도록 우리를 설득할 수 있다고 생각하는 것일까? 전 세계를 휩쓰는 두려움과 무력함, 분열, 혼란을 이용해 허위 정보를 퍼뜨리고, 공황을 초래하며, 거대 제약사가 제조한 백신과 의약품을 앞세워 허위 치료책을 제시하면 얼마든지 가능하다는 것이 그들의 판단이다. 궁극적으로 일반 대중을 분할한 뒤 정복하는 계략이다.

더 늦기 전에 우리는 다음과 같은 긴급한 질문을 스스로에게 던져야 한다. 록다운, 마스크 의무 착용, 사회적 거리 두기, 격리 규정 같은 팬데믹 대응책이 세계를 코로나19로부터 보호하는 데 도움을 주는가, 아니면 우리의 두려움을 증폭시켜 개인의 자유를 침해하는 독재적인 포고령에 우리가 쉽게 복종하도록 만들려는 방편일까?

시간이 흐를수록 더 많은 사람이 공중 보건 증진이라는 구실 아래 실행되는 제한 조치들이 일시적인 게 아니라 영구적이 될 가능성이 크다는 점을 깨닫고 있다. 실제로 그런 조치들은 거대한 장기 계획의 일부이며, 최종 목표는 우리가 이전에 누렸던 자유를 크게 제한하는 새로운 삶의 방식을 도입하는 것이다. 그러므로 이제 우리 각자가 개인의 자유와 허위 안전 중 어느 것이 더 중요한지 스스로 판단해야 한다.

어떻게 하면 우리가 소비자 선택과 건강의 자유를 보존하고 재생 농업과 자연건강, 참여 민주주의를 증진할 수 있을까? 어떻게 하면 우리가 두려움을 극복하고 우리 자신과 가족, 사랑하는 사람들을 만성 질병과 코로나19, 심지어 향후의 팬데믹 위협으로부터 보호할 수 있을까?

우리가 이 책을 쓰는 이유

우리는 코로나19 팬데믹이 반이상향의 막다른 지경이 아니라 오히려 더 나은 세상으로 나아가는 관문이 될 수 있다는 믿음에서 이 책을 쓰고 있다. 현재의 위기는 심히 우려스럽지만 다른 한편으로는 공중 보건과 지구의 건강을 질적으로 개선하고 전 세계의 대중 민주주의를 재생할 수 있는 기회를 제공한다. 우리는 '전 세계를 휩쓰는 병폐'라고 묘사될 수밖에 없는 지금의 상황에서 벗어나 진실된 건강과 민주주의를 향해 나아갈 수 있다.

우리는 일반인들을 교육하고 그들에게 힘을 실어주는 일이 얼마든지 가능하며, 그렇게 함으로써 디지털 독재자, 공포심 조장자, 광적인 과학자, 의학계의 파시스트, 돈에 팔린 정치인들을 물리칠 수 있다고 믿어 의심치 않는다. 우리는 개인적으로, 더 중요하게는 힘을 합쳐, 디지털 독재와 이미 도래하고 있는 '위대한 리셋'의 위협을 막아낼 수 있다. 우리는 우리 자신의 건강과 지역 사회, 공동체, 우리의 운명을 스스로 책임질 수 있다.

우리는 세계를 지배하려고 혈안이 된 바이오테크노크라트, 군부, 초국가적인 경제 엘리트가 지나친 욕심 때문에 스스로 약점을 노출시켰다고 믿는다. 전례 없는 세계적 재난과 정부의 코로나19 위기 극복 실패 와중에 있는 지금이야말로 우리가 사태 해결에 직접 나서야 할 시점이다.

세계의 시민들은 더 늦기 전에 깨어나야 한다. 우리 모두 힘을 합쳐 저항에 나서야 할 때가 바로 지금 이 순간이다.

무모한 과학과 생물무기

증거가 쌓이고 확실성이 커지면서 코로나19 팬데믹의 기원과 성격, 위험, 예방과 치료에 관한 '공식 스토리'를 분석하고 비판하는 과학자, 조사관, 법률가들이 늘어나기 시작했다.[14]

중국 정부와 군부, 거대 제약사, 빌 게이츠, 미국 질병통제예방센터(CDC), 미국 국립보건원(NIH), 매스 미디어, 거대 IT 기업들이 독단적으로 주장하는 '공식 스토리'는 SARS-CoV-2 바이러스가 '자연적'으로 생겨난 뒤 이해할 수 없는 방식으로 기존의 숙주였던 박쥐에서 인간으로 종의 장벽을 뛰어넘었으며, 그 결과 1세기 전에 세계 인구의 3분의 1을 감염시키고 약 5000만 명의 목숨을 앗아간 스페인 독감 이래 가장 치명적인 유행병으로 등장했다는 것이다.

또 군의 생물방어 프로그램, 정부, 거대 제약사로부터 재정을 지원받는 바이러스 학자와 유전공학 전문가들은 비교적 무해하고 이전에는 전염성이 없었던 코로나바이러스가 갑자기 치명적인 킬러로 변이했으며, 그런 급속한 진화 과정에서 생물학적·역학적 흔적을 전혀 남기지 않았다고 설명한다.[15]

더구나 이 치명적인 바이러스 변이와 그에 따른 유행병이 하필이면 중국 우한의 인구 밀도 높은 도심(그곳에서 가장 가까운 박쥐 동굴은 수백 킬로미터 떨어져 있다)에서 생겨났다. 그곳에서는 코로나바이러스의 무기화(좋게 말해 '기능 획득' 실험으로 불린다)가 포함된 논란 많은 유전자 조작 실험이 제대로 관리되지 않아 사고가 발생하기 쉬운 여러 실험실에서 실시되고 있었다.[16, 17] 그런 기이한 요인들이 한곳에 모일 수 있는 확률은 10억분의 1 정도다.

중국과 미국 당국은 우한 바이러스 연구소, 우한 질병통제예방센터, 미국 메릴랜드주 포트 데트릭 소재 미 육군 생물전쟁 실험실, 노스캐롤라이나 대학, 존스홉킨스 대학 보건안보센터 같은 시설의 연구자들이 박쥐 코로나바이러스 같은 위험한 병원체를 '연구'만 할 뿐 유전자 조작이나 무기화는 하지 않는다며 우리를 안심시키려 한다. 정부와 WHO, NIH의 감독을 받는 연구소들은 보안이 철저하고 안전성이 확보되어 있기 때문에 절대 사고가 발생할 수 없다는 것이다.

그러나 과학계의 신망 높은 유전자 조작-생물전쟁 비판자들은 지난 수십 년 동안 그 같은 실험실에서 발생할 수 있는 사고의 위험을 경고했다.

1989년 제정된 미국 생물무기 연구 금지법의 입안자인 프랜

시스 보일, 럿거스 대학 왁스먼 미생물연구소의 리처드 에브라이트 박사를 비롯해 수백 명의 과학자들은 바이러스를 포함한 병원체의 조작 실험은 국제법 위반이며, 내재적으로 많은 위험을 안고 있다고 지적했다. 또한 그들은 인간적인 실수의 위험이 상존하며 전 세계의 생물전쟁·생물방어 실험실에서 안전 확보를 위한 규정과 조치가 매우 느슨하다고 역설했다.[18]

SARS-CoV-2 바이러스가 '자연적'으로 발생했다는 '공식 스토리'를 지지하는 기관에는 거대 제약사와 제휴한 에코헬스 얼라이언스가 있다.[19] 미국 국방부 산하 국방고등연구계획국(DARPA)과 보건복지부 산하 질병예방대응본부(ASPR) 등 많이 알려지지 않은 미군 생물전쟁·생물방어 재정 지원 기관들도 거기에 포함된다.[20]

미국의 군-제약 복합체는 우한 바이러스 연구소, 노스캐롤라이나 대학(그곳에서 과학자들이 사스 바이러스를 무기화했다), 포트 데트릭 화학·생물 무기 연구소, 그 외 세계 전역에 있는 수백 개에 이르는 생물의학·생물전쟁 연구소에 재정을 지원했다.[21]

안전 관리가 허술해 사고가 발생하기 쉬운 우한 바이러스 연구소를 감독하는 WHO도 '공식 스토리'를 강력하게 지지한다.[22] 그리고 중국과 미국 정부, 빌 게이츠, 치료제와 백신을 제조하는 거대 제약사들이 WHO에 재정을 지원한다. 즉 서로 얽혀 있는 관계라는 뜻이다.

생물전쟁: 바이러스의 무기화

중국과 미국 정부, 바이오테크 산업, 거대 제약사, 군산 복합체, 매스 미디어가 철저하게 은폐하고 있지만, 코로나19 바이러스는 중국 우한에 있는 군사·민간 이중용도 연구소에서 만들어졌고 거기서 유출되었다(우발적일 가능성이 가장 크다)는 지적이 과학적인 설득력을 얻고 있다.[23]

실제로 바이러스 학자, 유전공학자, 군사 과학자, 바이오테크 기업가 등 수천 명으로 구성된 잘 알려지지 않은 국제 네트워크는 우한과 포트 데트릭 등 민간과 군사 연구소에서 '기능 획득' 연구라는 그럴듯한 이름으로 바이러스, 박테리아 등의 미생물을 무기로 만들고 있다.

물론 일반 대중은 그 사실을 전혀 모른다. 그들이 생물방어, 생물의학 또는 백신 연구라는 간판 뒤에 숨어 활동하기 때문이다. 게다가 그런 연구소에서 일하는 '기능 획득' 생물전쟁 과학자들은 의도적으로, 그리고 무모하게 국제법을 회피하고 있다. 생물무기 전문가이자 탐사 보도 기자인 샘 후세이니는 이렇게 지적했다.

생물무기 연구에 참여하는 정부들은 일반적으로 '생물전쟁'과 '생물방어'를 구분한다. 그런 '방어' 프로그램이 반드시 필요하다는 구실을 만들기 위해서다. 그러나 수사적인 속임수일 뿐이다. 그 두 개념은 사실상 구분이 불가능하다.

'생물방어'는 암묵적인 생물전쟁을 의미한다. 특정 병원체를 막아내는 방법을 찾는다는 명분으로 그보다 더 위험한 병원체를 배양하는 작업이기 때문이다. 이 작업을 통해 더욱 독성 강한 인플루엔자 변종 같은 치명적이고 전염력 강한 병원체를 만들어내는 데에는 성공한 듯 보이지만 그런 '방어' 연구가 우리를 팬데믹으로부터 방어해주지는 못한다.[24]

미국과 국제 사회는 생물전쟁 무기와 실험을 금지한다고 법으로 선언했지만 실상은 그렇지 않다.[25] 유전자 조작으로 독성과 전염력을 높인 바이러스와 미생물 무기고는 갈수록 확장되고 있다. 지난 30년에 걸쳐 소위 이중용도 생물무기·생물방어 연구소에서 위험한 병원체의 유출과 사고, 절도, 심지어 의도적인 유포(2001년 미국에서 발생한 탄저균 공격) 사건이 빈번히 발생했다.[26]

팬데믹의 공포심을 조장하는 세력들에 따르면, SARS-CoV-2 바이러스는 전염성이 강하고 매우 위험하므로 현재로서는 치료제도 치료 방법도 없으며, 우리의 자연적인 면역 체계를 강화해주는 생약 제제나 식이요법, 자연요법도 그 바이러스에 의한 중증 증상이나 사망으로부터 우리를 보호할 수 없다.

또 그들은 우리의 나이가 많든 적든, 건강이 좋든 나쁘든, 실내 공공장소만이 아니라 어디에서든 마스크를 착용하는 것 외에 다른 방법이 없다고 단언했다. 게다가 자주 손을 씻어야 하고, 2m

이상 서로 떨어져야 하며, 학교와 교회, 회사의 문을 닫고, 사적인 모임과 경제 활동 전체를 중단해야 한다고 주장했다.

정부와 거대 제약사들은 우리에게 다른 방법이 없으므로 집 안에 머무르면서 당국의 지시에 따르고, '해결책'이 나올 때까지 기다리는 수밖에 없다고 말했다. 그 해결책이란 다름 아닌 마법의 백신이다. 문제는 그 백신이 충분한 검증을 거치지 않고 성급하게 승인되어 시판되고 있을 뿐 아니라 유전자 조작으로 형질이 변경되었을 가능성이 크고, 기업의 이익을 극대화하도록 고안되었다는 사실이다.

의료 연구를 내세운 위법 행위

거대 제약사들은 지난 수십 년 동안 막대한 재정을 지원받으며 연구를 계속했지만 효과적인 코로나바이러스 백신을 개발하지 못했다. 사람의 RNA를 (어쩌면 영원히) 변화시키도록 고안된 유전자 조작 백신은 이전에 시판이 허용된 적이 없다. 이런 코로나바이러스 백신 몇몇의 경우 항체의존 면역증강(ADE)이라는 위험한 부작용이 수반될 수 있다는 사실도 그 이유 중 하나다. 특히 고령자의 경우, 그런 부작용이 나타나면 심각한 합병증에 걸리기가 더 쉽다.[27]

백신을 제조하는 머크, 아스트라제네카, 존슨&존슨, 바이오엔테크, 글락소스미스클라인, 화이자 등 거대 제약사들의 안전 실적이 좋은 것도 아니다.[28] 또 그들은 제대로 검증되지도 않은 백신을 면책 특권을 누려가며 무모하게 시판하고 있다.[29]

그뿐이 아니다. 세계 전역에서 저렴하면서도 효과 좋은 약과 건강기능식품을 사용하는 의사들의 성공적인 치료법이 많이 나와 있지만 매스 미디어, 거대 제약사, WHO, 거대 IT 기업들은 그 정보를 완전히 차단하고 있다. 그런 약과 건강기능식품 중 대표적인 것이 케르세틴과 아연(스위스 프로토콜이라고 부른다), 말라리아 치료제로 알려진 하이드록시클로로퀸(아연 보조제와 항생제 아지트로마이신과 함께 소량을 적절히 복용한다), 이버멕틴(구충제의 일종으로 SARS-CoV-2 바이러스 감염 예방에 특히 효과적인 것으로 보인다), 비타민 D, 코와 목에 과산화수소 분무하기, '코로나19 크리티컬 케어'(MATH+ 프로토콜로도 알려졌으며 코로나19 예방과 입원 환자 치료 모두에 효과가 있는 듯하다) 등이다.[30, 31, 32, 33, 34, 35, 36]

특히 주목해야 할 사실은 거대 제약사들이 이미 코로나19 백신 수십억 달러어치를 세계 각국 정부들과 군에 은밀하게 무입찰 계약으로 판매했다는 것이다.[37] 그 백신들은 적절한 검증을 받지 않았지만 무조건 안전하고 효과적이라며 당국의 승인을 받았다.

디지털 독재를 꿈꾸는 빌 게이츠 같은 엘리트들과 실리콘 밸리의 사회 감시 자본주의자들 그리고 제약사들에 포섭된 정치인들은 의무적인 백신 접종, 생체 감시 컴퓨터 칩 주입, 의무적인 동선 추적, 백신 패스 도입, 헌법에 명시된 기본권 폐지 등을 계속 주장

하고 있다.[38, 39, 40]

생물전쟁 유전자 조작 전문가들과 실험실 기술자들은 생물의학과 백신 연구라는 간판 뒤에 숨어 지금 이 시간에도 아무런 규제를 받지 않은 채 사고가 나기 쉬운 실험실에서 새로운 바이러스와 박테리아를 무기화하고 있다.[41] 거기에는 치명적인 탄저균 박테리아와 SARS-CoV-2 바이러스의 혼합, 조류 인플루엔자의 에어로졸화가 포함된다.

마지막으로 막대한 이해 충돌과 '표현의 자유' 침해도 문제다. 특히 주요 언론을 비롯해 페이스북, 구글, 아마존 등의 거대 IT 기업과 그 자회사들은 코로나19의 기원과 성격, 예방법 및 치료법에 관한 대안적인 정보를 평가절하하거나 검열로 완전히 차단하고 있다.[42]

정크 푸드, 환경 오염 그리고 만성 질병

최근 들어 코로나19의 기원에 관한 충격적인 진실이 조금씩 드러나기 시작했다.[43] 하지만 그보다 더 충격적인 것은 코로나19로 인해 부각된 우리 자신의 문제점이다. 우리의 푸드 시스템(식품이 생산되어 최종 소비 또는 폐기되기까지 거치는 일련의 과정)이 안고 있는 취약성, 규제 당국과 과학계의 투명성 결여, 그리고 인체의 허약함이 여실히 드러났다. 우리의 몸은 평생 정크 푸드를 즐기고 독성 화학 물질에 노출되면서 약해질 대로 약해졌다.

공중 보건적인 관점에서 코로나19의 요점을 말하자면 이렇다. SARS-CoV-2 바이러스는 그 자체로 치명적인 전염병은 아니지만 만성 기저 질환을 악화시키고 확대시키기 때문에 위험하다. 병리학자들은 이를 두고 동반이환이라 부른다. 이런 기저 질환의 대부분은 식생활과 관련 있다. 나머지는 독성 화학 물질, 전자파 그리고 다른 환경 오염 물질에 노출됨으로써 생긴다.[44]

CDC에 따르면, 코로나19 희생자의 사망진단서 중 94%에서 여러 가지 기저 질환이 사인으로 명시되어 있다. 당뇨, 비만, 심장 질환, 폐 질환, 신장 질환, 치매, 고혈압 등이 대표적이다.[45]

《뉴욕 타임스》는 이렇게 보도했다.[46]

코로나19와 비만의 상관관계가 우려스럽다. 최근 발표된 연구 결과에 따르면, 비만인 사람이 코로나19에 걸리면 비만이 아닌 사람에 비해 입원 가능성이 두 배 이상이고, 사망할 확률이 거의 50% 더 높다.[47] 코로나19로 입원한 미국인 환자 1만 7,000여 명을 대상으로 한 다른 연구(아직 동료 심사를 받지 않았다)에서는 77% 이상이 과체중이나 비만으로 나타났다.[48]

안타깝게도 많은 사람, 특히 요양원이나 병원에 입원한 고령자들의 건강이 좋지 않은데, 그들이 이 바이러스로 인해 코로나19에 걸려 목숨을 잃는다. 만성 질환에 시달리며, 오염된 공기와 식

수, 영양이 빈약한 식단에 노출되고, 건강기능식품이나 자연건강 정보와 자연요법의 혜택을 볼 수 없는 저소득층 등 다른 고위험군에 속하는 성인도 마찬가지다.

SARS-CoV-2 바이러스는 가공식품과 오염에 장기간 노출되면서 건강이 나빠진 고령층에 큰 위협이 된다. 거대 식품 기업과 거대 농업 기업이 생산한, 탄수화물과 칼로리로 가득한 식료품점이나 식당을 이용하는 사람들은 대부분 충분한 영양을 섭취하지 못한다. 또 그 같은 전형적인 미국식 식단은 대사의 불균형을 초래한다. 그들은 비만, 당뇨, 고혈압 등 다양한 만성 질환, 면역력과 비타민 D 수치 저하, 소화 기관 약화에 시달리는 경우가 많다.

많은 사람이 만성 질환에 시달리는 주된 이유는 미국을 포함해 전 세계의 거대 식품·농업 기업들이 정부의 보조금 혜택을 누리면서도 기본적으로 정크 푸드로 묘사될 수밖에 없는 상품을 생산한다는 사실에서 찾을 수 있다. 평균적인 미국인 식단에서 전체 칼로리의 60% 이상을 차지하는 정크 푸드와 음료는 고도로 가공되고, 설탕과 탄수화물을 과다하게 사용하며, 농약과 항생제, 화학 잔여 물질을 함유한다. 거기에다 공장형 사육으로 생산되는 육류의 과다 섭취까지 겹치면서 정크 푸드 식단은 미국인들을 만성 질환과 조기 사망의 길로 이끌고 있다.[49]

현대인의 식단에 정크 푸드가 그토록 많은 이유 중 하나는 마트나 패스트푸드점에서 저렴하게 팔리기 때문이다. 일반적으로 정크 푸드의 칼로리당 가격은 채소, 과일, 곡물 같은 자연식품의 4분의 1 수준이다. 그러나 공중 보건과 환경, 기후에 미치는 피해를 포함해 그런 식품의 생산과 소비에 따르는 실질 대가는 일반 대중이 알 수 없다.

정크 푸드와 탄산음료는 입맛을 자극하고 중독성이 있으며 저렴하게 대량으로 만들어지지만 몸에는 해롭다. 특히 경제적 여유가 없는 사람들에게는 신속하고 편리하게 속을 채워주지만 자신도 모르게 체중을 불리고, 혈관을 막히게 하며, 암과 심장병, 치매를 일으킬 수 있다. 정크 푸드는 건강을 해치고, 장내 생태계를 교란하며, 면역 체계를 약화시켜 만성 질환을 부르고, 그런 질환이 코로나19 같은 바이러스 감염에 의해 더욱 악화되면서 생명을 위협하게 된다.

공중 보건을 기업의 이익보다 우선시하는 사회는 정크 푸드를 아예 금하거나 그런 식품에 담배처럼 무거운 세금을 물려 시민들이 건강한 식품을 찾도록 만들 것이다. 그럴 경우 거대 식품·농업 기업들이 무너지고, 거대 제약사들의 수익도 크게 줄어드는 반면, 유기농과 재생 농업으로 생산된 식품이 대세를 이룰 것이다.

우리는 무모한 군사·과학 이중용도의 유전자 조작이 이런 팬데믹을 가져왔을 뿐 아니라 세계 경제의 붕괴와 미디어 검열, 민주적 기본권의 제한을 불러왔다는 사실을 인정하고 그런 연구를 중단해야 한다. 그리고 사람들을 조기 사망과 입원으로 내모는 산업화된 식품과 농업에서 우리 사회가 벗어나도록 식단을 건전하게 바꿈으로써 자신과 가족을 보호해야 한다.[50]

코로나19로, 또는 예방 가능한 다른 만성 질환의 악화로 목숨을 잃는 미국인이 그토록 많은 것은 그들이 선진국 가운데 건강이 가장 좋지 않은 국민 중 하나이기 때문이다.[51]

만성 질환과 조기 사망의 '해결책', 다시 말해 침입하는 바이러스를 막아내는 가장 중요한 예방책은 유기농과 재생 농업으로 생산된 식품에 적절한 건강기능식품과 허브 같은 생약 제제 그리고 자연요법을 추가하는 것이다.

우리 사회가 건강한 식품과 운동, 충분한 영양 공급을 중시하고 환경을 정화한다면 만성 질환과 코로나19 합병증은 충분히 예방하고 완화할 수 있을 뿐 아니라 심지어 완치도 가능하다. 그러나 지금 우리의 요양원과 보건소, 병원 그리고 보건 당국은 정반대의 길로 나아가고 있다.

우리는 정크 푸드 산업에 대한 지원을 중단하고 그 자금을 나이가 적든 많든, 부유하든 가난하든 모든 사람의 건강에 유익한 유기농 산업에 쏟아야 한다. 이와 함께 우리의 의료도 만성 질환을 단지 약으로만 치료하는 데에서 벗어나 '약을 대신할 수 있는 건강식품'과 허브, 비타민, 건강기능식품 등의 자연건강 촉진제로 만성 질환을 예방하는 방향으로 시선을 돌릴 필요가 있다. 이것이야말로 코로나19와 비만, 당뇨, 암, 심장병, 기타 만성 질환의 유행을 막아내는 효과적인 방법이다.

그 외에도 코로나19와 관련된 범죄자들을 찾아내 사법 처리하고, 바이러스를 무기화하는 생물전쟁 실험과 연구를 영구히 금지해야 한다.

다른 한편으로 우리는 기존 관행과 정책의 산물인 해로운 식품, 대기와 환경 오염, 농약 그리고 오염된 백신이 코로나19 팬데믹과 그에 따른 록다운, 세계 경제의 붕괴를 촉진한 주범이라는 사실을 대중에게 널리 알려야 한다.

공중 보건을 와해하는 코로나19와 만성 질환의 유행을 막아내는 최선의 방법은 건강에 이로운 식품을 섭취하고, 면역력을 강화하며, 우리 몸을 신선한 공기와 햇빛에 충분히 노출시키고, 꾸준히 운동하는 것이다. 페이스북과 매스 미디어는 검열을 통해 그런 진실이 전파되는 것을 막고 있지만 우리는 그 사실을 모두에게 널리 알리고 교육해야 한다.[52]

지금 우리 사회는 코로나19의 두려움 속에 살고 있는 사람들, 경제적으로 어떻게 살아남아야 할지 걱정하는 사람들, 격리되고 사회적으로 고립되면서 심리적으로 피폐해진 사람들로 분열되어 있지만 그 골을 메울 기회는 아직 있다.

우리가 정보와 경험을 자유롭게 교환할 수 있다면, 이 팬데믹이 어떻게 시작되었는지에 관한 진실을 알 수 있다면, 누가 우리에게 거짓말을 하고 누가 우리를 조종하고 통제하려 하는지 밝힐 수 있다면, 또 세계의 일부분에서 실제로 효과를 내는 긍정적인 예방과 치료법을 기초로 우리가 이 악몽에서 벗어날 수 있다는 사실을 받아들인다면, 우리는 이 위기를 얼마든지 극복하고 앞으로 나아갈 수 있다.

진보냐 자유주의냐, 급진주의냐 보수주의냐를 따지며 싸우는 것은 아무 도움이 되지 않는다. 지지하는 정당이 다르고 이념과 신념이 다르다는 이유로 서로 갈등하지 말고 우리를 하나로 묶어주는 윤리적인 기본 가치와 사회적 목표에 전념해야 한다. 낡은 세계의 잔해를 딛고 새로운 세계를 상상하며 건설하기 위해 노력해야 한다.

합심하면 우리는 두려움과 불행과 어둠을 뛰어넘을 수 있다. 인도 출신의 저명한 환경 운동가 반다나 시바는 최근 한 인터뷰에서 이렇게 말했다.

"우리는 두려움에 저항하고 증오에 저항해야 한다. (……) 공포심 조장의 피해자가 되어서는 절대 안 된다. (……) 우리는 희망을 잃을 여유가 없다. (……) 오늘 우리가 살아 있다는 사실은 매일 희망을 가꾸어나가야 한다는 뜻이다. 희망을 키우면 저항할 수 있는 힘이 더 강해진다."[53]

우리는 지역 사회의 일원으로서, 또 세계적인 공동체로서 퇴락하는 공중 보건과 국가적인 병폐를 고치는 긍정적인 해결책을 서로 나누고 실행할 수 있다. 그 해결책은 이미 존재한다. 유기농으로, 재생 농업으로 생산된 식품과 친환경적인 토지 사용, 재생 에너지와 청정 환경, 자연요법과 통합적인 건강 관리, 평화, 정의 그리고 참여 민주주의가 그것이다.

하지만 펜데믹과 두려움의 관문을 통과하기 위해서는 부차적인 차이를 두고 갈등하거나 그에 집착하는 대신 우리 모두가 지지하는 중요한 사안에 초점을 맞춰야 한다. 사회 구성원 모두의 치유와 재생, 지구의 건강이 그것이다.

위기에 빠진 지구에서 우리는 서로 간의 차이를 확대하고 서로를 적으로 대하는 덫에 빠져들지 말아야 한다. 로버트 F. 케네디 주니어는 이렇게 우리를 상기시킨다.

"우리의 적은 거대 IT 기업, 거대 데이터 기업, 거대 석유 기업, 거대 제약사, 의료계 카르텔, 정부의 전체주의 분자들이다. 그들은 우리를 억압하려 하고, 우리의 민주주의와 사고의 자유, 표현의 자유, 집회의 자유 그리고 인간의 존엄성을 보장하는 모든 자유를 빼앗으려 한다."[54]

이제 우리 모두 코로나19의 기원과 성격, 독성, 위협, 예방 및 치료와 관련해 실제로 무슨 일이 어떻게 일어났는지, 지금도 계속 일어나고 있는지 살펴보자. 또 현재 진행 중인 글로벌 엘리트 집단과 디지털 독재 세력의 쿠데타 시도를 저지하며, 건강하고, 재생 가능하며, 정의롭고, 참여적이며, 민주적인 새로운 미래를 건설할 수 있는 전략을 세워보자.

제2장

실험실 유출인가 자연 발생인가?

로니 커민스

> 스탠퍼드 대학의 미생물학자인 데이비드 A. 렐먼 교수는 《미국 국립
> 과학원 회보(PNAS)》 기고문에서 "코로나19의 '기원 스토리'에는 핵심 사
> 항이 여럿 빠져 있다"고 지적했다. 바이러스의 세부적인 최근 진화 과
> 정, 현 바이러스의 바로 윗세대 정체, 그리고 놀랍게도 첫 인간 감염이
> 일어난 장소와 시간, 전파 메커니즘을 알 수 없다는 뜻이다.
>
> —《워싱턴 포스트》 논설위원회, 2020년 11월 14일[1]

　지난 30년 동안 이 책의 저자들을 비롯해 많은 과학자와 사회
운동가들은 '신의 역할'을 대신하려는 인간의 시도에 내재된 근
원적인 위험성을 경고했다. 바로 생명의 기본 요소인 DNA를 유
전공학적으로 조작하는 행위를 가리킨다. 이제 그들은 메신저
RNA(mRNA)까지 손대고 있다. 실험적인 새로운 코로나19 백신
이 그 한 예다.

　신의 역할을 대신하려는 것이 왜 그토록 위험한 일일까? 무엇
보다 유전자 조작 연구가 정부의 규제를 거의 또는 아예 받지 않

을 뿐 아니라 유전자 변형 생물(GMO)이 사람의 건강과 환경에 미칠 해로운 영향을 고려하지 않고 진행되기 때문이다.

그동안 우리가 홍보하고 교육한 덕분에 지금은 세계 전역에서 많은 소비자들이 유전자 변형 식품과 농산물만이 아니라 그런 GMO에 반드시 사용되는 농약(바이엘·몬산토가 생산하는 제초제 글리포세이트·라운드업이 대표적이다) 같은 독성 화학 물질도 경계의 대상으로 삼고 있다. 그러나 대다수 사람들은 유전자 조작과 유전자 편집 기술이 사용되는 또 다른 분야에 관해서는 거의 알지 못하는 실정이다. 베일에 가려진 생물무기, 생물안전, 생물의학 연구의 세계 말이다.

바이오테크노크라시의 첨단 기술 세계에서는 세계 곳곳의 과학자와 연구자 수천 명이 거대 제약사와 군산 복합체의 재정 지원을 받으며 바이러스와 박테리아의 유전자를 조작해 전염력과 독성을 강화하는 '기능 획득' 연구에 매진하고 있다.

생물무기는 국제 생물독성무기협약(BTWC)에 따라 금지되어야 마땅하다. 하지만 바이오테크노크라시는 미생물의 개발이 생물무기가 아니라 유행병과 질환을 막는 새로운 치료제와 백신을 개발하는 데 도움을 주기 위한 생물의학 또는 생물안전 실험이라고 주장하며 연구를 계속한다.[2]

그 같은 '생물안전' 연구가 30년 가까이 이어지는 동안 매년 수백 건의 병원체 유출, 절도, 사고, 심지어 의도적인 살포(2001년 미국에서 발생한 탄저균 공격이 그 예다) 사건이 발생했다. 무기화된 바이러스와 박테리아에 관한 미발표 사건들은 거기에 포함되지도 않았다. 하지만 그처럼 위험한 기능 획득 연구를 통해 효과적인 백신이나 치료제가 개발된 사례는 지금까지 하나도 없다.[3]

기능 획득 연구라고 하면 긍정적으로 들리겠지만 사실은 주로 유전자 조작을 통해 바이러스를 무기화하는 작업을 가리킨다. 사스(SARS) 같은 코로나바이러스는 대개 숙주 범위가 좁아서 하나 또는 소수의 종만 감염시킨다. 박쥐가 대표적인 숙주로 꼽힌다. 그러나 표적 RNA 재조합이라는 유전자 조작 기술을 적용하면 그런 바이러스가 새로운 기능을 획득함으로써 다른 종(인체 세포)을 감염시키고, 면역 체계의 반응을 차단하며, 공기를 통해 쉽고 널리 퍼질 수 있게 만든다.[4] 코로나19를 일으키는 SARS-CoV-2 바이러스가 그렇다.

설득력을 잃어가는 공식 스토리

코로나19의 기원에 관한 공식적인 설명은 SARS-CoV-2 바이러스가 실험실에서 만들어진 게 아니라 자연적으로 생겨났다는 것이다. 하지만 그 주장은 서서히, 그러나 분명하게 설득력을 잃어가고 있다. 이해관계에 얽매이지 않는 독립적인 과학자들과 조사 전문가들이 쌓여가는 증거를 분석하고 그 결과를 발표하면서 사실 관계 오류와 기득권 세력의 새빨간 거짓말이 속속 밝혀지고 있기 때문이다. 학술지와 매스 미디어, 거대 IT 기업들이 아무리 은폐하려 애써도 진실은 계속해서 드러나고 있다.

코로나19의 기원에 관한 공식적인 설명이 잘못되었음을 공개적으로 지적하는 비판자들 중에는 세계적으로 신망 높은 과학자와 연구자 수백 명이 있다. 크리스 마텐슨, 앨리나 챈, 메릴 내스, 모레노 콜라이아코보, 리처드 에브라이트, 니콜라이 페트로프스키, 에티엔 드크롤리, 데이비드 렐먼, 밀턴 라이텐버그, 스튜어트 뉴먼, 악셀 프리드스트룀, 닐스 오거스트 안드레센, 로사나 세그레토, 유리 데이긴, 조너선 레이섬, 앨리슨 윌슨, 반다나 시바, 샘 후세이니, 뤼크 몽타니에, 케리 길람, 클레어 로빈슨, 조너선 매슈스, 마이클 안토니우, 조지프 트리토, 린 클로츠, 필리파 렌초스, 리처드 필치, 마일스 폼퍼, 질 러스터, 비르게르 쇠렌센, 앵거스 달글레이시, 안드레스 수스루드, 모날리 라할카르, 라훌 바홀리카르 등이다.[5]

그러나 중국과 미국 정부, 거대 제약사, 실리콘 밸리, 전 세계의 생물의학·생물방어 전문가 엘리트 집단은 그런 비판을 거짓 주장이라고 반박하며 당국의 공식적인 설명을 지지한다. 그들은 코로나19를 일으키는 SARS-CoV-2가 전염력이 훨씬 약한 사스 코로나바이러스 SARS-CoV(2002~2004년에 약 8,000명을 감염시킨 뒤 사라졌다)의 먼 사촌뻘로서 야생 박쥐를 숙주 삼아 자연적으로 등장했다고 주장한다.

이 야생 박쥐 바이러스가 우연히 진화하여 다른 야생 동물(개미핥기의 일종인 천산갑)과 유전자를 재조합하면서 전염력과 독성이 더 강해졌다는 설명이다.[6] 이처럼 기적 같은 유전자 재조합이 일어난 뒤 SARS-CoV-2 바이러스는 다시 변이를 거듭하여 사람을 감염시킬 수 있는 능력을 획득함으로써 전 세계를 휩쓰는 팬데믹을 일으켰는데, 희한한 사실은 그 진화 과정의 생물학적·유전체적·역학적인 흔적을 전혀 남기지 않았다는 점이다.

만약 코로나19가 정말 자연적으로 발생했다면 중국과 미국 정부 그리고 공식적인 설명을 지지하는 과학자들이 당당하게 나서서 증거를 제시하면 될 일이 아닌가?

스탠퍼드 대학의 미생물학자인 데이비드 A. 렐먼 박사가《미국 국립과학원 회보(PNAS)》에서 지적했듯이, 이 증거에는 SARS-CoV-2의 가장 최근 전신을 보여주는 실험실 표본과 그에 관한 과학적인 데이터 그리고 최초의 사람 감염이 일어난 장소와 시간, 전파 방식이 반드시 포함되어야 한다.[7]

하지만 실제적인 증거 제시가 이루어지기를 기대하기는 어렵다. 자연 발생설의 근거가 없기 때문이다. 또 있는 그대로의 증거를 제시했다가는 치명적인 실험실 사고나 유출로 사상 초유의 위기가 발생했다는 사실이 밝혀질 가능성이 크기 때문이다. 그에 대한 책임을 지려는 사람은 아무도 없다.

특히 매스 미디어와 소셜 미디어를 거느린 거대 IT 기업, 과학계와 의학계의 기득권 세력 그리고 정부 당국이 코로나19 바이러스의 '자연 발생설'을 수차례 되풀이하면서 일반인 대다수가 혼란스러워하고, 잘못된 정보에 놀라고 두려움을 느끼게 되었다.

SARS-CoV-2 바이러스가 중국 우한의 생물의학·생물무기 실험실에서 유전공학적으로 조작된 합성물이며 사고로(그럴 가능성이 가장 크다) 또는 의도적으로 유출된 것으로 보인다는 증거의 우세함을 지적하면서 공식적인 설명에 이의를 제기하는 사람은 무조건 '음모론자'로 낙인찍히고 질타당한다. 용기 있는 그들의 지적은 특히 소셜 미디어에서 검열되고 삭제당하기 일쑤다.

또 공식적인 설명에 따르면, SARS-CoV-2 바이러스는 과거의 역병처럼 아무런 경고 없이 갑자기 나타났다. 박쥐와 천산갑 등 희귀한 야생 동물이 팔리고 도축되고 음식으로 제공되는 중국 우한의 화난 수산시장에서 맨 처음 등장한 뒤 순식간에 널리 퍼졌다는 주장이다.

현장의 도축 시장에서 상인과 손님들이 박쥐를 잡아먹다가 끔찍한 질병에 걸리는 충격적인 이미지는 마치 공포 영화처럼 섬뜩하고 역겨울 수밖에 없다. 게다가 서양인에게 생소하고 혐오감을 주는 음식을 먹는 아시아인의 모습이 부각되면서 인종 차별주의의 낌새도 보인다.

그럼에도 세계의 미디어 대부분과 박쥐-바이러스를 대상으로 연구 실험을 실시하는 엘리트 과학자들은 중국 정부의 '현장 도축

시장의 박쥐가 코로나19 바이러스의 숙주'라는 주장을 지겨울 정도로 되풀이했다. 그러면서 도축 시장과 야생 동물 고기의 판매를 금지해야 한다는 목소리가 세계적으로 높아졌다.

철저한 은폐 공작

중국과 미국의 관리들, 거대 제약사들, 페이스북, 구글 그리고 세계 도처의 오만하고 부도덕한 과학자 네트워크는 코로나19 팬데믹의 실험실 기원을 은폐하기 위해 수단과 방법을 가리지 않았다. 과학적인 위법 행위와 범죄에 해당하는 과실을 숨기고, 생물 무기 연구를 금지하는 국제 조약을 무시하면서도 규제받지 않고 위험한 연구를 이어갈 그들의 '권리'를 보호하며, 거대 제약사들과 GMO 산업의 막대한 수익을 지키기 위해서였다.

중국 정부는 처음부터 거짓말로 일관하며 코로나19를 둘러싼 사실들을 은폐하려 했다. 그리고 세계보건기구(WHO, 제3장에서 자세히 살펴보겠지만 중국과 빌 게이츠가 주요 후원자다)를 비롯해 생물의학 또는 백신 연구라는 미명 아래 바이러스와 박테리아를 연구하고 무기화하는 미국과 일부 국가들의 유전공학자와 바이러스 학자들이 그들의 은폐를 방조했다.

은폐의 첫 단계는 사스 같은 새로운 유행병이 우한에서 발생했다는 사실과 이번 바이러스는 2002~2004년 중국에서 시작된 사스 유행 때와 달리 전염력이 매우 강하다는 사실을 감추거나 그런 사실의 인정을 지연하는 것이었다. 세계의 주요 미디어는 코로나19가 중국 우한의 수산시장에서 시작되었다는 주장(나중에 사실이 아닌 것으로 밝혀졌다)을 되풀이했다. 그러나 다행히 몇몇 독립적인 매체들이 중국 정부의 초기 거짓말과 번복, 사실의 인정 지연을 조사하여 폭로하기 시작했다.

그 매체들의 보도에 따르면, 중국 정부는 이전에 알려지지 않은 '중증 호흡기 유행병'(얼마 지나지 않아 코로나19로 불린다)이 2019년 11~12월 처음 발생했다는 사실을 숨기고 있다가 한 달 이상 지난 뒤에야 인정했다. 중국 관리들과 WHO는 일부 전문가들의 경고를 무시하고 이 SARS-CoV-2 바이러스가 우한에서 사람들 간에 급속히 퍼지기 시작했다는 사실을 2020년 2월 19일이 되기까지 세계에 알리지 않았다.

다른 한편으로 중국 정부는 매우 심각한 공중 보건 위기가 시작되고 있다는 사실을 알리려는 과학자들과 의사들을 검열과 탄압 조치로 막았다. 캐나다의 언론인 앤드루 니키포럭은 이렇게 지적했다.

"미국의 유력 신문인 《월스트리트 저널》과 《뉴욕 타임스》의 종합적인 보도에 따르면, 중국 당국은 코로나바이러스의 위협에 직면해 내부 폭로를 엄격히 단속했다. 그들은 결정적인 증거를 무시하고 유행병에 너무 늦게 대처하면서 자신들의 대응 실패를 가혹한 록다운(우한 봉쇄를 가리킨다)으로 무마하려 했다."[8]

그러나 사실은 그보다 더 교활한 은폐가 진행 중이었다. 그들은 SARS-CoV-2가 자연적으로 발생한 것이 아니라 우한의 생물안전 연구소 두 곳 중 하나에서 사고나 고의로 유출되었을 가능성이 크다는 사실을 감추려 했다. 제대로 관리되지 않아 사고가 일어나기 쉬운 실험실에서는 기능 획득 연구가 진행되고 있었다. 그곳에는 세계에 알려지지 않은 채로 수많은 박쥐 코로나바이러스가 비축되어 있었고, 일부는 이미 무기화된 상태였다.

실험실에서 유출되는 위험한 바이러스

미국과 국제법은 생물무기 및 그와 관련된 실험을 금지하고 있음에도 소위 이중용도 생물전쟁·생물방어 실험실에서는 합성 바이러스가 계속 만들어지고 있다.[9] 지난 30년 동안 그런 실험실 중 많은 곳에서 바이러스의 유출과 사고, 절도 사건이 발생했다.

신망 높은《미국 핵과학자 회보(BAS)》는 최근 이렇게 경고했다. "중국 질병통제예방센터 산하 실험실에서 발생한 안전 규정 위반이 2004년 베이징에서 발생한 4건의 사스 의심 환자(그중 1명은 사망했다)와 관련 있는 것으로 추정된다. 2019년 12월 중국 란저우 수의학연구소의 직원 65명이 브루셀라병에 걸린 것도 그와 유사한 사고 때문이었다. (……) 또 2020년 1월 동물 복제로 유명한 중국 과학자 리닝은 실험용 동물을 시장에 유통시켜 12년 징역형을 선고받았다."[10]

무모한 과학 실험을 용인하고, 또 그 같은 사고를 겪는 곳은 비단 중국만이 아니다. 치명적인 병원체를 다루는 세계 도처의 여러 실험실에서 심각한 안전 규정 위반 사례가 계속 확인되었다.[11] 《USA 투데이》는 2016년 미국 질병통제예방센터(CDC) 연구자들이 생물안전 등급 4(매우 위험한 병원체를 다룬다는 의미다)로 평가된 실험실에서 나올 때 오염제거실의 분사 장치가 고장 난 적이 있다고 폭로했다. 기사에 따르면, 실험실에는 에볼라와 천연두를 일으키는 바이러스 샘플이 있었을 가능성이 컸다.[12]

2014년에는 미국 국립보건원(NIH)의 식품의약국(FDA) 연구소 저장실에서 천연두 바이러스가 들어 있는 유리병 6개가 발견되었다.[13] 치명적일 수 있는 전염병 병원체를 부주의하게 취급한 사례는 한 달 전에도 있었다. 당시 CDC 직원들이 실수로 살아 있는 탄저균을 다른 실험실로 보내면서 최소한 84명이 그 균에 노출되었다. 한 조사에서 관리들은 그전 10년 동안 그와 비슷한 다른 사고들도 발생한 적이 있다는 사실을 확인했다.[14]

2015년에는 미국 국방부가 생화학병기실험소에서 완전히 비활성화되지 않은 탄저균을 12년 동안 전 세계의 200개 실험실에 보냈다는 사실을 인지했다. 2016년 8월 발표된 미국 정부회계감사원(GAO) 보고서에 따르면, 2003년부터 2015년까지 최소한 21차례에 걸쳐 완전히 비활성화되지 않은 탄저균이 배송되었다.[15]

2017년에는 미국 텍사스주 멕시코만 연안의 갤버스턴섬에 있는 생물안전 등급 4의 실험실이 대형 폭풍과 홍수에 노출되면서 그곳에 보관하고 있던 병원체가 유출되었을지 모른다는 우려가 제기되었다.[16] 또 《뉴욕 타임스》의 보도에 따르면, 2019년 8월에는 메릴랜드주에 있는 포트 데트릭 미군 생물전쟁 실험실이 위험한 병원체의 부적절한 폐기 문제로 임시 폐쇄되었다. 관리들은 '국가 안보에 관한 문제'라며 사고에 관한 세부적인 논평을 거부했다.[17]

2017년 생물안전 컨설턴트인 팀 트레번은 중국 과학원 산하 우한 국가생물안전실험실의 허술한 안전 관리를 지적하며 그곳에서 유출될 가능성이 있는 바이러스의 위협에 우려를 표했다.[18] 2018년 주중 미국 대사관의 외교 전문도 '우한 연구소의 안전 규정 위반 가능성'에 관해 경고했다.[19]

물론 생물안전 또는 백신 연구라는 명분 아래 실시되는 생물무기 실험에 재정을 지원하는 미군과 중앙정보국(CIA) 그리고 중국을 비롯한 많은 국가들이 코로나19 바이러스가 자연적으로 발생했다는 공식적인 스토리는 팩트가 아니라 프로파간다(선전)에 근거한다는 점을 인정하려 들지 않는다.

말 그대로 전 세계의 생물무기 개발 경쟁이 불붙었다. 하지만 백악관도, 백악관 최고의학자문역인 앤서니 파우치 미국 국립 알레르기·전염병 연구소(NIAID) 소장도, 미국 국립보건원(NIH)도 그에 관한 진실이 밝혀지기를 원치 않는다. NIH가 지원한 에코 헬스 얼라이언스가 우한 실험실에서 진행되는 코로나바이러스의 기능 획득 연구에 자금을 댔기 때문이다.

국제 시사 주간지 《뉴스위크》에 따르면, 이 연구는 두 부분으로 나눠 이루어졌다.[20] 2014년부터 2019년까지 실시된 첫 단계는 '박쥐 코로나바이러스 등장의 위험성에 대한 이해'에 초점을 맞추었다.[21] 그 초기 연구 결과는 2015년 학술지 《네이처 메디신》에 실렸다.[22] 예산 370만 달러가 소요된 그 연구는 우한 바이러스 연구소의 스정리(石正麗) 신흥감염병센터장이 이끌었으며, 야생 박쥐 코로나바이러스를 대상으로 삼았다. 미국 노스캐롤라이나 대학과 하버드 대학의 과학자들도 그 연구에 참여했다.[23]

2019년에 시작된 두 번째 단계에는 코로나바이러스의 추가 연구와 함께 박쥐 코로나바이러스가 사람을 감염시킬 수 있도록 개조하는 방법을 찾는 기능 획득 실험이 포함되었다. 이 두 번째 단계는 질병생태학 전문가이자 에코헬스 얼라이언스 대표인 피터 다작이 주도했다.

그러나 중국과 미국 트럼프 정부만 탓할 일은 아니다. 이 위험 천만하고 터무니없는 연구는 미국에서 정권이 바뀐 지금도 포트 데트릭, 컬럼비아 대학, 노스캐롤라이나 대학 등에서 계속되고 있으며 미국 정부와 군이 자금을 대고 있다. 제2차 세계대전 이래로 지속되고 있는 프로그램이다. 트루먼, 아이젠하워, 케네디, 닉슨,

카터, 레이건, 조지 H. W. 부시, 클린턴, 조지 W. 부시 그리고 오바마 정부도 예외가 아니었다.[24]

은폐의 두 번째 단계

은폐의 두 번째 단계는 위법 행위의 증거를 조직적으로 파기한 것이다. 하지만 대다수 언론 매체는 다음의 사실을 무시했다.

- 2019년 12월 말 우한 수산시장과 인근 연구소 실험실에서 수집한 표본과 검사 결과가 사라졌다.[25]
- 2020년 1월 26일 중국군과 생물무기 최고 전문가가 우한 바이러스 연구소를 장악했다.[26]
- 우한 바이러스 연구소를 비롯한 여러 연구 시설이 수집한 박쥐 바이러스에 대한 유전체 2만 건의 정보가 공개 온라인 데이터베이스에서 삭제되었다.[27]
- 실험실에서 유출된 SARS-CoV-2 바이러스가 팬데믹을 일으켰을 가능성이 크다고 지적한 중국 과학자들의 주장이 검열당하고 그중 몇몇은 실종되었다.
- 중국 당국은 군의 사전 승인 없이는 SARS-CoV-2 바이러스에 대한 어떤 기사도 실을 수 없도록 조치했다.
- 발표된 코로나바이러스 관련 논문의 데이터가 아무런 안내도 없이 은밀히 수정되었다.[28]

- 2021년 1월 중국 국가자연과학기금위원회(NSFC)의 데이터 베이스에서 약 300건의 코로나바이러스 연구 논문이 삭제되었다.[29]

증거 인멸 외에도 코로나19 바이러스의 실험실 기원설을 막무가내로 일축하는 주장이 계속되었다. 우한 바이러스 연구소의 코로나바이러스 연구에 NIH의 보조금을 전달한 에코헬스 얼라이언스의 피터 다작 대표가 그런 주장의 전파에 핵심적 역할을 했다.

2020년 2월 18일 코로나19 바이러스가 실험실에서 만들어졌다는 가설을 부인하는 연구자 27명이 서명한 성명서가 국제 의학 학술지 《랜싯》에 실렸다. 성명서의 일부 내용은 다음과 같다.

"우리는 코로나19가 자연적으로 발생하지 않았다고 주장하는 음모론을 강력히 규탄한다. 여러 국가의 과학자들이 코로나19의 원인인 SARS-CoV-2 바이러스의 유전체를 분석했다. 그 결과, 그들 대다수는 이 바이러스가 야생에서 기원한 것으로 결론지었다."[30]

소셜 미디어의 팩트체커들은 이 성명서를 근거 삼아 SARS-CoV-2가 인위적으로 만들어진 듯하다는 점을 시사하는 콘텐트를 차단했다. SARS-CoV-2 바이러스의 기원에 관한 공개 토론을 가로막으려는 이 술책의 배후 조종자는 에코헬스 얼라이언스의 다작 대표인 것으로 드러났다.[31] 그가 성명서 초안을 작성한 뒤 여러 연구자의 서명을 받아 마치 자기 혼자 한 게 아닌 것처럼 포장했다. 정보공개법(FOIA)을 통해 입수한 이메일들에 따르면, 그는 이 성명서가 "한 단체나 개인에게서 나온 것이 아니라 주요 과학자들의 뜻을 모은 공개서한으로 인식되기"를 원했다.[32, 33]

2021년이 시작되면서 SARS-CoV-2 바이러스의 기원에 관한 실제적인 조사를 요구하는 목소리가 커졌다. 다작은 이 조사 임무를 맡은 위원회에 참여했다. 그것도 한 곳이 아니라 두 곳에 이름을 올렸다. 하나는 《랜싯》의 코로나19 위원회였고, 다른 하나는 WHO 조사위원회였다.[34, 35]

SARS-CoV-2가 처음부터 사람과 동물 양쪽을 감염시킬 수 있는 자연적인 바이러스였다는 가설을 만들어 퍼뜨리는 데 핵심 역할을 한 다작이 실제 조사가 이뤄진 후 그와 다른 결론을 내릴 확률이 과연 얼마나 되었을까? 《랜싯》 위원회의 위원 중 다른 5명도 2020년 2월 18일 《랜싯》에 실린 성명서에 서명한 과학자들이었다. 따라서 그들의 신뢰도 역시 의문이다.

그와 더불어 중국 당국이 코로나19 바이러스의 실험실 유출설을 계속 부인하는 동안 우한 바이러스 연구소와 우한 질병통제예방센터를 포함한 중국의 생물의학·생물방어 실험실들이 보안과 안전 조치를 강화하는 새로운 규정을 도입한 것은 의심을 더욱 증폭시켰다.[36]

수산시장에 박쥐는 없었다

코로나19가 유행하기 시작한 지 처음 몇 달 동안 주요 언론은 우한 수산시장에서 판매되는 동물 중에 코로나19 검사 결과 양성 판정을 받은 사례가 없다는 중요한 정보를 무시했다. 또 2019년 12월 초 우한에서 발생한 초기 코로나19 환자들의 약 3분의 1(최초 환자 포함)은 수산시장과 아무 관련이 없었다는 사실 역시 거의 보도하지 않았다.[37]

우한 화난 수산시장과 관련된 많은 사람이 현장에서 박쥐가 판매된 적도 없고, 거기서 박쥐를 음식으로 먹은 사례도 없었다고 증언했지만 미디어는 그들의 말에 신경 쓰지 않았다. 게다가 그곳에서 가장 가까운 박쥐 동굴도 1,000km나 떨어져 있으며, 우한에서 SARS-CoV-2 바이러스가 나타났을 때는 야생 박쥐들이 겨울잠을 자는 중이었다.

2020년 1월 베이징의 한 신문은 '0번 환자'(코로나19 바이러스의 최초 감염자)가 우한 바이러스 연구소의 과학자 황옌링이었다고 보도했다. 기사는 이후 인터넷에서 삭제되었지만 그와 관련된 소문은 지속되었다.[38] 그해 2월 신망 높은 중국 과학자 보타오샤오와 레이샤오는 다음과 같은 내용의 기사를 썼다(그러나 중국 정부는 곧바로 그 기사를 인터넷에서 삭제했다).

"우한 현지의 보도 그리고 거주자 31명과 방문자 28명의 증언에 따르면, 우한에서 박쥐가 식재료였던 적이 없으며, 그곳 시장에서 박쥐가 매매된 적도 없다."[39]

우한 수산시장에서는 야생 박쥐가 팔리거나 식재료가 된 적이 없다 해도 인근의 연구소 두 곳은 박쥐를 보관하며 박쥐 바이러스를 연구하고 있었다.

그중 하나인 우한 질병통제예방센터는 화난 수산시장에서 겨우 300m 떨어져 있으며, 처음으로 코로나19 의료진 환자들이 확인된 유니언 병원 바로 곁에 자리 잡고 있다. 나머지 한 곳은 우한 바이러스 연구소로, 화난 수산시장에서 약 11km 떨어져 있다. 중국 정부가 게재를 불허했지만 보타오샤오와 레이샤오가 기사에서 내린 결론은 이랬다.

"킬러 코로나바이러스는 우한의 한 실험실이 그 출처였을 가능성이 크다."[40]

우한의 실험실 두 곳은 살아 있는 박쥐 바이러스들을 수집하고 분석하고 실험하며, 때로는 독성과 전염력을 강화한 것으로 알려졌다. 무엇보다 그 실험실들이 인구 1000만 명에 이르는 대도시 안에 있다는 사실을 우리는 주목해야 한다. 바이러스의 신속한 전파에 이상적인 환경이라는 뜻이다. 특히 기능 획득 연구가 인류의 존재를 크게 위협할 수 있다는 사실을 고려하면 독성 바이러스에 대한 위험한 연구를 그처럼 인구 밀도가 높은 지역에서 진행하는 것은 어느 누구도 이해할 수 없다.

그 두 실험실에서 연구한 과학자들(그중에서도 중국 언론이 '박쥐

여인'이라는 별명을 붙인 스정리 박사가 가장 잘 알려졌다)은 코로나바이러스의 독성과 전염력을 강화하기 위해 유전자 조작 등의 기능 획득 기술을 어떻게 사용했는지 설명한 논문을 학술지에 게재했다. 주로 미국 등 외국 과학자들과 공동으로 논문을 작성했으며, 동료 심사도 받았다.[41]

나중에 밝혀진 바에 따르면, 중국 정부와 중국군만이 아니라 미국 정부도 그런 기능 획득 연구를 지원했다. 미국의 경우에는 앤서니 파우치 박사가 이끄는 NIAID와 에코헬스 얼라이언스 그리고 국방부와 국가 안보 관련 기관들의 네트워크가 포함된 것으로 알려졌다.[42]

로버트 F. 케네디 주니어는 인스타그램에 올린 글에서 트럼프 정부 내에서 코로나19에 관한 '이성적 목소리'로 일컬어진 앤서니 파우치 박사가 우한 실험실들에서 진행된 바이러스 무기화 연구에 대한 재정 지원에 어떻게 연루되었는지를 다음과 같이 설명했다.

영국 매체 《데일리 메일》은 오늘자 보도에서 앤서니 파우치의 NIAID가 코로나바이러스 유출 의혹 조사를 받고 있는 우한 실험실의 과학자들에게 과거 370만 달러를 제공했다는 문건을 확보했다고 전했다.

《데일리 메일》은 "코로나19 바이러스의 출처로 믿어지는 동굴

서식 박쥐에 대한 연구에 미국 연방 보조금이 제공되었다"고 보도했다.

배경: 2002~2003년 사스 코로나바이러스 유행 후 NIH는 중국 과학자, 포트 데트릭의 생물무기 연구소 소속 미군 바이러스 전문가, NIAID 소속 과학자들의 합동 연구에 보조금을 제공했다. 박쥐 바이러스의 독성 변종이 인체 세포에서 어떻게 진화할 수 있는지 연구함으로써 향후 코로나바이러스의 유행을 막기 위한 것이 명목상의 목적이었다.

거기에는 코로나바이러스 감염병 팬데믹을 일으킬 수 있을 정도의 슈퍼바이러스를 만드는 '가속 진화' 기법을 사용한 기능 획득 연구가 포함되었다. 박쥐가 숙주인 코로나바이러스를 기초로 독성과 전염력이 더 강해지도록 기능을 추가한 변종 바이러스를 만드는 과정이었다. 세계 전역의 과학자들이 파우치의 연구에 충격을 받았다. 2017년 12월의 《뉴욕 타임스》 기사에 따르면, 그들은 이렇게 이의를 제기했다. "그 연구는 실험실에서 유출되어 팬데믹의 씨앗이 될 수 있는 괴물 바이러스를 만들어낼 위험이 있다."

같은 기사에서 하버드 공중보건대학원 산하 전염병센터의 마크 립시치 박사는 파우치 박사가 이끄는 NIAID의 연구를 두고 이렇게 논평했다. "그 연구는 약간의 과학적인 지식을 가져다줄 뿐 팬데믹에 대한 우리의 대비 태세를 향상하는 측면에서는 거의 아무런 도움을 주지 않으며, 오히려 우발적인 팬데믹을 일으킬 소지가 있다."

그런 치명적인 바이러스가 유출될 뻔한 사고가 잇따라 발생한 직후인 2014년 10월 오바마 대통령은 파우치의 위험한 연구에 대한 연방 보조금 지원을 전면 중단하라고 지시했다.

　그러나 현 상황을 보면 파우치 박사가 그 연구를 중국 우한의 군사 실험실에 외주를 주어 연방 정부의 규제를 피한 듯하다. 의회는 NIAID가 중국에서 저지른 위법 행위를 철저히 조사해야 한다.[43]

　케네디가 지적하듯이, 그런 기능 획득 연구의 일부가 2014년부터 현재까지 중국 우한에서 진행된 이유는 미국을 비롯한 여러 나라에서 일어난 실험실 사고와 매우 위험한 병원체 유출이 잇따르면서 그런 실험이 미국에서 금지(2014~2017)되었다는 사실에서 찾을 수 있다.[44]

　실험실 사고와 병원체 절도 및 유출은 미국만이 아니라 중국 등 다른 나라에서도 흔한 일이 되었다. 예를 들면 코로나19 바이러스 SARS-CoV-2의 윗세대인 사스 바이러스 SARS-CoV는 2003년과 2004년에 베이징과 싱가포르 등의 실험실에서 직원들을 감염시켰고 심지어 사망까지 불렀다. 과학 전문지《사이언스》는 2004년 이렇게 경고했다.

　"지난 한 해 동안 베이징, 싱가포르, 타이베이 등 세 곳의 실험실에서 4건의 감염 사건이 발생하면서 보건 전문가들은 향후의 사스 유행이 동물 숙주에서보다 실험실에서 비롯될 가능성이 훨씬 커졌다고 우려한다."[45]

2018년 1월 우한 바이러스 연구소를 방문한 미국 국무부 직원들은 실험실 관리가 허술하고 직원도 부족해 잠재적 대유행 병원체(PPP)의 우발적 유출 위험이 크다는 보고서를 본국에 보냈다.[46]

독립적인 조사 전문가들의 회의론과 비판이 커지자 중국 질병통제예방센터의 가오푸(高福) 소장은 2020년 5월 말 중국 국영 TV를 통해 우한의 화난 수산시장에서 수거한 동물 표본에서 SARS-CoV-2 바이러스가 검출되지 않았다고 밝히며, 그 시장이 코로나바이러스 유행의 출처가 아니라 다른 장소에서 이미 감염된 사람이 그곳에서 바이러스를 전파했을 가능성이 크다고 인정했다. "처음에 우리는 화난 수산시장을 바이러스의 출처로 추정했지만 지금은 그 시장이 바이러스 감염의 피해를 입었을 뿐이라는 사실을 알게 되었다."[47] 그의 언급은 시장에서 누군가 코로나19 바이러스에 감염되기 전에 이미 바이러스가 우한에 퍼져 있었다는 것을 보여주는 여러 건의 연구 결과와 일치했다.[48]

계속 바뀌는 공식 스토리

중국 정부가 코로나19의 우한 시장 발생설을 철회하자 세계의 언론과 보건 당국은 혼란스럽고 당혹스러운 나머지 처음에는 그 문제를 거의 다루지 않았다.

그러자 중국 관리들과 기능 획득 연구에 참여한 과학자들은 곧바로 코로나19의 공식 기원설을 슬며시 수정하기 시작했다. 말레이시아에서 중국으로 야생 천산갑이 밀반입되는 과정에서 그중 한 마리가 우연히 코로나바이러스의 숙주인 관박쥐에 의해 감염된 것이 첫 단계라는 설명이었다(말레이시아는 관박쥐가 서식하는 중국의 박쥐 동굴에서 1,600km나 떨어져 있는데도 말이다). 그다음 천산갑 내부에서 또다시 기적 같은 유전자 재조합이 이루어지면서 관박쥐 코로나바이러스의 전염력이 크게 강화되어 무차별적으로 사람을 감염시켜 팬데믹을 일으켰다는 것이었다.

때를 맞춘 듯 관박쥐에서 천산갑으로 이어진 감염 가설을 홍보하는 기사가 쏟아졌고, 야생 동물 밀수를 엄단해야 한다는 목소리가 높아졌다. 그러나 다른 나라의 과학자들은 연구 논문을 통해 그 가설이 SARS-CoV-2 바이러스의 갑작스러운 등장에 대한 신빙성 있는 설명이 될 수 없다는 결론을 내렸다.[49]

그들의 연구에 따르면, 최초의 관박쥐 코로나바이러스(사람을 감염시킬 수 없다)가 희귀한 천산갑을 감염시켜 유전자를 교환함으로써 인체 세포 침투를 용이하게 하는 '퓨린 분절 부위(furin cleavage site)'를 가진 특별 스파이크 단백질을 만들어낼 가능성은 매우 희박하다.

특히 기적 같은 유전자 재조합이 실험실에서 유전자 조작을 통하지 않고 자연적으로 발생했다는 것은 믿을 수 없다. 관박쥐와 천산갑은 서로 아주 멀리 떨어진 곳에 서식하기 때문이다. 더구나 그처럼 전염력 강한 박쥐·천산갑 바이러스가 자연적으로 생겨 났다면 진화 과정의 생물학적 또는 역학적 흔적이 남아 있어야 한 다. 전문가들은 자연에서 그런 복잡한 종간(種間)의 유전자 재조 합이 이루어져 사람을 감염시키려면 수십 년의 진화 과정이 필요 하고, 사람에 대한 전염력이 코로나19 바이러스처럼 강화되려면 그보다 훨씬 더 많은 시간이 걸린다고 지적했다.

이에 세계 각지의 역학자와 바이러스 학자들이 조사하고 연구 했지만 자연 상태에서 그 같은 박쥐·천산갑 바이러스가 존재했거 나 또는 사람을 감염시켰다는 증거는 찾을 수 없었다. 따라서 그 런 바이러스가 존재한다면 실험실에서 만들어져 2019년 늦은 가 을 우한의 실험실에서 흘러나왔을 가능성이 크다.

SARS-CoV-2의 자연 기원설을 주장하는 다른 부류는 만약 실험실에서 인위적인 유전자 조작이나 편집이 이루어졌다면 그 바이러스의 유전체에 유전자가 삽입된 부분의 흔적이 있어야 하 는데 그런 흔적이 어디 있느냐며 실험실 기원을 반박했다. 또 다 른 부류는 유전자를 편집하고 조작하려면 '바이러스 근간(viral backbone)'이 반드시 있어야 하는데 SARS-CoV-2의 바이러스 근간은 알려진 것이 없다며 실험실에서 바이러스가 만들어졌다 는 가설은 근거가 없다고 주장했다.

하지만 이탈리아의 유전체 데이터 전문가 모레노 콜라이아코 보를 비롯한 여러 과학자들은 '무결절 기법'이라는 현대 유전공학

기술을 사용하면 흔적을 남기지 않고 새로운 바이러스를 만들어 낼 수 있다고 주장했다. 매스 미디어와 일반 대중은 그런 구체적인 기법에 관해 들은 적이 거의 없지만 요즘의 유전공학자와 바이러스 학자라면 누구나 아는 사실이다.

더구나 아무리 기술 좋은 유전공학자라 해도 실험실에서 바이러스를 조작하고 무기화하려면 기존의 바이러스 근간이 필요한 것은 사실이지만 '널리 알려지지 않은' 바이러스도 수천 종에 이른다. 중국군이나 다른 기관들이 보유하고 있으면서도 공개하지 않은 바이러스 말이다. 그렇게 발표하지 않고 보유한 바이러스를 근간으로 사용하면 기능 획득을 통해 SARS-CoV-2 바이러스를 만드는 것은 충분히 가능하다.[50]

코로나19 바이러스 기원의 난제

그렇다면 이 신종 SARS-CoV-2 바이러스는 어디서 나왔을까? 인체 세포의 방어력을 무력화시키는 능력은 원조 사스 코로나바이러스인 SARS-CoV에는 없는데 도대체 그런 독특한 생물학적 특성을 어디서 얻었을까? 구체적으로 말하자면 SARS-CoV-2의 경우 유전체에 4개의 아미노산이 이상적으로 자리 잡고 있어 인체의 퓨린 같은 효소와 결합하여 바이러스 막을 녹이고 인체 세포에 침투한 뒤 복제를 시작할 수 있다. SARS-CoV가 어디서 그런 아미노산을 얻게 되었을까?

세계의 과학자들이 인체에 침투한 SARS-CoV-2 바이러스의 수많은 표본을 세밀히 분석했지만 전염력이 약한 SARS-CoV가 사람들 사이에서 전염력이 강한 SARS-CoV-2로 자연적으로 진화한 증거는 발견하지 못했다.

다시 말해 SARS-CoV-2는 처음부터 사람을 감염시키는 데 '최적화'된 듯하다는 의미다. 실험실 밖에서 점진적으로 진화하며 사람들 사이에서 퍼진 바이러스가 아니라 실험실 안에서 유전자 조작으로 만들어진 바이러스인 것처럼 말이다.

일부 연구자들은 이렇게 지적했다.

"우리의 분석과 조사에 따르면, SARS-CoV-2는 2019년 말 처음 공식적으로 발견되었을 때 이미 인체 감염에 맞춰진 바이러스였다. 하지만 그 진화의 전 단계 바이러스는 발견되지 않았다."[51]

다른 과학자들은 컴퓨터 모델을 사용해 SARS-CoV-2 바이러스에 돌기처럼 붙어 있는 스파이크 단백질이 동물과 사람 등 여러 종에 존재하는 안지오텐신 전환 효소 2(ACE2) 수용체와 어떻게 결합할 수 있는지 조사했다. ACE2는 수용체가 세포막에 위치한 단백질의 일종으로, 바이러스가 인체 세포와 결합할 수 있게 해준다. 그 연구에서는 SARS-CoV-2 스파이크 단백질이 다른 어떤 종보다 인체의 ACE2 수용체와 더 강하게 결합하는 것으로 나타났다. 그들은 다음과 같이 설명했다.

우리 연구에서 주목할 사실은, SARS-CoV-2 스파이크 바이러스와 ACE2의 결합 에너지가 테스트 대상인 모든 종 가운데 사람의 경우에서 가장 높았다는 것이다. 이는 SARS-CoV-2 스파이크 단백질이 인체의 ACE2를 발현하는 세포와 결합하도록 특화되었다는 점을 시사한다.

일반적으로 바이러스는 원래의 숙주(예를 들어 박쥐)가 가진 수용체와 가장 높은 친연성을 가지며 새로운 숙주(예를 들어 사람)의 수용체와는 결합 친연성이 비교적 낮다. 그러나 우리의 테스트에 따르면, SARS-CoV-2의 친연성이 원래의 숙주로 추정되는 박쥐나 잠재적인 어느 중간 숙주의 종보다 사람에게서 더 높았다.[52]

즉 SARS-CoV-2는 원래 숙주인 박쥐에서 진화한 뒤 중간 숙주를 거쳐 '동물과 사람 사이의 경계를 넘어' 사람을 감염시킨 다음 시간이 흐르면서 전염력이 더욱 강해진 바이러스가 아니라, 실험실에서 유전자 조작을 통해 처음부터 그렇게 만들어진 바이러스라는 매우 강력한 과학적 증거가 있다는 뜻이다.

그런 유력한 과학적 증거 외에 상식적인 문제도 있다. SARS-CoV-2가 중국의 바이러스 실험실이 있는 대도시에서 처음 나타났다는 '10억분의 1'에 해당하는 우연의 일치는 어떻게 설명할 수 있을까? 안전 관리가 미흡해 사고가 나기 쉬운 실험실에서 중국 과학자들은 미국과 중국의 합동 프로젝트에 따라 생물의학과 백신 연구를 명분으로 내세우며 야생 박쥐에서 채취한 바이러스를 무기화하고 있었다.

물론 그렇다고 SARS-CoV-2 바이러스가 의도적으로 살포되었다는 뜻은 아니다. 그러나 이와 같은 사실은 사람을 감염시키도록 만들어진 SARS-CoV-2 바이러스가 실험실에서 사고로 유출되었을 확률이 아주 높다는 점을 시사한다.

기능 획득 연구를 지지하는 중국과 미국의 과학자들은 생물무기가 아니라 독성과 감염력이 좀 더 강한 바이러스를 만들어 쥐 등의 실험실 동물을 감염시킨 뒤 그것을 이용해 백신을 개발하려 했을지 모른다.

실제로 우한 실험실에서 연구를 진행한 스정리 박사는 백신 개발을 목표로 바이러스와 인체 세포 사이의 친연성을 높이기 위해 유전자를 이식한 실험 쥐를 사용했다고 밝혔다.

많은 과학자가 SARS-CoV-2와 인체 세포 사이의 친연성이 어떻게 그토록 강할 수 있는지, 또 박쥐에게서 사람으로 바이러스가 장벽을 넘어 도약할 수 있도록 해주는 중간 숙주가 천산갑이 아니라면 왜 그것을 대치할 만한 다른 종을 찾을 수 없는지 이해하려고 애썼다. 스정리 박사는 2020년 7월 과학 전문지《사이언스》와 가진 인터뷰에서 이렇게 말했다.

우리는 2018년과 2019년 우한 바이러스 연구소의 생물안전 실험실에서 인체 ACE2를 발현시키는 유전자를 이식한 실험 쥐와 사향고양이를 대상으로 생체 내 실험을 진행했다. 우리가 사용한 바이러스는 SARS-CoV와 유사한 박쥐의 SARSr-CoV였다. 이 연구는 중국 실험실의 병원성 미생물 취급에 관한 생물안전 관리 규정을 철저히 지키며 이루어졌다. 그 결과는 박쥐의 SARSr-CoV가 사향고양이를 직접 감염시킬 수 있으며, 아울러 인체의 ACE2 수용체를 가진 실험 쥐도 감염시킬 수 있다는 점을 시사했다. 그러나 병원성(병원체가 숙주를 감염하여 병을 일으킬 수 있는 정도)은 실험 쥐의 경우 낮은 수준이었고 사향고양이의 경우에는 아예 없었다.[53]

미국이 기능 획득 연구가 너무 위험하다는 이유로 국내에서 진행되는 그런 연구를 2014년부터 2017년까지 일시적으로 금지한 후 거대 제약사들이나 NIH가 중국 우한의 연구소에서 진행되는 연구를 지원한 것도 이로써 설명될 수 있을지 모른다.[54]

하지만 제약사들이나 보건 기관만이 아니라 중국군과 미군 그리고 안보 기관들도 세계 각지에서 실시되는 생물전쟁·생물방어 연구를 적극 지원했다는 사실은 그들이 SARS-CoV-2 같은 바이러스를 잠재적인 생물무기로 삼으려 했을지 모른다는 점을 시사한다. 전 세계에서 화학·생물 무기 경쟁이 치열하다는 사실을 감안하면 그럴 가능성이 크다.[55] 과학자이자 저술가로 지구와 인류 건강의 재생을 도모하는 단체 리제너레이션 인터내셔널의 국제이사인 안드레 류는 이렇게 지적했다.

"그처럼 방대한 규모의 은폐를 생각하면 우한 바이러스 연구소 직원들과 중국 정부가 진실을 말할 가능성은 거의 없을 듯싶다. (……) 그들은 기능 획득 연구가 이처럼 세계적인 팬데믹 위기를 일으켜 수많은 사람의 삶을 망가뜨렸다는 것이 밝혀지면 국제 사회에서 분노와 아우성이 터져나와 이런 연구가 더는 진행될 수 없을 것이라는 사실을 잘 안다."[56]

더구나 그게 사실로 밝혀졌을 때는 그처럼 무모한 연구에 자금을 댄 중국과 미국 정부, 군산 복합체 그리고 연구를 직접 진행한 과학자들은 코로나19 팬데믹에서 비롯된 피해에 대해 수조 달러의 배상 책임을 떠안을 수 있다. 또 그 연구가 화학·생물 무기 개발을 금지하는 국제 협약을 위반했다는 것이 입증된다면 그들은 형사 기소될 가능성도 있다.

어른거리는 과거 팬데믹의 그림자

지구의 재앙을 예고한 신종 바이러스는 과거에도 여러 차례 등장했다. 그 첫 번째가 1918년의 스페인 인플루엔자('스페인 독감'으로 알려졌다)였다. 제1차 세계대전 동안 조류 바이러스가 돼지와 사람을 동시에 감염시키면서 시작된 팬데믹으로 전 세계에서 5억 명이 감염되었고, 그로 인해 세계 인구의 2.7%에 해당하는 5000만 명이 사망했다.[57]

스페인 인플루엔자는 코로나19를 일으키는 SARS-CoV-2처럼 급속도로 전파되었다. 그러나 공통점은 그 정도에 그치는 듯하다. 스페인 인플루엔자는 코로나19와 달리 바이러스에 감염된 지 12시간 안에 사망할 정도로 치명적이었다. 또 코로나19와 달리 20~40대가 감염에 가장 취약했다. 코로나19의 경우 고령자와 면역력이 저하된 사람들이 최고 위험군이며, 그들 사이에서도 치명률은 스페인 인플루엔자에 비교되지 않을 정도로 낮다. 코로나19의 위력이 스페인 인플루엔자와 유사하다는 이야기가 많지만 사실은 그보다 한참 뒤에 나타난 조류 인플루엔자나 돼지 인플루엔자에 훨씬 더 가깝다.

1976년 미국 뉴저지주의 미군 기지 포트 딕스에서 신종 돼지 인플루엔자가 유행하여 군인 230명이 감염되고, 그중 1명이 사망했다. 당국은 1918년 스페인 인플루엔자 팬데믹의 재연을 우려해 백신을 긴급 사용할 수 있도록 승인하고, 정부의 선전 기관을 동원해 전 국민의 백신 접종을 독려했다. 큰 피해 없는 유행병이었지만 당국은 대대적인 백신 접종 캠페인을 벌여 4500만 명 이상의 미국인이 주사를 맞았다.

이후 몇 년 동안 약 4,000명이 백신 부작용을 호소하며 정부를 상대로 32억 달러에 이르는 피해 보상 소송을 제기했다.[58, 59] 부작용 중에는 길랭-바레 증후군(인플루엔자 백신 접종으로 나타나는 희귀 부작용) 수백 건도 포함되었다. 심지어 건강한 20세도 하지가 마비되는 피해를 입었다. 백신을 접종한 뒤 사망한 경우도 최소 300건에 이르렀다.[60] 그에 반해 돼지 인플루엔자 바이러스로 인한 사망은 단 1명에 불과했다.

2005년에는 H5N1 조류 인플루엔자 공포가 엄습했다. 당시 조지 W. 부시 대통령은 이 바이러스 유행으로 미국인 200만 명이 사망할 것이라고 단언했다.[61] 그러나 조류 인플루엔자 공포는 두려움을 부추겨 일부 개인과 기업에 이득을 주려는 잔인한 거짓에 불과한 것으로 드러났다. 《뉴욕 타임스》 베스트셀러에 올랐던 머콜라 박사의 《조류 인플루엔자라는 거대한 거짓말(The Great Bird Flu Hoax)》을 보면 일어나지 않은 유행병인 조류 인플루엔자와 관련된 터무니없는 사기극의 전모를 알 수 있다.

하지만 그와 같은 공포가 남긴 장기적인 효과 중 하나는 WHO가 긴급한 팬데믹 백신 사용을 승인하는 절차를 조정하기 시작했다는 사실이다. WHO 홈페이지에는 이렇게 나와 있다.

"팬데믹 바이러스의 등장과 안전하고 효과적인 백신 사용 사이의 시간을 단축하기 위한 방법이 모색되었다."[62]

유럽에서 사용된 그런 방법 중 하나가 최근 사람들 사이에 확산되지 않은 인플루엔자 바이러스의 살아 있는 성분을 담은 '모형' 백신(비슷한 항원형의 병원체로서 백신 생산 시기를 단축할 수 있는 허가받은 백신)을 사용하는 연구다. 이 모형 백신을 테스트하면 신종 인플루엔자 바이러스가 사람들 사이에 퍼질 가능성이 크다. "새로운 팬데믹 바이러스를 흉내 내고", 또 "사용 승인을 아주 신속히 처리하는 것"이 목표이기 때문이다.

2009년에는 돼지 인플루엔자(H1N1) 공포가 또다시 기승을 부렸다. 그해 언론 매체는 이 인플루엔자로 인해 미국인 9만 명이 사망하고 200만 명이 입원할 수 있다고 경고했다. 2005년 실체 없는 조류 인플루엔자 팬데믹 당시의 공포심 조장과 비슷했다.

그렇다면 CDC는 돼지 인플루엔자 팬데믹에 어떤 대응책을 제시했을까? 아니나 다를까, 전 국민의 돼지 인플루엔자 백신 접종이었다. 당시《워싱턴 포스트》에 따르면, CDC는 "백신이 나오는 즉시 가족 전원이 접종받도록 하라"고 모든 가구에 당부했다.[63] 그 바이러스의 위력이 대단치 않았는데도 초강수를 둔 것이다. 감염자 대다수가 입원도 필요 없었고 심지어 치료하지 않아도 쉽게 회복되었다. 대부분 가벼운 증상으로 저절로 나았다.

한편 유럽에서는 긴급 사용 승인을 받은 2009년 돼지 인플루엔자 백신 '팬뎀릭스'에 문제가 많은 것으로 드러났다. 그 백신은 2011년 어린이 발작수면(기면증)과 인과 관계가 있는 것으로 확인되었다.[64] 여러 나라에서 그 증상을 호소한 환자가 갑자기 늘어났다.[65] 연구자들은 2019년 "팬뎀릭스 관련 발작수면과 비코딩 RNA 유전자 GDNF-AS1 사이의 새로운 연관성"을 발견했다. 그들은 또 백신에 의한 발작수면과 특정 일배체형(一培體型, 염색체상에서 서로 가까운 곳에 위치해 함께 유전되는 일련의 유전적 표지를 말한다)

사이의 강한 연관성도 확인했다. 다시 말해 "면역과 신경 세포 생존에 관련된 유전자의 변이가 특정 개인의 경우 팬뎀릭스에 의한 발작수면의 취약성을 증가시키는 듯하다"는 뜻이다.[66]

코로나19의 경우처럼 2009년 돼지 인플루엔자도 유전자 조작과 실험실 내부 사고의 결과인 듯하다는 점을 시사하는 증거가 있다. 2009년 학술지 《뉴잉글랜드 의학 저널(NEJM)》에 실린 논문은 이렇게 지적했다.[67]

"이 바이러스의 유전학적 기원을 세밀히 연구한 결과는 이 바이러스가 1950년 변종과 긴밀하게 연관되어 있지만 1947년과 1957년에 등장한 인플루엔자 A(H1N1) 변종과는 다르다는 것을 보여준다. 이는 1976년 유행한 돼지 바이러스 변종이 1950년 이래 보존되었다는 점을 시사한다.[68] 이런 재등장은 H1과 N1 항원에 대한 집단 면역이 감퇴하는 상황에서 이 바이러스가 실험실 사고로 유출되었을 가능성을 말해준다."[69]

그렇다면 이제 그 현상의 이면을 들여다보자. 공포심을 조장한 이 같은 편집증과 과잉 반응으로 누가 이익을 볼까? 뻔하다. 거대 제약사들이 1차적인 수혜자가 될 것이다. 하지만 그 외에 거대 농업 기업, 거대 기술 기업 그리고 '새로운 세계 질서'를 추구하는 테크노크라트들도 한몫 챙길 수 있다.

기획된 팬데믹인가 아니면 예측된 팬데믹을 이용했을 뿐인가?

2017년 1월 앤서니 파우치 NIAID 소장은 미국인들에게 이렇게 말했다.

"나의 경험으로 미루어 오늘 여러분에게 전할 한 가지 메시지가 있다면 (……) 새로 들어서는 트럼프 정부가 감염병 분야에서 상당한 도전에 직면할 것이라는 데 의심의 여지가 없다는 사실이다. (……) 허를 찌르는 유행이 될 것이다. (……) 향후 몇 년 안에 그런 유행을 보게 되리라 확신한다."[70]

그렇다면 지금 우리가 목격하고 있는 상황은 오늘날의 최대 범죄 또는 범죄에 해당하는 태만과 과실 그리고 은폐일지 모른다. 우리가 잘 알듯이 형사 사건 재판에서 단수의 용의자(예를 들면 중국 정부), 또는 다수의 용의자(예를 들면 중국과 미국 정부 그리고 관련 과학자들) 집단이 증거를 숨기거나 인멸하고, 증인을 협박하고, 비판자들을 '음모론자'로 몰아붙이며 공격하고, 진술이나 알리바이를 계속 바꾼다면, 그들은 실제로 범행을 저질렀거나 아니면 다른 누군가를 비호하려는 의도일 가능성이 크다.

누군가(예를 들어 공모자나 범행 조력자)가 범죄나 재난을 통해, 아니면 범죄나 재난의 실제 기원을 은폐함으로써 경제적·정치적 이득을 얻거나 권력과 통제력을 갖는다면, 우리는 그들의 행동이나 발언을 주도면밀하게 살펴야 한다.

만약 누군가, 이 같은 경우에는 빌 게이츠와 WHO, 세계경제포럼(WEF) 등 부와 권력이 막강한 글로벌 엘리트 세력이, 코로나19 같은 팬데믹이 곧 일어날 것이라고 섬뜩할 정도로 아주 정확하고 상세히 예측한 뒤(실제로 그들은 '이벤트 201'로 알려진 고위급 시뮬레이션에서 그렇게 했다), 그 예측과 똑같은 팬데믹이 실제로 발생한다면 우리는 정신 차리고 상황을 예의 주시해야 한다. 특히 그들이 메시지를 통제하고 조작하며 '새로운 세계 질서'를 확립하기 위한 야심적인 계획을 제시한다면 우리는 정확한 사실 관계를 낱낱이 파헤쳐 백일하에 드러내야 한다. 그들이 말하는 '새로운 세계 질서'란 테크노크라시와 전체주의를 통한 '위대한 리셋'을 의미한다.[71] '이벤트 201'과 '위대한 리셋'에 관해서는 다음 장에서 자세히 살펴보겠다.

그렇다면 결론은?

중국과 미국 정부, 거대 제약사, 과학계 기득권층, 거대 IT 기업, WEF, WHO, 빌 게이츠, 군산 복합체 등은 코로나19의 자연 발생설을 주장하고 옹호한다. 하지만 그런 공식 스토리를 의심할 만한 구체적이고 정황적인 증거가 늘어나고 있다.

과학적인 데이터와 우세한 정황 증거(용의자, 행위, 돈, 동기, 보상, 수혜자, 사회적 통제, 실험실 유출 사고의 내력, 기대 또는 예측 등)를 신중히 평가해보면 코로나19 바이러스인 SARS-CoV-2가 자연적으로 발생한 게 아니라 실험실에서 유출되었다는 결론에 도달한다.

유출 원인은 사고일 가능성이 크지만 의도적인 경우도 배제하기 어렵다.[72] 그런데 어느 실험실에서, 어떤 과학자들에 의해, 그리고 어떤 바이러스가 유출되었는지는 아직 알 수 없다.

따라서 코로나19와 관련해 실제로 벌어진 일의 증거를 수집하려면 독립적인 과학자, 법률 전문가, 수사 전문가들이 이끄는 범세계적인 공개 조사가 필요하다. 그다음엔 제2차 세계대전 이후의 뉘른베르크 전쟁 범죄 재판과 유사한 국제 생물전쟁 범죄 재판을 열어야 한다. 그래야 우리는 팬데믹의 가해자들을 사법 처리하고, 이런 재앙이 다시는 일어나지 않도록 예방할 수 있다.

코로나19의 가해자들과 공모자들, 그리고 그들에게 자금을 대고 그들의 행위를 방조한 세력을 찾아내 법으로 다스린 뒤에는 전 세계의 풀뿌리 단체들이 생물무기금지협약(BWC)을 재검토하여 바이러스와 박테리아 등 미생물의 무기화를 포함해 화학·생물 무기를 금지하는 국제 조약의 모든 허점을 메우고 금지 규정을 강화해야 한다.

수정된 조약은 모든 생물무기 연구를 종식시키고, 군과 유전공학자들이 생물무기 연구를 '생물의학' 또는 '생물안전' 연구라고 부를 수 있는 허점을 이용할 수 없도록 만들며, 핵무기의 경우처럼 위반이 의심되면 언제든 사찰을 강제할 수 있는 조항을 반드시 포함해야 한다.

생물무기 전문가 린 클로츠 박사는 이렇게 지적했다.

생물무기금지협약은 1975년 발효된 후 회원국들이 규정을 지키고 있는지 감시하는 장치가 없다는 비판을 받았다. 당시는 냉전 상황이었기 때문에 소련이 국제 사찰단의 생물방어 시설 방문을 허용할 가능성이 희박했다. (……)

소련 붕괴 후 회원국들은 임의로 선정한 현장 사찰과 무기 개발, 비축과 사용을 조사하는 신속한 수단을 제공해야 한다는 조항으로 이런 허점을 보강하려 했다. 그러나 2001년 보강 조항의 초안 작성을 맡은 유엔 임시위원회에서 미국이 탈퇴함으로써 보강 규정의 법제화 노력은 좌절되고 말았다.[73]

이제 생물전쟁·생물안전을 내세운 전 세계의 모든 이중용도 실험실을 폐쇄하고, 화학·생물 무기 개발과 실험을 포함한 모든 대량살상무기(WMD)를 실질적으로 금지해야 할 때다.

그래야만 우리는 코로나19 팬데믹을 진정으로 이해하고, 거기서 우리를 보호하며, 향후의 팬데믹을 예방할 수 있을 것이다. 빌 게이츠는 우리에게 또 다른 팬데믹이 생물테러 공격의 형태로 다가오고 있다고 경고했다.[74]

생물무기 연구를 막지 못한다면 앞으로 어느 누구도 결코 안전할 수 없다.

제3장

'이벤트 201'과 '위대한 리셋'

조지프 머콜라

믿기 어려울지 모르지만 지금까지 드러난 증거는 코로나19 팬데믹이 우발적으로 발생한 것이 아니라는 쪽을 명확히 가리킨다. 지금부터 하나씩 살펴보겠지만 코로나19 유행이 시작되기 바로 10주 전에 실시된 시뮬레이션은 현실 세계에서 일어난 팬데믹과 섬뜩할 정도로 똑같았다. 그리고 전 세계의 테크노크라트들은 곧바로 이 팬데믹을 구실 삼아 수십 년 동안 막후에서 준비해온 원대한 계획을 실행에 옮기기 시작했다.

테크노크라시 엘리트들이 누구인지 특정하기는 어렵다. 그러나 경제학자이자 금융 애널리스트이며 미국 헌법 전문가로 테크노크라시를 연구하고 이해하는 데 평생을 바친 패트릭 우드 같은 전문가들은 세계 경제와 사회·환경 운동을 이끄는 비공개 사설 단체를 살펴보면 그 윤곽이 대충 드러난다고 말한다.

과거에는 테크노크라시가 실제 회원제 클럽이었다. 하지만 오늘날의 테크노크라트들은 반드시 회원권을 가질 필요가 없다. 다만 그 핵심 인물들은 모두 삼극위원회(Trilateral Commission) 회원이다. 미국에서 삼극위원회 회원으로 잘 알려진 이름은 헨리 키신저, 마이클 블룸버그, 에릭 슈미트(구글 초대 회장)와 수전 몰리너리(구글 공공 정책 담당 부사장) 등이다. 그 외 주목할 만한 그룹들은 다음과 같다.

- 로마 클럽
- 애스펀 연구소(전 세계의 경영인들을 양성하고 세계화의 중요한 세부 사항에 관해 조언을 제공해왔다. 연구소 이사 중 다수가 삼극위원회 회원이다.)
- 애틀랜틱 연구소
- 브루킹스 연구소

유엔의 의료 부문 전문 기구인 세계보건기구(WHO)도 테크노크라시 계획에서 중요한 역할을 수행한다. 그리고 유엔의 사회 경제 분야 전문 기관 역할을 하며 스위스 다보스에서 거부들의 연례 콘퍼런스를 주최하는 세계경제포럼(WEF)도 마찬가지다. WEF는 독일 태생의 스위스 경제학자 클라우스 슈밥이 설립했다. 그는 《클라우스 슈밥의 제4차 산업혁명(*The Fourth Industrial Revolution*)》(2016), 《클라우스 슈밥의 제4차 산업혁명 THE NEXT(*Shaping the Fourth Industrial Revolution*)》(2018), 《클라우스 슈밥의 위대한 리셋(*COVID-19: The Great Reset*)》(2020)의 저자이기도 하다.

빌&멜린다 게이츠 재단은 2020년 4월 중순부터 WHO의 최대 후원 기관으로 자리 잡았다(원래는 미국이 가장 많은 자금을 댔지만 백악관이 WHO의 코로나19 팬데믹 대응을 문제 삼아 정밀 검토에 나서면서 미국 정부가 일시적으로 WHO 재정 지원을 중단했다).[1] 빌 게이츠와 거대 제약사들이 손잡고 백신을 통해 세계 보건 문제를 해결하겠다는 목적으로 설립된 세계백신면역연합(GAVI)도 WHO의 최대 후원 기관 중 하나이며, WEF의 주된 구상 중 하나이기도 하다.[2] 클라우스 슈밥 WEF 회장은 GAVI를 두고 다음과 같이 말했다. "여러 면에서 GAVI는 모범이 된다. 특히 공공 분야와 민간 분야가 어떻게 협력할 수 있고, 또 어떤 식으로 협력해야 하는지 잘 보여준다. 정부 또는 기업 또는 시민 사회가 단독으로 일할 때보다 훨씬 효율적이다."[3] 많은 것을 시사하는 언급이다.

얼핏 매력적으로 들리지만 그들이 왜 그렇게 효율적으로 일하는지 속내를 알고 나면 섬뜩할 수밖에 없다. 우리의 자유를 빼앗아가려는 의도이기 때문이다.

WEF는 규모와 영향력이 세계에서 가장 큰 기업들의 복합체다. 그들 모두 테크노크라시의 확립과 자신들의 이익을 위해 서로 협력한다. 빌 게이츠를 억만장자로 만들어준 마이크로소프트, 전 세계에서 디지털 ID와 금융 서비스 개발을 주도하는 마스터카드, 세계 최대의 빅데이터 기업이자 인공지능(AI) 서비스를 이끄는 구글이 대표적이다. 그 밖에도 록펠러 재단, 록펠러 형제 기금, 포드 재단, 블룸버그 자선 재단, 조지 소로스의 열린사회 재단 등 세계의 거부들이 설립한 단체도 WEF의 우산 아래 포진해 있다.[4]

WEF와 WHO의 커튼을 젖히고 그 안을 들여다보면 똑같은 거부들과 그들의 기업이나 재단이 자리를 차지하고 있다. 겉으로 그들은 좀 더 공평한 사회와 건강한 지구를 위해 일한다고 주장하지만 실제로는 자신들의 이익과 권력을 독점할 생각뿐이다.

우리가 자주 듣는 용어 중 많은 것이 명칭은 다르지만 궁극적으로는 테크노크라시를 가리킨다. '지속 가능한 발전', '어젠다 21', '2030 어젠다', '신도시 어젠다', '녹색 경제', '녹색 뉴딜' 그리고 지구 온난화 관련 운동이 그 예다. 이 용어들은 전부 테크노크라시와 자원 기반 경제를 지칭하거나 그 일부다. 테크노크라시와 유사한 의미의 다른 용어로는 '위대한 리셋(The Great Reset)', '제4차 산업혁명(The Fourth Industrial Revolution)' 그리고 구호인 '더나은 재건(BBB, Build Back Better)'이 있다.[5, 6, 7] '파리 기후 협약'도 테크노크라시 어젠다의 중요한 일부분이다.

'위대한 리셋'을 비롯한 그 모든 운동과 어젠다의 공통 목표는 세계 모든 자원의 소유권을 소수의 글로벌 엘리트들에게 몰아주는 것이다. 그들은 궁극적으로 모든 사람의 삶을 통제할 컴퓨터 시스템의 노하우를 가졌다. 사실상 전체주의의 극치다. 그들이 말하는 '부의 재분배'란 우리로부터 그들에게로 자원을 재분배한다는 뜻이다. 이런 미래가 어떤 모습일지 상상이 가는가? WEF 리더십 전략팀 소속의 이다 아우켄 전 덴마크 환경장관이 경제지《포브스》2016년 11월호에 기고한 글이 그 미래를 잘 그려냈다. 일부분을 인용한다.

2030년에 온 것을 환영한다. 나의 도시, 아니 '우리의 도시'에 온 것을 환영한다. 나는 아무것도 소유하지 않는다. 자동차도, 집도, 가전제품이나 옷도 나의 것이 아니다. (……) 상품이라고 여기는 모든 것이 이제는 서비스가 되었다. (……) 우리 도시에서는 임대료도 내지 않는다. 우리가 필요하지 않을 때는 다른 누군가가 우리의 공간을 사용한다. 나의 거실도 내가 그곳에 없을 때는 업무 회의실로 사용된다. (……) 가끔 나는 진정한 사생활이 없다는 사실에 짜증이 난다. 어디를 가든 나의 존재가 등록된다. 내가 행동하고 생각하고 꿈꾸는 모든 것이 어디에선가 녹화된다는 사실을 나는 안다. 그것이 나에게 피해를 주는 데 사용되지 않기만 바랄 뿐이다. 하지만 대체적으로 볼 때 꽤 괜찮은 삶이다.[8]

모든 것을 임대하고 개인 재산이 없다면 그 모든 것을 누가 소유할까? 모든 에너지 자원을 가진 테크노크라시 엘리트 집단이 소유한다. 만약 특허가 기준이 될 수 있다면 현대 테크노크라트들이 가지려 하는 에너지 자원의 한 가지 형태는 섬뜩하게도 우리 몸이다. 일례로 마이크로소프트의 국제 특허 WO/2020/060606은 '신체 활동 데이터를 사용하는 암호화폐 시스템'을 가리킨다.[9] 이 특허가 시행된다면 사람은 사실상 로봇이 된다. 사람이 아무 생각 없는 드론의 차원으로 전락하여 암호화폐를 받기 위해, 예를 들면 스마트폰 앱이 자동으로 부과하는 과제를 수행하며 시간을 보내게 될 것이다.

테크노크라시의 간판: 빌 게이츠

테크노크라시의 목표와 의도를 알고 나면 그 집단의 핵심 주자들을 알아보는 것이 그리 어렵지 않다. 그중에서도 눈에 띄는 인물은 빌 게이츠다. 그가 하는 거의 모든 일이 테크노크라시의 목표 달성에 기여한다.

1975년 마이크로소프트를 공동 창업한 게이츠는 현대사에서 가장 위험한 자선 사업가 중 한 명일지 모른다. 그는 확실치 않은 과학적·도덕적 근거를 바탕으로 하는 글로벌 보건 프로젝트에 수십억 달러를 쏟아부었다. 코로나19 팬데믹도 당연히 거기에 포함되어 있다.

세계의 문제를 해결하기 위해 게이츠가 제시하는 해법은 아주 유해한 수단을 통해 기업의 이익을 올리는 데 초점을 맞춘다. 화학적인 영농과 유전자 변형 작물 그리고 의약품과 백신 같은 것들이 그 예다. 그가 청결한 생활 환경이나 비용이 저렴한 전체론적인 건강 전략을 도모하는 경우는 거의 없다. 이번 팬데믹에서도 그렇다. 시종일관 그는 백신과 온갖 감시 기술을 들먹인다. 모두 그가 막대한 지분을 갖고 있는 산업이다.

게이츠가 민간 기업에 기부하는 이유

2020년 3월 17일 미국의 주간지 《네이션》에 실린 '빌 게이츠 자선 사업의 역설'이라는 제목의 기사는 "빌&게이츠 재단의 500억 달러 규모에 이르는 자선 활동을 둘러싼 도덕적 해이"를 폭로하며 "그 재단은 다양한 활동을 벌이고 있지만 놀랍게도 지난 20년 동안 정부의 감독이나 공공의 감시를 거의 받지 않았다"고 지적했다.

기사에 따르면, 게이츠는 정치적 파워(여기서는 "국민에 의해 선출되지 않은 억만장자가 공공 정책 수립에 개입할 수 있는 권한"을 가리킨다)를 얻는 쉬운 방법을 발견했다. 바로 자선 사업이다. 게이츠는 자신의 자선 사업 전략을 "촉매 역할을 하는 자선 활동"으로 규정했다. "자본주의 도구"를 동원해 저소득층을 돕는 활동을 뜻한다.

다 좋은데 문제가 있다. 그것은 바로 자선 활동의 실질적인 수혜자가 게이츠 자신의 자선 재단을 포함해 이미 상상을 초월하는 부를 가진 집단인 경우가 많다는 사실이다. 반면 저소득층은 특허의 보호를 받는 유전자 변형 작물 씨앗과 백신 같은 값비싼 해결책을 받아들여야 한다. 또 그런 해결책은 일부의 경우 득보다 실이 훨씬 컸다.

게이츠는 비영리 기관만이 아니라 영리를 추구하는 민간 기업도 지원한다.《네이션》의 기사에 따르면, 빌&멜린다 게이츠 재단은 일부 기업에 자선 지원금 명목으로 약 2억 5000만 달러를 제공했다. 모두 빌&멜린다 게이츠 재단이 주식이나 채권을 가진 기업들이다.[10] 다시 말해 '기부'의 대가로 재정적인 이득을 얻을 수 있는 기업을 지원하는 것이다. 그 결과 게이츠와 그의 재단이 기부를 많이 할수록 그들의 부는 더욱 불어나게 된다. 그 부의 일부는 자선 목적의 기부에 해당하는 세금 감면 혜택을 받을 수 있다. 한마디로 이익을 극대화하면서 세금도 피하는 완벽한 눈속임 책략이다.

게이츠의 '자선 활동'은 코로나19 팬데믹에서도 핵심 역할을 수행했다. 하지만 여기서도 그는 상당한 이익을 챙겼다. 자신이 자선 기부를 한 기업에 다시 투자하고, 투자한 회사에 이익이 되는 공중 보건 정책을 적극 지지하는 방법이 주효했다.

게이츠가 지원한 단체, 그룹, 개인들은 코로나19 팬데믹의 모든 측면에 개입했다. 거기에는 WHO만 아니라 영국과 미국의 록다운 정책을 수립하는 데 기여한 두 개의 연구 그룹도 포함된다. 영국 임피리얼 칼리지 런던의 코로나19 연구팀과 미국 워싱턴 대학의 건강측정평가연구소다.

임피리얼 칼리지 런던의 수리생물학 교수인 닐 퍼거슨은 몇 년 전부터 완전히 부정확한 것으로 밝혀진 팬데믹 예측을 거듭 내놓았다. 조류 인플루엔자로 2억 명이 사망할 것이라는 그의 2005년 예측이 대표적이다.[11] 실제로는 2003년부터 2009년 사이 전 세계에서 조류 인플루엔자로 인한 사망자는 282명으로 최종 집계되었다.[12]

2020년 퍼거슨이 제시한 코로나19 임피리얼 칼리지 모델은 현대사에서 가장 가혹한 팬데믹 대응책(록다운 등)으로 이어졌다.[13] 세계의 많은 국가 정부들이 도입한 그 모델은 만약 아무런 조치도 취하지 않을 경우 코로나19로 인한 사망자가 영국에서는 50만 명 이상, 미국에서는 약 220만 명에 이를 것으로 예측했다. 그런 허위 정보와 지나친 과대평가는 게이츠가 자신의 백신 개발과 기술 어젠다를 밀어붙이기 위해 편리하게 갖다 붙일 수 있는 구실이 되었다.

게이츠의 자선 사업 명분이 자신의 투자를 보호한다는 역설적인 사실은 특허를 선호하는 그의 태도에서도 나타난다. 비영리 단체인 국제지식생태(KEI)를 이끄는 제임스 러브 대표는 《네이션》과 가진 인터뷰에서 이렇게 지적했다.

"게이츠는 의약품의 특허를 확보하기 위해 자신의 자선 활동을 이용한다. 빈곤국에서도 다를 바 없다. (……) 그는 약값을 낮추는 데 반드시 필요한 많은 것들을 약화시킨다. (……) 그는 빈곤과 싸우기 위해 엄청나게 많은 돈을 기부하지만 개혁의 최대 장애물이기도 하다."[14]

게이츠는 오랫동안 제약업계를 적극 옹호했는데, 지금의 코로나19 팬데믹에서도 그의 의도가 확실히 드러난다. 그는 처음부터 세계 인구 전체가 백신 접종을 받고 모든 나라가 동선 추적 기술과 '백신 패스'를 도입하기 전까지는 어느 누구도 일상으로 돌아가지 못할 것이라고 주장했다. 동시에 그는 디지털 ID와 현금 없는 사회 프로젝트에 대대적으로 투자했다. 궁극적으로 이 모든 것이 서로 연결되어 '디지털 감옥'이 세워지고, 이를 통해 테크노크라시 엘리트 집단이 전 세계를 완벽하게 통제할 것이다.

언론 매수 전략

빌 게이츠는 자신의 경력에서 여러 차례 공공의 비난을 샀다. 1990년대 마이크로소프트의 CEO로 있을 때 그런 일이 많았다. 하지만 그에 대한 부정적인 평가는 갈수록 사그라졌다. 그가 저널리즘과 주요 미디어 기업을 재정적으로 지원하기 때문이다.

미국 컬럼비아 대학 언론대학원이 발간하는 언론비평지 《컬럼비아 저널리즘 리뷰》의 2020년 8월 21일자 기사에서 팀 슈와브는 빌&멜린다 게이츠 재단과 미국 공영 라디오 방송 NPR를 포함한 여러 언론 매체의 관계를 밝혔다. 그 매체들은 게이츠와 그가 지원하는 프로젝트에 우호적인 뉴스를 자주 내보낸다. 당연히 그런 기사에 등장하는 전문가들은 언제나 빌&멜린다 게이츠 재단과 관련이 있다.

슈와브는 2만 건에 이르는 빌&멜린다 게이츠 재단의 지원금을 누가 얼마나 받는지 조사한 결과, 주요 언론사가 2억 5000만 달러 이상을 받았다는 사실을 확인했다. BBC, NBC, 알자지라, 프로퍼블리카, 《내셔널 저널》, 《가디언》, 유니비전, 미디엄, 《파이낸셜 타임스》, 《애틀랜틱》, 《텍사스 트리뷴》, 개닛, 《워싱턴 먼슬리》, 《르 몽드》, PBS 뉴스아워 그리고 탐사보도센터(CIR) 등이었다(안타깝게도 지원이 이루어진 시기는 확실치 않다).

게이츠 재단은 BBC 미디어 액션과 《뉴욕 타임스》의 니디스트 케이스 펀드 등 보도 매체와 제휴한 자선 단체들도 지원했다.

퓰리처 위기보도센터, 미국 언론재단(NPF), 국제언론인센터(ICFJ), 솔루션 저널리즘 네트워크(SJN), 포인터 미디어연구소 같은 언론 단체들도 빌&멜린다 게이츠 재단의 지원금을 받았다.

슈와브는 "빌&멜린다 게이츠 재단은 미국 언론연구소(API)의 2016년 보고서 작성도 지원했는데 그 보고서는 아이로니컬하게도 언론 매체가 자선 단체로부터 어떻게 편집 독립을 유지할 수 있는지에 대한 지침을 개발하는 데 사용되었다"고 지적했다.

또 빌&멜린다 게이츠 재단은 페루자 저널리즘 페스티벌, 세계 편집인 정상 회의, 과학 저널리스트 세계 콘퍼런스 등 수십 건의 언론 콘퍼런스에도 참여했으며, 언론사와 스폰서 콘텐트를 제작하기 위한 계약도 체결했다(그 규모와 상세 내용은 알려지지 않았다).

자세히 조사하면 게이츠의 언론사 지원은 아무 조건 없는 기부가 아니라는 사실이 분명해진다. 언론사가 그 돈을 마음대로 쓸 수 있는 게 아니라 상당한 조건이 따라붙는다는 뜻이다. 드러나지 않는 광고를 통해 은밀하게 자기 홍보를 할 수 있는 권리를 돈으로 사는 것이다.

빌&멜린다 게이츠 재단의 지원을 받는 또 다른 기업은 뉴스 콘텐츠를 제작하고 언론인들과 협력하는 광고 회사 레오버넷 컴퍼니다. 이 회사가 어떤 역할을 하는지는 이 장 후반부에서 자세히 알아보겠다.

'이벤트 201': 코로나19 팬데믹의 예행연습

많은 증거가 코로나19는 사전에 기획된 팬데믹이라는 것을 가리킨다. 아울러 코로나19가 처음 예측한 만큼 치명적이지는 않지만 기획자들은 이 팬데믹을 최대한 이용하고 있는 듯하다. 코로나19 유행이 중국 우한에서 시작되기 10주 전인 2019년 10월 빌&멜린다 게이츠 재단은 존스홉킨스 대학 보건안보센터 그리고 세계경제포럼(WEF)과 함께 '이벤트 201'을 공동 주최했다. 가상 신종 코로나바이러스 유행의 시뮬레이션으로, 팬데믹이 발생했을 때 효과적으로 대처하기 위한 일종의 도상 훈련이었다.

거기에는 몇 주 뒤 실제로 발생한 코로나19 팬데믹의 상황과 그에 따른 대응책이 전부 포함되었다. 섬뜩할 정도로 현실과 똑같은 시나리오였다. 마스크 등의 개인 보호 장비(PPE) 부족 사태, 이동과 집합을 제한하고 특정 지역을 봉쇄하는 록다운, 미디어 검열, 시민적 자유 박탈에서부터 의무적인 백신 접종, 폭동, 경제적 혼란, 사회 결속의 와해까지 실제로 벌어진 상황 그대로였다.

시뮬레이션에서 그들은 바이러스가 생물무기 실험실에서 만들어져 유출되었다는 소문과, 긴급 사용 승인된 백신의 안전성을 둘러싼 의문 등 '잘못된 정보'에 철저히 대처할 필요가 있다고 지적했다. 그러한 주장과 대처는 실제 코로나19 팬데믹의 상황과 판박이였다.

존스홉킨스 대학은 신망 높고 평판 좋은 학교로 보일지 모른다. 하지만 그 대학은 록펠러 재단의 막대한 후원으로 성장했으며, 록펠러 재단과 존스홉킨스 대학 연구자들은 앨라배마주 터스키기의 흑인 소작농 600명을 대상으로 이루어진 잔혹한 생체 실험을 주도했다. 1932년부터 1972년까지 40년 동안 매독을 치료하지 않고 그냥 내버려두었을 때 인간의 삶에 어떤 영향을 미치는지를 연구하는 실험이었다. 그들은 소작농들을 속여 매독균을 주입했고, 가족들이 감염되는데도 치료해주지 않고 위약만 제공했다.

록펠러 재단과 존스홉킨스 대학 연구자들은 1946년부터 1948년까지 실시된 잔혹한 과테말라 실험에도 관여했다. 그들로 인해 매춘부, 고아, 정신 질환자 등 과테말라인 5,000명이 매독과 임질 등 여러 가지 성병을 퍼뜨리는 세균에 감염되었다.[15] 미국성병협회(ASTDA) 대표를 지낸 브래들리 스토너 박사는 과테말라 실험을 "멩겔레의 수법과 흡사하다"고 말했다. 제2차 세계대전 당시 나치의 의사 멩겔레가 유대인들을 대상으로 진행한 생체 실험을 가리킨다.[16]

게이츠 재단과 WEF 그리고 존스홉킨스 대학은 테크노크라시의 삼각 체제를 이룬다. 그들이 주관한 팬데믹 시뮬레이션 '이벤트 201'은 실제 코로나19 팬데믹의 모의 훈련 그 이상이었다.

검열의 필요성을 예측한 '이벤트 201'

'이벤트 201'의 기획자들은 팬데믹과 그에 따른 백신에 관한 '잘못된 정보'의 전파가 예상되므로, 그 같은 가짜 뉴스의 확산을 제한하고 막기 위한 방안을 논의하는 데 많은 시간을 보냈다. '이벤트 201'은 특정 견해를 검열로 완전히 차단하는 방안 외에 은밀한 영향력을 의미하는 '소프트 파워'의 활용을 포함하는 계획도 선보였다. 스타 같은 저명인사들과 소셜 미디어 인플루언서들을 동원해 대중의 이상적인 행동을 유도하고 방역 조치와 관련된 당국의 지시를 따르도록 설득하는 전략을 말한다.

할리우드 배우 톰 행크스와 그의 아내 리타 윌슨은 팬데믹 초기에 코로나19 확진 판정을 받은 것으로 알려졌다. 두 사람은 환자들에게 요구되는 바람직한 행동의 모델 역할을 충실히 해냈다. 검사를 받고, 자가 격리를 하고, 바이러스가 다른 사람에게 더는 전파되지 않는 것이 확실해질 때까지 지속적인 관찰에 응했다. 또 그들은 모든 과정을 소셜 미디어와 전통적인 언론 매체를 통해 대중과 공유했다. 소프트 파워의 한 사례다.

가수들은 '집에서 모두 함께(One World Together at Home)'라는 가상 자선 콘서트를 열어 WHO를 위한 모금 운동을 벌이면서 전 세계 시민들을 상대로 당국의 지시에 따라 집 안에 머무르면 이 위기를 극복할 수 있다고 격려했다. 2020년 5월 배우와 가수, 소셜 미디어 인플루언서들은 '마이크 넘겨주기(pass the mic)' 캠페인으로 자신들의 소셜 미디어 계정을 통해 WHO와 앤서니 파우치 박사 같은 팬데믹 대응 지도자들이 메시지를 공유할 수 있도록 허용했다.

이 모든 일이 자발적으로 이루어졌다고 생각한다면 대단한 착각이다. 온라인 매체 '데일리 콜러'는 2020년 7월 17일자 기사에서 그 이면의 진실을 밝혔다. 'WHO, 저명한 인플루언서 동원해 바이러스 메시지를 증폭시킬 목적으로 PR 업체 고용'이라는 제목의 기사는 이렇게 지적했다.[17]

WHO는 코로나19 대응에 대한 신뢰를 쌓는 데 도움이 될 수 있는 소위 '인플루언서'를 물색하기 위해 영향력이 큰 홍보 회사를 고용했다.

미국의 외국대행사등록법(FARA)에 따라 제출된 서류에 따르면, WHO는 홍보업체 힐&놀턴 스트래티지스에 13만 5,000달러를 지불했다. (……) 계약서에 따르면 '인플루언서 물색'에 3만 달러, '메시지 테스트'에 6만 5,000달러, '캠페인 계획 마련'에 4만 달러가 책정되었다.[18]

힐&놀턴 스트래티지스는 인플루언서를 3단계로 물색하는 방안을 제시했다. 제일 먼저는 소셜 미디어 팔로워가 많은 저명인사들, 그다음은 규모가 좀 더 작지만 충성도가 높은 팔로워를 거느린 인플루언서들, 마지막은 '숨은 영웅들', 즉 팔로워는 미미하지만 '대화를 형성하고 이끌어갈 능력이 있는 소셜 미디어 사용자들'이었다.

물론 여론을 조종하려는 조직은 WHO만이 아니다. 다른 많은 기관도 그 작업에 참여했다. 그들의 목표는 똑같았다. 예를 들어 유엔은 '디지털 자원봉사자' 1만 명을 동원해 그들이 코로나19에 관한 '거짓' 정보로 판단하는 콘텐트를 인터넷에서 삭제하고, "유엔에 의해 검증되고, 과학에 근거한 콘텐트"를 퍼뜨렸다. 이름하여 '실증 캠페인(Verified Initiative)'이다.[19] 이 캠페인은 반대파와 현 상태에 반하는 견해를 몰아내려고 온라인 검열에 참여하는 인터넷 트롤 군단의 활동과 다르지 않다.

무엇이 진실인지 누가 결정하는가?

유엔의 '실증 캠페인'은 자칭 인터넷 감시 단체인 뉴스가드를 떠올리게 한다. 뉴스가드는 정보를 '신뢰할 수 있음'과 '가짜'로 평가한 뒤 구글과 빙(마이크로소프트의 검색 엔진)의 검색 결과 목록 곁에, 또 소셜 미디어에 게시된 기사 곁에 색깔로 구분하는 평가 배지를 제공한다.

뉴스가드의 이 같은 평가에 의존하면 녹색 배지가 달린 '신뢰할 수 있음' 기사만 보고 붉은 배지가 붙은 '가짜' 기사는 무시하게 된다. 하지만 바로 거기에 문제가 있다. 뉴스가드 자체가 이해 충돌에 휘말려 있기 때문이다. 뉴스가드는 거대 제약사 및 WEF와 제휴한 세계적인 광고 회사 퍼블리시스의 많은 지원을 받는다(퍼블리시스의 소유라고 봐도 무방하다). 따라서 인터넷 감시 단체라기보다 오히려 검열 도구로 비칠 수 있다.[20]

또 앞서 언급한 것처럼 레오버넷 컴퍼니(역시 퍼블리시스가 소유하고 있다)는 빌&멜린다 게이츠 재단의 지원을 받는다. 게다가 뉴스가드와 마이크로소프트(게이츠가 창업한 회사다)도 파트너 관계에 있다.[21]

일례로 뉴스가드는 필자가 운영하는 웹사이트 Mercola.com을 허위 정보 사이트로 분류한다고 발표했다. SARS-CoV-2 바이러스가 코로나19 유행의 진원지인 중국 우한에 있는 생물안전 최고 등급 4 실험실에서 유출되었을 가능성이 있다는 글을 웹사이트에 게재했다는 것이 이유였다. 그러나 뉴스가드의 입장은 검증된 논문에서 제시된 과학적 증거와 정면으로 배치된다. 그 증거는 이 바이러스가 실험실에서 만들어졌으며, 동물에게서 사람으로 전파된 것이 아니라는 점을 강력히 시사한다.

팬데믹을 이용한 자유 억압

이제 좀 더 큰 그림이 보이지 않는가?

지난 수십 년 동안 그들은 분쟁이 발생할 수 있다는 위협, 무언가로부터 공격받을 수 있다는 두려움을 이용해 전쟁과 군사적 점령만이 아니라 우리의 시민적 자유 제한을 정당화했다. 9·11 테러 직후 막무가내로 몰아붙여 통과된 애국법은 그러한 수많은 예 가운데 하나에 지나지 않는다.

342쪽에 이르는 방대한 애국법은 9·11 테러 공격 후 단 2주 만에 마련된 게 아니라 이미 오래전부터 입안된 상태로 있었던 게 분명했다.[22] 그렇게 준비되어 발효될 기회만 기다리고 있던 애국법이 9·11 테러와 탄저균 공격을 계기로 국가적 히스테리가 증폭하면서 큰 반대 없이 신속하게 통과될 수 있는 환경이 만들어졌다. 그 법으로 말미암아 기존의 법 15건이 수정되어야 했고, 정부 기관은 국민의 모든 통화를 녹음할 수 있는 합법적인 권리를 갖게 되었다. '자유'를 보호한다는 것이 그런 조치를 도입하는 명분이었지만 실제로는 미국 역사에서 가장 심각한 시민적 자유 박탈이었다.

이 법이 의회에서 통과된 과정도 아주 불길했다. 민주당의 톰 대슐(사우스다코타)과 패트릭 레이히(버몬트) 상원의원이 애국법에 반대했지만 그들의 사무실로 무기화된 탄저균 우편물이 배달되는 사이에 의회가 이 법을 신속히 처리했다.

이제 우리는 애국법의 의회 통과가 우리의 헌법적 권리와 개인적 자유의 상당 부분을 박탈하고, 감시·경찰 국가의 기반을 다지려는 테크노크라시 엘리트 집단의 첫걸음이었다는 사실을 알 수있다. 이와 관련해 미국시민자유연맹(ACLU)은 다음과 같이 신랄하게 지적했다.

국가 안보라는 이름으로 9·11 테러 후 45일 만에 통과된 애국법은 일반 미국인을 상대로 하는 정부의 사찰을 더욱 용이하게 만든 감시법의 원조 격이었다. 거기서부터 시작해 통화와 이메일을 모니터링하고, 금융과 신용 정보를 수집하며, 선량한 일반 시민의 인터넷 활동을 추적하는 정부의 권한이 확장되기 시작했다. 대다수 미국인은 애국법이 테러리스트를 색출하기 위해 만들어졌다고 생각하지만 실제로는 일반 시민을 테러 용의자로 취급하는 법이다.[23]

간단히 말해 애국법은 침습적(侵襲的)인 감시와 사생활권의 박탈을 일상화했다. 지금은 팬데믹과 감염병 유행, 생물테러의 위협이 전쟁과 사회 통제의 새로운 도구가 되었다. 우리 저자들은 감시 국가로 가기 위한 사전 정지 작업인 여론 조작과 공포심 조장이 바이러스 감염보다 훨씬 더 위험하고 음흉하다고 판단한다.

전 세계를 마음대로 주무르려는 테크노크라시 엘리트 집단은 조지 오웰의 반이상향 소설 《1984년》을 현실로 만드는 대장정에 돌입했다. 이에 따라 애국법 통과와 팬데믹 방역 대책 사이에서 '위대한 리셋'을 위한 기초 작업이 이루어졌다.

더욱이 지난 10여 년 동안 빌 게이츠는 언제든 발생할 수 있는 치명적인 바이러스라는 '새로운 적'에 세계가 대처할 수 있도록 심리적인 준비 작업을 진행했다.[24] 게이츠에 따르면, 우리 자신을 보호하는 유일한 길은 사생활, 자유, 개인적인 의사 결정 같은 '구식' 개념을 포기하는 것이다.

코로나19 팬데믹 '덕분에' 사람들 사이에 신체적인 거리를 유지할 필요가 생겼다. 가족 간에도 마찬가지다. 우리는 집 안에서도, 심지어 성관계를 할 때도 마스크를 쓰라는 이야기를 듣는다. 집합 금지령으로 소상공인들은 업소의 문을 닫을 수밖에 없었다. 그 결과 다수가 파산했다. 직장인들은 재택근무를 해야 했다. 또 세계 인구 전체가 반드시 백신 접종을 받아야 하고, 바이러스 전파를 막기 위해 엄격한 여행 제한을 강제해야 한다는 이야기를 들었다. (코로나바이러스 백신에 관해서는 제8장에서 자세히 다루겠다.)

우리는 어디서 무엇을 하든 밤낮으로 동선을 추적당하고, 심지어 잠재적인 바이러스 전파자를 색출하기 위해 모든 사람의 몸에 디지털 생체 인식 장치를 이식하는 계획까지 거론된다. 감염된 사람들은 새로운 위협이자, 눈에 보이지 않는 새로운 적으로 간주된다. 빌 게이츠가 진두지휘하는 테크노크라시 엘리트 집단(이 용어에 대해서는 133쪽 '테크노크라시의 정의'를 참조하라)은 그런 위협과 적이 실제로 코앞에 있다고 우리가 믿도록 하려고 애썼다. 놀랍게도 그들은 단 몇 개월 만에 많은 사람들을 그런 식으로 설득했다.

하지만 무엇보다 놀라운 것은 현재 실행되고 있는 테크노크라시 어젠다가 팬데믹이 시작되기 오래전부터 준비되어 있었을 가능성이 크다는 점이다. 2017년 세계백신면역연합(GAVI, 게이츠 재단이 WHO, 세계은행, 여러 백신 제조업체와 합작하여 설립한 기구)은 모든 어린이에게 백신 접종 기록을 보관하는 디지털 생체 인식 ID를 제공하기로 결정했다.

그러고 나서 바로 GAVI는 마이크로소프트, 록펠러 재단과 함께 'ID2020 연합'의 창립 회원이 되었다. 2019년 빌 게이츠는 매사추세츠 공과대학(MIT)의 로버트 랭어 교수와 손잡고 형광 마이크로도트 태그를 사용하는 새로운 백신 접종 방법을 개발했다. 쉽게 말해 눈에 보이지 않는 '문신'을 새겨 특수 스마트폰으로 읽을 수 있도록 하는 것이다.

탐사 보도 기자 제임스 코벳은 자신이 만든 오픈 소스 매체 코벳 리포트에서 '빌 게이츠와 주민 통제 프로젝트'라는 제목의 기

사를 올리며 이렇게 지적했다.[25]

'일상 회복'을 위해서는 코로나바이러스 백신이 필수적이라고 빌 게이츠가 말하자 거대 제약사들은 서둘러 백신 개발에 나섰다. 그들이 '가용성 미세 바늘 패치'라는 새로운 백신 접종 방법으로 눈을 돌린 것은 전혀 놀라운 일이 아니었다. 게이츠가 앞으로 포스트코로나19 세계의 '새로운 표준'에서는 개개인에게 백신 접종 완료를 입증하는 디지털 증명서가 필요하다고 말했기 때문이다. 코로나19 팬데믹의 다른 측면에서처럼 게이츠의 그 같은 비과학적인 주장을 현재 여러 나라에서 진지하게 받아들이고 있다.

코벳은 빌 게이츠를 다룬 기사에서 디지털 화폐와 연계된 생체 인식 신분증 프로그램의 신속한 개발과 실행에 관해서도 다루었다. 신분증, 개인 금융, 의료와 백신 접종 기록 등 모든 것을 하나로 연결하겠다는 의도가 분명하다. 그리고 신분증과 기록 장치는 우리 몸에 이식될 가능성이 아주 크다. 잃어버리지 않도록 우리의 '편의'를 위한 장치라는 구실을 내세울 것이다. 해킹당할 수 있는 것은 언제든 해킹당한다는 사실은 개의치 않는다. 더구나 서방 국가들도 조만간 중국과 유사한 사회 신용 시스템을 채택할지 모른다. 그런 개념을 염두에 둔 듯 국제통화기금(IMF)은 2020년 12월 개인의 금융 신용 점수를 인터넷 검색 이력에 연계하는 계획을 제

시했다.[26]

코벳은 이렇게 지적했다.

> 신분증 통제는 경제 디지털화의 핵심 부분이다. (……) 디지털 신
> 분증 프로그램은 빌 게이츠와 그의 금융-사업 협력체가 제공하는
> 금융 시스템에 세계의 빈민층을 합류시킬 기회로 홍보되지만 실제
> 로는 그들을 금융적으로 배제하기 위한 시스템이다. 정부나 결제
> 서비스 업체의 승인을 받지 않는 개인이나 거래는 그 시스템에서
> 배제되기 때문이다. (……)
>
> 이 같은 주민통제망의 각 부분은 그림 퍼즐의 조각처럼 서로 맞
> 물려 있다. 백신 접종 캠페인은 생체 인식 신분증 시스템과 유기적
> 으로 연결되고, 생체 인식 신분증은 현금 없는 사회 캠페인과 유기
> 적으로 연결된다.
>
> 게이츠의 비전에 따르면, 앞으로 모든 사람이 정부가 명령하는
> 대로 백신을 접종받아야 하고, 자신의 생체 정보가 국가적으로 관
> 리되고 세계적으로 통합된 디지털 신분증에 기록될 수 있도록 허용
> 해야 한다. 이 디지털 신분증은 우리의 모든 행동과 거래에 연결되
> 어 조금이라도 불법으로 의심되면 정부나 심지어 결제 서비스 업체
> 에 의해 시스템에서 배제될 것이다.

온라인 검열만 해도 기가 막히는 일인데, 온라인 활동이 자신

의 모든 금융과 개인 데이터를 파악할 수 있는 생체 인식 칩과 연결되는 세상을 한번 생각해보라. 자기 돈을 마음대로 쓰지 못하도록 벌을 주는 것보다 사람들을 복종시키기에 더 쉬운 방법이 있을까? 그런 시스템이 일부 사람이나 전체를 통제하는 데 사용될 수 있는 다른 방법도 많다.

코벳은 이렇게 설명했다.

모든 거래와 시민의 모든 행동이 정부에 의해 실시간으로 모니터링되고 분석되고 데이터화되는 사회가 얼마나 끔찍할지는 누가 봐도 뻔한 일이다. 의도적으로 둔감한 체하는 사람이 아니라면 말이다. (……) 그러나 빌 게이츠는 바로 그렇게 의도적으로 둔감한 체하는 사람 중 하나다. 그가 주도하는 어젠다는 돈보다 통제를 목적으로 한다. 우리가 어디에 가느냐부터 누구를 만나고 무엇을 사고 무엇을 하느냐까지 우리 일상생활의 모든 측면을 통제하겠다는 의도다.

페이스북: 사회 통제를 위한 도구

테크노크라시의 근간은 기술이다. 우리의 행동을 감시하고 분석하고 조종하는 놀라운 능력은 이미 개발되었다. 그리고 그 기술력은 하루가 다르게 발전하고 있다.

미국에서 코로나19 팬데믹이 막 시작된 2020년 3월 백악관의

테크노크라시란 무엇인가?

이 장에서 우리는 테크노크라시 엘리트 집단이 코로나19 팬데믹을 교묘하게 이용하여 과연 무엇을 노리는지 살피고 있다. 하지만 그에 앞서 테크노크라시가 무엇인지 그 정의를 올바로 아는 것이 중요하다. 우리 저자들은 팬데믹에 따른 당면 문제의 근본적인 원인을 올바로 이해하려는 과정에서 패트릭 우드의 저서를 많이 참고했다.

독자 여러분도 테크노크라시에 관해 좀 더 깊이 파헤치고 싶다면 그의 책 《테크노크라시의 부상: 세계 변화의 트로이 목마(Technocracy Rising: The Trojan Horse of Global Transformation)》와 《테크노크라시: 세계 질서로 가는 험난한 길(Technocracy: The Hard Road to World Order)》을 읽어볼 것을 권한다.

간략하게 요약하자면 테크노크라시는 자원 기반의 경제 시스템이다. 1930년대 대공황 절정기에 과학자와 공학자들은 미국의 경제 문제를 해결하기 위해 머리를 맞댔다. 그들은 자본주의와 자유 기업 시스템이 실패의 길에 들어섰다고 판단하여 새로운 경제 시스템을 처음부터 다시 만들어내기로 뜻을 모았다. 이 시스템에 그들이 붙인 이름이 테크노크라시다.

테크노크라시는 수요와 공급 등의 가격 결정 메커니즘에 기초하기보다 자원 할당과 기술을 통한 사회공학을 기반으로 한다. 이 시스템 아래서 기업은 어떤 자원을 언제, 무슨 목적으로 사용할 수 있는지를 지시받고, 소비자는 무엇을 사야 할지 지시받게 된다.

금융과 의료 같은 산업과 정부 기능의 디지털화와 함께 인공지능(AI), 디지털 감시, 빅데이터 수집이 매우 중요한 역할을 한다. 이런 기술을 통해 사회공학과 사회 규범의 자동화가 가능해지기 때문에 선출직 정부 지도자는 필요 없어진다. 대신 세계의 모든 자원을 소유하고 그 자원을 어떻게 사용할지 결정하는 비선출 지도자들이 국가들을 이끌어간다.

이 같은 테크노크라시의 지도부를 구성하는 테크노크라트들은 지난 수십 년 동안 그 어젠다를 조용히, 그러나 줄기차게 밀어붙였다. 이제 세계 지도자들이 경제를 비롯해 우리의 살아가는 방식 전반의 '리셋'을 공개적으로 촉구하고 나서면서 그들의 마각이 점점 더 명확히 드러나고 있다.

현재 테크노크라시는 미국을 집어삼키려고 심각하게 위협하고 있지만 미국 헌법 때문에 아직 완전히 접수하지는 못했다. 미국인들이 풀뿌리 운동과 지자체 정치에 적극 참여함으로써 어떤 방해 공작이 있더라도 반드시 헌법을 지켜내야 할 이유가 거기에 있다.

과학기술정책실은 IT와 AI 전문 업체 60개로 구성된 실무단을 차렸다. CNBC 방송에 따르면, "코로나19와 관련된 시급한 과학적인 의문에 대해 과학계가 답을 찾을 수 있도록 도움을 주기 위해 새로운 텍스트와 데이터 채굴 기법을 개발하는 것"이 목표였다.[27] 그중에 페이스북이 빠질 수 없었다. 현재 페이스북은 집계된 사용자 데이터를 기반으로 하는 '질병 예방 지도'를 만들어 정부, 연구자, 비영리 기관들과 공유한다.

사람들이 휴대전화에서 페이스북 앱을 사용할 때 그 지도가 생성된다. 물론 그 정보는 일반 대중에겐 공개되지 않는다.[28] 페이스북은 '선의의 데이터(Data for Good)' 프로젝트에 의해 그 지도가 생성된다며 다음과 같이 밝혔다.[29]

이 지도는 사람들이 어디에 살며, 어떻게 움직이고, 그들의 이동통신 연결성은 어떠한지 각 공중 보건 기관들이 서로 간의 격차 없이 신속하고 편리하게 파악할 수 있도록 도움을 주기 위해 고안되었다. 그래야 보건 캠페인과 유행병 대응의 효과를 높일 수 있기 때문이다.

이런 데이터가 보건 시스템의 역학적 정보와 합쳐지면 비영리 기관들이 취약한 지역 사회를 더욱 효과적으로 지원하는 한편, 사람 간의 접촉으로 퍼지는 유행병의 경로를 이해하는 데에도 큰 도움이 된다.

페이스북은 익명을 보장하고 개인을 추적할 계획은 절대 없다면서 우리를 안심시키지만 거대 IT 기업에 정부와 직접 협력할 수 있는 기회를 주면 사생활 보호 측면에서 우려할 만한 문제가 얼마든지 생길 수 있다. 2018년 정치 데이터 분석 회사 케임브리지 애널리티카가 페이스북 사용자 5000만 명 이상의 개인 정보를 동의 없이 수집해 정치 선전에 사용한 스캔들을 돌이켜보라.[30]

페이스북은 데이터가 익명으로 처리되어 일반적인 추세를 보여줄 뿐이고 개인 추적에는 사용되지 않는다고 말하지만, 실무단 계획은 데이터를 정부에 제공하는 과정에서 얼마든지 페이스북의 역할을 확대할 수 있다. 그럼에도 페이스북(회사명을 '메타'로 바꾸었다)의 CEO 마크 저커버그는 추적의 두려움을 둘러싼 사생활 침해 우려가 "과장되었다"고 말했다.

더구나 일부 IT 기업은 이미 사용자에 의해 생성된 집계 데이터를 보건 당국과 공유하고 있지만 거대 기업의 경우에는 그보다 더 큰 문제가 생길 수 있다. IT 전문 잡지 《와이어드》는 이렇게 지적했다.

"구글과 페이스북이 정부를 위해 이 정도 규모로 사용자 이동 데이터를 공개적으로 수집하는 것은 새로운 일이다. 수집된 데이터는 사용자 이동의 패턴을 보여줄 것이다. 사용자의 행동이 바이러스 전파에 어떤 영향을 미치는지 알기 위해서는 코로나19 검사와 확진 데이터를 사용자 데이터와 교차 검토할 필요가 있다."

하버드 대학 공중보건대학원의 캐럴라인 버키 부교수에 따르면, 익명으로 처리된 사용자의 위치 정보는 이미 구글, 페이스북, 우버, 전화 회사들로부터 입수할 수 있지만 수집된 데이터가 사람들을 추적하기 위해 역설계될 수 있다는 점이 우려스럽다.

사생활 침해 우려는 케임브리지 애널리티카 스캔들에서만 비롯되는 것이 아니다. 미국 서부 워싱턴주에서 코로나19 유행이 시작되었을 때 당국은 향후 상황을 예측하고 적절한 대응책을 마련하기 위해 페이스북 데이터를 벨뷰 소재 질병 모델링 연구소가 만든 모델에 입력했다. 문제는 그 연구소가 빌&멜린다 게이츠 재단 등의 단체와 제휴 관계에 있다는 사실이다.

경제지 《포브스》에 따르면, 빌 게이츠는 "코로나19의 현 상황을 파악하고, 사회적 거리 두기를 강화할 필요가 있는지 판단하기 위해 미국도 한국과 비슷한 국가 추적 시스템을 구축해야 한다"고 촉구했다.[31]

게이츠는 소셜 미디어 레딧의 '무엇이든 나에게 질문하세요' 프로그램에서 한 사용자의 질문에 이렇게 답했다.

"궁극적으로 우리는 코로나19에서 회복했는지, 최근 검사를 받았는지, 또는 백신 접종을 완료했는지 보여주는 디지털 증명서를 갖게 될 것이다."[32]

'디지털 증명서'라고? 이제 퍼즐 조각들이 하나하나 맞춰지면서 그림이 서서히 드러나지 않는가? 우리가 온라인에서 하는 모든 말과 행동의 데이터가 소셜 미디어 기업들에 의해 수집되고 조종된다고 확신해도 무리는 아니다.

우리는 그들의 통제 아래 있다. 그들은 우리를 분열시켜 서로 싸우게 하고 두려움 속에 살아가게 만든다. 통제력을 확보하는 아주 효과적인 방법이다. 소셜 미디어, 추적 기기, 5G, 위성, 인공지능 등……. 반이상향을 그린 공상과학 소설이나 〈터미네이터〉와 〈매트릭스〉 같은 영화 속 이야기처럼 들리지만 우리가 실제로 그 줄거리를 그대로 따라 하고 있는 게 분명하다. 가슴 아프지만 지금 우리는 그런 일이 실시간으로 일어나는 것을 목격하고 있다.

위대한 리셋

언제부턴가 세계 지도자들은 '위대한 리셋', '제4차 산업혁명', '더 나은 재건'이라는 표현을 자주 사용하기 시작했다. 앞서 지적했지만 이 용어들은 세계를 아우를 목적으로 계획된 새로운 사회 계약을 의미한다. 궁극적으로는 '새로운 세계 질서'를 지칭하는 표현이다.

'위대한 리셋'은 세계경제포럼(WEF)이 2020년 중반에 공식적으로 제시한 개념이다. 그렇다. 빌 게이츠와 함께 '이벤트 201'을 주최한 바로 그 WEF다.

WEF와 WHO, 유엔 그리고 그들의 제휴 기구와 단체의 지도자들은 오랫동안 이 아이디어를 품어왔다. 또한 규모와 영향력이 세계에서 가장 큰 기업들의 복합체가 '위대한 리셋'을 이루기 위해 공을 들여왔다. 한마디로 말하자면 '부의 이전'을 목표로 하는 사상 최대의 작전이다.

'위대한 리셋'은 기술적인 모니터링 시스템으로 세계를 감시하고 통제함으로써 최고 부유 집단을 제외한 모든 사람의 힘과 자유와 권리를 박탈하려는 장기적인 계획을 의미한다. 그 목표를 이루려면 세계대전 같은 전쟁이 가장 효과적이지만 평화를 도모하려는 도널드 트럼프 대통령의 노력이 그들의 전략에 찬물을 끼얹으면서 전쟁 대신 팬데믹이 '위대한 리셋'의 명분과 수단으로 이용되고 있다.

WEF가 명백히 밝히고 있는 것처럼 '위대한 리셋'이 시행되면 개인의 소유 개념이 없어진다. 우리가 아무것도 소유하지 않게 된다는 뜻이다. 하지만 그들이 말하지 않는 것이 있다. 그것은 바로 개인의 소유 대신 WEF의 지도부가 모든 것을 갖게 되고, 우리는 그들의 규칙을 얼마나 잘 따르느냐에 따라 사용할 수 있는 물질과 공간을 더 많이 또는 더 적게 할당받는다는 사실이다.[33]

강력한 인공지능이 관리하는 기술적인 감시 장치에 인류를 통합하는 것이 테크노크라시의 목표다. 이처럼 실제 계획은 기술 주도의 비민주적인 반이상향을 만드는 것이지만, 그들은 정색하며 이 계획이 우리를 다시 한번 자연과 조화될 수 있게 해주는 길이라고 주장한다. 놀라운 발상이지 않은가?

WEF는 '위대한 리셋'을 이렇게 정의한다.

"인간의 존엄성과 사회 정의에 기초한 새로운 사회 계약으로서 더욱 공정하고 지속 가능하며 복원력 있는 미래를 가져다주며, 사회적인 진보가 경제 발전에 뒤지지 않도록 해줄 것이다."[34]

그들은 지속 가능성, 사회 정의, 식량 정의, 기후 최적화 농업, 빈곤 퇴치 같은 듣기 좋은 표현을 사용한다. 완전히 의도적이다. 그들은 사람들이 무엇을 원하는지 잘 알기 때문에 자신들의 계획이 그런 이상적인 미래를 가져다준다고 달콤하게 말한다.

하지만 그에 대한 대가는 너무 크다. 개인의 자유를 내주어야 하기 때문이다. 탐사 보도 기자 제임스 코벳은 '위대한 리셋'을 다음과 같이 간략하게 설명했다.

"기본적으로 '위대한 리셋'은 거대한 선전 그 이상도 그 이하도 아니다. 글로벌 엘리트를 지향하는 집단이 대중의 목에 밀어 넣으려는 새 브랜드 출시를 위한 마케팅 캠페인이다. (……) 늙은 돼지의 입술에 립스틱을 새로 바르는 것에 다름 아니다. '위대한 리셋'은 재정의된 '새로운 세계 질서'다. 이름표만 바꿔 달았을 뿐이다."

'새로운 세계 질서'가 무엇을 의미하는지 잊어버린 사람들을 위해 코벳은 이렇게 덧붙였다. "극소수에게 통제권을 집중시키면서, 조지 오웰의 《1984년》과 같은 감시 기술을 통해 세계화와 사회적 변화를 이루는 것이 그 기본 개념이다." 다시 말해 극소수인 지배 엘리트 집단의 이득을 위해 우리 삶의 모든 측면이 감시되고 추적되고 조종되지만, 우리는 그들에 관해 아무것도 모르는 상태인 극단적인 테크노크라시를 가리킨다.

'위대한 리셋'은 세계화의 종말이 아니라 오히려 세계화의 초가속화를 의미한다. 그것은 우리가 더 깨끗한 환경과 공정한 사회 구조로 다시 시작할 수 있도록 초기의 상태로 세계를 되돌리는 '리셋'이 아니다. 그들의 계획은 민주주의를 우회하면서 극소수의 손에 세계의 지배권을 쥐여주는 것이다.

클라우스 슈밥 WEF 회장은《클라우스 슈밥의 위대한 리셋》에서 이렇게 논했다.[35]

> 일부 산업계 지도자와 고위 임원들에게 물어보면 그들은 '리셋'을 '재가동'과 동등시하려는 경향을 보인다. 그들은 전통, 검증된 절차, 익숙한 관행 등 과거의 표준으로 돌아가 그 시절에 효과적이던 것을 복구하고 싶어 한다. 예전에 하던 식으로 돌아가는 것을 말한다. 하지만 결코 그렇게 될 수도 없고, 그렇게 되어서도 안 된다. '예전에 하던 식'은 거의 전부 코로나19로 사망 선고를 받았거나, 적어도 코로나19에 걸렸다.

더 나은 재건

팬데믹이 광범위한 경제적 황폐화를 가져온 것은 두말할 나위가 없다. 그렇다면 '더 나은 재건(BBB, Build Back Better)'이 필요하지 않을까? 그러나 착각하지 말자. 기억하기 쉬운 이 'BBB' 구호는 '위대한 리셋' 계획의 핵심이다. 따라서 구호가 아무리 이타적으로 들린다 해도 음흉한 '위대한 리셋'과 떼려야 뗄 수 없는 관계다. 조 바이든 대통령의 2020년 대선 구호가 바로 '더 나은 재건'이었다. 그는 사생활 보호에 반대하고 기술을 지지하는 오랜 전력을 갖고 있다.

미디어 전문 매체 CNET의 2008년 기사엔 이런 대목이 있다.

사생활 보호에 관해 바이든은 내세울 이력이 거의 없다. 1990년대 바이든은 상원 법사위 위원장으로서 포괄적 대테러법을 도입했다. (……) 바이든이 두 번째로 제정한 법은 폭력 범죄 통제법이었다. 둘 다 전자 통신 암호화에 반대하는 법으로 다음과 같은 내용이 들어 있다.

"전자 통신 서비스 업체와 장비 제조사는 법적인 승인 아래 정부가 음성, 데이터 등 통신 내용을 암호화되지 않은 상태로 확보할 수 있는 통신 시스템을 보장해야 한다는 것이 그 의도다." 쉽게 말해 암호 해독 키를 넘기라는 얘기다.[36]

그러나 '더 나은 재건'이라는 표현은 바이든이 만들어낸 게 아니라 유엔이 홍보 자료에서 먼저 사용했다.

세계가 포스트팬데믹 회복 계획을 구상하기 시작하는 지금 유엔은 회원국 정부들이 좀 더 지속 가능하고, 복원력 있으며, 포용적인 사회를 창출하여 '더 나은 재건'의 기회를 잡을 것을 촉구한다. 안토니우 구테흐스 유엔 사무총장은 세계 지구의 날 메시지에서 이렇게 말했다. "지금 우리가 겪고 있는 팬데믹 위기는 전례 없는 경종이다. 우리는 이 위기로부터의 회복을 미래를 위해 올바른 일을 할 진정한 기회로 전환해야 한다."[37]

유엔은 이처럼 전 세계 국가들에 코로나19 이후를 위한 '더 나은 재건'에 나서도록 직접 독려했다.[38] 또 영국, 뉴질랜드, 캐나다를 비롯한 여러 정부 지도자들이 그 구호를 채택했다.[39,40] 그러나 '더 나은 재건' 계획은 사생활을 크게 위축시킬 뿐 아니라 금융 시스템을 중앙은행 디지털 화폐(CBDC) 시스템으로 전환하는 내용을 담고 있다.[41] 그 시스템은 사회 통제 시스템의 일부가 되어 지배 세력이 생각하는 바람직한 행동을 우리가 하도록 인센티브를 주고 그들에게 방해되는 행동을 우리가 하지 못하도록 유도하는 데 사용될 수 있다.

전문가들은 향후 2~4년 안에 대다수 주요 국가들이 CBDC를 시행할 것이라고 내다본다. 우리는 흔히 CBDC가 비트코인 같은 현재의 암호화폐 시스템일 것으로 생각하지만 그렇게 생각하면 큰 오산이다. 비트코인은 분산 시스템으로 중앙은행이 통제하는 기존 방식에서 완전히 벗어나는 합리적인 전략인 데 반해 CBDC는 중앙 집중 시스템으로 중앙은행이 완벽하게 통제하며, '스마트 계약'을 통해 금융 기관이 우리의 생활을 감시하고 통제할 수 있게 해준다.

경계하고 두려워하라

사회의 모든 부분에서 이 같은 급진적인 변화를 일으키면 누구든 상당한 반발을 각오해야 한다. 전체 계획의 세부 사항까지 알았을 때 제정신을 가진 사람이라면 누가 동의하겠는가? 이 때문에 글로벌 엘리트 집단이 '위대한 리셋'을 시행하기 위해서는 대중을 심리적으로 조종하는 방법을 사용할 수밖에 없었다. 그 방면에서 가장 효과적인 도구가 두려움이다.

정신의학자 피터 브레긴 박사가 설명했듯이, 어떻게 하면 가장 효과적으로 사람들에게 겁을 주어 공중 보건 정책을 받아들이도록 할 수 있는지에 대한 방법을 찾는 연구는 지금까지 수없이 진행되었다.

예를 들어 두려움에 혼란과 불확실성을 추가하면 사람들은 극도의 불안을 느껴 논리적인 사고가 힘들어진다. 그 상태에서는 사람들을 좀 더 쉽게 조종할 수 있다. 〈그림 3-1〉은 '위대한 리셋'의 성공적인 실행에서 공포심 조장이 핵심 역할을 한다는 사실을 잘 보여준다.

우리가 이 장에서 살펴봤듯이 테크노크라시는 본질적으로 사회공학을 통해 이루어지는 기술 주도의 사회다. 사실 두려움은 심리 조작 도구의 하나에 불과하다. '과학'을 들먹이는 것도 흔히 사용되는 도구다. 누군가 반대하면 그는 곧바로 '반과학적'이라는 비난을 받는다. 또 현상 유지에 상충되는 과학은 틀린 것으로 판명 난 '엉터리 과학'으로 치부된다.

오로지 테크노크라트들이 옳다고 판단하는 것만이 '참된 과학'이다. 그런 과학이 옳지 않다는 증거가 아무리 차고 넘쳐도 소용없다. 이번 팬데믹에서 우리는 그 상황을 직접 목격하고 있다. 거대 IT 기업들은 WHO(테크노크라시의 목표 달성을 위해 돌아가는 거대한 기계의 또 다른 부품이다)의 견해에 상충되는 콘텐트는 무엇이든 검열로 삭제하고 차단한다.

이런 검열을 허용하면 우리의 시민적 자유는 급속히 약화되고, 우리 선조들이 목숨을 바쳐 쟁취한 헌법적 권리마저 독재 집단에 의해 짓밟히게 될 것이다. 따라서 우리는 투명성과 진실을 위해 계속 싸우면서 의료의 자유, 개인적인 자유, 사생활 권리를 끝까지 지켜야 한다.

무엇보다 우리가 피할 수 없는 싸움은 의무적인 코로나19 백신 접종에 반대하는 것이다. 그에 단호히 맞서 우리 스스로 선택할 수 있는 권리를 위해 투쟁하지 않으면 앞으로도 의료 독재는 끝없이 이어질 것이다. 백신에 관해서는 제8장에서 심층적으로 고

찰할 것이다. 그에 앞서 코로나바이러스에 관해 좀 더 자세히 알아보자. 우리가 이 바이러스에 관한 정확한 지식을 가져야 진정한 위험이 어느 정도인지 올바르게 평가할 수 있고, 또 테크노크라시가 '위대한 리셋'을 실행하기 위해 조장하고 부추기는 공포심을 '참된 과학'으로 극복할 수 있다.

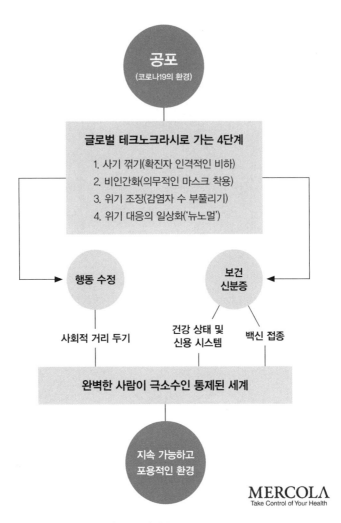

공포
(코로나19의 환경)

글로벌 테크노크라시로 가는 4단계

1. 사기 꺾기(확진자 인격적인 비하)
2. 비인간화(의무적인 마스크 착용)
3. 위기 조장(감염자 수 부풀리기)
4. 위기 대응의 일상화('뉴노멀')

행동 수정

보건
신분증

사회적 거리 두기

건강 상태 및
신용 시스템

백신 접종

완벽한 사람이 극소수인 통제된 세계

지속 가능하고
포용적인 환경

MERCOLA
Take Control of Your Health

그림 3-1 테크노크라시의 '위대한 리셋': 심리 작전 가이드

제4장

코로나19는 중대한 위협?

조지프 머콜라

　보건 당국과 글로벌 엘리트 집단의 설명은 이렇다. 코로나19는 전염력이 아주 강하고 치명적인 SARS-CoV-2 바이러스가 일으키는 감염병으로 사회적 거리 두기와 잦은 손 씻기, 록다운, 마스크 착용, 집단적인 바이러스 검사, 접촉자 추적 그리고 궁극적으로는 백신으로만 막을 수 있다는 것이다. 하지만 그건 공식 스토리일 뿐이다. 그렇다면 실제 코로나19의 정체는 무엇인가? 코로나19는 실험실에서 만들어져 전염력이 무척 강하고 위험한 SARS-CoV-2 바이러스가 일으키는 감염병이며, 고령자와 만성 질환자의 기존 증상을 치명적일 정도로 급속히 악화시키는 '유발 인자'인 것으로 보인다.

　코로나19 환자가 중증으로 입원하거나 사망한 경우의 대부분에서 SARS-CoV-2 바이러스가 주된 사인은 아니다. 정확히 말하자면 SARS-CoV-2 바이러스는 다른 심각한 질병을 교묘하게 이용한다. 많은 사람이 만성적으로 앓고 있고, 그 자체로도 위험한 기저 질환을 악화시켜 치명적인 결과를 가져온다는 뜻이다.

이 같은 동반이환과 만연한 의료 과실 등이 코로나19 환자의 입원율과 치명률을 높이는 주요인이다. 쉽게 말하자면 사람들이 코로나19로 인해서가 아니라 코로나19와 함께 목숨을 잃는다는 뜻이다.

코로나19는 중대한 위험?

공식 스토리와 진실의 차이를 올바로 이해하려면 확진, 입원, 사망 건수의 '공식적인' 통계와 '실질적인' 통계를 명확히 구분해야 한다. 확진자 수가 많다고 해서 실제로 그만큼 많은 사람이 코로나19로 심하게 앓거나 사망한다는 것은 아니다. 언론은 PCR 등 바이러스 검사 결과의 양성과 실제 질병인 코로나19를 합쳐서 보도한다. 그 때문에 바이러스 감염이 실제보다 훨씬 더 위험하며 널리 퍼져 있다는 믿음을 대중이 갖게 된다.

그러나 우리의 판단은 이렇다. SARS-CoV-2 검사 결과의 양성 판정으로 코로나19 확진 진단을 내려서는 안 된다. 코로나19는 SARS-CoV-2 감염이 확인된 사람 중에서 발열, 기침, 숨가쁨 같은 심한 호흡기 질환 증상을 보이는 환자의 임상적인 진단명이기 때문이다. 따라서 대규모로 실시되는 집단 코로나19 검사는 사실상 건강한 사람에게도 환자라는 잘못된 낙인을 찍을 수 있는 검사법을 사용함으로써 치명적인 팬데믹이 우리를 덮쳤다는 두려운 이야기를 만들어낸다.

이 사기극의 핵심은 역전사 중합 효소 연쇄 반응(RT-PCR) 검사다. 흔히 그냥 PCR라고 부른다. 감히 말하건대, 이 결함 있는 검사법을 사용하지 않는다면 이렇다 할 팬데믹도 없었을 것이다. 이문제는 제5장에서 자세히 다루겠다.

잘못된 사망 원인

2020년 8월 26일 미국 질병통제예방센터(CDC)가 발표한 데이터에 따르면, 미국에서 코로나19 관련 전체 사망자 가운데 6%의 경우만이 사망진단서에 코로나19가 유일한 사인으로 기재되어 있다.[1]

무슨 의미일까? 예를 들어 2021년 2월 21일 기준으로 CDC가 발표한 코로나19 관련 미국인 사망자 수 누계는 49만 6,112명이었다. 그중 6%라면 2만 9,766명이다. 다른 질환 없이 단지 SARS-CoV-2 감염으로 사망한 미국인이 2만 9,766명이라는얘기다. 언론에서 보도하는 코로나19 사망자 수와는 큰 차이를보인다. 나머지 94%의 경우 사인으로 기재된 질환이 평균 2.6건이었다.

이 데이터는 존스홉킨스 대학의 통계와 극명한 대조를 이룬다. 2020년 8월 존스홉킨스 대학은 코로나19 검사에서 양성 반응을 보인 미국인 540만 명 중에서 약 17만 명이 사망했다고 발표했다. 그러자 토머스 프리든 전 CDC 국장은 곧바로 "코로나19는 이제 미국에서 심장병, 암에 이어 세 번째 사망 원인이 되었다"며 "사고나 부상, 폐 질환, 당뇨병, 알츠하이머 등 다른 원인보다 더 많은 비율을 차지한다"고 말했다.[2] 프리든의 이 같은 비약적인 해석으로 대중의 두려움이 증폭되기 시작했다.

그 뒤 2020년 11월 존스홉킨스 대학은 대학 뉴스레터에 고령층의 코로나19 사망과 관련한 통계에서 국가적 차원의 집계 실수가 있었다고 지적하는 기사를 냈다.

"놀랍게도 고령자의 치명률은 코로나19 전과 후를 비교했을 때 거의 같다. 코로나19가 주로 고령층에 타격을 주어 전문가들은 그 연령층의 치명률이 높아질 것으로 예상했다. 그러나 CDC 데이터에서는 그런 증가가 나타나지 않았다. 사실 모든 연령층의 치명률이 코로나19 전과 후에도 비교적 비슷한 수준을 유지했다."

이 기사는 그 링크가 트위터에 게재되었다가 이내 사라졌지만 다행히 그 기사의 웹 아카이브는 아직 남아 있다.[3,4] 미국경제연구소(AIER)는 이 기사의 실종에 대해 이해하기 어렵다고 밝히면서 2020년 4월의 CDC 데이터를 근거로 삼은 독자적인 그래프를 게재하며 이렇게 설명했다. "이러한 사실은 코로나19 사망 건수 중 다수의 경우 심장병 같은 더 위중한 질환이 주된 사인이었지만 훨씬 덜 치명적인 코로나19에 의한 사망으로 분류되었을 가능성이 있다는 점을 시사한다."[5] 하지만 사실 그런 식의 분류는 CDC의 지침을 따른 것이었다.

CDC의 사망자 수 부풀리기?

코로나19가 실질적인 사인이 아닌 경우가 그렇게 많은데도 CDC는 가능한 한 많은 사망자가 코로나19로 인해 발생했다는 왜곡된 그림을 보여주려는 노력에 적극 동참했다. 메릴 내스 박사는 2020년 3월 사적인 편지에서 이렇게 말했다.

"CDC가 최근 발표한 지침에 따르면, 사망진단서를 발행하는 의사는 코로나19가 사망에 영향을 미쳤거나 또는 실제적으로 사망을 초래했을 경우 코로나19를 반드시 기재해야 한다. 사실 지금까지 해오던 방식과 다르지 않다. 우리는 사망에 영향을 미친 모든 원인을 적도록 되어 있다."

당시 CDC의 공식 지침은 다음과 같다.

코로나19가 직접적인 사망을 불러왔거나, 초래한 것으로 보인다거나, 사망에 영향을 미친 것으로 추정되면 사망진단서에 코로나19가 반드시 기재되어야 한다. (……) 예를 들어 코로나19가 폐렴과 치명적인 호흡기 증상을 일으켰다면 주요 사인에 코로나19와 함께 폐렴과 호흡기 증상을 병기해야 한다. (……) 또 사망자에게 폐쇄성 폐 질환이나 천식 같은 만성 질환이 있었고 그 질환이 사망에 영향을 미쳤을 수 있다고 추정될 경우 그 질환들은 부차적인 사인에 기재해야 한다.[6]

그리고 2020년 4월 CDC는 코로나19 관련 사망진단서 작성에 관한 새로운 지침을 발표했다.[7] CDC는 대대적인 홍보와 함께 온라인 세미나까지 열어 그 과정을 설명했는데 내스에 따르면, 지침은 이전과 크게 다르지 않았다.

그러다가 그해 가을 CDC는 갑자기 방향을 틀었다. 과거와 달리 이번에는 새로운 지침을 요란하게 홍보하지 않았다. 내스는 이렇게 말했다.

"CDC는 별다른 홍보 없이 갑자기 웹사이트에 이해하기 어려운 글을 올렸다. 의사가 사망진단서에 코로나19를 주요 사인(선행 사망 원인이나 사망의 근인)으로 기재하지 않고 여러 사인 중 하나 또는 기여 사인으로 기록하더라도 종국에는 코로나19에 의한 사망으로 분류될 것이라는 내용이었다."

우리가 이 책을 쓰는 동안에도 CDC 웹사이트에는 다음과 같은 문구가 올라 있었다(작은따옴표는 우리 저자들이 표시한 것이다).

"사망진단서에 코로나19가 여러 사인 중 하나로 기재되면 '코로나19에 의한' 사망으로 분류되고 통계에 그렇게 집계된다."[8]

이 모든 과정을 지켜본 내스는 2020년 4월 CDC가 새 지침이라며 대대적으로 선전한 것이 "대중을 오도하려는 의도인 듯하다"고 지적했다. 얼핏 보면 대수롭지 않게 생각될 수 있다. 그러나 CDC의 이런 행태가 얼마나 불합리한지 예를 들어보겠다. 만약 건장한 젊은이가 모터사이클 사고로 사망했는데 우연히도 그가 PCR 검사에서 SARS-CoV-2 바이러스 양성 반응을 보였다면, CDC의 지침에 따라 그는 코로나19 사망자로 분류되고 집계될 수 있다. 터무니없지 않은가?

그들은 사망진단서를 교묘하게 이용하는 술책으로 60세 이상을 제외한 모든 연령층에서 코로나19의 치명률이 계절 인플루엔자(독감)보다 낮다는 사실을 숨기려 한다.

코로나19와 인플루엔자

과학 전문지 《사이언티픽 아메리칸》에 실린 한 기사는 코로나바이러스의 치명률이 인플루엔자와 똑같다는 주장을 '가짜 뉴스'라고 비난했다.[9] 그러나 어느 부분이 가짜란 말인가? 《미국 내과학 회보》 2020년 9월 2일자에 실린 연구 결과를 보자. 요양원을 비롯한 장기 요양 시설 입소자를 제외한 평균적인 미국인의 치명률을 조사한 연구다.

"요양 시설 입소자가 아닌 미국인들의 전체적인 코로나19 감염 치명률은 0.26%였다. (……) 40세 미만의 치명률은 0.01%, 60세 이상의 치명률은 1.71%였다."[10]

다른 출처들의 데이터도 비슷하다. 2020년 8월 16일 리 메릿 박사는 '재앙을 대비하는 의사들(DDP)' 연차 대회 강연에서 당시 코로나19의 치명률은 1인당 사망률(코로나19의 치명률을 실질적으로 이해할 수 있는 유일한 기준이다)을 기준으로 할 때 약 0.009%라고 지적했다.[11] 그 수치는 세계 인구 78억 명, 세계 전체의 코로나19 사망자 70만 9,000명을 기준으로 산출되었다. 뒤집어 말하자면 일반인이 SARS-CoV-2에 감염된 뒤 생존할 확률이 99.991%, 즉 100%에 가깝다는 뜻이다.

이에 비해 《내과학 회보》에 인용된 계절 인플루엔자의 감염 치명률 추정치는 0.8%였다. 다른 출처들은 그 비율을 약간 더 높게 제시한다. 어느 경우든 SARS-CoV-2 감염이 독감보다 더 위험한 사람은 60세 이상뿐이다. 그 외의 모든 연령층은 코로나19로 사망할 위험이 독감으로 사망할 위험보다 낮다.

백악관 코로나19 대응 태스크포스 조정관이던 데버라 벅스 박사도 2020년 8월 중순 코로나19의 치명률이 일반적으로 보도되는 수치보다 훨씬 낮다고 인정하며 이렇게 말했다. "코로나19 감염자의 99%가 사망에 이르지는 않는다는 사실을 대중이 인식하기 시작하면 마스크 착용 규정을 따르도록 그들을 설득하기가 점점 더 어려워진다."[12] 속내가 잘 드러난 언급이다.

누가 유증상자가 되나?

2020년 4월 미국 항공모함 시어도어 루스벨트호에서 집단 감염이 발생해 승조원 약 4,800명 전원이 코로나19 검사를 받았다. 그달 말까지 양성 판정을 받은 인원이 840명이었는데, 그중 60%는 무증상이었다. 사망자는 1명이었고, 위중증으로 집중 치료를

받은 환자는 아무도 없었다.[13]

2020년 2월에는 대형 유람선 다이아몬드 프린세스호에서 코로나19 감염자가 속출하면서 승객과 승무원 전체 3,711명 가운데 712명(19.2%)이 검사 결과 양성 판정을 받았다. 그중 46.5%는 검사 당시 아무런 증상이 없었다. 증상이 있는 사람들 중에서 집중 치료를 받은 환자는 9.7%였고 사망자는 1.3%였다.[14]

물론 군인이 일반인보다 더 건강하기 때문에 그런 차이가 나는 것이 이해가 간다. 그럼에도 두 사태가 보여주는 데이터는 진지하게 고찰해야 할 중요한 점들을 말해준다.

첫째, 밀집된 환경에서 밀착된 생활을 하는 선상에서도 감염률이 비교적 낮을 수 있다. 항공모함 시어도어 루스벨트호의 감염률은 17.5%였고, 유람선 다이아몬드 프린세스호(승객 중 고령자가 많았다)의 감염률은 19.2%였다.

둘째, 건장한 사람은 그렇지 않은 사람보다 무증상일 가능성이 높다. 무증상 확진자는 항공모함 시어도어 루스벨트호의 경우 60%, 유람선 다이아몬드 프린세스호의 경우 46.5%였다.

의료 과실이 사망을 부른다

지금까지 우리는 공식적인 통계가 전체적인 진실을 말해주지 않는다는 점과 코로나19로 인한 사망자 수가 발표된 수치보다 적다는 점을 확인했다. 이제 언론에서 보도하지 않은 다른 주요 사망 원인에 관해 알아보자. 그 원인은 의료 과실이다.

2016년 발표된 존스홉킨스 대학의 연구 결과에 따르면, 매년 미국인 25만 명 이상이 예방 가능한 의료 과실로 사망한다. 이는 현대 의학이 미국의 주요 사망 원인 중 세 번째에 든다는 것을 말한다.[15] 심지어 의료 과실에 따른 미국인 사망자가 매년 44만 명에 이른다는 추정치도 있다.[16] 이처럼 수치의 차이가 큰 것은 의료 과실이 사망진단서에 기재되는 경우가 드물기 때문이다. 그런데도 CDC는 사망 원인을 분류하고 사망자 수를 집계할 때 사망진단서를 근거로 삼는다. 의료 과실이 계속 숨겨지고 있다는 뜻이다.

하지만 이제는 제대로 밝혀야 할 때가 되었다. 코로나19 확진자(검사 결과 양성이라는 뜻이다)의 사망과 관련해서도 의료 과실 문제가 심각하기 때문이다.

놀랍게 들리겠지만 코로나19 사망자 중 상당수가 의료 과실의 희생자였다. 특히 미국 코로나19 팬데믹의 '진원지 중 진원지'였던 뉴욕시 퀸스의 엘름허스트 병원이 코로나19 환자 치료에서 터무니없는 처치로 많은 사망을 초래했을 가능성이 크다.[17]

정부의 병원 지원금이 사망자를 늘렸다?

군 병원 출신의 간호사 에린 올스제프스키는 1차 코로나19 유행이 한창일 때 엘름허스트 병원에서 일했다. 그녀에 따르면, 병원 관리자들과 의사들은 환자 치료 과실의 목록을 만들었다. 그중 가장 터무니없는 과실은 의심 환자를 포함해 모든 코로나19 환자에게 가벼운 산소 공급 방식이 아니라 기계식 인공호흡기를 사용한 것이었다.

올스제프스키가 엘름허스트 병원에서 근무하는 동안 그 병원에 들어온 대다수 환자는 검사 결과가 양성이든 음성이든 불문하고 코로나19 치료를 받았다. 치료를 받은 환자 중 생존자는 단 한 명뿐이었다. 게다가 코로나19 양성 환자와 음성 환자를 분리하지도 않았다. 그래서 다른 질환으로 병원을 찾은 환자들 사이에 코로나19 바이러스가 널리 퍼졌다.

결과적으로 엘름허스트 병원은 코로나19 음성 환자에게도 인공호흡기를 사용함으로써 코로나19 환자와 사망자 수를 늘리는 데 기여했다. 그 이유가 무엇이었을까? 무엇보다 정부의 병원 재정 지원이 영향을 미친 듯하다. 올스제프스키에 따르면, 엘름허스트 병원은 인공호흡기를 사용하는 코로나19 환자 한 명당 2만 9,000달러를 받았다. 변제받는 다른 치료 비용 외에 추가로 지원받는 금액이다. 2020년 8월 로버트 레드필드 CDC 국장은 그와 같은 지원금이 미국 전역에서 코로나19 입원 환자와 사망자 수의 증가에 영향을 끼쳤을 가능성이 있다고 인정했다.[18]

주 정부의 잘못된 정책으로 고령자 사망 급증

미국에서 코로나19 사망자 수의 급증을 부른 또 다른 실책은 주 정부가 연방 정부의 지침에 따르지 않고 코로나19 환자를 요양 시설에 수용하기로 결정한 것이었다.[19]

기회균등 연구재단이 2020년 5월 22일까지 집계된 데이터를 분석한 결과, 미국의 코로나19 사망 건수 중 평균 42%가 장기 요양 시설에서 발생했다.[20]

요양 시설에서 생활하는 사람이 미국 전체 인구의 0.62%에 불과하다는 사실을 고려할 때 그곳에서 이토록 많은 코로나19 사망자가 나왔다는 사실은 충격적이다. 요양 시설은 장비나 의료진으로 볼 때 코로나19 환자를 치료하기에 적합하지 않다.[21] 그곳은 만성 질환을 가진 고령자들을 돌보기 위해 만들어졌기 때문에 감염률이 높은 질병에 걸린 환자를 격리하고 치료할 여건을 갖춘 경우가 드물다.

그런 요양 시설에서 코로나19 감염 환자를 일반 환자와 격리하지 않으면 치명률이 치솟는다는 것은 불을 보듯 뻔한 일이다. 고령자는 일반 감기를 포함해 어떤 감염으로도 사망에 이를 가능성이 훨씬 크기 때문이다. 더욱이 고령자가 SARS-CoV-2 바이러스 감염과 중증화에 취약하다는 사실은 코로나19 팬데믹 초기부터 잘 알려지지 않았는가?

그런데도 여러 주지사들은 그처럼 가장 취약한 고령자들이 모여 있는 요양 시설에 코로나19 환자를 입원시키도록 조치했다. 앤드루 쿠오모 뉴욕 주지사, 톰 울프 펜실베이니아 주지사, 필 머피 뉴저지 주지사, 그레천 휘트머 미시간 주지사, 개빈 뉴섬 캘리포니아 주지사 등이 그런 조치를 취했다.[22]

미국의 비영리 탐사 보도 매체 '프로퍼블리카'는 2020년 6월 뉴욕주에서 쿠오모 주지사의 지시를 따른 요양원과 그의 지시를 거부하고 연방 정부의 지침을 따른 요양원을 비교한 기사를 실었다. 그에 따르면, 두 시설은 극명한 대조를 이루었다.[23]

쿠오모 주지사의 지시를 따른 다이아몬드 힐 요양원에서 코로나19로 사망한 환자는 6월 18일 기준 18명이었다. 격리를 포함한 방역 조치가 부적절했기 때문이었다. 직원 약 50명 중 절반과 기존의 일반 환자 58명이 시설 내에서 코로나19에 감염되었다.

그에 비해 주 정부의 지침을 거부하고 코로나19가 의심되는 환자를 한 명도 받아들이지 않은 밴 렌슬리어 매너 요양원(병상 320개)에서는 같은 일자 기준으로 코로나19 사망자가 한 명도 나오지 않았다. 다른 지역에서도 비슷한 추세가 나타났다.

약이 아니라 독이 된 인공호흡기

인공호흡기의 오용과 남용은 엘름허스트 병원에 국한된 문제가 아니었다. 일찍이 2020년 6월 연구자들은 인공호흡기를 사용하면 코로나19 환자의 사망 위험이 높아질 수 있다고 지적했다. 일부 전문가들도 코로나19 치료에서 인공호흡기가 남용되고 있으며, 환자에게 무리를 주는 기계식 강제 호흡 대신 다른 방식의 처치가 필요하다는 견해를 밝혔다. 한 연구에 따르면, 인공호흡기에 의존한 코로나19 환자의 50% 이상이 사망했다.[24]

그런데도 코로나19 환자에게 인공호흡기가 계속 널리 사용되었다. 이탈리아 롬바르디아에서 집중치료실에 입원한 위중증 환자 1,300명 중 88%가 인공호흡기 처치를 받았지만 치명률은 26%였다.[25] 더구나 《미국의사협회지(JAMA)》에 실린 한 논문은 뉴욕시에서 2020년 3월 1일부터 4월 4일 사이에 입원한 코로나19 환자 5,700명을 대상으로 한 조사에서 인공호흡기 처치를 받은 환자의 치명률이 연령에 따라 76.4%부터 97.2%까지 아주 높게 나타났다.[26]

또 다른 연구에서 미국 워싱턴주 시애틀 지역의 한 병원에 입원한 코로나19 환자 24명 중 인공호흡기 처치를 받은 환자는 75%였는데, 코로나19 환자 전체의 절반이 입원 후 1~18일 사이에 사망했다.[27]

인공호흡기 처치를 받은 환자의 치명률이 높은 데에는 몇 가지 이유가 있다. 그중 하나가 그들이 위중증 환자라는 사실이다. 그러나 인공호흡기 자체의 위험도 있다. 기계적으로 높은 압력을 사용하기 때문에 폐 손상이 발생할 수 있다. 급성 호흡 곤란 증후군(ARDS)의 경우 폐포(허파 꽈리)에 '끈끈한' 상태의 황색 액체가 채워져 인공호흡기를 사용해도 혈액의 산소 공급이 어려워질 수 있다. 그 외에도 인공호흡에 필요한 삽관을 위해 장기적으로 투여하는 진정제도 고령자에게는 위험할 수 있다. 진정 상태에서 깨어나기가 어려울 수 있기 때문이다.

과실과 실책의 '퍼펙트 스톰'

신종 바이러스는 늘 그렇듯이 등장 초기에는 치명적이다가 시간이 지나면서 그 위력을 서서히 잃어간다. 이전에 보지 못했던 바이러스는 '마른 잔가지에 불을 붙이는 것'과 같다. 처음에는 맹렬히 타오르지만 얼마 지나지 않아 불꽃이 사그라진다.

신종 바이러스는 가장 취약한 대상을 노린다. 코로나19 바이러스인 SARS-CoV-2의 경우에는 요양 시설이 '마른 잔가지'였다. 질병에 취약한 입소자들이 먼저 감염되고, 의료진이 그들을 잘못 치료하면 초기 치명률이 치솟을 수밖에 없다.

일부 병원의 터무니없는 의료 과실과 인공호흡기의 잘못된 사용, 거기에 일부 주지사들의 이해할 수 없는 정책 결정으로 코로나19 환자를 요양 시설로 보낸 것이 말 그대로 퍼펙트 스톰(한꺼번에 여러 가지 안 좋은 일이 겹쳐 최악의 상황이 발생하는 경우를 가리킨다)을 일으켰다. 그 같은 상승 효과만 없었다면 코로나19의 치명률은 대수롭지 않았을 수 있다.

뉴욕처럼 바이러스 확산에 취약한 곳에서의 방역 실패와, 확진자를 요양 시설에 보낸 것 같은 터무니없는 정책에다, 건강한 사람이 감염으로 사망한 경우가 드물며, 효과를 보이는 잠재적인 치료제 사용이 엄격히 금지된다는 사실을 더하면 코로나19 팬데믹은 '특정한 계획에 따라 만들어진 위기'처럼 보일 수밖에 없다.

사망의 주요 근원은 패혈증인 듯

패혈증은 신체 전반에 감염이 발생하면서 과도한 면역 반응이 일어나 신체 기능을 크게 손상시키는 치명적인 증상이다. 패혈증이 갈수록 늘어난다는 연구 결과가 많다. 미국에서는 매년 성인 170만 명이 패혈증에 걸리고, 그중 약 27만 명이 사망한다.[28] 2010~2012년 미국의 병원에서 사망한 환자의 34.7~55.9%가 사망 당시 패혈증을 앓았다.[29]

세계적으로 볼 때도 매년 전체 사망자 중 20%의 직접적인 사인이 패혈증이다. 이전 추정치의 두 배다. 연구자들은 이 결과를 두고 "우려스럽다"는 반응이다. 미국 공영 라디오 방송 NPR는 이렇게 보도했다.

"분석가들은 2017년 한 해 동안 전 세계에서 약 1100만 명이 패혈증으로 사망한 것으로 추정했다. 그해 전체 사망자가 5600만 명이었으므로 약 20%가 패혈증으로 사망했다고 볼 수 있다."[30]

패혈증 조사가 어려운 이유 중 하나는 의사들이 그 증상을 부차적인 사인으로 여겨 사망진단서에 기재하지 않는 경우가 많기 때문이다. 그러나 패혈증은 이미 인플루엔자 사망의 주요 원인 중 하나로 확인되었다.

패혈증의 증상이 심한 감기나 인플루엔자, 코로나19와 혼동하기 쉬운 것도 문제다. 탈수, 고열, 오한, 심박수 증가, 메스꺼움이나 구토, 차갑고 축축한 피부가 일반적인 증상이다. 다만 패혈증은 그 증상이 일반적인 예상보다 더 빨리 진행된다. 신속한 진단과 치료가 이루어지지 않으면 다발성 장기 부전과 사망으로 이어질 수 있다.

패혈증은 전통적으로 박테리아에 의한 질병과 관련 있는 것으로 알려졌다. 하지만 근래 들어 세계적으로 바이러스에 의한 패혈증이 늘어나고 있다. 코로나19도 그중 하나다. 2020년 7월 유명한 브로드웨이 연극배우 닉 코데로가 코로나19 합병증으로 사망했는데, 패혈증이 그중 하나였다. 코데로만이 아니다. 패혈증은 많은 코로나19 환자의 사망에 상당한 영향을 미치지만 그런 사실은 잘 알려지지 않고 있다.

패혈증 연맹을 이끄는 캐린 몰랜더 박사는 "코로나19 합병증 중에서 패혈증이 가장 많지는 않다 해도 상당한 비율을 차지한다"고 말했다.[31] 패혈증이 코로나19와 함께 발생하는 사례가 많아지자 미국 국립보건통계센터(NCHS)는 이 두 가지의 의료 코드 분류에 대한 지침을 수정했다.[32]

코로나19 위중증 환자와 바이러스성 패혈증

중국의 연구자들은 의학 학술지 《랜싯》에 실린 논문에서 이렇게 지적했다.

"코로나19 위중증 환자 중 다수가 저혈압이 아닌데도 수족 냉증과 허약한 말초 맥박 같은 패혈증 쇼크 증상을 보였다. 그런 환자들의 더 나은 치료 방법을 찾으려면 코로나19에서 일어나는 바이러스성 패혈증의 메커니즘을 이해해야 한다."[33]

패혈증 연맹에 따르면, 바이러스성 패혈증은 진단하기가 몹시 까다롭다. 검사법이 주로 박테리아성 패혈증을 가려낼 뿐 바이러스성까지 잡아내기에는 미흡하기 때문이다. 그러나 다른 한편으로 혈압, 맥박, 호흡 등의 활력 징후에서 비정상적인 조짐은 박테리아성이나 바이러스성 패혈증 둘 다에서 나타날 수 있다.

패혈증 연맹은 이렇게 설명한다.

"고령자, 어린이, 만성 질환을 앓는 사람이나 면역 체계가 약해진 사람이 패혈증 고위험군이다. 패혈증에 걸린 환자는 기저 질환을 가진 경우가 많지만 건강한 사람도 걸릴 수 있다. 건강한 사람이 패혈증으로 위험한 경우에는 그들의 면역 체계가 너무 강해 사이토카인 폭풍을 일으킨 상황일 수 있다."[34]

사이토카인은 신체가 염증을 조절하는 데 사용하는 단백질이다. 바이러스가 우리 몸에 침투하면 면역 세포는 사이토카인을 분비해 염증 반응을 일으킨다. 그런데 때로는 사이토카인이 필요 이상으로 분비된다. 사이토카인이 통제되지 않고 과잉 분비되는 상황을 '사이토카인 폭풍'이라 부른다. 사이토카인 폭풍은 침투한 바이러스만이 아니라 정상 세포까지 공격하면서 급성 염증 반응을 일으켜 극심한 패혈증 등의 위험한 상황을 초래한다.

폴 매릭 박사가 개발한 패혈증 치료법은 비타민 C를 하이드로코르티손-티아민(비타민 B_1)과 함께 정맥에 주사하는 것이다. 이 치료법은 패혈증 환자의 생존율을 크게 높이는 것으로 나타났다. 자신이나 가족 중에서 패혈증이 의심된다면 우리의 웹사이트 Mercola.com에서 관련 기사를 찾아보면 도움이 될 것이다.

입원과 사망의 주원인은 합병증

물론 보건 당국의 공식적인 메시지와 통계 역시 비만, 심장병, 당뇨병 같은 기저 질환이 코로나19를 치명적으로 만드는 주요인이라는 사실을 말해준다. 그러나 데이터를 자세히 들여다보면 기저 질환은 치명률의 기여 요인 역할에 그치는 게 아니라 코로나19 환자를 위중증으로 인한 입원과 사망으로 이끄는 주원인임을 알 수 있다.

한 연구 결과에 따르면, 코로나19 관련 합병증으로 사망한 사람의 99% 이상에서 기저 질환이 있었다. 그중 76.1%가 고혈압, 35.5%가 당뇨병, 33%가 심장병을 앓았다.[35]

또 다른 연구에서는 코로나19로 입원한 18~49세 환자들이 앓고 있는 기저 질환 중에서 비만이 가장 많았고, 고혈압이 그 뒤를 이은 것으로 나타났다.[36] 더구나 코로나19 환자 대다수는 한 가지 이상의 기저 질환을 갖고 있는 것으로 확인되었다.

뉴욕시의 코로나19 환자 5,700명을 대상으로 한 연구는 88%가 두 가지 이상의 기저 질환을 앓고 있다는 것을 보여주었다. 한 가지 기저 질환만 가진 환자는 6.3%, 기저 질환이 없는 환자는 6.1%였다.[37]

만성 기저 질환의 대부분, 특히 당뇨병과 고혈압은 대사 장애에 뿌리를 둔 질병이다. 대사 장애가 면역 체계의 약화로 이어지기 때문이다. 대사 장애 치료에 관한 정보는 내가 쓴 책《케톤하는 몸(Fat for Fuel)》에 자세히 나와 있다. 이제 코로나19에 직접적인 영향을 미치는 이런 기저 질환에 관해 좀 더 자세히 알아보자.

대사 장애

코로나19의 합병증 대부분을 연결하는 공통 요인은 인슐린 저항이다. 인슐린 저항은 주로 공장에서 가공한 식품을 많이 섭취하고 건강에 이로운 지방 대신 탄수화물에 의존하는 식단과 관련이 있다. 하지만 무엇보다 리놀레산(LA)으로 불리는 오메가6 다불포화 지방산의 증가가 가장 큰 원인일 가능성이 높다.

리놀레산은 식물성 기름, 좀 더 정확히 말하면 종자유에 들어 있다. 150년 전에는 그런 기름이 존재하지 않았다. 그래서 과거에는 사람들이 섭취할 수 없었다. 하지만 지금 우리의 리놀레산 섭취량은 하루 평균 약 80g에 이른다. 이 지방은 대사 기능을 손상하고 수년 동안 체내에 남아 있으므로 리놀레산을 과다 섭취하는 것은 설탕을 과다 섭취하는 것보다 훨씬 더 위험하다.

리놀레산은 쉽게 산화하여 유해 성분으로 분해되면서 심장병, 암, 당뇨병, 비만 그리고 노화 관련 실명(失明)의 위험을 크게 높일 수 있다. 염증을 일으키고 중요한 조직, 특히 세포의 소기관인 미토콘드리아를 손상한다. 미토콘드리아는 섭취한 영양분을 산소와 융합해 아데노신삼인산(ATP)을 만들어 신체 에너지 대부분을 공급하는 매우 중요한 역할을 한다.

리놀레산이 과다하면 미토콘드리아가 제대로 기능하지 못해 염증과 산화 스트레스에서 비롯되는 손상의 복구에 필요한 연료를 우리 몸에 충분히 공급할 수 없다. 그 결과, 인슐린 저항이 나타나고 코로나19에서 우리가 보는 모든 합병증이 발생한다. 리놀레산이 우리 건강에 미치는 영향에 관해서는 제6장에서 다시 살펴보기로 하자.

고혈압

중국의 의사들은 곧바로 코로나19 사망자의 절반 가까이가 고혈압 환자였다는 사실을 알았다. 그 연관성을 평가하기 위해 연구자들은 중국 우한에 있는 코로나19 환자 전담 병원의 데이터를 분석했다.[38]

그 데이터에 따르면, 코로나19 환자 2,877명 중 29.5%가 고혈압 병력을 갖고 있었다. 분석 결과, 그들이 코로나19로 사망할 확률은 고혈압 병력이 없는 환자의 두 배로 나타났다.

특정 약의 영향

또한 당뇨병과 심장병, 고혈압처럼 생활 방식에 따른 질병을 치료하는 데 흔히 사용하는 약이 코로나19 환자에게 나쁜 영향을 미칠 수 있다.

로이터 통신은 이렇게 보도했다.

입원한 코로나19 환자 중에는 고혈압을 앓는 사람이 아주 많다. 고혈압이 있는 사람이 코로나19에 잘 걸리는 이유에 관한 이론들은 고혈압에 흔히 처방되는 약의 효과를 둘러싸고 과학자들 사이에서 치열한 논쟁을 일으켰다.

연구자들이 동의하는 것은 코로나바이러스가 폐와 심장에 들어갈 때 사용하는 바로 그 경로에 고혈압 약이 영향을 미친다는 사실이다. 하지만 그런 약이 바이러스의 침입을 용이하게 하는지 아니면 침입을 막아주는지에 관해서는 견해가 서로 엇갈린다. (……) 문제가 되는 약들은 안지오텐신 전환 효소(ACE) 억제제와 안지오텐신 수용체 차단제(ARB)로 알려져 있다. (……) 미국 정부의 최고 감염병 전문가인 앤서니 파우치 미국 국립 알레르기·전염병 연구소(NIAID) 소장은 최근 의학 학술지와 가진 인터뷰에서 이탈리아의 코로나19 사망자 중에도 고혈압 환자의 비율이 그와 비슷하게 높다는 보고서를 인용하며 기저 질환인 고혈압보다는 고혈압 약이 바이러스를 촉진할지 모른다는 점을 시사했다. (……)

고혈압 약은 ACE2 효소(혈관을 확장시켜 혈압을 낮추는 호르몬을 생산한다)를 증가시킨다. 그런데 코로나바이러스도 ACE2 효소를 표적으로 삼으며, 그것에 달라붙을 수 있는 스파이크 단백질을 생성한 뒤 그 효소를 통해 인체 세포에 침투한다. (……) 따라서 효소가 많을수록 바이러스가 공략할 표적이 더 많아진다. 감염만이 아니라 위중증 진행 가능성도 더 커진다는 뜻이다.

그러나 또 다른 증거는 코로나바이러스 감염이 ACE2의 활동을 방해함으로써 염증을 일으키는 호르몬의 수치를 높일 수 있다는 점을 시사한다(이 염증은 폐부종을 가져와 급성 호흡 곤란 증후군으로 이어질 수 있다). 그럴 경우 ARB 계열의 고혈압 약이 호르몬의 유해한 영향을 어느 정도 막아주기 때문에 도움이 될 수 있다.[39]

이러한 상황은 환자와 의사 양쪽 모두를 곤란하게 만든다. 코로나19 환자가 고혈압 약을 끊어야 할지를 두고 현재로서는 의미 있는 합의가 없기 때문이다. 영국 옥스퍼드 대학 산하 증거기반 의학센터(CEBM)는 고혈압이 심하지 않고 코로나19 감염 위험이 높은 사람들의 경우 ACE나 ARB 계열이 아닌 다른 고혈압 약으로 교체할 것을 권하고 있다.

《뉴잉글랜드 의학 저널(NEJM)》에 게재된 한 논문은 환자들이 ACE나 ARB 고혈압 약을 계속 복용해야 한다면서 약의 잠재적인 혜택을 강조했다. 그러나 로이터 통신은 그 연구에 참여한 과학자들이 "업계가 지원하는 고혈압 약에 관한 다양한 연구를 진행한 이력이 있다"며 이해 충돌을 시사했다.[40] 환자 권익 단체 '헬스 워치 USA'를 설립한 케빈 카바나그 박사는 이런 시기에 제약업계의 지원을 받은 과학자들이 임상적 지침을 권고하는 것은 현명하지 못한 처사임을 지적하며 "이해 충돌이 없는 과학자들이 나서서 상황을 정리해야 한다"고 말했다.

당뇨병의 경우 흥미롭게도 일부 연구 결과는 코로나19 환자가 스타틴 계열의 약을 복용했을 때 사망 위험이 높아진다는 것을 보여주는 반면, 또 다른 연구에서는 그 약이 환자를 사망으로부터 보호해주는 효과가 있는 것으로 나타났다. 스타틴이 코로나19 위중증 환자의 사망 위험을 높이는지 여부와는 별도로 그 약은 거대 제약사들의 주장과 달리 우리를 심장병으로부터 보호해주기는커녕 오히려 다른 문제를 일으킬 소지가 있다. 그런 약 말고도 중증 질환에 걸릴 위험을 낮추고 건강을 보호하기 위해 개인적으로 사용할 수 있는 방법은 얼마든지 있다. 그러므로 스타틴 계열의 약을 복용하는 것은 불필요하고, 어쩌면 위험할지도 모른다. (제6장에서 좀 더 자세히 알아보겠다.)

당뇨병

인슐린 저항이 심해져 만성이 되면 제2형 당뇨병이 시작될 수 있다. 따라서 당뇨병이 코로나19의 동반이환 중 하나인 것은 놀라운 일이 아니다. 영국의 연구자들은 코로나19 위중증이 될 가능성이 가장 큰 환자들의 특징을 알아보기 위해 영국 국립보건서비스(NHS)의 데이터를 분석했다.[41] 분석 결과에 따르면, 코로나19로 입원한 환자의 중위 연령은 72세, 입원 기간은 약 7일, 그리고 가장 흔한 동반이환은 만성 심장병, 당뇨병, 만성 폐 질환이었다.

당뇨병을 앓는 사람이 코로나19 바이러스 감염에 더 취약한지는 확실하지 않다. 그러나 중증으로 입원하는 코로나19 환자 중에 당뇨병을 기저 질환으로 가진 사람이 많다는 사실은 분명하다. 영국 인구의 약 6%가 당뇨병을 가진 것으로 추정된다.[42] 그에 비해 NHS의 데이터는 코로나19 입원 환자의 19%가 당뇨병을 기저 질환으로 갖고 있었다는 사실을 보여준다. 전체 인구 대비 비율의 세 배 이상이다.[43]

또 한 가지 중요한 사실이 있다. 제2형 당뇨병이 있는 사람이 코로나19로 사망할 위험이 두 배인 반면, 제1형 당뇨병(자가면역 질환으로 인슐린이 전혀 생산되지 않는다)을 가진 사람의 경우에는 그렇지 않은 사람보다 코로나19로 사망할 위험이 3.5배나 높다는 것이다.[44] 그 밖에도 환자 174명을 대상으로 한 연구에서 과학자들은 당뇨병을 가진 사람에게서 중증 폐렴, 과도한 염증, 포도당

대사 장애가 올 위험이 더 높다는 것을 확인했다.[45] 이러한 결과는 당뇨병을 가진 사람이 코로나19에 걸리면 증상이 급속히 악화할 수 있으며, 예후도 좋지 않다는 사실을 뒷받침한다.

비만

비만이나 과체중도 코로나19 합병증과 그로 인한 사망의 위험을 높일 수 있다. 연구에 따르면, 심하지 않은 비만도 코로나19의 중증화에 영향을 미칠 수 있다. 이탈리아 볼로냐 대학의 과학자들은 2020년 3월 1일부터 4월 20일 사이에 입원한 코로나19 환자 482명의 데이터를 분석한 연구에서 그 같은 결과를 얻었다. 그들은 논문에서 "비만은 코로나19 환자가 호흡 부전과 집중치료실 입원 그리고 사망까지 이르게 만들 수 있는 독자적이고 강력한 위험 인자"라고 지적했다. 위험의 정도는 환자의 비만 수준에 따라 달랐다.[46]

볼로냐 대학 연구팀은 체질량지수(BMI)를 기준으로 비만을 규정했다. 연구 결과 BMI 30('경미한' 비만)부터 위험이 높아지기 시작했다. 논문의 주 저자인 마테오 로톨리 박사는 보도 자료에서 이렇게 말했다.

"의료진은 비만 수준이 심한 사람만이 아니라 어떤 수준이라도 비만인 사람 전부가 위험군에 속한다는 사실을 인식해야 한다. 비만에 해당하는 코로나19 입원 환자는 각별한 주의가 필요하다.

증상이 급속히 악화되어 호흡 부전이 되거나 집중 치료를 받아야 할 가능성이 크기 때문이다."[47]

구체적으로 말하자면 경미한 비만인 코로나19 환자는 비만이 아닌 환자에 비해 호흡 부전으로 증상이 악화될 가능성이 2.5배에 이르고, 집중 치료 대상이 될 가능성은 5배나 높았다. BMI 35 이상인 환자는 비만이 아닌 환자에 비해 코로나19로 사망할 위험이 12배나 높았다.

영국 공중보건국(PHE)의 2020년 7월 보고서도 체계적인 비교 검토 결과를 바탕으로 비만이 코로나19의 중증화를 부르며, 비만인 코로나19 환자는 그렇지 않은 환자보다 사망할 위험이 더 높다는 사실을 지적했다.[48]

BMI 25 이상인 환자는 그 이하인 환자에 비해 사망할 위험이 3.68배, 인공호흡기를 사용할 확률이 6.98배, 중대한 동반이환(합병증)이 올 위험이 2.03배 높았다. PHE 보고서는 또 BMI가 높을수록 입원과 집중 치료, 사망의 위험이 더 높다는 사실을 보여주는 데이터도 제시했다.

연령과 염증

지금까지 살펴본 모든 요인은 제어되지 않는 만성 염증을 일으킬 수 있다. 사이토카인 폭풍이 일어날 가능성이 그만큼 커진다는 뜻이다.

이 염증은 흔히 '염증성 노화' 또는 '현성 감염(병원체가 침입해 정착, 증식하고 질병의 증상을 확실하게 나타내는 경우) 없이 발생하는 만성 저강도 염증'으로 일컬어지며, 면역력을 약화시킨다.[49]

코로나19 환자의 입원과 사망에서 연령이 매우 중요한 요인으로 꼽히는 이유 중 하나도 만성 염증 때문일 수 있다. 기저 염증은 노화 과정을 촉진하고 감염병의 중증화 위험을 높일 수 있다. 65세 이상의 코로나19 사망자가 그토록 많다는 사실이 이를 잘 말해준다. CDC의 통계에 따르면, 코로나19 사망자의 80%가 65세 이상이다.[50]

고령자의 코로나19 사망 위험을 높이는 요인 중 가장 중요한 것이 면역 체계의 노화다. 선천 면역과 적응(후천) 면역 둘 다에 적용되는 노화다. 연구자 앰버 뮬러, 매브 맥너마라, 데이비드 싱클레어는 한 논문에서 이렇게 설명했다.

"면역 체계가 SARS-CoV-2 바이러스를 효과적으로 억제하고 제거하려면 다음 네 가지 과제를 수행해야 한다. 첫째는 바이러스 인식, 둘째는 경보 발령, 셋째는 바이러스 파괴, 넷째는 바이러스 제거다. 연구 결과에 따르면, 고령일수록 그 과제를 수행하는 각각의 메커니즘이 기능 장애를 보이고 더욱 비균일적이 되는 것으로 알려져 있다."[51]

노화가 진행되면 면역 체계의 기능도 점차 퇴보한다. 이런 '면역 노화'는 병원체를 인식하여 경보를 울리고 파괴하고 제거하는 능력을 저해한다. 이 과정의 결과가 바로 염증이다. 연구자들은 이렇게 설명했다.

> 코로나19 환자에게서 일어나는 병리적 현상과 분자적 변화를 보여주는 최근의 많은 데이터는 면역 노화와 염증이 고령 환자의 치명률을 높이는 주요인임을 말해준다.
>
> 고령자에게서 폐포 대식 세포가 바이러스 입자를 인식하고 염증 반응을 촉진하는 상태로 전환하는 능력을 잃으면 코로나19의 초기 단계 진행이 가속화될 가능성이 크다. 또 코로나19의 후기 단계에서는 폐포 대식 세포의 과도한 염증 반응으로 폐 손상을 일으킬 가능성이 크다.

사이토카인 폭풍보다 치명률을 더 높이는 것이 피브린 분해 산물인 D-이합체의 증가다. D-이합체는 미세 혈관계의 혈전에서 방출되며, 파종 혈관 내 응고(DIC)를 의미하는 경우가 많다. 고령자는 자연적으로 D-이합체 수치가 높다. 연구자들은 D-이합체 수치가 "코로나19 후기 단계의 심각도를 알려주는 열쇠"일 가능성이 크다고 말했다.[52]

고령자의 경우 D-이합체 수치가 높은 것은 심혈관계 질환과 관련된 혈관 염증의 기저 수준이 높기 때문으로 알려졌다. 연구자들은 이것이 "코로나19 환자의 중증화를 부를 수 있다"고 말했다.

게다가 고령자는 NLRP3 염증 조절 복합체 수준이 높은 경향을 보인다. 이것이 사이토카인 폭풍을 일으키는 주된 요인으로 추정된다.

우리는 제6장에서 우리 인간이 어떻게 그처럼 취약해졌는지 살펴볼 것이다. 미래를 바꾸기 위해서는 먼저 과거를 알아야 하기 때문이다.

제5장

공포심 조장으로 자유를 록다운하다

로니 커민스

우리가 두려워해야 할 것은 두려움 그 자체다.

—프랭클린 D. 루스벨트

두려움은 궁극적으로 우리의 인권을 앗아가고 사회를 전체주의로 몰아간다. 이를 피할 수 있는 길은 담대하게 나서서 두려움에 저항하는 것이다. 지금 우리를 떨게 하는 두려움의 가장 큰 출처 중 하나는 글로벌 팬데믹이다. 그들은 이 팬데믹이 자연적으로 발생했으며, 알려진 방어책이 없다고 말한다. 적어도 공식 스토리에 따르면 그렇다.

두려움은 인간의 행동 변화를 일으키는 강력한 기폭제 중 하나다. 지금의 우리 세계는 이전의 독재자들이 가진 적이 없었던 것을 제공한다. 누가 어디서 무엇을 하는지 추적하고, 통제하고, 조종할 수 있는 기술이 바로 그것이다. 많은 사람들이 무선 전자 기기에 둘러싸여 생활한다. 그 기기는 우리의 개인적인 삶에 관한 모든 정보를 수집한다. 그렇게 수집한 데이터는 인공지능이 주도하는 심층 학습 시스템에 통합된다. 그리고 테크노크라시 엘리트 집단은 그 기술을 이용해 대중을 가장 효과적으로 조종할 수 있는 방법을 찾는다.

하지만 제3장에서 설명했듯이 코로나19의 기원과 성격, 위험, 예방법 및 치료법에 관한 '공식 스토리'를 믿을 수 없게 만드는 증거가 계속 늘어나고 있다. 우리 같은 비판자들은 이 증거를 바탕으로 그런 설명이 허구임을 밝혀냈다.

앞서 여러 차례 설명했듯이 공식 스토리는 전염력이 별로 강하지 않고 비교적 무해한 기존의 박쥐 코로나바이러스가 돌연변이를 통해 독성이 강해지고 사람을 감염시키면서 코로나19가 시작되었고 그에 따라 글로벌 팬데믹이 발생했다는 것이다. 하지만 여러 증거들은 코로나19를 일으키는 SARS-CoV-2 바이러스가 2019년 말 중국 우한의 실험실에서 사고로 유출되었을 가능성이 크며, 그 사고는 충분히 예상할 수 있었음에도 불구하고 끔찍한 재앙으로 이어졌다는 것을 명확히 보여준다.

중국과 미국의 합작품인 SARS-CoV-2는 유전공학적 기능 획득을 목표로 하는 생물의학, 백신, 생물안전 연구라는 명분 아래 수십 년에 걸쳐 진행되어온 생물무기 경쟁의 산물일 가능성이 크다. 무기화된 바이러스라는 뜻이다.

당국은 수년 동안 유전자를 조작한 바이러스나 박테리아는 안전하다며 우리를 안심시켰다. 사실상 규제가 없는 생물무기 실험실에서 진행되는 일인데도 그들은 이런 잠재적 대유행 병원체(PPP)의 유출 사고와 절도 가능성은 무시해도 좋을 만큼 작다면서 그 정도 위험은 충분히 감수할 가치가 있다고 단언했다. 하지만 모두 거짓말이었다. 이제 우리는 범죄에 해당하는 그들의 태만과 과실이 불러온 끔찍한 재앙을 실제로 겪고 있다.[1]

코로나19 피해 중 상당 부분의 원인은 록다운

언론은 팬데믹에 따른 피해 중 많은 부분의 원인으로 왜 록다운을 지적하지 않았을까? 그 이유를 단순히 현실 부정으로만 설명할 수는 없다. 팬데믹에 대처하려면 우리가 누리고 있던 일상생활을 잠시 접어둔 채 모든 것을 멈추고 폐쇄할 수밖에 없다는 것이 그들의 공식적인 설명이었다. 하지만 서글프게도 그보다 진실에서 거리가 더 먼 스토리는 없다. 이는 역사상 전례가 없는 당국의 사생활 개입이자 침해다. 록다운은 기본권, 자유, 법의 지배에 대한 사악한 공격이다. 이제 그 결과가 우리 사회의 모든 면에서 서서히 드러나고 있다.

미국인 대다수는 팬데믹 초기 1년을 꽉 채운 기간 동안 이어진 록다운을 겪으면서도 연령과 건강에 따른 코로나19 치명률이 어떻게 다른지 거의 모른다. 관련 데이터는 2020년 2월부터 누구나 볼 수 있는데도 말이다. 미국 질병통제예방센터(CDC)에 따르면, 바이러스 PCR 검사와 사망자 분류의 부정확성을 감안하더라도 코로나19의 생존율은 0~19세가 99.997%, 20~49세가 99.98%, 50~69세가 99.5%, 70세 이상이 94.6%다.[2]

코로나19의 주된 감염 경로는 개인적인 모임이나 집회 또는 야외 행사가 아닌 요양 시설과 병원이었다. 학령기 아동에 대한 위협은 거의 없었다. 바이러스의 정체와 속성을 더 많이, 더 정확히 알고 보면 SARS-CoV-2는 그리 대단치 않아 보인다. 코로나19는 독감과 유사한 호흡기 질병으로서 팬데믹이 되었다가 엔데믹(풍토병)으로 정착되고 있다. 지난 한 세기 동안 다른 여러 호흡기 감염 바이러스가 그와 같은 과정을 거쳤다. 하지만 과거에는 팬데믹이 왔다고 해서 사회를 폐쇄하지 않았고, 그 덕분에 세계는 별 무리 없이 어려움을 극복할 수 있었다.

최근의 연구 결과를 살펴보면 록다운에 따른 엄청난 피해를 실감할 수 있다. 무엇보다 그 피해가 팬데믹이 아니라 록다운의 직접적인 결과라는 사실이 너무나 끔찍하다. 하지만 록다운으로 실제 생명을 구했다는 증거는 전혀 없다. 증거는 오히려 늘어난 사망 건수 중 상당수가 코로나19가 아니라 약물 과다 복용, 우울증, 자살로 목숨을 잃은 경우라는 사실을 말해준다.

더구나 증거에 따르면, 팬데믹의 공포를 부추기는 데 PCR 검사가 상당한 역할을 했으며, '무증상 전파'는 완전히 잘못된 개념이고, 질병 분류의 오류도 너무 많았다. 또 정치적 해결책으로 바이러스를 위축시킴으로써 차단할 수 있다는 아이디어가 얼마나 어리석고 불합리한지도 드러났다.

록다운이 막대한 부의 이전을 가능케 했다

코로나19 바이러스가 무모한 기능 획득 실험에서 만들어졌다는 사실을 밝히고 이런 일이 다시는 일어나지 않도록 조치를 취하는 것이 무엇보다 중요하지만, 다른 한편으로 엉터리 과학을 명백히 밝혀내는 일도 시급하다. 부정확한 검사와 시험, 팬데믹을 호도하는 통계, 코로나19의 성격과 독성에 관한 공식 스토리를 믿도록 만드는 공포심 조장, 그리고 대다수 정부가 바이러스 전파를 막는다는 명분으로 도입한 강권주의적 방역 조치가 이처럼 말도 안 되는 과학에서 나왔기 때문이다. 특히 엄격한 방역 조치는 근로 계층, 소수자 집단, 어린이에게 큰 피해를 끼치면서 부자들에게는 엄청난 혜택을 안겼다.

제4장에서 살펴봤듯이 코로나19 팬데믹은 고령층과 심각한 기저 질환을 가진 사람들 사이에서 위중증과 사망을 촉발했다. 그와 동시에 일반 대중에게도 제2차 세계대전 이래 볼 수 없었던 규모로 광범위한 공황과 두려움을 불러일으켰다. 기회주의적인 정치인과 고삐 풀린 과학자와 유전공학자, 공중 보건 관리, 거대 제약사, 거대 IT 기업들은 그 같은 공포심을 조장하며 자신들의 부와 권력을 과거 어느 때보다 더 크게 불렸다.

코로나19 팬데믹이 부(富)를 빈곤층과 중산층에서 초부유층으로 이전하는 데 이용되었다는 사실은 현시점에서 누가 봐도 확실하다. 2020년 12월 미국 억만장자들의 부는 모두 합해 4조 달러였다. 미국 정책연구소(IPS)에 따르면, 그중 팬데믹이 시작된 2020년 3월 이래 불어난 부가 1조 달러를 넘었다.[3]

또 IPS의 2020년 6월 보고서는 미국인 4550만 명이 실업 급여를 신청한 반면, 미국인 억만장자는 29명이 새로 등장했다고 밝혔다. 미국 최고 부호 5명(제프 베이조스, 빌 게이츠, 마크 저커버그, 워런 버핏, 래리 엘리슨)의 재산도 2020년 3월 18일부터 6월 17일 사이에 모두 합해 1017억 달러(26%)가 늘었다.[4]

코로나19 팬데믹 동안 빈익빈 부익부의 현상이 나타난 이유는 부호들의 사업이 록다운에서 제외되었기 때문이다. 영업 중지는 주로 소규모 자영업에만 피해를 주었다. 방역 조치에서 대형 매장과 영세 소매업을 차별한 것은 그야말로 비논리적이었다. 백화점과 대형 마트에서 수백 명이 쇼핑하는 것은 안전하고, 한꺼번에 몰리는 손님이 몇 안 되는 작은 가게에서 물건을 사는 것은 안전하지 못하다는 것이 어떻게 말이 되는가?

팬데믹으로 막대한 이익을 얻은 쪽은 아마존, 줌, 스카이프, 넷플릭스, 구글, 페이스북 등 전자상거래 업체와 거대 IT 기업들이다. 일부 대형 할인 매장도 호황을 누렸다. 월마트와 타깃은 2020년 들어 매출 기록을 세웠다.[5] IPS 보고서는 이렇게 지적했다.

"코로나19 팬데믹은 앤드루 쿠오모 뉴욕 주지사와 세계경제포 럼(WEF) 회원들 같은 부류가 이야기한 '거대한 평준화의 힘(Great Equalizer)'이 아니었다. 오히려 전 세계적으로 성별, 인종, 경제 계층 격차에 따른 기존의 불평등을 심화시켰다."[6]

실제로 WEF는 "전 세계에서 26억 명 정도가 어떤 식으로든 록다운 상태이기 때문에 지금 우리가 사상 최대의 심리적인 실험을 한다고 해도 지나친 표현이 아니다"라고 말했다.[7] 세계를 지배하려는 그들이 좋게 말해 '위대한 리셋'이나 '제4차 산업혁명'이라고 부르는 것의 기초를 닦고 있음을 공개적으로 인정한 것이다. 디지털 감시, 사회 통제, 인공지능 등을 기반으로 테크노크라시 독재 체제를 확립하겠다는 의도다. 조지 오웰의 반이상향 소설《1984년》과 소름이 돋을 정도로 똑같지 않은가?

코로나19를 둘러싼 어처구니없는 정부의 대응과 의료 과실, 매스 미디어의 공황 조장이 가져온 직접적인 결과로 세계는 엉망진창이 되고 말았다. 록다운, 검열, 엉터리 과학, 호도하는 통계, 반쪽의 진실, 새빨간 거짓말이 바이러스가 불러일으킨 피해를 더욱더 악화시켰다.

억만장자 클럽은 더욱 번창하지만 전 세계의 풀뿌리들, 특히 저소득층, 소수 민족, 어린이들이 위기의 직격탄을 맞고 있다. 경제 붕괴, 대규모 실업, 기아, 소상공인의 몰락, 학교 폐쇄, 집단 불안, 사회적 고립, 전례 없는 정치적 양극화가 그 결과다.

2020년 8월 블룸버그 통신은 소상공인의 절반 이상이 사업을 지속할 수 없음을 우려한다고 보도했다.[8] 그들의 우려는 현실로 나타났다. 2020년 9월 미국의 소비자 서비스 전문 매체 '옐프'의 경제 충격 리포트에 따르면, 2020년 8월 31일 기준으로 16만 3,735개 업체가 문을 닫았고, 그중 60%(9만 7,966개)가 영구 폐업했다.[9, 10] 폐업은 특히 소수 민족에 큰 타격을 입혔다. 2020년 4월 말에는 팬데믹 대응 조치로 인해 미국 흑인 자영업자의 절반 정도가 폐업을 했다.[11] 뉴욕 연방준비은행의 보고서는 "흑인 자영업자의 폐업률이 백인의 두 배 이상"이라고 지적했다.[12]

록다운의 드러나지 않은 대가

대규모 실업은 식량 불안정을 초래한다. 팬데믹이 시작되고 몇 주 지나지 않아 세계 도처에서 사람들이 무료 식품 배급소 앞에 줄을 섰다. 영국의 경제 신문 《파이낸셜 타임스》는 2020년 4월 10일자 기사에서 영국인 약 300만 명이 그전 3주 동안 어느 시점에서 끼니를 걸렀다는 조사 결과를 인용했다. 그때는 이미 영국인 약 100만 명이 소득원을 잃은 상태였다.[13]

유엔은 팬데믹 대응 조치로 인해 "추가로 1억 5000만 명의 어린이가 교육, 보건, 주택, 영양, 위생, 식수에 접근하지 못하는 다차원적인 빈곤 상태에 내몰렸다"고 추정했다.[14] 또 유엔은 2020년 4월 말 신속한 조치를 취하지 않으면 세계가 "상상을 초월하는

기아"로 수억 명이 목숨을 잃을 수 있다고 경고했다.[15]

록다운은 정신 건강까지 해친다. 데이터가 그러한 현실을 적나라하게 보여준다. 2020년 10월 초 캐나다에서 실시된 조사에 따르면, 캐나다인의 22%가 심한 불안증을 경험했다. 팬데믹 이전의 네 배에 해당한다. 또 13%는 심한 우울증을 호소했다.[16]

미국심리학협회(APA)가 2020년 8월 실시한 조사에서는 Z세대가 록다운을 포함한 팬데믹 대응 조치로 심리적인 타격을 가장 심하게 받은 것으로 나타났다. 특히 18~23세의 스트레스와 우울증 수준이 다른 연령층에 비해 훨씬 높았다.[17] 그들 10명 중 7명 이상이 조사 전 2주 사이에 우울증 증상을 겪었다고 응답했다. 10대 (13~17세)에서는 51%가 팬데믹으로 미래의 계획이 불가능해졌다고 말했다. 대학생 연령층의 응답자 중 67%도 같은 우려를 나타냈다.

절망과 좌절은 약물 관련 문제로 이어지기 쉽다. 미국의학협회 (AMA)에 따르면, 약물 과다 복용이 갈수록 심각한 수준으로 악화하고 있다. AMA는 2020년 12월 9일 발행한《이슈 브리프》에서 "미국의 40개 주 이상에서 마약성 진통제 오피오이드 관련 사망 건수가 증가했고, 정신 질환이나 약물 남용 장애에 대한 우려가 커졌다"고 보고했다.[18]

AMA의《이슈 브리프》는 약물 과다 복용과 관련된 심장마비가 늘었으며, 또 다른 마약성 진통제 펜타닐 과다 복용으로 인한 사망 건수가 수천 건이 증가했고, 불법 오피오이드 복용으로 인한 사망 건수도 '급증했다'는 언론 보도를 인용했다. 앨라배마, 애리조나, 아칸소, 캘리포니아, 콜로라도, 델라웨어, 워싱턴 DC, 일리노이, 플로리다 등 많은 주에서 그런 사례가 보고되었다.

록다운이 득보다 실이 많다는 사실은 CDC의 데이터에서도 드러난다. CDC 자료에 따르면, 미국인 25~44세의 초과 사망(통상 일어날 것으로 기대되는 수치를 훨씬 넘는 사망 건수)이 팬데믹 이전보다 26.5%나 증가했다. 이 연령층의 코로나19 관련 사망자가 전체 코로나19 사망자의 3% 미만에 불과한데도 그런 수치가 나온 것이다.[19] 직설적으로 말하자면 고령자와 면역력이 저하된 환자를 코로나19로부터 지키려 하다가 인생의 한창때를 맘껏 누려야 할 젊은이들을 희생시키고 있는 셈이다.

그 외에도 록다운의 여파는 가정 폭력, 성폭행, 아동 성학대, 자살의 급격한 증가로 이어졌다. 2020년 7월 아일랜드는 성폭력과 아동 성학대로 인해 상담을 원하는 사람이 98%나 증가했다고 보고했다.[20]

영국의 비영리 단체 위민스 에이드가 제시한 데이터에 따르면, 가정 폭력 피해자의 61%가 록다운 동안 폭력이 더 심해졌다고 호소했다.[21] 또 영국에서 록다운이 시작된 지 첫 3주 동안 배우자에게 살해당한 여성의 수가 두 배로 늘었다.[22]

미국의 사정도 크게 다르지 않았다. 매사추세츠주의 한 병원에서 입수한 데이터는 주 정부의 휴교령으로 학교가 폐쇄되었던 2020년 3월 11일부터 5월 3일까지 9주 동안 가정 폭력 사건이 두 배 가까이 늘었음을 보여주었다.[23] 세계적인 추세도 비슷했다. 2020년 4월 초 안토니우 구테흐스 유엔 사무총장은 팬데믹 록다운과 관련된 가정 폭력이 전 세계에서 '끔찍하게' 늘어날 것 같다고 경고했다.[24] 그때 벌써 일부 국가의 경우 가정 폭력 전화 상담이 두 배로 증가한 상황이었다.[25]

한편 아동 학대는 온라인 비대면 수업 때문에 발견과 신고가 어려워졌다. 하지만 아동 학대가 늘어난다는 조짐은 분명히 나타났다. 영국의 한 조사에 따르면, 록다운 첫 달 동안 학대로 의심되는 어린이 머리 외상이 그전 3년 동안 같은 기간과 비교할 때 무려 1,493%나 증가했다.[26]

게다가 어린이들이 직접적인 학대에 노출되지 않았다 해도 록다운의 영향으로 사회적인 측면과 발육적인 측면에서 뒤처졌을 위험이 있다. 한 보고서는 2020년 미국 학생들의 학업 성취도 격차가 더욱 커졌으며, 유치원생의 문해력이 크게 떨어졌다고 지적했다.[27]

영국 경제 주간지 《이코노미스트》에 따르면, 10세 이상의 미국 어린이들은 록다운 기간 동안 신체 활동을 절반으로 줄였고, 대신 많은 시간을 비디오 게임을 하거나 정크 푸드를 먹는 데 할애했다.[28] 소규모 업소나 학교와 함께 공원과 해변을 폐쇄한 것이 가장 무식하고 가장 많은 피해를 낸 팬데믹 대책이었다.

건강한 사람들이 일할 수 없게 만들고, 모두의 삶을 뒤집은 조치는 어린이도 포함되는 자살 사건의 대폭적인 증가로 이어졌다. 록다운 초기 몇 주 동안은 비정상적인 자살 증가 추세가 나타났다. 2020년 9월 미국 텍사스주 포트워스 소재 쿡 어린이병원에는 자살을 기도한 어린이 환자가 무려 37명이나 입원했다.[29]

일본은 록다운을 시행하지 않았음에도 정부 통계 수치는 2020년 10월 한 달 동안 자살로 사망한 사람이 한 해 동안 코로나19로 목숨을 잃은 사람들보다 많았음을 보여준다.[30] 2020년 11월 27일까지 일본의 코로나19 사망자는 2,087명이었는데, 그해 10월 한 달 동안 자살로 사망한 일본인은 2,153명이었다. 그중에는 여성이 남성보다 많았고, 전화 상담원들에 따르면 자포자기한 상태에서 자녀를 죽일 생각까지 했다고 고백하는 여성들도 있었다.

주의 깊은 사람이면 누구나 알 수 있듯이 코로나19 팬데믹이 연장되고 과장되는 데는 다 이유가 있고, 그 이유는 흔히 생각하듯 생명을 구하려는 것이 아니다. 오로지 세계 인구를 디지털 감시 시스템에 예속시키려는 계책일 뿐이다. 그 시스템은 너무나 비자연적이고 비인간적이어서 이성을 가진 사람이라면 자발적으로 받아들일 수 없기 때문에 그들은 팬데믹을 이용해 두려움을 조장하면서 우리를 그 길로 몰아가고 있다.

세계를 공황 속에 몰아넣다

군의 생물방어·생물전쟁 프로그램과 거대 제약사, 정부의 재정 지원을 받는 공중 보건 관리, 바이러스 학자, 유전공학자들은 SARS-CoV-2 바이러스가 전염력이 아주 강하고 위험해서 코로나19에 효과적인 기존의 약이나 치료법은 없다고 주장한다. 또 어떤 건강기능식품이나 허브, 자연건강 증진법, 식이요법, 생활습관 변화도 바이러스에 대한 면역력을 강화하고 코로나19 감염에 따른 입원과 중증화, 심지어 사망으로부터 우리를 보호해줄 수 없다고 말한다.

그들은 당국의 지시에 따라 마스크 착용과 록다운 규정을 잘 지키면서 제약업계가 백신을 '초고속'으로 개발할 때까지 기다릴 수밖에 없다는 점을 우리의 머릿속에 주입하려고 애쓴다. 그것도 제대로 검증되지도 않고 유전자 조작으로 개발된 백신을 말이다. 공황을 초래하는 이런 메시지는 터무니없는 거짓말이다. 전 세계의 일반 대중이 당국의 지시에 따라 록다운을 순순히 받아들이도록 하려는 배후 조종 세력의 술책이다.

그들의 정체는 세계의 경제 엘리트 집단인 글로벌리스트다. 대중이 분열하고, 정확한 정보를 얻지 못하며, 검열당하고, 공황 속에서 살아가는 동안 그들은 세계가 지금까지 본 적이 없는 규모로 부와 권력을 그러모을 수 있다. 우리의 건강을 지켜주고, 기후변화의 피해를 줄이며, 빈곤과 실업을 근절한다는 명분 뒤에 숨어 그런 음모를 꾸미고 차근차근 실행해나가고 있다. 그들에게 맞서 우리가 가질 수 있는 유일한 희망은 진실을 널리 알리고, 저항하고, 조직화된 운동을 통해 이 같은 독재적인 '새로운 세계 질서'를 막는 것이다.

대중은 무력하지 않음을 명심하라

살아남기 위해서는 인위적으로 만들어진 공황의 메시지를 단호하게 거부하고 두려움을 뛰어넘어 자신의 정신과 신체적 건강을 스스로 지키는 것이 필요하다. 특히 팬데믹에서 인위적인 공황을 만들어내는 PCR 검사의 내재적 결함과 조작된 수치를 널리 알려야 한다.

무엇보다 코로나19 사망자와 입원자 통계 수치를 비이성적인 두려움이 아니라 실질적인 지식을 얻는 방식으로 이해해야 한다. 일반적으로 청소년을 포함해 대사적으로 건강한 사람들은 위험군에 속하지 않는다. 또 다행히도 가장 취약한 사람들을 보호할 수 있는 검증된 수단이 많다.

코로나19의 확산을 막고 바이러스의 피해를 줄이려면 기본적으로 공중 보건을 개선해야 한다. 가공식품을 삼가고, 모두가 저렴하고 건강에 좋은 유기농 식품에 접근할 수 있도록 농업과 공급체계를 개선하며, 운동을 장려하는 등 간단한 전략부터 시작하면 된다. 그와 더불어 두려움과 격리의 부작용을 극복하고, 정확한 정보로 자신과 가족을 교육하며, 자신이 절대 무력하지 않다는 사실을 올바로 아는 것이 중요하다.

자연건강과 자연요법을 주창하는 네이트 도로멀은 이렇게 우리를 상기시켰다.

"코로나19는 사라지지 않을 것이다. 장기간의 록다운과 의무적인 마스크 착용에도 코로나19는 여전히 우리 사회에 존재하면서 확진자를 계속 생산해낼 것이다. 논란 많은 코로나19 백신도 만능이 아니다. 당국도 백신이 바이러스 전파를 막지 못하며, 앞으로 나올 백신도 안전성 문제가 있다는 것을 알고 있다. 그러므로 이 문제를 해결할 수 있는 길은 우리 자신을 더 강하게 만드는 것뿐이다."[31]

명심하자. 우리는 우리 몸을 더 튼튼하게, 우리의 면역 체계를 더 강하게 만들 수 있고, 만성 기저 질환의 진행을 역전시킬 수도 있다. 이 모두가 사실이다. 아직 늦지 않았다. 스스로 건강을 증진하고 코로나19 같은 감염병을 좀 더 잘 이겨내는 조치를 누구나 지금 당장 취할 수 있다.[32]

코로나19 팬데믹에 대한 당국의 공식 스토리를 지지하는 사람들은 이 책의 저자 같은 비판자들을 '안티과학, 안티백신 음모론자'로 폄하하고 비방하지만, 수많은 증거는 SARS-CoV-2가 실험실에서 유전공학적으로 무기화된 바이러스로서 전파력이 매우 높아 기저 질환과 합병증을 악화시킨다는 사실을 가리키고 있다.

코로나19는 1918년의 스페인 독감과 달리 어린이, 청소년, 학생들에게는 위협이 되지 않으며, 어느 연령층이든 건강한 사람에게는 아주 약간의 위협이 될 뿐이다.

단, 대사 장애가 있거나 혈중 비타민 D 수치가 낮은 65세 이상, 그리고 비만, 당뇨병, 심장병, 암, 폐 질환, 신장 질환, 치매, 고혈압 같은 만성 기저 질환이 심한 사람들은 SARS-CoV-2 바이러스와 계절 인플루엔자 같은 바이러스에 되도록 노출시키지 않음으로써 자신의 건강을 보호하고 몸이 병원체 침입을 이겨낼 수 있는 능력을 강화할 필요가 있다.

요양 시설이나 병원에 입원한 환자의 경우도 각별한 예방책이 필요하다. 전 세계의 의사와 과학자 수천 명이 서명한 '그레이트 배링턴 선언'이 다음과 같은 사실을 강조한다.

코로나19의 공중 보건 대책은 취약한 위험군을 보호하는 조치가 중심 목표가 되어야 한다. 예를 들어 요양 시설은 코로나19 바이러스에 면역이 생긴 직원을 활용하고 그렇지 않은 직원과 모든 방문자에 대해서는 수시로 PCR 검사를 실시해야 한다. 직원의 근무 교대는 가능한 한 적게 한다.

은퇴 후 집 안에 머무는 사람들은 식료품을 비롯한 생활필수품을 배달시켜야 한다. 가족을 만날 때도 실내보다는 밖에서 만나야 한다. 공중 보건 전문가들은 다세대 가구에 대한 접근 방식을 포함해 포괄적이고 효율적인 방역 정책을 충분히 효과적으로 시행할 수 있다. 취약하지 않은 저위험군은 정상적인 삶을 재개해야 한다. 집단 면역의 임계치를 낮추려면 모든 사람이 손을 자주 씻고, 몸이 좋지 않을 때는 집 안에 머무는 등 간단한 위생 수칙을 지켜야 한다. 학교와 대학은 즉시 문을 열어 대면 수업을 해야 한다.

스포츠와 같은 과외 활동도 다시 시작해야 한다. 위험도가 낮은 젊은 성인은 재택근무보다는 정상적으로 출퇴근해서 일하는 것이 바람직하다. 식당을 비롯한 업소들도 문을 열어야 한다. 미술, 음악, 스포츠 및 기타 문화 활동도 재개되어야 한다. 위험도가 높은 사람들도 원할 경우에는 그런 활동에 참여할 수 있도록 배려해야 한다. 사회 전체는 집단 면역을 형성한 사람들이 취약한 사람들에게 제공하는 보호를 통해 안정될 수 있다.[33]

학교 폐쇄와 록다운 등 저소득층과 소수 민족, 자영업자, 어린이에게 가장 큰 피해를 주는 극단적인 조치를 지속하는 것은 역효과를 부르는 잘못된 정책이다. 우리에게 시급한 것은 두려움과 공황, 정치적인 갈등을 줄이면서 코로나19의 기원과 성격, 독성, 예방 및 치료를 놓고 사회 전체가 참여하는 진지한 토론이다.

결함 있는 검사와 호도하는 통계 그리고 엉터리 과학
코로나19의 성격과 전염력, 독성에 관해 '과학적'이라고 주장하는 공식적인 설명 가운데에는 잘못된 정보를 제공하거나 대중 사이에서 공황을 퍼뜨리려는 의도가 엿보이는 측면이 여럿 있다. 제4장에서 살펴보았듯이 코로나19 확진자 수를 부풀리는 결함 있는 PCR 검사도 그중 하나다.

결론부터 말하자면 SARS-CoV-2 바이러스 검사 결과가 양성인 사람 대다수가 증상이 없으며 다른 사람을 감염시킬 위험이 희박하다는 것이 진실이다. 그들은 별다른 문제가 없다. PCR 검사가 비활동성(전염성이 없다는 뜻) 바이러스 입자를 찾아낸 경우가 많기 때문이다.

출산을 위해 입원한 임신부를 대상으로 한 연구에서 SARS-CoV-2 바이러스 검사의 양성 판정을 받은 임신부 중 87.9%는 무증상이었다.[34] 그리고 보스턴의 대규모 노숙자 쉼터를 조사한 연구도 있다. PCR 검사를 받은 노숙자 408명 중 147명(36%)이 양성 판정을 받았지만 증상이 있는 사람은 거의 없었다. 양성 반응자 중 기침을 하는 사람이 7.5%, 숨이 차다고 말한 사람이 1.4%, 발열을 호소한 사람이 0.7%에 불과했다. 연구자들은 "코로나19의 알려진 모든 증상이 양성 반응자들 사이에서 아주 드물었다"고 지적했다.[35]

학술지 《네이처 커뮤니케이션스》에 실린 한 논문은 중국 우한에서 실시된 대규모 PCR 검사의 데이터를 분석하면서 무증상 확진자가 제기하는 위험의 실체를 평가했다. 우한은 2020년 1월

23일부터 4월 8일까지 엄격한 록다운 아래 있었다. 사실상 전면 봉쇄였다. 6세 이상의 우한 시민 989만 9,828명 전원이 5월 14일부터 6월 1일 사이에 PCR 검사를 받았다. 그중 986만 5,404명은 이전에 코로나19 양성 판정을 받은 적이 없었고, 나머지 3만 4,424명은 코로나19에 걸렸다가 회복한 상태였다. 이 검사에서 양성으로 나온 사람은 300명에 불과했고 증상이 있는 사람은 한 명도 없었다(전체 확진율은 1만 명당 0.3명이었다). 더 중요한 사실은 무증상 확진자와 밀접 접촉한 1,174명 중에서도 양성으로 나온 사람이 아무도 없었다는 점이다.

또 코로나19에 걸렸다가 회복한 3만 4,424명 중에서 재감염된 사람은 107명(0.31%)이었지만 전부 무증상 확진자였다. 논문 저자들은 "무증상 양성 반응자와 재감염자 모두 바이러스가 배양되지 않았다. 이는 확인된 양성 반응자에게서 '생존 가능한 바이러스'가 없었다는 뜻"이라고 설명했다. 흥미롭게도 무증상 확진자의 항체를 검사했을 때 300명 중 190명에게서 증식성 감염으로 인한 항체 형성이 확인되었지만 그들과 접촉한 이들 중에서 감염된 사람은 없었다. 무증상 양성 반응자가 살아 있는 바이러스를 보유하고 있거나 과거에 보유한 적이 있다고 해도 다른 사람을 감염시키지는 않았다는 뜻이다.[36]

이렇듯 PCR 검사의 양성 판정이 코로나19의 확산 상황이나 감염에 관해 아무 정보도 주지 않는다면 왜 대규모 집단 검사를 실시하고 있을까? PCR 검사에 신뢰성이 없다면 백신 제조사들이 백신의 효과와 관련해 제시하는 통계나 공식 설명도 아무런 의미가 없다. 그들은 PCR 검사를 통해 백신의 효능을 '입증'하기 때문이다.

코로나19와 관련된 사망자 통계도 또 다른 오해를 불러일으키는 요인이다. 제4장에서 검토한 것처럼 공식적으로 말하는 '코로나19 사망자'의 94%는 코로나19에 '의해서가' 아니라 코로나19와 '함께' 사망했다. 심각한 기저 질환이나 합병증이 있었다는 뜻이다.[37] 아울러 모든 원인에 의한 전체 사망자 통계를 보았을 때 코로나19가 치명적인 팬데믹이라는 개념도 결국 잘못된 것으로 판명될 수밖에 없다. 미국의 전체 사망자 통계는 2020년 동안 줄곧 일정한 수준을 유지하면서 조금도 특이한 점을 보이지 않았다.[38]

두려움을 부추기는 또 다른 전술은 어린이와 청소년, 학생들에 대한 코로나19의 위협이 크며, 청소년과 학생들이 교사와 고령자에게 코로나19 바이러스를 퍼뜨릴 위험이 있다는 당국의 설명이다. 그러나 앤서니 파우치 박사도 학생들이 교사나 고령자에게 바이러스를 감염시킬 위험은 거의 없으며, 학교가 다시 문을 열고 학생들의 등교가 재개되어야 한다는 점을 인정한다.[39]

PCR 양성이 확진이라는 억지 또는 착각?

공포심을 조장하는 전술은 초기에 사망자 수를 강조하는 것이었는데, 곧바로 코로나19 '확진자 증가'가 어린이와 청소년을 포함해 모든 연령층에서 두드러진다는 주장으로 바뀌었다. 하지만 그 역시 신빙성이 떨어진다. 그런 뉴스 보도나 공중 보건 당국의 발표는 주로 섬뜩하게 치솟는 그래프를 보여주며 당국의 지시에 따른 사회적 거리 두기와 록다운이 팬데믹 초기 단계처럼 철저하게 지켜지지 않으면 대규모 입원과 사망으로 이어지는 '2차' 또는 '3차' 유행이 닥친다는 무시무시한 경고를 덧붙인다.

하지만 그 발표에서 현재의 검사 건수가 팬데믹 초기보다 10배 이상 많다거나, 검사 기관의 실험실 오류에 따른 위양성(가짜 양성)이 많다는 사실은 언급조차 없다.

또 언론 보도는 흔히 코로나19로 인한 사망이 줄어들고 있다는 사실을 인정하면서도 사람들이 마스크 착용을 중단하거나 과거의 일상으로 돌아간다면 사망자 수가 크게 늘어날 수 있다고 경고한다. 그러면서 모든 사람이 백신을 접종하면 감염과 사망의 위험이 사라질 것이라는 희망을 심어주려고 애쓴다.

그러나 우리는 이렇게 자문해야 한다. 전문가들과 언론이 코로나19 '확진자' 증가라고 말할 때 그 실제 의미는 무엇일까?

이전보다 더 많은 사람이 코로나19로 심하게 앓고 죽어간다는 뜻일까? 만약 그렇다면 CDC를 포함한 공중 보건 데이터베이스의 공식 통계도 미국과 전 세계에서 코로나19 사망자의 증가세를 명확히 보여주어야 한다. 그런데 통계를 보면 코로나19 사망자의 감소 추세가 드러난다. 독감과 폐렴까지 코로나19로 집계되는 어처구니없는 상황에서 말이다.[40]

아니면 '확진자 증가'란 것이 그냥 말 그대로 어린이와 청소년을 포함해 더 많은 사람이 검사를 받고 양성 판정을 받는다는 뜻일까? 만약 그게 맞는다면 그 의미는 무엇일까? 《뉴욕 타임스》 기자를 지낸 앨릭스 베런슨은 《코로나19와 록다운에 관한 보도되지 않은 진실들》에서 이렇게 지적했다.

"코로나19 '확진'이라는 것은 바이러스 검사 결과의 양성을 지칭할 뿐이다. (······) 확진자가 실제로 코로나19를 앓는다는 뜻이 아니다. 입원하거나 집중 치료를 받아야 하거나 사망할 가능성이 높다는 의미는 더더욱 아니다."[41]

현재 코로나19 바이러스 감염 여부를 가리는 주된 방식은 PCR 검사다. 그에 따르는 문제점은 두 부분으로 나눌 수 있다.

첫째, PCR 검사는 비활동성 바이러스와 '살아 있는' 또는 활동성 바이러스 사이를 구분할 수 없다.[42] 이는 매우 중요한 문제다. 비활동성 바이러스와 활동성 바이러스를 하나로 묶어 취급할 수 없기 때문이다. 비활동성 바이러스를 보유한다면 앓을 이유도 없고 다른 사람에게 바이러스를 퍼뜨릴 수도 없다. 바로 이런 이유 때문에 PCR 검사는 진단 도구로서의 신뢰성이 크게 떨어진다.

둘째, 대부분은 아니라고 하지만 검사 기관이 채취된 검체의 RNA를 지나치게 많이 증폭한다. 그래서 건강한 사람이 양성 판정을 받는다. 코로나19 진단 도구로서 PCR 검사를 조금이라도 유용하게 사용하려면 RNA 증폭 횟수를 크게 줄여야 한다.

PCR 검사의 기본 원리를 간략히 살펴보자. 먼저 면봉으로 비강에서 검체(RNA)를 채취한다. 그다음 역전사를 통해 이 RNA를 DNA로 전환한다. 전환된 DNA는 크기가 너무 작아 이를 식별하기 위해서는 증폭 과정이 필요하다. 특정 PCR 검사에서 증폭하는 횟수를 CT(cycle threshold) 값이라고 부른다. CT 값이 높을수록, 다시 말해 증폭 횟수를 늘릴수록 별 의미 없는 바이러스 DNA의 입자가 확대되어 양성으로 판정될 가능성이 크다. 보유한 바이러스의 양이 아주 적거나 비활동성이어서 자신이나 다른 사람에게 아무런 위협이 되지 않는다 해도 CT 값을 높여 수십 차례 증폭하면 양성으로 나올 수밖에 없다.

과학자들은 CT 값이 35 이상이면 그 결과를 과학적으로 용납할 수 없다고 언급했다.[43] 기능 획득 연구와 백신 접종 의무화의 주창자 중 한 사람인 앤서니 파우치 박사도 CT 값이 35 이상인 PCR 검사에서 양성이라는 것은 정확한 확진 판정일 가능성이 "아주 작다"고 인정했다.[44]

미국《감염병학회지》2020년 9월 28일자에 실린 논문은 CT 값 35 이상으로 PCR 검사를 실시할 경우 그 결과의 정확성은 3%

에 불과하다고 결론지었다. 97%가 위양성이라는 뜻이다.[45] 그럼에도 세계보건기구(WHO)가 권고한 PCR 검사의 CT 값은 무려 45다.[46] 미국 식품의약국(FDA)과 질병통제예방센터(CDC)는 CT 값 40을 권고한다.[47]

PCR 검사에서 과도한 CT 값을 사용하면 양성 결과가 지나치게 과대평가되는 것은 당연하다. 그래서 이를 두고 '케이스데믹(casedemic)'이라는 말이 나온다. '확진으로 분류되는 위양성의 팬데믹'이라는 뜻이다.[48]

이처럼 CT 값 35 이상인 검사는 쓸모없다는 합의가 있는데도 WHO나 FDA는 왜 그렇게 높은 값을 기준으로 권고할까?

저술가이자 탐사 보도 전문 기자인 존 라포포트는 다음과 같이 말했다.

> FDA 지침을 따르는 미국의 검사 기관은 알게 모르게 전부 사기극에 참여하고 있다. 지금 미국에서는 엄청난 사기극이 벌어지고 있다. (……) 수백만 명이 PCR 검사 결과 양성이라는 이유로 코로나19 바이러스에 감염되었다는 '확진' 통보를 받는다. 대부분이 위양성인데도 말이다. (……) 따라서 이런 결함투성이 검사를 기준으로 삼는 미국의 확진자 수 집계는 완전히 거짓이다. 록다운을 포함해 시민적 자유를 억압하는 방역 지침은 이런 허위 확진자 수를 근거로 하고 있다. (……)[49]

CT 값 35 이상이 과학적으로 정당화될 수 없다면 어느 정도로 낮은 값을 사용해야 할까? 그 문제를 다룬 연구가 적지 않으므로 참고할 만한 데이터도 많이 나와 있다. 그런데도 WHO, FDA, CDC가 여전히 권장하는 기준 CT 값을 낮추지 않는다는 사실은 그들이 감염률의 정확한 상황을 파악하는 데 관심이 없다고 볼 수밖에 없다.

예를 들어《유럽 임상 미생물·감염병 학회지》2020년 4월호에 실린 한 논문은 100% 정확한 양성 결과를 얻으려면 PCR 검사의 CT 값이 17 이하여야 한다는 결론을 내렸다. 연구 결과, CT 값 17 이상에서 위양성이 급속히 증가했기 때문이다.[50]

CT 값을 33으로 올리면 정확도는 20% 정도로 급락한다. 80%가 위양성이라는 뜻이다. CT 값 34 이상이 되면 양성 결과가 진양성일 확률은 거의 0%로 떨어진다. 미국《감염병학회지》2020년 12월 3일자에는 CT 값 24 이상에서 양성 판정을 받은 사람에게서 살아 있는 바이러스를 발견할 확률은 0%라는 연구 결과가 게재되었다.[51]

이런 연구 결과는 무엇을 의미할까? 이렇게 정리할 수 있다. 실제로 코로나19 증상이 있고, CT 값 35 이상으로 실시한 PCR 검사 결과 양성이 나왔다면 그 사람은 정말 코로나19 바이러스에 감염되었으며, 다른 사람을 감염시킬 가능성이 있다.

그러나 증상이 없는 상태에서 CT 값 35 이상의 PCR 검사 결과 양성이 나왔다면 위양성일 가능성이 크다. 그럴 경우 그 사람의 몸속에 살아 있는 바이러스가 없을 가능성이 크기 때문에 다른 사람을 감염시킬 위험도 거의 없다. 또 증상이 없다면 CT 값 24 이상으로 실시한 PCR 검사에서 양성이 나왔다 해도 전염력이 있을 가능성은 별로 없다. 이 같은 사실은 앞서 소개한 연구 결과(검사 결과 양성으로 확진 판정을 받았지만 증상이 없는 사람은 다른 사람에게 살아 있는 바이러스를 옮길 가능성이 희박하다)를 든든히 뒷받침한다.

분자의학 교수이자 세계적으로 유명한 PCR 검사 전문가인 스티븐 A. 버스틴은 CT 값 35 이상에서 양성 결과가 나올 경우 바이러스 DNA 카피 하나가 나온 것과 같아서 건강상 문제를 일으킬 가능성은 아주 미미하다고 설명했다.[52]

공황을 일으키기 위해 사람들의 마음에 두려움을 심어주고, PCR 검사 장비를 더 많이 팔고, 록다운을 재실시하려 한다면 더 많은 검사를 강요하고 CT 값을 올려 멀쩡한 사람을 코로나19에 감염되어 바이러스를 퍼뜨릴 수 있는 확진자로 보이게 만들면 된다는 뜻이다.

코로나19 확진자 수를 인위적으로 부풀리는 상황은 정부가 마음만 먹으면 얼마든지 바로잡을 수 있지만 세계적으로 그런 행동을 취한 정부는 거의 찾아볼 수 없다. 그렇다면 이런 상황을 만드는 것이 테크노크라시 엘리트 집단의 글로벌 어젠다 중 일부가 아닌지 의심할 수밖에 없지 않은가?

2020년 12월 미국에서는 플로리다주가 가장 먼저 PCR 검사 기관의 CT 값 보고를 의무화했다.[53] 유럽에서는 포르투갈의 한 법정이 "PCR 검사는 코로나19 바이러스 감염 여부를 판단하는 믿을 만한 기준이 아니기 때문에 그 결과를 근거로 격리를 강요하는 행위는 불법"이라는 판결을 내렸다.[54] 중국은 증상이 나타나는 사람을 제외한 일반인의 코로나19 검사를 중단함으로써 PCR 문제에 대처했다.

코로나19 PCR 검사에 관한 한 검토 보고서는 코로나19 진단을 올바로 확인할 수 있는 방법을 두고 이렇게 강조했다.

> PCR 검사에서 증폭된 물질이 실제 SARS-CoV-2 바이러스 유전자인지 확인하려면 그 물질의 생체분자적인 인증이 필요하다. 진단을 위한 검사의 경우 이러한 인증은 필수적이다.
>
> PCR 검사의 증폭된 물질을 생체분자적으로 인증하려면 그 물질을 1% 아가로스 브로모에탄 브로민화 에티듐(EtBr) 겔에 사이즈 표시자(DNA 룰러나 DNA 래더)와 함께 넣어 사이즈를 측정해야 한다. 그 사이즈가 증폭 물질의 계산된 사이즈와 일치해야 한다. 그보다 더 나은 방법은 증폭된 물질의 염기 서열을 확인하는 것이다. 이 방법을 사용하면 증폭된 물질의 정체를 100% 정확히 파악할 수 있다. 생체분자적인 인증을 하지 않으면 증폭된 물질의 정체를 확인할 방법이 없다. (……)[55]

유럽의약품청(EMA)도 오해 소지가 있는 PCR 검사를 사용한 코로나19 백신 임상 시험을 중단하라는 청원에서 증폭된 물질의 염기 서열 확인이 필요하다고 적시했다.[56]

PCR의 정당성을 주장하는 논문에서 발견된 치명적 오류

2020년 11월 30일 각국의 과학자 22명으로 이루어진 국제생명과학컨소시엄(ICSLS)은 특별 보고서를 통해 코로나19 바이러스의 PCR 검사법 개발에 관한 논문을 신랄하게 비판했다.[57] 크리스티안 드로스텐과 빅터 코먼 등이 작성한 논문이었다.[58] WHO는 그들의 논문을 신속히 수용하면서 거기서 제시된 검사 기법을 전 세계의 기준으로 채택했다. 그러나 독일 코로나 조사위원회의 라이너 퓔미히에 따르면, 드로스텐은 코로나19 팬데믹 사기극의 주범이다.[59]

과학자들은 몇 가지 '치명적인 오류'를 지적하며 논문의 철회를 요구했다. 오류 중 하나는 그 논문이 실제로 검체에서 분리된 코로나19 바이러스를 입수하기 전에 작성되었다는 사실이다. 그들은 2020년 1월 중국 과학자들이 온라인으로 발표한 유전자 염기 서열만으로 논문을 썼다.

더구나 그 논문이 제출된 지 하루 만에 유럽질병통제예방센터(ECDC)가 발간하는 학술지《유로서베일런스(Eurosurvei-llance)》에 게재되었다는 사실도 동료 심사조차 이루어지지 않았다는 점을 시사한다. 논문의 철회를 요구한 22명의 ICSLS 과학자 중 한 명인 케빈 코벳 박사는 온라인 매체 '언커버DC'와 가진 인터뷰에서 이렇게 말했다.

이 논문 한 편으로 코로나19 검사법 개발은 과학적인 정당성을 완전히 잃었다. 마치 원자폭탄을 터뜨린 것과 같다.

드로스텐이 이 검사법을 개발했을 때 중국 측은 검체에서 분리한 실제 코로나19 바이러스를 제공하지 않았다. 그들은 단지 유전자은행에 있는 염기 서열을 바탕으로 검사법을 개발했다. 중국이 실제 바이러스가 아니라 유전자 염기 서열만 제공했다는 뜻이다. 코드는 있었지만 실체는 없었다. 바이러스 형태가 없었다는 말이다.

그것은 마치 생선 가게에서 주인이 생선 뼈만 주며 "이게 당신의 생선이오"라고 말하는 것과 같다. 그 뼈만으로는 어떤 생선인지 알 수 없다. (……) 그들의 논문에 사용된 표본은 실제 환자에게서 나온 것이 하나도 없다. 유전자은행에서 나온 것뿐이다. 게다가 염기 서열에서 빠진 부분은 그들이 만들어내어 메웠다. 합성으로 창조된 형태다. (……)

드로스텐의 논문에는 열 가지 치명적인 오류가 있다. (……) 하지만 가장 중요한 것은 그들의 검사법 개발을 정당화하고 입증할 바이러스의 실체가 없다는 사실이다. (……) 이후 나온 논문들에서 그 검사법에 맞는 분리된 바이러스가 제시되었다. 그러나 대조군이 없었다. CDC는 그해 7월, 논문에서 분리된 바이러스를 제시했다. 하지만 그들은 단 한 사람에게서 검체를 채취했을 뿐이었다. 중국을 다녀왔고, 감기 증상이 있는 사람이었다. 단 한 명이었다. 게다가 그들은 처음부터 그가 코로나19에 감염되었다고 추정했다. 따라서 모든 것이 허점투성이다.[60]

드로스텐 논문의 철회를 요구한 과학자들의 보고서 결론은 다음과 같다.

우리가 그 논문에서 명백히 드러나는 오류를 밝히기로 한 것은 그렇게 해야 인명 피해와 고통을 크게 줄일 수 있기 때문이다. 그러므로 《유로서베일런스》가 그 논문을 철회하는 것이 최선이 아니겠는가? 우리의 결론은 명확하다. PCR 검사의 설계 결함과 관련 논문에 담긴 오류를 고려하면 그 논문의 철회를 요구하는 것이 과학자로서 책임과 의무를 다하는 길이다.[61]

PCR 검사에 대한 비판을 뒷받침하는 논문도 많다. 앞서 소개한 대로 학술지 《네이처 커뮤니케이션스》에 실린 2020년 11월 20일자 논문은 PCR 검사 결과 양성인 사람에게서 살아 있는 바이러스가 전혀 발견되지 않았다고 밝혔다.[62]

기만적인 PCR 검사에 맞선 집단 소송

2020년 10월 초 독일 코로나 조사위원회의 라이너 퓔미히가 이끄는 국제 집단 소송 변호사팀은 부정확한 PCR와 항체 검사를 시행하는 많은 국가 정부를 상대로 집단 소송을 제기하겠다고 밝혔다. 검사 결과가 오류투성이라는 사실을 알면서도 그 데이터를 가지고 록다운을 비롯해 기본적인 시민 자유를 부인하는 근거로 활용함으로써 공중 보건과 기업 활동, 시민들에게 막대한 손해를 입혔다는 것이 소송 사유다.[63] 다른 한편으로 거대 제약사와 백신과 검사 키트 제조사들은 코로나19 검사가 보편화하면서 엄청난 이익을 얻었다.

퓔미히에 따르면, 검사 키트에 동봉된 설명서에도 PCR 검사는 질병의 존재를 확인하는 실질적인 진단 검사가 아니라고 나와 있다. CDC도 2020년 7월 13일 성명서에서 "PCR 검사가 반드시 전염성 있는 바이러스의 존재를 확인해주는 것은 아니다"라고 인정했다. 또 "그 검사는 SARS-CoV-2 조각이 임상적인 증상의 원인이라는 점을 입증하는 것이 아닐 수 있다"며 다른 박테리아나 바이러스가 일으킨 질병일 경우를 배제할 수 없다고 밝혔다.[64]

2020년 9월 20일 발표된 '의사와 보건 전문가들이 벨기에 당국과 벨기에 언론에 보내는 공개서한'도 당시 미국과 유럽을 포함해 세계 곳곳에서 확진자가 급증하고 있다는 주장의 근거로 사용되는 PCR 검사의 심각한 결함을 지적했다.

불특정 다수를 대상으로 실시되는 PCR 검사로 확진자 수가 기하급수적으로 늘고 있다. 그중에는 위양성이 매우 많다. 이 검사법은 실제적인 검증 없이 긴급 사용 승인을 받아 도입되었다. PCR 기법의 최초 개발자도 이 검사법이 연구용일 뿐 진단용은 아니라고 분명히 경고했다.

PCR 검사는 유전 물질을 여러 차례 증폭하면서 진행된다. 증폭 과정에서 다른 바이러스나 죽은 바이러스 유전체의 잔해 등으로 인해 검사 대상 유전 물질이 조금이라도 오염되면 위양성이 나올 수 있다. 그리고 증폭 횟수가 늘어날수록 오염 가능성도 커진다.

실질적인 바이러스 감염이라면 바이러스의 양이 아주 많아야 한다. 그러나 PCR 검사는 검체 표본에 얼마나 많은 바이러스가 존재하는지를 측정하는 것이 아니다. 그러므로 양성 결과가 나왔다 해서 임상적으로 감염이 되었다거나 증상이 나타나고 있거나 앞으로 나타날 것이라는 뜻은 아니다.[65]

현재 모든 방역 조치는 PCR 결과를 근거로 한다. 따라서 PCR 검사 결과의 양성이 실제적인 감염 상태를 나타내거나 바이러스를 퍼뜨릴 가능성이 있다는 것을 자동적으로 또는 신빙성 있게 알려주는 기준이 될 수 없다면 록다운을 포함한 사회적 거리 두기는 결코 정당화될 수 없다.

2021년 1월 20일 조 바이든이 제46대 미국 대통령에 취임하고 약 한 시간 뒤 WHO는 느닷없이 PCR 검사의 CT 값 권고치를 낮추었다.[66] CT 값과 '확진' 건수가 자동적으로 비례하기 때문에 값을 낮추면 양성률이 하락할 수밖에 없다. 바로 다음 날 바이든 대통령은 WHO에 대한 미국의 재정 지원(도널드 트럼프 대통령의 지시로 중단되었다)을 재개한다고 발표했다.[67]

메릴 내스 박사는 이렇게 설명했다.

"WHO는 12월 14일과 1월 20일 두 차례에 걸쳐 PCR 검사 기관과 제조사에 PCR의 CT 값을 낮추라고 지시했다.[68, 69] 12월 14일 발표된 WHO 지침은 'SARS-CoV-2 바이러스 검사 위양성 결과의 높아진 위험'에 대한 WHO의 우려를 표명하며 '높은 CT 값이 데이터 오류를 일으켜 양성으로 잘못 판정될 수 있다'고 지적했다.[70]

PCR의 CT 값이 낮아지자 미국에서 하루 25만 명씩 쏟아지던 신규 '확진자'가 1월에는 10만 명으로 60% 감소했고, 코로나19 관련 입원자도 1월 6일 13만 2,500명에서 2월 12일 7만 1,500명으로 줄었다.[71, 72] 그럼에도 보건 당국과 언론은 그 같은 급속한 감소가 백신 접종과 마스크 착용, 사회적 거리 두기 덕분이라고 설명했다. WHO가 지시한 PCR 검사의 CT 값 재설정이 영향을 미쳤다는 이야기는 일언반구도 없었다.

방역 지침이 불러온 '경찰국가'의 도래

영국의 전 대법관 조너선 섬프션 경은 2020년 3월 20일 온라인 매체 '더 포스트'와 가진 인터뷰에서 공포심 조장의 위험을 잘 요약했다. 그는 코로나19 대응을 위한 방역 지침이 강권주의와 압제 정치의 길을 닦고 있다고 경고했다. 잔인하고 억압적인 방식으로 절대 권력이 행사되는 상황을 말한다.

진짜 문제는 인간 사회가 자유를 잃는 것은 독재자가 자유를 빼앗기 때문이 아니라는 사실이다. 그보다는 사람들이 외부의 위협으로부터 보호받기 위해 자발적으로 자유를 포기하기 때문이다. 그 위협이 가짜는 아니지만 흔히 과장되는 경향을 보인다.

바로 그것이 지금 우리가 목격하고 있는 장면이 아닌지 우려하지 않을 수 없다. 위협이 닥치면 우리는 가장 먼저 정치인을 압박한다. 또 우리는 국가의 행동을 원한다. 그 행동이 효과가 있을지 없을지는 묻지도 않는다. 국가가 행동 계획을 제시하면 우리는 그에 따르는 대가를 치를 만한 가치가 있을지 생각해보지도 않는다. 우리는 무조건 행동을 원한다. 역사를 공부한 사람이면 여기서 집단 히스테리의 전형적인 증상을 발견할 것이다. 히스테리는 전염성이 강하다. 우리는 자가발전하면서 위협을 과장하고 혹시 '약'이 '병'보다 더 나쁘지는 않을까 자문하지도 않는다.[73]

실제로 미국은 단 몇 달 만에 자유 국가에서 전체주의 국가로 급전환했다. 심리 조종이 포함된 사회공학적 전환이었다. 대중을 길들이는 전략 중 대표적인 것이 검열과 선전이지만 그게 전부가 아니다. 미국의 사회학자 앨버트 비더먼은 인간의 행동을 조종할 수 있는 '강압의 원칙(chart of coercion, '비더먼의 원칙'이라고도 부른 다)'으로 다음 방법들을 제시했다.[74] 그 원칙들은 코로나19 대응을 위한 방역 지침과 상당 부분 맞아떨어진다.

- 고립 – 격리, 사회적 거리 두기, 가족으로부터 떨어뜨리기 등.
- 인지의 독점 – 하루 24시간 언론 보도를 독점하면서, 검열을 통해 반대 견해를 차단한다. 술집, 체육관, 식당을 폐쇄하여 황량한 환경을 조성한다.
- 인격적 비하 – 마스크 착용이나 사회적 거리 두기를 거부하 거나 두려움 대신 자유를 선택하는 사람들을 질책하고 모욕 을 준다(심지어 신체적인 공격도 가한다).
- 무기력 유도 – 강제로 집 안에 머무르게 하고 운동이나 교제 를 금지한다.
- 협박 – 마스크 착용과 사회적 거리 두기, 백신 접종 등의 방역 지침을 따르지 않는 사람들에게 자녀를 데려가겠다거나, 격 리를 연장하겠다거나, 사업장을 폐쇄하겠다거나 벌금을 매 기겠다고 협박한다.

- **절대 권력 입증** – 과학과 의학의 권위를 내세워 세계를 마음 대로 주무른다.
- **무의미한 원칙 강요** – 자동차 한 대에 함께 타고 은행에 간 가족들에게 은행 안에서는 서로 2m 거리를 두도록 강제한다. 식당에서 자리에 앉으면 마스크를 벗을 수 있지만 식당에 들어가는 순간은 반드시 마스크를 착용하라고 강요한다. 해변에서 혼자 걸을 때도 마스크 착용을 의무화한다.
- **일시적인 관용** – 인원과 시간 제한을 두고 일부 가게나 식당을 일시적으로 열 수 있도록 살짝 풀어주다가 다시 영업을 중지시킨다. 복종을 유도하기 위해 관용 베풀기와 관용 철회를 반복하는 것이다.

이제는 우리 각자가 스스로에게 급박한 질문을 해야 할 때다. 정부나 보건 당국이 코로나19의 모든 감염과 모든 사망을 막을 수 있으리라고 우리가 기대하는 것이 과연 합리적인가? 정부는 그럴 능력이 없다는 것이 이미 드러났다. 그런데도 우리는 계속해서 더 많은 자유를 정부에 넘겨준다. 그렇게 해야 모두가 더 안전해질 수 있다고 정부가 주장하기 때문이다. 귀가 솔깃해지기는 하지만 거짓말은 거짓말이다.

머지않아 우리는 무엇이 더 중요한지 결정해야 한다. 인권과 헌법적 자유가 중요한가? 아니면 가짜 안전 보장이 중요한가? 두 가지 중 하나를 택해야 한다. 좋은 소식은 임박한 재앙을 깨닫는 사람이 늘어나고 있다는 사실이다. 그들은 지금까지 속았다는 사실에 드디어 눈을 뜨고 공중 보건이라는 미명 아래 펼쳐지는 악랄한 전체주의 대신 자유를 택하기 시작했다.

"일시적인 안전을 누리고자 필수적인 자유를 포기하는 사람은 자유도 안전도 누릴 자격이 없다"며 자유의 중요성을 강조한 벤저민 프랭클린의 명언을 기억하라. 테크노크라트들은 우리에게 예전의 일상을 되돌려줄 생각이 전혀 없다. 설마 그러지는 않겠지 싶겠지만 그게 진실이다. 그들의 계획은 사회를 영원히 개조하는 것이다. 그 작업의 일부가 시민적 자유와 개인적 인권의 박탈이다. 바로 그 개조 작업이 지금 아주 빠르게 진행되고 있다.

제6장

팬데믹으로부터 나를 보호하려면……

조지프 머콜라

만성 질환은 불과 지난 100년 사이에 유행하기 시작했다. 그 이전에는 드물었다는 뜻이다. 가공식품 소비의 급속한 증가가 그 이유 가운데 중요한 부분을 차지한다. 건강의 전반적인 상황과 사망률에 관한 일반적인 통계를 보면 그와 같은 추세를 쉽게 읽을 수 있다. 특히 코로나19 통계에서 그 점이 두드러진다. 제4장에서 살펴보았듯이 코로나19 중증 환자의 대다수는 기저 질환을 갖고 있다. 그것도 하나가 아니라 여러 가지 만성 질환에 시달린다.

지금까지 우리는 만성 질환 중에서도 인슐린 저항, 비만, 당뇨병, 고혈압 등 가장 흔한 질환을 다루었다. 하지만 폐 질환과 암, 치매도 코로나19와 관련해서 무시할 수 없는 기저 질환이다. 그렇다면 애초에 무엇이 잘못되어 우리가 그런 만성 질병에 취약해졌을까?

여러 면에서 볼 때 우리는 코로나19 팬데믹을 거대 영농 기업, 거대 식품업체, 거대 제약사의 탓으로 돌릴 수 있다. 근원을 따져보면 그들이 만성 질환의 유행을 불러왔고, 코로나19 바이러스는 만성 질환을 이용해 우리를 공격하기 때문이다. 그들은 만성 질환 정도는 아무것도 아니며 일상적인 것이라고 우리를 세뇌시키고 있지만 실은 전혀 일상적이지 않을뿐더러 용납될 수조차 없다. 그러나 관심을 갖고 찬찬히 살펴보면 우리의 면역 체계를 강화하고 코로나19만이 아니라 온갖 만성 질환으로부터도 스스로를 보호하는 간단한 전략이 있다. 우리의 건강을 지키기 위해서는 안전하고, 아주 효과적이며, 비용도 많이 들지 않는 방법들을 찾아 실천에 옮겨야 한다.

거대 식품·영농·제약 기업들의 책임

제4장에서 우리는 코로나19 사망자 대다수의 사인이 바이러스가 아니라 기저 질환과 동반이환(합병증)이라는 사실을 확인했다. 그러한 질환은 고도로 가공된 식품(거대 식품·영농 기업이 주도한다)을 일상적으로 섭취하고, 질환의 근본 원인보다는 증상 치료에만 초점을 맞추는 의약품(거대 제약사의 전략이다)에 지나치게 의존하면서 나타난 직접적인 결과다.

그러나 이 같은 기업들의 위협으로부터 우리의 건강을 되찾을 좋은 방법이 있다. 이 장에서는 건강과 웰빙을 위한 최적의 식습관, 만성 질환과 바이러스 감염을 막는 건강기능식품, 그리고 모든 질병과 감염에 맞설 수 있는 추가의 전략을 살펴볼 것이다.

본론으로 들어가기 전에 우리가 어쩌다 이 지경에까지 이르게 되었는지부터 되짚어보자. 여기서는 거대 식품업체와 거대 영농 기업을 중점적으로 다루고, 거대 제약사는 제7장에서 자세히 살펴보겠다. 주의 깊게 들여다보면 이 기업들의 이익이 만성 질환 유행과 코로나19 팬데믹 둘 다를 일으키는 데 어떤 역할을 했는지 더욱 분명히 드러날 것이다.

코로나19 팬데믹은 전례 없는 위기다. 하지만 또 한편으로는 이 위기가 우리의 눈을 열어준다는 긍정적인 측면도 있다. 거대 영농·식품·제약 기업들이 소비자인 우리에게 최선의 이익이 무엇인지는 전혀 생각하지 않는다는 사실이 팬데믹을 계기로 명확히 드러났기 때문이다. 그들은 원치 않겠지만 뒤집어 말하자면 건강한 라이프스타일이 이런 감염과 심각한 질환을 예방하는 데 필수적인 면역을 제공한다는 것을 코로나19 팬데믹이 똑똑히 보여주고 있다.

우리는 자신의 선천적인 면역 체계를 강화하는 것만으로도 충분히 건강을 지킬 수 있다. 구태여 약이나 백신에 의존할 필요가 없다. 자연면역은 평생을 가지만, 합성 제조되어 유해할 수 있는 백신으로 생성된 인위적인 면역은 일시적이기 때문이다. 코로나19를 퇴치할 수 있는 궁극적인 길은 우리 모두의 건강을 증진하는 것이다. 그러기 위해서는 건강을 지키는 식생활의 중요성을 깊이 인식해야 한다.

식품업계의 속임수

코로나19에서 실질적인 팬데믹은 바이러스 자체가 아니라 비만, 심장병, 당뇨병 같은 기저 질환이다. 비만 하나만 예를 들어도 코로나19 환자가 입원할 확률을 2배로, 사망할 확률을 3.68~12배(비만 수준에 비례한다)로 높인다. 가공식품(공장에서 가공된 식물성 기름을 다량 함유하고 있다)과 청량음료(설탕이 듬뿍 들어 있다)가 만성 질환의 주범이다. 이 때문에 코로나19 환자의 입원과 사망에서도 그 두 가지는 주된 역할을 한다.

가공식품과 청량음료는 그 자체에 어느 정도 중독성이 있지만 식품업계의 마케팅 전술이 더 문제다. 그들은 온갖 기발한 판촉으로 그런 제품을 더 많이 소비하도록 우리를 유혹한다. 광고 외에도 마트 진열대에서 정크 푸드를 우리 눈높이에 위치시키는 것 등이 좋은 예다.

《영국 의학 저널(BMJ)》 기고문에서 연구자 세 명은 식품업계가 비만율을 높여 궁극적으로 코로나19 사망자 증가를 촉발했다고 지적했다.[1]

"식품업계가 비만 팬데믹만이 아니라 코로나19 환자의 중증화와 사망에도 책임 있다는 것이 분명히 드러났다."

연구자들은 이런 근본적인 연관성 문제를 해결하려면 식품업계가 먼저 건강에 해로운 식품과 음료의 판촉을 즉시 중단해야 하고, 정부도 정크 푸드의 식재료와 조리 방식을 건강에 해롭지 않은 쪽으로 변경하도록 강요해야 한다고 촉구했다.

그러나 코로나19 팬데믹이 기승을 부리는 상황에서도 다국적 식품업체들과 음료업체들은 정부의 공공 정책에 간섭하며 국가적인 식생활 지침 마련에 영향력을 행사하고 있다. 시민 단체인 국제기업책무(CAI)가 발표한 보고서에 따르면, 2020 미국 식생활 지침 자문위원회(DGAC)의 위원 중 절반 이상이 국제생명과학연구소(ILSI)와 관련이 있었다.[2] ILSI는 40년 전 코카콜라 임원이 설립한 비영리 단체이며 코카콜라, 펩시코, 맥도널드, 제너럴 밀스, 카길 같은 다국적 정크 푸드 업체들로부터 재정 지원을 받고 있다.[3] CAI의 보고서는 공중 보건을 생각한다면 식생활 지침 마련에서 그 같은 이해관계를 가진 위원들의 영향력 행사가 중단되어야 한다고 지적했다.

DGAC는 원칙적으로 독립된 위원회로서 영양과 건강에 관한 과학적인 증거를 검토하고, 미국인을 위한 식생활 지침을 마련하는 데 필요한 근거를 제공하는 임무를 수행한다. DGAC는 미국 학령 어린이 3000만 명 이상의 급식에 큰 영향을 미치며, 산모와 고령자의 영양에 관한 조언을 하는 등 국민 보건과 관련된 막중한 책임을 떠맡고 있다. 그래서 미국인들이 영양 관련 정보를 얻을 때 크게 의지하는 조직이다.

DGAC 위원 중에 ILSI와 관련 있는 인사가 많다는 사실은 위원회가 독립적으로 임무를 수행할 수 없음을 의미한다. ILSI가 정크 푸드 업계와 한통속이라는 사실은 이미 밝혀진 바 있다. 또 유출된 내부 문서에 따르면, ILSI는 유럽 전역과 유엔의 공중 보건 패널에도 포진해 있다. 자신들의 뜻을 관철시키고 전 세계의 공중 보건을 담보로 이익을 챙기려는 의도다.[4]

CAI 보고서는 ILSI의 '회전문식 인사와 이해 충돌'을 파헤치며 미국의 식품 성분 데이터베이스 업데이트를 포함해 다른 중요한 정부의 정책도 다루었다.

그럼에도 정크 푸드 대기업들은 여전히 전 세계에 영향력을 행사하고 있다. CAI 보고서는 "지금의 코로나19 팬데믹 같은 심각한 위기의 와중에도 ILSI 후원자들은 아무 거리낌 없이 자사의 이익을 위해 로비하고 있다"며 다음과 같이 덧붙였다.

> 코카콜라, 펩시코, 네슬레 같은 기업들은 코로나19가 기승을 부리는 인도에서 근로자의 건강과 웰빙에 부정적인 영향을 미칠 수 있음에도 불구하고 정부에 식품과 음료 제조를 '필수 서비스'로 분류하여 록다운에서 제외시켜달라는 서한을 제출했다. 그러나 지금 같은 시기에 면역력을 약화시키는 설탕 첨가 음료를 제공하지 않는 것이 그들이 할 수 있는 진정한 '필수적인 서비스'일 것이다.[5]

정크 푸드가 코로나19 사망자를 증가시킨다

가공식품은 대두 단백질 같은 다른 식품의 추출물이나 공장식

사육장에서 생산한 육류에 소금, 설탕 그리고 산업적으로 처리된 식물성 기름을 첨가하여 제조한다. 그다음엔 첨가제와 교활한 포장, 마케팅, 고도의 '편의성' 요인 등으로 소비자를 유혹하면서 습관적인 섭취를 유도한다.

하지만 그런 식품은 비타민과 미네랄, 생효소, 미량의 영양소, 이로운 지방, 고품질 단백질 등 몸에 필요한 영양분은 함유하지 않고 열량(칼로리)만 높다. 가공식품은 섭취 속도를 높이고 포만감을 늦게 느껴지도록 함으로써 비만과 대사 장애를 일으킨다.

게다가 가공식품은 비만, 암, 제2형 당뇨병, 심혈관계 질환의 위험을 높여 코로나19 감염에 취약하게 만들고, 감염에 대한 면역 반응과 전반적인 건강 유지에 중요한 역할을 하는 장내 미생물군의 환경을 해친다.

코로나19 팬데믹이 발생하기 전에도 가공식품은 건강과 상극이었다. 2019년 실시된 한 연구에선 가공식품을 매일 4인분씩 섭취했을 때 조기 사망률이 62%나 높아지는 것으로 보고되었다.[6] 그런 데다 현재의 팬데믹 상황에서는 가공식품의 해로움이 더욱 부각된다. 코로나19 관련 사망자의 94%가 식생활에서 비롯되는 동반이환으로 목숨을 잃는다.[7] 그러므로 식생활을 철저히 조절하는 것이 코로나19 감염과 관련된 위험을 낮추는 간단하고도 상식적인 전략이다.

최근 들어 많은 의사들은 나쁜 식이법이 코로나19로 인한 사망 위험을 높일 수 있다고 경고한다. 영국 런던에서 활동하는 심장 전문의 아심 말호트라 박사도 그중 한 명이다. 그는 BBC 방송과 가진 인터뷰에서 영국인이 섭취하는 열량의 절반 이상을 가공식품이 차지한다고 지적했다.

"영국 정부와 보건 당국이 국민들에게 지금 당장 식습관을 바꾸어야 한다고 말하지 않는 것은 무지의 소치일 뿐 아니라 더할 수 없는 근무 태만이다."[8]

또 그는 영양이 풍부한 식품을 한 달만 섭취해도 체중이 줄고 제2형 당뇨병이 완화되며 전반적으로 건강 상태가 좋아져서 코로나19에 걸려도 거뜬히 회복할 수 있다며 "식품업계는 가공식품의 판매를 중단해야 한다"고 말했다.[9]

캘리포니아 대학(샌프란시스코 캠퍼스) 소아 내분비학 명예교수인 로버트 러스티그 박사도 식생활과 코로나19에 의한 사망의 위험성 사이에 밀접한 상관관계가 있다며 다음과 같이 말했다.

코로나19는 감염 대상을 가리지 않지만 누구의 목숨을 앗아갈지는 분명히 가린다. 고령자, 흑인, 비만 환자, 기저 질환자가 그들이다. 고령자를 제외하면 나머지 대상자들의 공통점은 무엇일까? 고도로 가공된 식품이다. 가공식품은 염증을 일으키기 쉽다. 코로나19 바이러스는 염증을 즐겨 이용한다. (……) 이제는 메뉴를 재고해야 할 때다.[10]

가공식품은 저소득층에 특히 해롭다

개도국에서나 선진국에서나 마찬가지로 저소득층은 가공식품과 코로나19에서 비롯되는 건강 문제에 매우 취약하다. 말호트라 박사는 "코로나19 사망자가 다른 집단보다 흑인과 소수 민족 사이에서 많은 것은 그들이 만성 대사 질환을 앓을 가능성이 매우 크다는 사실로써 부분적으로 설명할 수 있다"고 말했다.[11]

코로나19 팬데믹이 발생하기 전에도 거대 식품업체들은 고도로 가공된 식품의 저돌적인 마케팅으로 저소득층을 공략했다. 이러한 추세에 반대하는 운동이 브라질에서 먼저 벌어졌고, 그 뒤를 이어 에콰도르, 우루과이, 페루도 국민들에게 가공식품 대신 자연식품을 섭취하라고 촉구하기 시작했다.[12]

'식품 사막(food desert)'이 식품업계의 저소득층 공략을 더욱 용이하게 만든다. 미국 농무부는 주민들이 슈퍼마켓이나 대형 식료품점을 쉽게 이용할 수 없는 저소득층 거주 지역을 '식품 사막'으로 규정한다.[13] 동네에 건강에 이로운 식품을 파는 곳이 없고 멀리 있는 가게를 찾아갈 교통수단도 없는 것이 식품 사막의 상황을 만드는 주요인이다. 식료품을 들고 먼 거리를 걸어가야 하거나 버스를 이용해야 하는 경우 식료품의 양을 줄일 수밖에 없다. 또 상하기 쉬운 신선 식품의 장거리 운송이 어렵다는 사실도 건강에 이로운 식품의 섭취를 방해하는 중요한 요인이 된다.

음식으로 면역 기능 개선이 가능하다

우리는 건강한 식생활을 통해 인슐린 저항과 비만을 줄이고, 만성 질환도 예방할 수 있다. 물론 먹어야 하는 음식만큼이나 피해야 할 음식도 중요하기 때문에 가공식품과 패스트푸드를 최대한 줄이는 것이 급선무다.

그러나 건강에 이로운 식품만 먹는다고 해도 열 명 중 아홉은 대사 상태가 건강하지 않다는 사실을 이해하는 것이 중요하다. 그렇다면 그 아홉 명에 내가 속하는지 어떻게 알 수 있을까? 아래 제시된 네 개의 질문 중 하나라도 '그렇다'에 해당하면 그럴 가능성이 있다. '그렇다'라는 답이 많을수록 대사에 문제가 있을 가능성은 더 커진다.

- 당뇨병이 있는가?
- 고혈압이 있는가?
- 과체중인가?
- 공복 트리글리세리드(중성 지방) 수치가 HDL(고밀도 지질 단백, 좋은 콜레스테롤) 수치보다 높은가?

대사 상태가 건강하지 못하다면 섭취하는 순 탄수화물(전체 탄수화물에서 섬유소를 제외한 양)을 하루 약 50g(전체 열량의 약 15%)으로 제한하는 것이 좋다. 무료 앱 크로노미터(Cronometer)를 사용하면 계산하기 쉽다. 계산법은 지방에 관한 다음 항목에서 좀 더 자세히 설명하겠다.

섭취하는 탄수화물의 양을 제한하여 대사의 유연성을 되찾아 인슐린 저항 문제가 해결되고 체중이 이상 수치에 가까워지면 다시 탄수화물 섭취량을 늘릴 수 있다. 운동을 얼마나 하느냐에 따라 탄수화물 섭취량을 세 배까지 쉽게 늘릴 수 있다. 가장 좋은 방법은 주기(週期)를 따르는 것이다. 어떤 사람은 이틀마다, 또 어떤 사람은 일주일에 하루나 이틀씩 탄수화물 섭취를 늘릴 수 있다.

주기적 케토시스(신체가 에너지원으로 지방을 주로 사용하는 상태)에 관한 자세한 안내와 함께 만성 질환을 막거나 역전시키는 방법을 알아보려면 내가 쓴 책 《케톤하는 몸(Fat for Fuel)》과 《케토패스트(KetoFast)》를 참고하기 바란다. 수많은 사람을 코로나19에 취약하게 만들고, 우리 사회를 괴롭히는 만성 질환을 우리는 반드시 극복해야 한다.

가장 위험한 지방

나의 다음 책은 오메가6 리놀레산(LA)에 초점을 맞출 것이다. 리놀레산은 우리가 섭취하는 오메가6 지방산의 약 90%를 차지하며 거의 모든 만성 질환의 주된 요인으로 꼽힌다. 지나친 당분 섭취도 건강에 해로우므로 반드시 제한해야 하지만 리놀레산이 일으키는 산화 피해에 비하면 그나마 낫다. 리놀레산은 필수 지방이지만 과도하게 섭취할 경우 미토콘드리아 기능을 손상하고 세포 파괴를 촉발한다. 대사에 독으로 작용하는 것이다.

리놀레산의 유독성은 그것이 아주 잘 상하는 지방이라는 사실에서 비롯된다. 산화하기 쉽다는 뜻이다. 지방이 산화하면 '최종 지질 산화 산물(ALE)'과 '산화 리놀레산 대사산물(OXLAM)'로 분해된다. 이런 산물은 약간만 많아도 아주 해롭다. ALE의 한 가지 형태는 DNA 손상을 일으키는 것으로 알려진 돌연변이 유발 물질 4HNE다. 여러 연구에서 4HNE 과다와 심부전 사이에 확실한 상관관계가 있는 것으로 밝혀졌다. 지방 조직과 혈소판의 리놀레산 양은 심장 동맥 질환과 연관된다. 기름에 열을 가하면 리놀레산은 더 빨리 4HNE로 분해된다. 심장 전문의들이 기름에 튀긴 식품을 피하라고 권고하는 이유다. 리놀레산 섭취와 그 후 리놀레산이 분해되어 생성되는 ALE와 OXLAM은 암 생성에도 상당한 역할을 한다.

리놀레산의 주된 출처는 가공된 식물성 기름이다. 그러나 올리브유와 닭고기, 양식 연어 등 건강에 유익하다고 알려진 식품에도 들어 있다. 명확히 하기 위해 정리하자면 리놀레산은 우리 몸에 필요한 지방산이지만 많이 섭취하면 심각한 문제가 생긴다. 문제는 우리가 리놀레산을 과다하게 섭취하면서도 그 유해성을 모르고 있다는 사실이다. 특히 중요한 점은 이 문제가 단순히 오메가3 섭취를 늘리는 것으로는 해결되지 않는다는 것이다. 오메가3로는 과다한 리놀레산이 일으킨 피해를 중화할 수 없기 때문이다. 따라서 답은 오메가6 지방을 적게 섭취하는 것뿐이다.

리놀레산이 코로나19의 예후를 좌우할 수 있다

리놀레산 섭취는 코로나19의 위험을 크게 높이는 데 직접적인 영향을 줄 수도 있다. 학술지 《소화기학 저널》 2020년 9월호에 실린 논문에 따르면, 코로나19로 사망할 위험은 섭취하는 불포화 지방의 양에 의해 좌우될 수 있다. 불포화 지방이 장기 부전을 일으킬 수 있기 때문이다.[14] 다중 불포화 지방(PUFA), 특히 리놀레산의 섭취량이 늘어날수록 코로나19 중증을 앓을 위험은 커진다. 반면 포화 지방을 많이 섭취하면 그 위험이 줄어든다.

논문의 저자들은 "불포화 지방이 코로나19와 닮은 장기 부전을 일으킬 수 있다"고 설명했다. 좀 더 구체적으로 말하자면 불포화 지방은 지질 독성 급성 췌장염을 촉발하는 것으로 알려졌다. 패혈증과 다발성 장기 부전 등 코로나19의 중증에서 보이는 증상이 그와 유사하다. 그들은 코로나19 중증 환자에게서 초기에 저칼슘혈증(혈액이나 혈장의 칼슘 함량이 평균 이하인 상태)과 저알부민 혈증(혈액의 알부민 수치가 낮은 상태)이 나타난다고 설명했다. 동맥혈산소 분압과 산소 비율이 낮은 것도 환자의 혈액 속에 유리 지방산 수치가 높은 것과 관련 있었다. 불포화 지방은 코로나19 중증 환자에게서 혈관 유출, 염증 손상, 부정맥을 일으킬 수 있다.

실험 쥐에 리놀레산을 주입하자 코로나19 중증과 비슷한 여러 증상이 나타났다. 저알부민 혈증, 백혈구 감소증, 림프구 감소증, 림프구 손상, 혈소판 감소증, 사이토카인 과분비(사이토카인 폭풍), 쇼크, 신장 부전 등이 그 예다. 논문의 저자들이 제시하는 해결책은 난백(卵白) 알부민과 칼슘을 초기에 충분히 보충하는 것이다. 불포화 지방을 유리하지 못하도록 결합시켜 장기 손상을 줄이기 위해서다.

크로노미터로 리놀레산 섭취량 측정하기

리놀레산이 우리 몸에서 일으키는 피해가 이처럼 크기 때문에 그것이 코로나19의 진행에 중요한 역할을 하는 것은 당연하다. 코로나19와 연계된 대부분의 동반이환이 음식 섭취와 관련 있으며, 여러 공통 위험 인자를 공유하고, 리놀레산 과다 섭취로 인해 촉발되거나 증상이 악화될 수 있다.

그러므로 자신이 리놀레산을 얼마나 섭취하는지 정확히 아는 것이 중요하다. 다행히도 우리가 섭취하는 음식을 비싼 비용 들여 분석할 필요는 없다. 무료 온라인 영양 추적 계산기 크로노미터에 자신이 먹은 음식의 양을 입력하면 섭취한 리놀레산이 얼마나 되는지 알려준다. 단, 디지털 주방 저울로 음식의 양을 정확히 측정해야 한다. 그래야 가장 실제에 가까운 그램 수를 크로노미터에 입력할 수 있다.

크로노미터의 데스크톱 버전은 무료로 이용할 수 있다(www.cronometer.com, 책이 나온 뒤 업데이트되어 유료가 될 수 있으니 유의하기 바란다). 휴대전화를 사용하고 싶다면 유료로 구독해야 한다. 측정은 음식을 먹기 하루 전에 하는 것이 좋다. 먹고 나면 리놀레산이 많다고 제외시킬 수 없지만 먹기 전에 메뉴에서 제외하기는 쉽기 때문이다.

하루에 먹을 음식의 종류와 양을 입력한 뒤 앱의 아래 왼쪽에 있는 '지질(Lipids)'을 클릭하거나 터치하라(그림 〈6-1〉). 자신이 먹을 음식에 리놀레산이 얼마나 들어 있는지 확인하려면 오메가6가 몇 그램 함유되어 있는지 살펴보면 된다. 섭취하는 오메가6의 약 90%가 리놀레산이다.

섭취할 음식에서 오메가6/리놀레산이 가진 열량의 비율을 알아보려면 '열량 요약(Calories Summary)'을 클릭하거나 터치하라(〈그림 6-2〉). 그림의 예에서 전체 열량은 3,887kcal다. 지방 1g의 열량이 9kcal이기 때문에 오메가6의 양(7.7g)에 9를 곱하면 오메가6의 전체 열량을 알 수 있다. 그림의 예에서는 그 열량이 69.3kcal다. 그다음에는 그 값을 전체 열량으로 나누어야 한다. 그림의 예를 보면 69.3/3,887 = 0.0178이다. 거기에다 100을 곱하면 비율이 나온다. 0.0178×100 = 1.78.

그림의 예에서는 리놀레산의 함유 비율이 약 1.8%다. 그 정도면 적정 범위(섭취하는 음식의 전체 열량 중 1~2%)에 든다.

지질		
지방	350.6g	125%
단일불포화 지방	62.8g	목표 없음
다불포화 지방	11.6g	목표 없음
오메가3	2.5g	157%
오메가6	7.7g	54%
포화 지방	242.7g	해당 없음
트랜스 지방	6.3g	해당 없음
콜레스테롤	1,271.8mg	127%

그림 6-1 크로노미터의 지질 프로필

열량 요약

3,887 kcal	3,112 kcal	−526 남은 열량
섭취	소모	예산

다량 영양소 목표

에너지	3,887kcal / 3,300kcal(117%)
단백질	117.5g / 115.0g(102%)
순 탄수화물	107.7g / 80.0g(134%)
지방	350.6g / 280.0g(125%)

그림 6-2 크로노미터 열량 요약

건강을 증진하는 신비한 다이어트

최근 매우 흥미로운 연구 결과가 발표되었다. 바로 시간 제한 식사법(TRE) 또는 간헐적 단식으로 알려진 다이어트 전략이 대사 유연성을 되찾는 가장 효과적인 방법 중 하나라는 것이다. 인슐린 매개 포도당 처리율을 올림으로써 인슐린 감수성을 높이고, 인슐린 저항을 낮추며, 혈당 관리를 개선하는 원리다.[15] 포도당 처리율은 제2형 당뇨병만이 아니라 고혈압과 비만을 다스리는 데에도 중요하다.

또한 TRE는 우리 몸 내부의 강력한 청소 도구인 '자가포식 현상'을 촉진한다. 자가포식이란 손상된 세포 부분을 처리해 새롭게 만드는 과정을 가리킨다. 이 과정이 활발히 이루어지지 않으면 우리 몸은 정비하지 않은 낡은 자동차처럼 될 수 있다.

일반적으로 TRE는 음식 섭취 시간을 6~8시간 이내로 제한한다. 옛날 옛적 수렵 채취 생활을 하던 우리의 먼 조상들이 식사하던 방식을 흉내 내는 것이다. TRE에는 여러 가지 프로그램이 있지만 나는 매일 16~18시간 동안은 단식하고 나머지 6~8시간 동안에만 식사하는 방식을 선호한다.

TRE를 아직 해보지 않았다면 아침 식사를 거르고 점심과 저녁 식사를 6~8시간(예를 들어 오전 11시부터 저녁 7시 사이) 안에서 하는 것으로 시작해보라. 여기서는 잠자리에 들기 세 시간 전까지 식사를 끝내는 것이 중요하다. 식단을 바꾸지 않고도 효과를 볼 수 있는 강력한 다이어트 방법이다.

한 연구에서 제2형 당뇨병 위험이 큰 남성 15명을 대상으로 시간대를 가리지 않고 식사 시간을 하루 아홉 시간 이내로 제한했을 때 평균 공복 혈당 수치가 내려간 것을 확인할 수 있었다.[16] 시간대는 자신과 가족의 생활 리듬에 맞추는 것이 가장 이상적이지만 일반적으로 식사를 끝내고 잠자리에 들기까지의 시간이 길수록 좋다.

TRE의 또 다른 혜택은 미토콘드리아 기능의 향상이다. 우리 몸의 세포는 미토콘드리아를 통해 거의 모든 에너지를 생산한다. 또 미토콘드리아는 세포자멸사(프로그램된 세포의 죽음)를 일으키고, 최적의 유전자 발현을 조절하는 데 도움을 주는 신호 분자 역할도 한다. 미토콘드리아가 손상되거나 기능 장애를 일으키면 에너지 보유량이 줄어 피로와 브레인 포그(brain fog, 머리가 멍해지는 상태)가 생길 뿐 아니라 암, 심장병, 당뇨병, 신경 변성 등 퇴행성 질환에도 취약해진다.

운동이 면역 기능을 향상시킨다

다양한 자연식품(유기농이 이상적이다)의 섭취와 TRE 다이어트 말고도 면역 기능을 강화하는 기본적인 건강 전략은 운동이다.[17] 학술지 《리독스 바이올로지》 2020년 3월 19일자에 게재된 논문에 따르면, 운동을 규칙적으로 자주 하면 코로나19에서 흔히 나타나는 급성 호흡 곤란 증후군(ARDS) 예방에 도움이 된다.[18] 또한 신체 활동은 면역 노화(고령자에게서 나타나는 면역 체계 기능의 감퇴)를 막아 코로나19로부터 우리를 보호해준다.[19] 면역 노화는 고령자가 일반적인 바이러스 감염, 특히 코로나19에 취약한 이유 중 하나로 꼽힌다.

더욱이 야외의 자연 속에서 하는 운동은 정신적인 건강 혜택도 크지만 우리 몸이 햇빛에 직접 노출되면서 비타민 D를 합성하기 때문에 면역 기능 향상에도 큰 도움이 된다. 코로나19에서 비타민 D가 가져다주는 혜택은 제7장에서 더 깊이 알아보기로 한다.

운동에는 여러 형태가 있는데 내가 선호하는 운동은 혈류 제한(BFR) 트레이닝으로 불리는 근력 운동이다. 동맥의 혈류를 약간 제한함으로써 근육에서 심장으로 돌아가는 정맥 환류를 방해하는 방식이다. 팔이나 다리에 압박 밴드를 착용하고 가벼운 역기나 덤벨로 빠른 반복 운동을 하면 된다.

내가 이 운동을 좋아하는 것은 50세 이상인 사람이 부상 위험을 줄이면서 근육량을 늘리는 거의 완벽한 전략이기 때문이다. 역기나 덤벨이 없어도 할 수 있다. 자세한 내용을 알려면 bfr.mercola.com과 관련 동영상을 참조하기 바란다. 내 생각에 BFR는 장기적인 건강 유지에 가장 효과적인 전략 중 하나다.

저항 밴드(근력 운동을 목적으로 만든, 저항력이 있는 고무 밴드나 로프로서 탄력 밴드라고도 부른다)를 이용하는 운동도 간단하고 효과적이다. 대부분의 브랜드가 저렴한 가격은 물론 자신의 조건에 맞는 것을 고를 수 있게 다양한 무게로 판매되며, 또 원하는 대로 쉽게 조절할 수 있도록 되어 있다.

스트레스 경감을 통한 질병의 예방

코로나19 감염에 우리 몸이 잘 대처할 수 있도록 건강과 웰빙을 개선하려면 건강한 식단과 충분한 운동 외에 스트레스 관리도 필요하다. 어쩌면 스트레스가 더 중요한 요인일지도 모른다.

코로나19 팬데믹을 겪으면서 사람들의 스트레스 수준이 높아졌다. 보수적인 것으로 정평이 난 미국 질병통제예방센터(CDC)도 코로나19가 불안과 스트레스를 증가시킨다고 지적했다.[20] 스트레스는 감염에 맞설 수 있는 면역 체계의 능력을 약화시킨다.[21] 또한 스트레스는 염증도 일으킨다.[22]

스트레스의 영향은 직접적일 수도 있고 간접적일 수도 있다. 직접적인 영향의 예는 스트레스 상황에서 분비되는 호르몬인 코르티솔이 감염과 싸우는 림프구의 수를 줄여 효과적인 면역 반응을 억제하는 것이다. 스트레스의 간접적인 영향은 수면을 방해하거나 간식, 음주, 흡연 등 건강에 해로운 행동을 촉진하는 것이다.

스트레스 관련 질환에 대처하려면 이완 기법을 적절히 사용하는 것이 좋다.[23] 무작위로 실시된 대조 실험에서 운동이나 명상을 하는 사람들은 그런 활동을 하지 않는 사람에 비해 중증 급성 호

흡기 질환을 앓을 위험이 낮게 나타났다.[24]

명상, 독서, 음악 감상, 몰입도 높은 취미 생활, 친구와의 대화(온라인 포함)는 스트레스를 완화해준다. 십자 낱말풀이, 산책, 요가도 스트레스 해소에 좋다. 무언가에 일시적으로 몰입함으로써 현실에서 잠시 벗어나는 활동은 무엇이든 이완 효과를 가져다준다. 따라서 자신에게 적합한 활동을 찾는 것이 중요하다.

시시각각 쏟아지는 뉴스에 신경 쓰지 않는 것도 스트레스를 줄이는 방법 중 하나다. 잘못된 정보와 가짜 뉴스는 두려움을 증폭시켜 공황을 일으킨다. 부정적인 내용의 뉴스는 아예 보지 않거나, 보고 듣는 것에 대한 생각을 바꾸도록 노력하라.

감정 자유 기법(EFT)도 시도해볼 만하다. 단 몇 분 안에 부정적인 사고 패턴을 사라지게 할 수 있다. 나의 웹사이트 Mercola.com에 들어가 'EFT'를 검색하면 자세한 정보가 나온다.

면역력을 증진하는 건강기능식품

코로나19의 감염이나 중증을 막는 데 도움이 되는 건강기능식품이 꽤 많다. 하나씩 자세히 알아보자.

비타민 D

가장 먼저 비타민 D 이야기를 꺼내는 데에는 그만한 이유가 있다. 비타민 D 결핍과 코로나19 중증 사이에 연관성이 있다는 증거가 넘쳐나기 때문이다. 인슐린 저항을 제외하면 비타민 D 결핍이 코로나19 중증과 사망의 주된 위험 요인으로 부상했다. 심지어 혈중 비타민 D 수치가 높을수록 SARS-CoV-2 바이러스 검사에서 양성이 나올 가능성도 줄어드는 것으로 나타났다.

비타민 D와 코로나19의 연관성에 관해 지금까지 실시된 것 가운데 최대 규모의 관찰 연구 결과가 2020년 9월 17일자 미국 공공과학 도서관 학술지 《플로스 원》에 실렸다.[25] 평균 연령 50세로 2020년 3월부터 6월 사이에 SARS-CoV-2 바이러스 검사를 받았고, 그전 1년 안에 비타민 D 검사를 받은 미국인 환자 19만 1,779명의 데이터를 분석한 연구였다. 그 결과를 간추리면 다음과 같다.

- 비타민 D 수치가 20ng/mL 아래(결핍 수준)인 환자의 12.5%가 SARS-CoV-2 양성 반응을 보였다. (ng=나노그램, mL=밀리리터)
- 비타민 D 수치가 30~34ng/mL(적정 수준)인 환자의 8.1%가 SARS-CoV-2 양성 반응을 보였다.
- 비타민 D 수치가 55ng/mL 이상(최적 수준)인 환자 중에서는 SARS-CoV-2 양성 반응을 보인 비율이 5.9%에 불과했다.

이 연구를 바탕으로 연구자들이 내린 결론은 비타민 D 수치가 최소 55ng/mL(138nmol/L)인 사람이 코로나19 확진 판정을 받을 확률은 20ng/mL(50nmol/L) 아래인 사람보다 47% 낮다는 것이있다. (nmol=나노몰)

비타민 D는 시중에서 쉽게 구할 수 있으며, 시판되는 건강기능식품 중에서도 저렴한 편이다. 모든 점을 고려할 때 비타민 D의 최적화가 가장 쉽고 가장 효과 좋은 전략일 가능성이 크다. 단 몇 주 안에 면역 체계를 강화함으로써 코로나19나 다른 감염의 위험을 최소화할 수 있기 때문이다.

비타민 D가 질병을 예방하고 최적의 건강 상태를 유지하는 데 결정적인 역할을 한다는 사실을 보여주는 증거는 계속 늘어나고 있다. 비타민 D는 우리가 갖고 있는 약 3만 개의 유전자 중 3,000개에 영향을 미친다. 비타민 D의 수용체도 우리 몸 안 전체에 분포되어 있다. 그만큼 비타민 D가 중요하다는 뜻이다.

대규모 연구에 따르면 비타민 D가 최적 수준일 경우 췌장암, 폐암, 난소암, 전립선암, 피부암 등 최소한 16가지 암에 걸릴 위험을 줄일 수 있다. 또 비타민 D는 다발성 경화증, 제1형 당뇨병 같은 자가면역 질환에 걸릴 위험을 크게 낮추고, 특히 여성들이 취약한 골다공증의 예방에도 효과가 있다.

비타민 D는 햇빛 노출을 통해 얻는 것이 건강기능식품으로 보충하는 것보다 좋다. 우리 피부는 햇빛에 대한 반응으로 비타민 D를 자연적으로 생성하기 때문이다. 그러나 안타깝게도 지리적인 여건이나 직장 생활 등 여러 가지 제약으로 햇빛을 충분히 쬘 수 없는 사람이 많다. 그럴 경우 건강기능식품으로 비타민 D₃ 복용을 강력히 추천한다.

비타민 D의 최적화는 피부색이 어두운 사람에게 특히 중요하다. 피부색이 어두울수록 비타민 D 수치를 올리려면 더 많은 햇빛을 쬐어야 하는데 그럴 여건이 되지 않는 사람은 비타민 D 결핍이 되기 쉽다. 피부에 멜라닌 색소가 증가하면 중파장 자외선(UVB) 노출의 효과가 줄어든다. 멜라닌이 천연 자외선 차단제(선크림) 기능을 하기 때문이다.

피부색이 아주 어둡다면 하루에 약 1.5시간은 햇볕을 쬐어야 어느 정도 비타민 D 생성 효과가 있다. 직장에 다니는 성인이나 학교에 다니는 어린이들은 그러기가 불가능하다. 반면 피부색이 밝은 사람은 하루 15분씩만 햇빛을 쬐어도 된다.

하지만 그런 사람도 겨울철이 되면 비타민 D의 이상적인 수치를 유지하기가 어렵다. 북위 40도 위의 지역에서는 겨울철이 되면 중파장 자외선이 지표면에 거의 닿지 않는다. 그렇다고 낮은 위도 지역에 사는 사람들이 햇빛으로 충분한 비타민 D 수치를 유지한다고 보기도 어렵다. 사회·문화적 규범이 햇빛 노출을 제한하기 때문이다.[26]

자신의 건강을 유지하기 위해서는 혈중 비타민 D 수치가 최소한 40ng/mL은 되어야 한다(권장 수치는 40~60ng/mL이다). 그러나 최적의 건강 상태를 보장하고 코로나19를 예방하려면 60~80ng/mL을 목표로 삼아야 한다. 비타민 D 수치를 높이는 단계별 방법을 소개한다.

1. 먼저 자신의 비타민 D 수치를 측정하라. 비타민 D 전문 기관인 그래스루츠헬스(GrassrootsHealth)의 개인 맞춤형 영양 프로젝트에 참여해 테스트 키트를 사용하면 가장 쉽고 저렴하게 혈중 비타민 D 수치를 측정할 수 있다. 병원에서 하는 간단한 혈액 검사로도 알 수 있다.

2. 자신에게 적합한 비타민 D 복용량을 측정하라. 그래스루츠헬스의 비타민 D 계산기를 사용하면 알기 쉽다. 건강기능식품으로 보충하는 양을 제외하고 직접 햇빛 노출로 얻는 비타민 D가 얼마나 되는지 파악하려면 DMinder 앱을 사용하라.[27]

3. 햇빛 노출과 건강기능식품으로 비타민 D를 보충하는 것이 얼마나 효과가 있는지 확인하기 위해 자신의 비타민 D 수치를 3~6개월 뒤 다시 측정하라. 그 결과를 보고 필요에 따라 복용량을 조절한 뒤 3~6개월이 지난 다음 또다시 측정하라. 최적 수준에 도달하는 데 필요한 복용량을 확인하면 그다음부터는 1년에 한 차례씩만 측정해도 된다.

비타민 D 복용 시 고려 사항

비타민 D를 건강기능식품으로 복용할 때 몇 가지 고려해야 할 점이 있다. 그래스루트헬스가 1만 5,000여 명을 대상으로 실시한 장기적인 연구에 따르면, 일반 성인이 햇빛을 쬘 수 없는 경우 하루에 복용해야 하는 비타민 D의 양은 6,000~8,000유닛이다. 어린이는 당연히 그보다 적게 복용해야 한다.

또 비타민 D와 함께 마그네슘을 복용하는 것이 바람직하다. 마그네슘이 비타민 D의 활성화에 도움을 주기 때문이다. 인구의 절반 이상이 마그네슘 결핍이기 때문에 마그네슘을 보충해주지 않으면 비타민 D 복용 효과가 그만큼 떨어진다. 평균적으로 볼 때 마그네슘 없이 비타민 D만 복용하는 사람이 혈중 비타민 D 수치 $40ng/mL(100nmol/L)$에 도달하려면 비타민 D와 함께 마그네슘을 하루 최소 400mg씩 복용하는 사람보다 146%나 더 많은 양의 비타민 D를 복용해야 한다.[28]

아울러 고용량 비타민 D를 복용할 경우 동맥 석회화와 연관된 합병증을 피하기 위해 비타민 K_2 흡수를 늘려야 한다. 비타민 D를 복용할 때 마그네슘과 비타민 K_2 둘 다 복용하면 각각 하나씩만 추가하는 것보다 비타민 D 수치 제고 효과가 더 좋다. 마그네슘과 비타민 K_2를 함께 복용하지 않으면 비타민 D 복용량을 244% 늘려야 그만한 효과를 볼 수 있다.[29]

고려해야 할 다른 건강기능식품들

코로나19의 예방(그리고 어떤 경우엔 조기 치료)에 도움이 되는 건강기능식품은 비타민 D 외에도 많다. N-아세틸시스테인(NAC), 아연, 멜라토닌, 비타민 C, 케르세틴, 비타민 B군 등이 대표적이다. 면역 기능을 개선하고 바이러스에 의한 질병을 막아주는 것으로 알려진 다른 영양소 목록도 여기에 추가하겠다.

N-아세틸시스테인(NAC)

NAC는 코로나19에서 중요한 역할을 하는 것으로 보이는 환원 글루타티온의 전구물질이다. 특히 글루타티온 결핍이 코로나19 중증화와 연관성이 있는 것으로 나타났기 때문에 몇몇 연구자들은 NAC가 코로나19 예방과 치료에 유용할 수 있다고 주장한다.[30]

NAC가 바이러스 감염을 막는 데 도움을 줄 수 있다는 주장은 이번에 새로 등장한 것이 아니다. 이전의 몇몇 연구도 NAC가 인플루엔자를 포함한 특정 바이러스의 복제를 억제한다는 사실을 확인했다.[31] 한 연구에서 NAC의 최소 치료자 수(NNT)는 0.5였다. NAC를 복용한 사람 둘 중 한 명은 증후성 인플루엔자에 감염되지 않았다는 뜻이다.[32] 이 정도면 인플루엔자 백신보다 훨씬 효과가 좋다. 백신의 최소 접종자 수(NNV)는 71명이었다. 71명이 백신을 접종받았을 때 겨우 1명이 인플루엔자 확진을 면한다는 뜻이다.[33] 그런 면에서 보면 NAC는 비타민 D보다도 효과가 좋다.

비타민 D의 NNT는 33이다.[34]

특히 중요한 점은 NAC가 코로나19 사망의 주된 원인인 사이토카인 폭풍의 연쇄 반응을 억제하는 효과가 있는 듯하다는 것이다. 또 몇몇 연구는 코로나19에서 흔히 나타나는 폐렴과 급성 호흡 곤란 증후군(ARDS)을 포함해 폐와 관련된 여러 문제를 개선하는 데 NAC가 도움을 준다는 점을 보여주었다.[35]

코로나19 환자 중 다수는 심각한 혈전 문제도 겪는다. NAC는 항응고와 혈소판 억제 속성을 갖고 있기 때문에 과응고를 해소할 수 있다.[36] 게다가 NAC는 생성된 혈전을 분해하는 역할도 한다.[37] 학술지 《의학 가설》 2020년 10월호에 실린 한 논문은 이렇게 지적했다.

"우리는 NAC가 코로나19 치료에서 하나의 잠재적인 치료제 역할을 할 수 있다는 가설을 제시하고자 한다. NAC는 글루타티온 증가, T세포 반응의 개선, 염증 조절 등 여러 잠재적인 메커니즘을 통해 치료 목적을 이룰 가능성이 있기 때문이다."[38]

이 책을 쓰고 있을 무렵 NAC의 코로나19 치료 효과를 다룬 연구 11건의 목록이 임상 시험 정보 사이트 ClinicalTrials.gov에 올라 있었다.[39] 그런데 아이로니컬하게도 우리가 코로나19 바이러스를 막아주는 NAC의 효과를 깨닫기 시작한 바로 그 시점에서 미국 식품의약국(FDA)이 갑자기 NAC를 건강기능식품에서 제외시키는 바람에 이제는 일반인들이 쉽게 구입할 수 없게 되었다.

아연

아연은 바이러스 감염을 막아내는 면역 체계의 능력에서 매우 중요한 역할을 한다. 글루콘산 아연, 아세트산 아연, 황산아연은 감기 같은 바이러스 감염의 중증화와 기간을 줄이는 것으로 나타났다.[40, 41, 42] 아연은 하이드록시클로로퀸(HCQ)을 사용하는 코로나19 치료법의 핵심 성분이다. MATH+ 프로토콜에서도 주성분으로 사용된다. 이 두 가지 치료법에 관해서는 제7장에서 자세히 알아보겠다.

비타민 D처럼 아연도 면역 기능 조절에 도움을 준다.[43] 2010년 실시된 시험관 연구에서 하이드록시클로로퀸이나 케르세틴 같은 아연 이온 운반체와 함께 아연을 사용하면 사스 코로나바이러스를 억제하는 것으로 나타났다. 세포 배양 연구에서도 아연은 몇 분 안에 바이러스 복제를 차단하는 효과를 보여주었다.[44] 특히 중요한 점은 아연 결핍이 면역 기능을 손상시킨다는 것이다.[45]

아연을 코로나19 등 바이러스 감염증의 초기 치료에 사용할 경우 7~15mg씩 하루 4회 복용을 권장한다. 공복 상태에서는 복용하지 말고 피트산이 없는 음식과 함께 복용하는 것이 좋다. 하지만 그 양을 장기적으로 복용하는 것은 금물이다. 감염증에서 회복할 때까지만 복용하라. 섭취하는 아연 15mg당 음식과 건강기능식품으로 구리를 최소 1mg씩 보충하는 것도 도움이 된다. 적정한 아연과 구리의 비율을 유지하지 않으면 아연 복용이 오히려 역

효과를 부를 수 있다.

아연이 다량 함유된 식품이 많기 때문에 굳이 아연을 건강기능 식품으로 복용할 필요는 없다. 이 장에서 제시된 일반적인 식생활 조언을 계속 따르면 아연 섭취는 충분하다. 그러나 건강 증진을 위한 식이법을 막 시작했다면 건강기능식품으로 아연을 복용하는 것을 권장한다.

멜라토닌

멜라토닌은 뇌의 송과선을 비롯해 여러 장기에서 합성되는 호르몬이다.[46] 자연적인 수면 조절 물질로 잘 알려졌지만 다양한 방식으로 면역 기능을 강화하고 염증을 가라앉히는 역할도 한다. 멜라토닌은 코로나19 치료에 다음과 같은 방식으로 도움을 줄 수 있다.

- 글루타티온을 재충전한다(글루타티온 결핍이 코로나19 중증화에 영향을 주는 것으로 알려졌다).[47]
- 혈압을 조절한다(고혈압은 코로나19 중증화의 위험 요인이다).
- 레닌-안지오텐신계(RAS)를 억제함으로써 당뇨병과 인슐린 저항에 의한 대사 장애를 개선한다(당뇨병과 인슐린 저항은 코로나19 중증화의 위험 요인이다).
- 자연살해(NK) 세포인 대식 세포와 과립 백혈구 그리고 T도

움 세포(면역 세포)의 전구 세포 합성을 촉진한다.
- 비타민 D 신호 전달을 강화한다.

또 멜라토닌은 강력한 항산화제로서 미토콘드리아 내부에 진입할 수 있는 아주 드문 능력을 갖고 있다.[48, 49] 그 안에서 "미토콘드리아 손상과 에너지 소진, 산화로 손상된 미토콘드리아의 자멸 등을 막는 데 도움을 준다".[50]

멜라토닌은 심혈관계의 건강에도 기여한다. 잘 알려졌다시피 심장병과 고혈압은 코로나19와 밀접한 관련이 있다.[51] 또한 멜라토닌은 제1형 당뇨병을 포함한 자가면역 질환을 예방하거나 치료하는 데에도 사용된다.[52]

이처럼 멜라토닌은 코로나19 환자의 치료에 도움이 될 뿐 아니라 애초에 SARS-CoV-2 바이러스의 감염 자체를 막아주는 능력도 있는 듯하다. 한 연구에서 멜라토닌을 건강기능식품으로 복용하는 사람은 그렇지 않은 사람에 비해 SARS-CoV-2 검사에서 양성이 나올 확률이 평균 28% 낮았다. 멜라토닌을 복용하는 흑인의 경우 양성이 나올 확률은 52%나 낮았다.[53]

멜라토닌 복용량에 관한 연구는 별로 없기 때문에 권장량을 제시하기가 어렵다. 그러나 개인적으로는 1mg이나 그 이하로 시작하는 방식을 권하고 싶다. 멜라토닌은 밤에 잠들기 전에 복용해야 한다. 저녁이 되어 졸리는 것은 멜라토닌 수치가 높아지기 때문이다. 따라서 멜라토닌의 자연적인 수치가 낮은 아침이나 낮에 복용하는 것은 바람직하지 않다. 한밤중에 깨어났을 때 멜라토닌을 복용하면 다시 잠드는 데에도 도움이 된다.

멜라토닌은 스프레이나 알약으로 복용하는데 스프레이는 혀 아래 직접 뿌리고, 알약은 혀 아래 넣어서 녹여 먹는다. 혀 아래에서는 소화관을 통하지 않고 혈류로 직접 흡수되어 효과가 빨리 나타난다.

그러나 모든 건강기능식품이 그렇듯 멜라토닌도 몸에서 자연적으로 생성되는 양이 충분치 않아 최적화할 필요가 있을 때만 추가로 보충하는 것이 좋다. 먼저 멜라토닌을 복용하기보다는 규칙적으로 수면을 취하고 낮에 충분한 햇빛을 쬐어 저녁에 멜라토닌이 잘 생성되도록 하는 것이 우선이다. 해가 지면 너무 밝은 조명이나 청색광을 피하는 것이 바람직하다. 청색광은 멜라토닌 합성을 저해한다. 청색광은 LED 조명이나 컴퓨터 또는 휴대전화 화면에서 나온다.

비타민 C

코로나19 중증 환자에게서 흔히 나타나는 증상은 바이러스성 질병, 패혈증, 급성 호흡 곤란 증후군(ARDS)이다. 비타민 C가 그런 증상의 치료에 큰 도움이 된다. 수많은 연구 결과가 입증하는 사실이다.[54] 비타민 C는 기본적으로 항염증, 면역 조절, 항산화, 항혈전, 항바이러스 속성을 갖고 있다. 고단위로 복용하면 실제로 항바이러스제 효과를 발휘한다. 또 비타민 C는 케르세틴과 함께 복용했을 때 시너지 효과를 낸다.[55]

2020년 3월 뉴욕주의 최대 의료 기관인 노스웰 헬스는 산하 23개 병원에서 코로나19 환자를 대상으로 하이드록시클로로퀸, 아지트로마이신과 함께 비타민 C가 널리 사용되고 있다고 밝혔다. 2020년 12월 발표된 논문도 호흡기 감염, 패혈증, 코로나19의 보조 치료제로 비타민 C를 권장하며 다음과 같이 설명했다.

> 비타민 C는 항산화, 항염증, 면역 조절 효과가 뛰어나 코로나19 감염의 예방과 완화를 위한 잠재적인 치료제 후보가 될 수 있다. 코로나19 위중증 환자의 경우 비타민 C가 보조 치료제로 사용될 수도 있다. (……)
>
> 지금까지 확보된 증거는 비타민 C를 경구 복용(하루 2~8g)하면 호흡기 감염 위험을 낮출 수 있고, 정맥 주사(하루 6~24g)로 투여하면 호흡기 감염 중증 환자의 사망, 집중 치료, 입원 기간, 인공호흡기 사용 기간을 줄일 수 있다는 것을 보여준다. (……)
>
> 비타민 C는 부작용이 별로 없는 데다 가격도 저렴하다. 또 호흡기 감염 환자 중에는 비타민 C가 결핍된 사람이 많다. 이런 사실들을 종합해보면 코로나19로 집중 치료를 받거나 입원한 환자에게 비타민 C 수치를 측정한 뒤 결핍인 경우 정맥 주사나 경구 복용으로 비

타민 C를 보충해주는 것이 좋다.[56]

비타민 C의 항바이러스 효과는 선천 면역 체계와 적응(후천) 면역 체계 둘 다에 적용된다. 감염이 일어나면 비타민 C는 T림프구(면역 체계의 핵심 부분인 백혈구 세포의 한 형태)의 발육과 성숙을 촉진함으로써 면역 기능을 증진시킨다. 포식 세포(병원체를 제거하는 면역 세포)도 산화된 비타민 C를 흡수한 뒤 아스코르빈산으로 재생할 수 있다.

코로나19에 특정해서 보았을 때 비타민 C는 다음과 같은 작용을 한다.[57]

- 염증성 사이토카인의 감소에 도움을 주어 사이토카인 폭풍의 위험을 줄인다. 글루타티온 생성을 촉진함으로써 염증을 억제한다.
- 조직의 내피를 산화의 손상으로부터 보호한다.
- 손상된 조직의 복구를 돕는다.
- SARS-CoV-2 바이러스가 억제하는 1형 인터페론(우리 몸의 주된 바이러스 방어 기제)의 발현을 증가시킨다.
- 인터류킨7(IL-7)이 유도하는 안지오텐신 전환 효소2(ACE2)의 증가를 억제한다. ACE2 수용체가 코로나19 바이러스 SARS-CoV-2의 침투 지점(바이러스의 스파이크 단백질이

ACE2와 결합한다)이기 때문에 비타민 C의 이런 속성은 매우 중요한 의미를 갖는다.

- SARS-CoV-2의 주요 단백질 분해 효소(M^{pro}, 바이러스의 비구조 단백질을 활성화한다)를 억제하는 효과가 크다.
- 조직 손상과 장기 부전을 일으키는 호중구(중성구) 세포 밖 덫 생성(NETosis)을 억제한다.
- 동물의 패혈증 모델에서 폐 상피 장벽 기능을 강화하는 것으로 나타났다.
- 부신피질 스트레스 반응을 조절한다. 패혈증에서 특히 효과가 있다.

비타민 C는 MATH+ 프로토콜에서 가장 중요한 요소다(제7장에서 자세히 다루겠다).[58] 비타민 C를 예방용으로 사용할 경우 의사들은 하루 500mg씩 복용할 것을 권장한다.[59]

급성 질병 치료에는 그보다 훨씬 고용량을 사용할 필요가 있다. 패혈증이나 코로나19와 패혈증을 동시에 치료할 때는 필요한 용량이 아주 많기 때문에 일반적으로 정맥 주사가 필요하다. 급성 질병을 재택 치료 할 때 정맥 주사의 효과를 내려면 리포솜 비타민 C를 시간당 6g(6,000mg) 이상 복용해야 한다. 리포솜 형태가 아닌 비타민 C를 하루 20g 이상 복용하면 설사를 할 수 있다. 그러나 리포솜 형태나 정맥 주사를 사용하면 하루 100g(10만mg)까지 투여해도 설사를 하지 않는다.

예방 차원에서 비타민 C를 복용한다면 고용량은 권장되지 않는다. 건강에 이상이 없는데도 매일 고용량 비타민 C를 복용하는 것은 삼가야 한다. 영양의 불균형을 초래할 수 있기 때문이다. 질병 증상의 조짐이 보일 때부터 증상이 완화될 때까지만 고용량을 복용하는 것이 좋다. 몸에 이상이 없는 상태에서 예방 차원으로 비타민 C를 복용할 때는 하루 200~400mg이 적당하다.

케르세틴

케르세틴은 강력한 면역 강화제이자 광범위한 항바이러스 물질이다. 학술지《통합의학》2020년 5월호에 실린 논문은 코로나19와 관련해 케르세틴의 효과를 다루고 있다.[60]

케르세틴은 2003년 발생한 사스 유행 직후 사스 코로나바이러스(SARS-CoV)에 대한 광범위한 보호를 제공하는 효과가 있는 것으로 처음 밝혀졌다.[61] 그러나 최근 증거에 따르면, 케르세틴은 SARS-CoV-2의 예방과 치료에도 큰 도움이 되는 것으로 알려졌다.

케르세틴의 항바이러스 능력은 다음의 다섯 가지 주요 메커니즘에서 나온다.

1. 세포막을 통과해 아연을 이동시킴으로써 바이러스의 세포

감염 능력을 억제한다.

2. 감염된 세포의 복제를 억제한다.

3. 감염된 세포의 치료 저항 능력을 약화시킨다.

4. 혈소판 응집을 억제한다(코로나19 환자 중 다수가 비정상적인 혈액 응고 현상을 보인다).

5. SIRT2 효소를 활성화함으로써 코로나19 감염과 관련된 NLRP3 인플라마솜(염증 소체) 결합을 억제한다.

특히 코로나19 바이러스 SARS-CoV-2의 감염과 관련해서 케르세틴은 다음과 같은 효능을 보여주었다.

- SARS-CoV-2 바이러스의 스파이크 단백질과 인체 세포 사이의 상호 작용을 억제한다.[62]
- SARS-CoV-2 관련 사이토카인 생성을 억제한다.[63]
- 면역 세포의 기초 기능을 조절하고 염증 경로를 차단한다.[64]
- 아연을 세포 내부로 옮겨주는 이온 운반체 역할을 수행한다.[65] 케르세틴과 비슷한 아연 이온 운반체인 하이드록시클로로퀸이 코로나19 예방과 치료에 효과가 있는 것도 이로써 설명할 수 있다.
- SARS-CoV-2를 포함하여 일부 바이러스에 대한 인터페론 반응을 증가시킨다.[66] 아울러 RNA 바이러스의 복제를 억제

한다.[67]

- NLRP3 인플라마솜을 조절한다. 이 염증 소체는 면역 체계의 한 요소로, 사이토카인 폭풍에서 나타나는 염증 촉진 사이토카인의 과다 분비를 일으킨다.[68]
- 사스 코로나바이러스(SARS-CoV)에 대한 항바이러스제로 작용한다.[69]
- SARS-CoV-2의 주요 단백질 분해 효소(M^{pro})를 억제한다.[70]

비타민 C와 함께 케르세틴도 MATH+ 프로토콜의 일부분이다. 이 프로토콜에 따르면, 케르세틴을 예방용으로 사용할 경우 하루 250~500mg 복용이 권장된다.[71]

비타민 B군

비타민 B군도 코로나19와 관련된 다음과 같은 질병 진행 과정을 억제할 수 있다.[72]

- 바이러스 복제와 침투
- 적응 면역(후천 면역)
- 사이토카인 폭풍 유도
- 혈액의 과응고

그렇다면 비타민 B군 각각은 다양한 코로나19 증상을 관리하는 데 어떻게 도움이 될까? 이와 관련해 학술지 《마투리타스》 2021년 2월호에 실린 한 논문을 요약해 소개한다.[73]

비타민 B₁(티아민) – 면역 체계의 기능을 개선하며, 심혈관계를 보호하고, 염증을 억제하며, 항체 반응을 돕는다. 비타민 B₁ 결핍은 항체 반응을 약화시켜 증상이 악화될 수 있다. 비타민 B₁이 저산소증을 완화한다는 증거도 있다.

비타민 B₂(리보플래빈) – 리보플래빈이 자외선과 같이 작용하면 혈액과 혈장, 혈소판에서 SARS-CoV-2 바이러스가 감지되지 않을 정도로 감염성을 낮춘다는 연구 결과가 있다.

비타민 B₃(니아신/니코틴아미드) – 니아신은 염증을 막는 데 중요한 조효소인 NAD와 NADP의 기본 구성 요소다. 연구에 따르면, 니아신은 NAD+를 활성화하고 사이토카인 폭풍과 그에 따른 손상을 억제함으로써 코로나19 진행 과정에서 중요한 역할을 한다. 그 논문의 초록(抄錄)은 이렇게 설명한다.

니아신, 즉 니코틴산(NA)은 코로나19의 회복과 예방을 위한 치료제로서 확실한 항바이러스 속성을 보인다. NA 공급의 내재적인 기능으로 병리 현상이 역전되거나 진행되는 것이 확인되었다. (……) 충분한 양(하루 1~3g)의 NA를 복용하면 SARS-CoV-2의

염증 확산이 완전히 억제되고 외부로 제거되어 환자가 빠르게 건강을 회복할 수 있다.[74]

니아신은 염증 유도 사이토카인을 크게 감소시키는 동시에 다음과 같은 작용도 하는 것으로 확인되었다.[75]

- 우두 바이러스, 인간 면역 결핍 바이러스(에이즈), 장내 바이러스, B형 간염 바이러스 등 바이러스의 복제를 억제한다.
- 호중구(중성구) 침투를 억제한다.
- 인공호흡기로 인한 폐 손상이 있는 환자에게 항염증 효과가 있다.
- 코로나19 환자에게서 심혈관계 장애 등 드물게 나타나는 증상을 일으키는 브라디키닌 폭풍을 완화한다.

비타민 B₅(판토텐산) – 상처 치유와 염증 완화를 돕는다.

비타민 B₆(피리독살5–인산/피리독신) – 비타민 B₆의 활성형인 피리독살5–인산(PLP)은 여러 염증 경로에서 공통 인자로 작용한다. 비타민 B₆ 결핍은 면역 기능 장애와 관련 있다. 염증은 PLP의 수요를 증가시켜 PLP 고갈 상태를 일으킬 수 있다. 염증 수치가 높은 코로나19 환자의 경우 비타민 B₆ 결핍이 염증 과다의 기여 인자가 될 수 있다. 그 밖에도 비타민 B₆는 일부 코로나19 환자에게서 나타나는 혈액 과응고를 예방하는 데에도 중요한 역할을 한다.

비타민 B₉(엽산염/엽산) – 엽산염은 식품에 함유된 비타민 B₉의 자연적인 형태로 적응 면역 반응에서 DNA와 단백질 합성에 필요하다.

엽산은 주로 건강기능식품에 사용되는 합성물 형태로서 바이러스 감염과 관련 있는 효소인 퓨린을 억제하는 것으로 최근 연구에서 밝혀졌다. SARS-CoV-2 바이러스의 스파이크 단백질이 우리 몸의 세포와 결합해 침투하는 것을 막을 수 있다는 뜻이다.[76] 따라서 코로나19의 초기 단계에 엽산이 도움이 될 수 있다.[77]

또 다른 논문에 따르면, 엽산은 SARS-CoV-2 바이러스의 항체와 강하고 안정적인 결합 친화성을 갖고 있다. 이 역시 엽산이 코로나19 치료제로서 사용될 수 있다는 점을 시사한다.[78]

비타민 B₁₂(코발아민) – 비타민 B₁₂는 적혈구와 DNA의 합성에 필요한 요소다. 비타민 B₁₂가 결핍되면 호모시스테인(필수 아미노산의 대사 과정에서 발생하는 대사산물) 수치가 올라가 염증과 산화 스트레스가 증가한다. 우리 몸은 비타민 B₉(엽산염), B₆, B₁₂를 충분히 섭취할 경우 자연적으로 호모시스테인을 제거할 수 있다.[79]

호모시스테인이 비정상적으로 높은 수준을 가리키는 고호모시스테인 혈증은 혈관 내피 기능 장애를 일으키고, 혈소판과 혈액 응고 연쇄 반응을 촉발하며, 면역 반응을 억제한다. 그 외에도 비타민 B₁₂ 결핍은 특정 호흡기 장애와 관련 있다. 나이가 들면 식품에서 비타민 B$_{12}$를 흡수하는 능력이 줄어들기 때문에 건강기능식품으로 복용할 필요성이 커진다.[80]

한 논문은 이렇게 지적했다.

최근의 한 연구는 건강기능식품으로 복용하는 메틸코발아민이 코로나19에 따른 장기 손상과 여러 증상을 완화하는 잠재력이 있다는 것을 보여주었다. 싱가포르에서 실시된 임상 연구에서 비타민 B$_{12}$(500μg), 비타민 D(1,000IU), 마그네슘을 복용한 코로나19 환자의 경우 증상이 완화되면서 산소 공급과 집중 치료의 필요성이 크게 줄어든 것으로 나타났다.[81]

코로나19 예방과 치료에 도움이 되는 다른 보충제들

학술지《심혈관계 질환의 진전》2020년 2월호에 실린 논문에서 촉매장수재단의 마크 매카티와 세인트루크 중미 심장연구소의 심혈관 연구 과학자인 제임스 디니콜안토니오는 인플루엔자와 SARS-CoV-2 같은 RNA 바이러스와 싸우는 데 유용하다고 추정되는 여러 건강기능식품을 분석했다.[82] 그중 다수는 지금까지 우리가 살펴본 것들이고, 나머지는 다음과 같다.

엘더베리 추출물 – 인플루엔자 감염 기간을 2~4일 줄이고 독감의 중증도를 낮추는 것으로 알려졌다. 상시 복용이 아닌 일시적인 복용에서 권장되는 양은 하루 600~1,500mg이다.

스피룰리나 – 동물 연구에서 인플루엔자 감염의 중증도를 낮추고 인플루엔자 사망률을 줄이는 효과가 있는 것으로 나타났다. 상시 복용이 아닌 일시적인 복용에서 권장되는 양은 하루 15g이다.

베타글루칸 – 동물 연구에서 인플루엔자 감염의 중증도를 낮추고 인플루엔자 사망률을 줄이는 것으로 나타났다. 상시 복용이 아닌 일시적인 복용에서 권장되는 양은 하루 250~500mg이다.

글루코사민 – 동물 연구에서 미토콘드리아 항바이러스 신호 단백질을 상향 조절하고 인플루엔자 감염 중증화를 완화하며 인플루엔자 치명률을 줄이는 효과를 보였다. 상시 복용이 아닌 일시적인 복용에서 권장되는 양은 하루 3,000mg이다.

셀레늄 – 셀레늄이 결핍되면 바이러스 변이율이 증가하면서 우리 면역 체계를 우회할 수 있는 병원체 변종이 더 많이 생겨날 수 있다. 상시 복용이 아닌 일시적인 복용에서 권장되는 양은 하루 50~100μg이다.

리포산 – 선천 면역과 적응 면역 둘 다에 중요한 1형 인터페론 반응을 촉진한다. 2014년 발표된 한 논문은 1형 인터페론의 역할을 이렇게 설명했다.

첫째, 감염된 세포와 그 인접 세포에서 감염원, 특히 바이러스의 확산을 억제하는 세포 내부의 항균 상태를 유도한다. 둘째, 선천 면역 반응의 균형을 맞춰 항원 전달과 자연살해(NK) 세포 기능을 촉진하는 한편 염증 유도 경로와 사이토카인 생성을 억제한다. 셋째, 적응 면역 체계를 활성화하여 친화성 높은 항원에 특화된 T와 B 세포 반응과 면역 기억을 촉진한다.[83]

설포라판 – 1형 인터페론 반응을 돕는다(앞의 설명 참조).

티아민 – 매카티와 디니콜안토니오가 제시한 목록에는 포함되지 않았지만 티아민(비타민 B₁)은 선천 면역을 조절하며, MATH+ 프로토콜(제7장에서 자세히 다룬다)의 중요한 구성 요소다. 케르세틴처럼 비타민 C와 함께 복용하면 상승 효과를 볼 수 있다. 티아민 결핍은 바이러스의 중증 감염으로 이어지기 쉽고, 그 증상은 코로나19 사망의 주원인인 패혈증과 유사한 점이 많다. 티아민 결핍은 코로나19만이 아니라 다른 모든 질병의 중증 환자에게서 흔히 나타난다.

레스베라트롤 – 2005년 학술지《감염병 저널》에 게재된 논문에 따르면, 실험 쥐 연구에서 레스베라트롤은 인플루엔자A 바이러스의 복제를 억제함으로써 인플루엔자에 감염된 쥐의 생존율을 크게 높이는 효과를 보였주었다. 논문 저자들은 레스베라트롤이 "바이러스가 아니라 세포의 기능에 영향을 미침으로써 작동한다"며 "따라서 특별히 가치 있는 항인플루엔자 약물이 될 수 있다"고 밝혔다.[84]

기타 코로나19 예방 전술

다이어트, 운동, 스트레스 줄이기, 숙면, 건강기능식품 복용은 생활 방식에서 면역 체계를 강화하고, 만성 질환을 완화하며, 코로나19를 예방하는 간단하면서도 효과적인 전략이다. 하지만 그 외 다른 예방 전략도 있다.

가습

낮은 기온과 낮은 습도가 합쳐지면 바이러스 확산의 이상적인 환경이 만들어진다. 인플루엔자 같은 바이러스 감염의 유행을 부르는 계절적 변화에서 기온과 습도는 이처럼 중요한 역할을 한다. 코로나19의 경우도 마찬가지라고 볼 수 있다. 무엇보다 낮은 습도가 코로나바이러스의 감염 능력을 강화할 수 있다.

습도는 대기 중의 수증기 농축 수준을 가리킨다. 습도는 건강 유지에 중요하지만 자주 간과되는 변수 중 하나다. 겨울철의 낮은 기온과 실내 난방은 습도를 낮춰 공기를 건조하게 만든다. 습도가 낮은 공기는 부비강막을 건조시켜 코가 막히는 느낌을 일으킨다. 한 논문에 따르면, 높은 습도는 비강 개방에 도움을 준다. 막힘없이 코로 숨을 쉴 수 있다는 뜻이다.[85]

또한 낮은 습도는 눈의 건조를 불러와 눈물의 증발량을 증가시킬 수 있다. 낮은 기온에 습도도 낮으면 피부가 건조해진다.

습도가 호흡기 감염에 영향을 준다는 것이 새로운 소식은 아니다. 30여 년 전 발표된 한 논문에 따르면, 중간 정도 수준의 습도를 유지하면 호흡기 감염과 알레르기 발생률을 낮출 수 있다.[86]

학술지 《글로벌 헬스 저널》에 실린 논문에서 과학자들은 과거의 연구 결과들을 분석한 뒤에 습도가 바이러스 감염을 줄일 뿐 아니라 면역 반응에도 영향을 미칠 수 있다는 가설을 제시했다.[87] 그들은 겨울철에 바이러스 감염이 증가하는 것은 건조한 공기에 의한 점막 장벽의 손상 때문일 가능성을 제기했다. 점막 내부에는 대부분의 단백질과 연결되는 당 화합물인 글리칸이 있다. 병원체가 체내에 들어오면 글리칸이 개입한다.

여기에 뮤신이 또 다른 보호막을 제공한다. 점막 장벽에 존재하는 이 같은 당화 단백질은 바이러스를 유인하는 덫이다. 덫에 갇힌 바이러스는 기도를 통해 배출된다. 따라서 이러한 장벽은 매우 효과적이지만 제 기능을 하려면 적절한 수분이 필요하다.

점막이 건조한 공기에 노출되면 그 같은 보호 기능이 약화된다. 동물 연구에서 상대 습도(단위 부피의 공기 속에 포함된 수증기의 질량과 같은 온도에서 단위 부피 속에 포함할 수 있는 포화 수증기량의 비율)를 50%로 높이면 인플루엔자 감염에 의한 사망률이 줄어드는 것으로 나타났다. 연구자들은 공기가 건조한 환경에서 지내는 동물에게서 점액 섬모 청소율과 조직 복구 능력이 저하되고, 이에 따라 질병에 더 취약해진다는 점을 확인했다.[88]

집 안의 습도를 40~60%로 높이는 방법은 여러 가지다. 그 정도 습도가 되면 점막에 충분한 수분이 공급되어 감염 위험을 낮출 수 있다고 믿는 전문가가 많다.[89] 다음은 충분한 습도로 비강 점막의 건강을 유지하는 몇 가지 방법이다.

- 가습기를 사용하라(아래 사항 참조).
- 뜨거운 차나 커피의 증기를 들이쉬라.
- 실내 습도를 올리려면 난로 위에 물을 끓여라.
- 큰 그릇에 물을 담아 집 안 곳곳에 둬라.

가습기를 사용한다면 습도가 40~60%로 유지되도록 각별히 신경 써야 한다. 습도가 계속해서 너무 높으면 건강에 치명적인 곰팡이가 생길 수 있기 때문이다.

또 가습기의 따뜻하고 축축한 환경은 박테리아와 곰팡이류의 이상적인 온상이 될 수 있다. 그러므로 제조사의 안내에 따라 적어도 사흘에 한 번씩 청소하라. 또 저장통에 담긴 물은 매일 갈아주어야 한다.

최상의 장기 방어책은 면역 강화

이제 코로나19는 그보다 훨씬 더 널리 퍼져 있는 또 다른 팬데믹의 예시라는 사실이 분명해졌다. 바로 인슐린 저항과 대사 경직성이라는 팬데믹 말이다.

코로나19의 위험(증상 발현, 입원, 합병증에 의한 사망 등)을 크게 높이는 동반이환은 모두 인슐린 저항에 그 뿌리를 두고 있다. 인슐린 저항과 비타민 D 결핍을 함께 해결하면 SARS-CoV-2 감염의 중대한 위험에 노출되는 사람은 나이가 아주 많거나 허약한 사람을 제외하곤 거의 없을 것이다.

따라서 대사 건강 전반을 증진하는 방법, 특히 인슐린 저항과 비타민 D 결핍을 피할 수 있는 방법을 찾는 것이 무엇보다 중요하다. 그런 방법으로 건강을 잘 유지하는 사람은 코로나19 같은 감염병에 취약하지 않을 것이다.

앞으로 또 어떤 팬데믹이 올지 모르지만 그 위기에서 살아남으려면 우리 모두의 기초적인 건강을 증진하는 것이 급선무다. 그런 노력 없이 치료제나 백신 개발만 마냥 기다리는 것은 어리석은 짓이다. 근본적인 원인을 해결하지 않고 눈에 드러난 증상에만 치료제를 사용하기보다 전반적인 건강을 증진하는 전략을 세워야 한다. 코로나19에 효과적으로 맞서기 위해서는 원기 왕성한 면역 기능이 필요하다. 그것은 다른 모든 감염병에도 똑같이 적용되는 대원칙이다.

제7장

코로나19 위기와 치료제 논란

조지프 머콜라

제약업계의 부패와 사기 행각은 역사가 길다. 페루 리마에 있는 카예타노 에레디아 대학의 글로벌 헬스 담당 교수인 파트리시아 가르시아는 2019년 12월 7일 발간된 학술지 《랜싯》에 기고한 글에서 "의료 시스템 내부에 부패가 깊이 뿌리내리고 있다"며 개탄했다.[1]

가르시아 교수는 학계와 연구계를 포함해 의료 시스템 전반에 만연하는 비리가 "보편적인 의료 서비스를 가로막는 중대한 장애물 중 하나"인데도 조금이나마 의미 있는 방향으로 해결되기는커녕 논의조차 이뤄지지 않는다면서 다음과 같이 말했다.

정책 입안자와 연구자, 재정 지원자는 우리가 질병을 생각하는 것과 똑같은 식으로 부패도 철저한 연구와 조사가 필요한 중요한 분야로 생각해야 한다. 유엔이 설정한 지속 가능 발전 목표(SDG)를 우리가 진정으로 달성하기를 원한다면, 그래서 세계 모든 사람의 건강한 삶이 보장되기를 바란다면 지구촌 보건 분야에서 횡행하는 부패가 더는 공공연한 비밀이 되어선 안 된다.

조직적이고 광범위하게 저질러지는 비리는 세계 어디서나 잘 알려져 있지만 사람들은 보고도 못 본 체한다. 국제투명성기구(TI)에 따르면, 전 세계 국가의 3분의 2 이상이 고질적인 부패에 시달리는 것으로 추정된다. (……) 보건 분야의 부패는 더 위험하다. 생명과 직결되는 문제이기 때문이다. (……)

이 같은 부패로 매년 최소한 14만 명의 어린이가 목숨을 잃고 있으며, 그와 함께 우리 몸의 항생제 내성이 더욱 강해지고, 감염병과 비감염성 질환을 통제하려는 우리의 모든 노력이 효과를 내지 못하고 있다. 이처럼 부패는 우리 모두가 뻔히 알면서도 무시하는 '팬네믹'이다.[2]

가르시아 교수는 부패가 어떻게 시작되었으며, 무엇이 부패의 만연을 허용하는지 등 부패의 역사를 요약해 보여주었다. 보건 시스템이 불투명할수록 부패가 더 심해지는 것이 일반 상식이라는 설명이다. 특히 법의 지배가 약할 때 그 현상은 더욱 심해진다. 책임을 묻는 장치가 없으면 당연히 부패가 스며들고, 그 결과 보건 시스템의 양과 질, 효율성이 떨어진다.

가르시아 교수는 의료 시스템의 부패가 가져다주는 경제적 피해를 다음과 같이 지적했다.

전 세계가 의료 서비스에 지출하는 비용은 매년 7조 달러 이상으로 추산된다. 그중 최소 10~25%가 직접적인 부패로 그냥 사라져 버린다. 매년 수천억, 아니 수조 달러가 블랙홀 속으로 빨려들어가는 것이다.

부패가 빨아들이는 비용은 세계보건기구(WHO)가 2030년까지 전 세계의 보편적 건강보험 체제를 갖추는 데 필요한 연간 예산보다 많다. 게다가 피해는 거기서 그치지 않는다. 부패가 우리에게 끼치는 실질적인 피해는 계산이 불가능하다. 그로 인해 건강과 질병, 삶과 죽음이 엇갈리기 때문이다.

아울러 코로나19 팬데믹이 과학적인 속임수로 시작되었으며, 지금도 그 사기극이 위기를 지속시키고 있다는 증거가 적지 않다. 엉터리 PCR 검사와 양성 결과를 의학적 '확진'으로 호도하는 행위가 가장 비근한 예다. 그리고 우리가 크게 신경 쓰지 않는 또 다른 과학적인 비행이 있다. 그것은 WHO가 팬데믹의 정의를 수정했다는 사실이다. 그렇게 수정하는 일이 없었다면 코로나19 팬데믹은 애초에 선언되지도 않았을 것이다.

과거 WHO는 팬데믹을 선언하는 경우를 "우리가 아직 면역력을 갖지 못한 새로운 인플루엔자 바이러스가 등장해 전 세계에서 동시다발적인 유행을 일으켜 막대한 감염자와 사망자가 발생할 때"로 정의했다.[3]

여기서 중요한 것은 '막대한 감염자와 사망자'라는 부분이다. 이 정의는 2009년 돼지 인플루엔자 팬데믹이 선언되기 직전에 변경되었다. 아주 간단하지만 매우 중대한 의미가 있는 수정이었다. WHO는 뒷부분에서 감염의 심각성과 높은 치명률 기준을 없애고 단순히 '전 세계에서 동시다발적인 유행을 일으킬 때'로 팬데믹을 규정했다.[4]

이 같은 정의의 수정으로 WHO는 돼지 인플루엔자 감염에 의한 사망자가 전 세계에서 144명에 불과한데도 그 유행병을 팬데믹으로 선언할 수 있었다. 지금 코로나19의 치명률이 그리 심각하지 않은데도 이를 두고 팬데믹이라 부르는 것 역시 바로 그 때문이다.[5] 우리가 접할 수 있는 많은 데이터는 코로나19의 치명률이 계절 독감과 비슷한 수준임을 보여준다.[6] 증상과 합병증 측면에서는 다를지 모르지만 실질적인 치명률은 거의 같다. 게다가 코로나19의 절대적인 사망 위험은 교통사고로 인한 사망 위험과 같은 수준이다.[7]

높은 치명률을 불러오는 심각한 질병이라는 기준을 없애고 지리적으로 널리 퍼진 감염 상태만을 팬데믹의 기준으로 남겨둠으로써 WHO와 테크노크라시 지도자들은 전 세계 사람들을 속여 그들의 일상과 생계를 포기하도록 설득할 수 있었다. 이 같은 행위가 없었다면 코로나19는 별로 대단치 않은 유행병에 그쳤을지도 모른다.

WHO는 2020년 12월, 집단 면역('무리 면역'이라고도 한다)의 정의도 수정했다. 아마도 백신 접종 의무화 캠페인을 위한 사전 정지 작업이었을 가능성이 크다. 하지만 정의를 변경함으로써 그들은 면역학의 기초마저 무너뜨렸다. 미국경제연구소(AIER)는 이렇게 지적했다.

WHO는 알려지지 않은 이유로 면역학의 핵심 개념인 집단 면역의 정의를 갑자기 수정했다. (……) 집단 면역은 경험적인 관찰로 보았을 때 호흡기 감염 바이러스가 사스처럼 아주 심각하지만 단기간에 사라지는 것과 달리 일반 감기처럼 널리 퍼져 있고 오래 지속되지만 대부분 증상이 경미한 경우를 가리킨다.

그 이유는 이렇다. 바이러스가 숙주를 사망에 이르게 하면 그 바이러스는 다른 숙주에 전파되지 않는다. 그런 현상이 많이 발생할수록 자연적으로 감염은 더욱 줄어든다. (……) 충분한 수의 사람에게 그런 현상이 일어나면 바이러스는 팬데믹의 성격을 잃고 엔데믹(풍토병)이 된다. 예측과 관리가 가능해진다는 뜻이다.

이 같은 개념이 바이러스학과 면역학의 기본이다. 지난 80년 동안 고등학교 생물 시간에 교사들은 그렇게 가르쳤다. (……) 세포생물학에서 이처럼 매력적인 역학을 발견한 덕분에 20세기 동안 공중 보건이 그토록 스마트해졌다고 볼 수 있다. 우리는 침착하게 대처하며 의사와 환자의 관계에서 의료 전문가들과 함께 바이러스를 관리해왔다. (……)

그런데 어느 날 WHO라는 희한한 기관이 갑자기 그 같은 세포생
물학의 기본 사항을 삭제하기로 결정했다. 마치 옛 소련식으로 과
학을 변경해버린 것이다. WHO는 인터넷 홈페이지에서 자연면역
에 대한 언급을 모조리 삭제했다. 백신의 구조와 작용을 호도하는
추가 조치를 취한 것이다.[8]

2020년 6월 9일까지만 해도 WHO의 홈페이지는 집단 면역을
"특정 감염병에 대해 인구 집단이 백신을 접종함으로써 면역을
갖게 되거나 이전 감염을 통해 자연적으로 면역이 생겼을 때 일어
나는 간접적인 보호"라고 정의했다.

그러다가 2020년 11월 중순 WHO는 홈페이지를 업데이트하
면서 사람에게 자연적으로 질병으로부터 보호해주는 면역 체계
가 있다는 개념을 삭제하고 집단 면역을 다시 정의했다.

"집단 면역은 백신 접종에 사용되는 개념으로, 특정 바이러스에
대한 백신 접종이 임계치에 이르렀을 때 인구 집단이 그 바이러스
로부터 보호받을 수 있다는 의미다."

더구나 그들은 "집단 면역은 사람들을 바이러스에 노출시키는
것이 아니라 바이러스로부터 보호함으로써 형성된다"고 주장했
다. 기본을 완전히 뒤집는 개념이다. 그와 관련해 AIER는 이렇게
반박했다.

WHO의 정의 수정은 100년에 걸친 바이러스학, 면역학, 전염병학 분야의 발전을 무시할 뿐 아니라 백지화하는 조치다. 비과학적인 처사로 인해 코로나19 팬데믹의 시초 이래 WHO가 해오고 있다고 음모론자들이 말하는 바로 그대로 백신 업계의 앞잡이 노릇을 하는 것이다.

더 희한한 것은 백신이 사람들을 바이러스에 노출시키는 것이 아니라 바이러스로부터 보호한다는 주장이다. 원래 백신은 사람을 바이러스에 노출시켜 면역 체계를 자극함으로써 작동한다. 이 원리는 수 세기 전부터 알려진 사실이다. 의학이 사람의 면역 체계를 완전히 대체할 수 있는 방법은 없다. 예방 접종으로 면역 체계를 조작할 수 있을 뿐이다.[9]

현대 의학이 불러온 죽음

캐럴린 딘 박사는 《현대 의학에 의한 죽음(*Death by Modern Medicine*)》에서 지난 100년 동안 약을 사용한 질병 치료가 어떻게 '의료' 행위를 지배했는지 보여주었다.[10] 그는 그 결과 매년 대다수 사람이 알고 있는 것보다 더 많은 사람을 죽음으로 내모는 '질병 산업'이 뿌리를 내렸다고 진단했다.

바버라 스타필드 박사는 2000년에 발표한 논문에서 매년 미국인 22만 5,000명이 '의원성(醫原性)' 원인으로 사망한다는 사실을 보여주었다. 의사의 행위나 처치 방식 또는 치료법이 그들의 죽음을 불렀다는 뜻이다.[11] 아이로니컬하게도 스타필드 박사 자신도 약 10년 뒤 의료 과실(부적절하게 처방된 항혈소판제가 치명적인 부작용을 일으켰다)로 사망했다.

더 놀라운 것은 그 뒤로도 상황이 전혀 달라지지 않았다는 사실이다. 2016년 《영국 의학 저널(BMJ)》에 게재된 논문은 매년 의료 과실 때문에 사망하는 미국인이 25만 명에 이르는 것으로 추산했다.[12] 스타필드 박사의 추정치에서 연간 약 2만 5,000명 늘어난 수치다. 하지만 그 수치도 지나치게 줄여 잡은 것이다. 자택이나 요양원에서 발생한 사망 건수는 포함시키지도 않았다.

게다가 오진, 누락, 의료 지침 위반 등과 관련된 사망 건수까지 포함하면 의원성 사망 건수는 연간 44만 건으로 치솟는다. 예방 가능하지만 어이없는 과실로 사망하는 사람이 그만큼 많다는 뜻이다. 이 모든 사실은 의료 과실 문제가 얼마나 심각한지를 잘 말해준다. 하지만 그조차 코로나19 팬데믹 동안 발생한 잘못된 치료는 포함시키지도 않았다.

공중 보건을 위협하는 이해 충돌

의학 부문 연구에서 신뢰성과 유효성을 위협하는 중대한 요인이 이해 충돌이다. 과학 관련 사기 행각과 그 피해를 측정하는 조사 결과에 따르면, 이해 충돌 문제는 널리 퍼져 있고 너무 심각해서 '과학에 기반한' 대부분의 의학 연구를 완전히 엉터리로 만들

정도다.

특히 업계의 이익에 초점을 맞추고 그들의 편견으로 오염된 연구가 수두룩하다. 예를 들어 미국음료협회(ABA)가 후원한 2014년도 연구는 다이어트 청량음료를 마시면 그 음료를 마시지 않을 때보다 더 많은 체중 감량 효과를 얻을 수 있다고 주장했다. 인공감미료가 대사를 교란하여 설탕을 사용한 음료보다 체중 증가 부작용이 더 크다는 것을 보여주는 수많은 연구 결과와 상반되는 주장이었다.[13]

불행하게도 이해 충돌은 명망 높은 공중 보건 기관들을 포함해 모든 곳에서 나타난다. 미국 질병통제예방센터(CDC)는 특별 이익 단체의 후원을 받지 않는다고 주장함으로써 독립적인 기관이라는 인식을 대중에 심어주려고 노력했다.[14] 그러나 자세히 들여다보면 정부 인가 재단인 CDC 재단이 업계로부터 거액의 기부금을 받아 일부 비용을 제한 뒤 나머지를 CDC로 넘긴다.[15] 결국 CDC도 거대 제약사들의 영향력에서 자유롭지 못하다.

미국 알 권리(USRTK), 퍼블릭 시티즌, 국제지식생태, 자유연합, 정부감시프로젝트(POGO) 등의 시민 감시 단체들은 CDC에 '업계의 후원을 받지 않는다'는 거짓 주장의 철회를 촉구하는 청원을 냈다.[16]

청원서에 따르면, CDC는 제약사와 민간 제조업체들로부터 2014~2018년에만 7960만 달러를 지원받았다. 이는 도저히 용납할 수 없는 일이다. CDC는 업계의 앞잡이가 아니라 공중 보건 감시 기구로 설립되었다. 또 CDC가 의학·의료계에서 행사하는 절대적인 영향력 중 일부는 업계의 편견과 이해 충돌로부터 자유롭다는 개념에서 비롯된다.

제약업계는 자신들의 선의와 신뢰성을 의심하는 것이야말로 '과학에 대한 반기'라고 주장하지만 업계의 부정행위를 보여주는 증거는 차고 넘친다.

제약업계의 이익을 견인하는 주요 상품은 백신이다.[17] 백신 제조사 중 하나인 머크는 2019년 첫 3분기 동안에만 어린이 백신 판매로 61억 달러 이상의 매출을 올렸다.[18]

2020년 1월 발표된 보고서에 따르면, 전 세계의 백신 시장 규모는 2019년 기준으로 417억 달러였고, 2024년이 되면 584억 달러에 이를 것으로 추정된다.[19] 이 같은 급속한 성장을 떠받치는 요인 중 하나가 '백신 접종의 중요성에 대한 강조'다. 제약업계가 그 같은 강조를 부추기지 않았다고 누가 말할 수 있을까?

문화 전쟁과 함께 업계와 정부 규제 기관 사이의 결탁이 난무하면서 우리에게 무엇보다 중요한 건강 문제에 관한 진실이 짓눌리고 있다. 이런 억압이 계속되면 우리 선조들이 피 흘리며 쟁취한 개인적인 기본권도 점차 사라질 것이다.

렘데시비르 - 코로나19 치료제 사기 사건

제약사들은 흔히 공공의 이익을 위해 일하는 존재로 묘사된다. 사람들의 건강을 지키기 위해 신약과 백신 개발에 수십억 달러를 쏟아붓기를 주저하지 않는 모범적인 업체라는 주장이다. 그러나 사실 그들은 연구보다 마케팅에 더 많이 투자한다. 《뉴욕 타임스》의 칼럼에 따르면, 바이오테크 대기업 길리어드 사이언스는 항바이러스제 렘데시비르를 2020년 1월부터 동정적 사용 프로그램(적절한 치료제가 없어 치료를 포기해야 할 상황에 이를 경우 시판 승인 전의 신약을 무상으로 공급함으로써 치료 기회를 주는 제도)으로 배포하기 시작했다.[20]

위기에 빠진 환자들에게 제약사가 의약품을 제공한다는 사실은 고매하고 이타적인 행동으로 비쳤다. 《뉴욕 타임스》 칼럼도 이렇게 치켜세웠다. "상황의 엄중함을 고려하면 길리어드 사이언스의 성공을 응원하지 않는 것은 심술로밖에 볼 수 없다. (……) 팬데믹의 위기 와중에 거대 제약사라고 해서 무조건 증오해서는 안 된다."[21] 하지만 현실은 그런 인식과 정반대다. 제약업계는 국민의 세금에서 나온 보조금을 받아 약을 개발한 뒤 엄청나게 부풀린 가격으로 국민에게 되판다.

제약사가 동정적인 목적으로 환자를 치료할 수 있도록 약을 '기부'하는 것은 대수로운 일이 아니다. 약 제조에 드는 비용이 아주 적기 때문이다. 그들은 《뉴욕 타임스》 같은 유력지의 긍정적인 보도로 후광을 입고 나면 일반 시판 때 의사들에게 그 비싼 약을 처방하도록 설득하기가 쉽다. 하지만 그 약은 임상적인 혜택이나 중증 환자의 사망 위험을 낮추는 효능이 입증되지도 않았다. 따라서 렘데시비르의 경우 거대 제약사들이 소비자보다 자사의 이익을 먼저 챙긴다는 것을 명확히 보여주는 대표적인 사례다.

길리어드 사이언스는 2020년 6월 29일 드디어 렘데시비르의 시판 가격을 발표했다. 1회 투여 용량 한 병에 520달러였다. 권고되는 5일간 치료 과정(첫째 날은 두 병을 투여해야 한다)으로 계산하면 3,120달러가 든다. 렘데시비르는 의문의 여지가 있는 효능만 보였을 뿐인데도 길리어드 사이언스의 회장 겸 CEO인 대니얼 오데이는 그 가격이면 회사의 이익과 공중 보건 사이에 균형을 맞출 수 있을 것으로 믿는다고 말했다.[22]

임상경제검토연구소(ICER)는 2020년 5월 1일 렘데시비르의 생산과 포장에 드는 비용을 객관적으로 계산한 뒤 거기에 소정의 이익을 붙여 전체 원가를 산출했다. 그 결과 원가는 한 병당 약 10달러였다.[23] 그에 비해 터무니없이 높은 실제 가격인 520달러는 부분적으로 환자의 입원 기간을 4일 줄일 수 있다는 가정 아래 근거한 것으로 알려졌다. 그러나 플로리다주 소재 올랜도 헬스 병원의 조지 롤스 박사를 비롯한 일부 의사들은 렘데시비르가 오히려 환자의 입원 기간을 연장시킨다고 지적했다. 롤스 박사는 ABC 뉴스와 가진 인터뷰에서 이렇게 말했다.

"렘데시비르 치료를 시작하면 5일 동안 약을 투여해야 하므로 환자의 입원 기간이 일반적인 경우보다 길어진다. 우리 병원의 입원 환자 수가 약간 늘었는데 렘데시비르 투여 때문인 듯하다."[24]

렘데시비르의 효능을 입증할 임상 증거가 없다

길리어드 사이언스는 렘데시비르를 계속 유통하고 있지만 과학적 증거는 그 효능을 뒷받침하지 않는다. 《뉴잉글랜드 의학 저널(NEJM)》에 실린 한 연구가 주목할 만하다.[25] 연구가 진행되는 동안 연구원들은 1차적인 연구 지표를 하나씩 계속 2차 지표로 옮겼다. 그 결과 연구가 끝난 시점에서는 회복에 걸리는 기간이 유일한 1차 지표였다.[26]

그 연구는 설계와 데이터에 중대한 문제가 있었지만 논문이 발표되자 세계의 관심이 집중되면서 미국을 비롯한 여러 나라에서 렘데시비르를 도입하려는 조치가 즉시 취해졌다. 미국 식품의약국(FDA)은 2020년 5월 1일 렘데시비르에 대한 긴급 사용 승인을 발표했다. 그와 함께 렘데시비르의 동정적 사용이 본격적으로 시행되었다.[27]

그러나 렘데시비르의 무작위, 이중 맹검, 위약 대조 연구는 그약의 효능이 없다는 결과를 보여주었다. 10개 병원에서 환자 237명이 이 연구에 신청했는데, 그들은 각각 무작위로 치료군 또는 대조군에 배치되었다. 하지만 렘데시비르는 통계적으로 유의미한 임상적 효능을 보여주지 않았으며, 오히려 유해한 부작용이 있는 것으로 추정되면서 연구는 조기에 중단되었다.[28]

《국제 감염병 저널(IJID)》에 발표된 다른 연구는 프랑스에서 렘데시비르를 가장 먼저 투여받은 환자 가운데 5명의 상태를 관찰했다.[29] 모두 SARS-CoV-2 감염과 관련된 중증 폐렴으로 입원한 환자들이었다. 그중 4명이 심각한 부작용을 겪은 것으로 확인되었다.

《랜싯》2020년 5월 16~22일자에 발표된 무작위 대조 연구 결과에서도 렘데시비르 치료의 임상적 효능은 나타나지 않았다.[30] 특히 중요한 것은 렘데시비르 치료군에서 부작용 때문에 치료를 중단한 환자가 대조군의 두 배 이상이라는 사실이었다(위약을 투여받은 환자들 중 치료를 중단한 비율이 5%였던 반면, 렘데시비르를 투여받은 환자들 중 치료를 중단한 비율은 12%였다).

이 책을 쓰는 시점에서 보면 코로나19 환자의 렘데시비르 치료가 시작된 지 1년이 넘었지만 그 약의 효능을 입증할 데이터는 나오지 않았다. 그럼에도 렘데시비르는 그때까지 FDA가 승인한 유일한 코로나19 치료제였다.[31]

급성 코로나19 치료법

짐작했겠지만 나는 렘데시비르가 코로나19의 해결책이라고 믿지 않는다. 다행스럽게도 현재 렘데시비르 말고도 효능 있는 치료제와 치료법이 여럿 있다. 가장 유망한 것부터 시작하여 하나씩 살펴보겠다.

과산화수소 분무 – 급성 코로나19에 가장 효과적인 치료법

1990년대 초반, 찰스 파 박사가 개발한 과산화수소 분무는 급성 코로나19 증상을 보이는 환자에게 가장 효과적인 치료법이라고 해도 과언이 아니다. 모든 급성 바이러스성 질병에서 내가 선호하는 치료법이다. 나는 과산화수소 분무 치료법이 코로나19 사망자를 크게 줄일 수 있다고 믿어 의심치 않는다.

웹사이트 Mercola.com에 들어가 '과산화수소 분무'를 검색하면 이 치료법의 원리와 사용법을 자세히 알 수 있다. 사용법을 안내하는 동영상은 유튜브에서 삭제되었지만 Bitchute.com에 올라 있다.

과산화수소는 바이러스의 위협을 막아내도록 면역 체계를 자극하는 강력한 신호 기능을 형성한다. 면역 세포는 과산화수소를 생성하여 바이러스에 감염된 세포를 사멸시키기도 한다.

과산화수소 분무는 면역 세포의 자연적 기능을 더욱 효과적으로 증진하는 것으로 보인다.

이 치료법은 효능이 뛰어날 뿐 아니라 저렴하고, 또 권장되는 저용량(약국에서 주로 시판되는 3% 과산화수소수의 농도를 30배로 낮춘 0.1%)을 사용하면 부작용도 없다.

분무기를 구입해두었다가 증상이 나타나면 곧바로 사용하는 것이 무엇보다 중요하다. 이때 비타민 C도 함께 복용하면 효과가 크다.

분무기는 기본적으로 두 종류가 쓰이고 있다. AA 배터리를 사용하는 소형 휴대용 분무기와 전원을 연결해 사용하는 분무기다. 당연히 전원을 연결하는 분무기가 훨씬 효율적이다. 내가 선호하는 모델은 PARI Trek S 분무기다. 과거에는 아마존에서 개인적으로 구입할 수 있었지만 지금은 사업자 계정이 필요하다. justnebulizers.com에서 주문할 수 있다. 이 분무기는 의사의 지시가 있어야 하지만 주문할 때 머콜라 박사의 추천이라고 말하면 된다. 참고로 말하는데, 나는 그 분무기 판매와 관련해 한 푼의 수수료도 받지 않는다.

보통 과산화수소수를 30~50배(〈그림 7-1〉 참조)로 희석해서 사용하기 때문에 안정제가 들어 있어도 별문제 없지만 안전을 위해 식품 등급으로 시판되는 과산화수소수를 사용하는 게 좋다. 또 중요한 점은 희석할 때 일반 물을 사용하지 않는 것이다. 물속에 전해질이 없으면 분무했을 때 폐를 손상할 수 있다. 그런 위험을 아예 제거하려면 식염수를 사용하거나 물에 소량의 소금을 넣어 사용하라.

1파인트(0.47L)의 물에 티스푼 하나 분량의 소금을 넣으면 된다. 그렇게 만든 생리 식염수는 분무로 흡입했을 때 폐에 해를 주지 않는다. 음식에 사용하는 일반 소금도 무방하지만 히말라야 솔트나 셀틱 솔트, 레드먼드 솔트 등 건강에 이로운 소금을 사용하는 것이 좋다.

최초 과산화수소수 농도	과산화수소	+	물(정수된 물)	=	최종 과산화수소수 농도
3%	¼티스푼	+	7¼티스푼	=	0.1%
12%	¼티스푼	+	5온스(0.148L)	=	0.1%
36%	¼티스푼	+	15온스(0.44L)	=	0.1%

그림 7-1 과산화수소 희석 방법

MATH+와 I-MASK+ 프로토콜

의료인 단체 프런트 라인 코로나19 크리티컬 케어(FLCCC)가 개발한 MATH+ 프로토콜은 가장 효과적인 코로나19 중증 치료법 중 하나다. 최초의 MATH+ 프로토콜은 2020년 4월 발표되었다.[32] 이후 수차례의 업데이트를 통해 케르세틴 등 여러 영양소(건강기능식품)와 약을 추가했다. MATH+는 중증 환자의 입원 치료에 사용할 수 있는 프로토콜이다.

예방이나 초기 경증 환자의 외래 치료를 위한 I-MASK+ 프로토콜도 있다. I-MASK+는 이버멕틴을 기반으로 한다.[33] 흔히 구충제로 사용되어온 이버멕틴은 시험관 연구에서 SARS-CoV-2 바이러스의 복제를 억제하는 효과를 보여주었다.

한편 MATH+ 프로토콜은 폴 매릭 박사의 비타민 C 기반 패혈증 치료법을 발전시킨 것이다. 그를 포함한 많은 의사들이 패혈증과 코로나19 중증 사이에 유사성이 많다는 사실을 발견했다. 그중 대표적인 것이 억제 불가능한 염증 연쇄 반응이다.

관련 정보가 늘어나면서 이 치료법은 계속해서 조금씩 수정되고 있다. 따라서 FLCCC 홈페이지(covid19criticalcare.com)에 들어가 최신 업데이트를 확인하기 바란다. 이 책이 출간된 시점에서 코로나19 예방을 위한 I-MASK+ 프로토콜은 다음의 약과 건강기능식품으로 구성되어 있었다.[34]

- 이버멕틴   · 비타민 C   · 아연
- 비타민 D_3 · 케르세틴   · 멜라토닌

초기 경증 환자의 외래 치료법은 용량을 제외하고는 모두 똑같고, 거기에 아스피린과 산소 포화도 관찰이 추가된다.

코로나19 중증 입원 환자를 위한 MATH+ 프로토콜은 이 책의 출간 시점 당시 다음과 같이 구성되어 있었다.[35]

- 메틸프레드니솔론(스테로이드제)
- 비타민 D   · 아토르바스타틴

- 비타민 C 정맥 주사
- 티아민
- 헤파린(항응고제)
- 이버멕틴
- 멜라토닌
- 아연
- 파모티딘
- 치료적 혈장 교환

이런 약과 건강기능식품 외에 MATH+ 프로토콜은 인공호흡기 사용을 피하기 위해 고유량(高流量) 비강 산소 공급이 필요하다. 인공호흡기는 환자의 상태를 악화시키는 경향이 있는데, 폐 손상을 초래할 수 있고, 일부 병원에서 98%에 육박하는 치명률과 관련 있는 것으로 나타났다.[36]

코로나19 중증 환자의 경우 폐의 미세 혈관에서 혈액이 응고되는 합병증이 흔하므로 항응고제 헤파린이 MATH+ 프로토콜에서 중요하지만 제6장에서 다룬 N-아세틸시스테인(NAC)이 그보다 더 나은 선택일 수 있다. 효과는 서로 비슷하지만 안전성은 NAC가 더 낫기 때문이다.

또 스테로이드제를 두려워하는 사람이 많은데, 스테로이드제는 코로나19 치료의 핵심 요소 중 하나다. FLCCC의 연구팀이 공동 집필한 보고서는 이렇게 지적했다.

FLCCC는 코로나19가 스테로이드 반응성 질병이라는 우리 팀의 통찰을 바탕으로 MATH+ 프로토콜을 개발했다. 국내외의 주요 의료 단체들은 많은 의료 문헌과 연구 결과를 잘못 해석하고 스테로 이드제 사용을 거부했다. 그러나 의료 문헌과 연구 결과를 심층 분석하면 이전 팬데믹에서 스테로이드제의 사용이 효과가 있었다는 사실을 알 수 있다. (……)

이처럼 안전하고 강력한 항염증 스테로이드제를 처방했더라면 많은 코로나19 중증 환자들과 심한 염증에 시달리던 환자들이 사망하지 않았을지 모른다.[37]

이버멕틴

MATH+와 I-MASK+ 프로토콜 둘 다에 이버멕틴이 포함된 것은 일리가 있다. 일차적인 증거가 시사하는 바에 따르면, 이버멕틴이 SARS-CoV-2 바이러스 감염의 모든 단계에서 유용할 수 있다. 그러나 이버멕틴의 진짜 강점은 감염 예방 효과에 있다.

2020년 12월 8일 FLCCC의 대표 피에르 코리 박사는 미국 상원 국토안보-정부업무위원회의 증언대에 섰다. 위스콘신주 밀워키 소재 오로라 세인트루크 메디컬 센터의 의학 교수를 지낸 코리 박사는 그 자리에서 코로나19 환자 치료에서 이버멕틴의 효과를 뒷받침하는 증거를 설명했다.

FLCCC 홈페이지에 그와 관련한 내용이 나와 있다.

데이터에 따르면, 이버멕틴은 코로나19를 예방할 수 있으며, 초기 증상을 보이는 환자가 과잉 염증 단계로 진입하는 것을 막고, 심지어 중증 환자의 회복을 촉진할 수 있다.

코리 박사는 이버멕틴이 코로나19에 대한 '기적의 약'이라고 증언하며, 국립보건원(NIH)과 질병통제예방센터(CDC), 식품의약국(FDA) 등 공중 보건 당국이 최신 데이터를 서둘러 검토한 뒤 의료진이 코로나19 환자에게 이버멕틴을 처방할 수 있도록 지침을 내려야 한다고 촉구했다. (……)

동료 심사를 받은 무작위 대조 시험을 포함해 많은 임상 연구 결과는 코로나19의 예방과 초기 치료 그리고 후반기 치료에서 이버멕틴의 혜택이 많다는 사실을 보여주었다. 종합하면 세계 각지에서 발표된 수십 건의 임상 시험 결과는 이버멕틴의 임상적 효과를 신뢰성 있게 평가할 정도로 긍정적이다.

환자 2,100여 명을 대상으로 한 무작위 대조 시험 18건의 데이터는 이버멕틴이 바이러스를 더욱 빠르게 제거하고, 입원 시간을 더욱 단축하며, 환자의 회복을 더욱 앞당기고, 치명률을 75% 정도 감소시킨다는 것을 보여준다.[38]

치명률을 75%나 감소시킨 것도 대단하지만 WHO가 후원한 한 연구는 이버멕틴이 코로나19 치명률을 최대 83%까지 줄일 수 있음을 시사한다.[39] 말라리아 치료제로 사용되는 하이드록시클로로퀸처럼 이버멕틴도 안전성이 뛰어날 뿐 아니라 '검증된 강력한 항바이러스, 항염증 속성'을 갖고 있다.[40] 1981년 이래 계속 시판되고 있으며, 현재 WHO의 필수 의약품 목록에 올라 있다.

이버멕틴은 가격도 저렴하다. 인도와 방글라데시 같은 일부 국가에서는 코로나19 치료에 필요한 이버멕틴 약값이 2달러도 되지 않는다.[41] 미국 FDA는 아직 이버멕틴을 SARS-CoV-2 예방약과 치료제로 승인하지 않았다.[42] 그러나 여러 연구 결과를 종합하면 이버멕틴의 효과는 다음과 같다.[43]

- SARS-CoV-2와 계절 인플루엔자 바이러스를 포함해 여러 바이러스의 복제를 억제한다. 나는 〈코로나19: 구충제가 치료의 서광을 비춘다〉라는 글에서 이버멕틴을 단 한 차례 투여했는데 48시간 안에 SARS-CoV-2 바이러스의 99.8%를 제거한 시험 결과를 소개했다.
- 여러 경로를 통해 염증을 억제한다.
- 체내에서 복제되는 바이러스의 양을 줄인다.
- 장기 손상을 막는다.
- SARS-CoV-2에 노출되기 전후에 복용하면 바이러스 전파를 막고, 코로나19 환자의 회복을 촉진하며, 입원과 사망 위험을 낮춘다.

2020년 1월 6일 FLCCC 회원들은 NIH 코로나19 치료 지침

패널에 이버멕틴이 치료제로 유망하다는 증거를 제출했다.[44] 일주일 뒤 NIH는 이버멕틴 사용에 관한 입장을 수정하고 앞으로 권장도 반대도 하지 않겠다고 밝혔다.[45] FLCCC는 이렇게 평가했다.

"NIH가 이버멕틴 사용에 더 이상 반대하지 않는다면 의사들은 새로운 코로나19 치료제로서 이버멕틴을 처방하는 데 부담을 느끼지 않을 것이다. 이로써 FDA의 긴급 사용 승인을 얻을 수 있는 길이 열렸다."[46]

하이드록시클로로퀸: 게임 체인저인가, 치명적인 치료제인가?

보건 당국이 코로나19 팬데믹을 선언하고 상황을 악화시키는 데 속임수 과학을 사용했다는 사실은 코로나19 치료제로서 하이드록시클로로퀸을 초기에 묵살한 행태에서 확연히 드러났다. 코로나19 팬데믹의 최전선에서 일하는 많은 의사들이 처음부터 하이드록시클로로퀸의 효능을 격찬했지만 이 약은 이내 효과가 없고, 검증되지 않았으며, 치명적으로 위험하다는 낙인이 찍혔다.

스페인에서는 의사들의 72%가 코로나19 환자에게 하이드록시클로로퀸을 처방했고, 그중 75%가 "가장 효과적인 치료제"라고 평가했다. 대다수 의사들이 처방한 복용량은 하루 400mg이었다.

프랑스의 유명한 미생물학자이자 감염병 전문가인 디디에 라울 박사는 환자들에게 확진 즉시 하이드록시클로로퀸과 아지트로마이신을 함께 복용하게 한 결과, 그중 91.7%가 회복했고 '바이러스 완치'(비강 채취 검체에서 SARS-CoV-2 바이러스가 발견되지 않았다는 뜻) 판정을 받았다고 밝혔다.[47, 48]

라울 박사는 하이드록시클로로퀸과 아지트로마이신을 동시에 투여하면 "대다수 환자의 증상 악화를 막고, 바이러스의 지속성과 전염성을 제거할 수 있다"고 말했다. 그는 코로나19 환자들에게 하이드록시클로로퀸을 200mg씩 하루 세 차례 10일 동안 투여하면서 아지트로마이신을 첫째 날은 500mg, 그다음 4일 동안은 하루 250mg씩 투여했다. 투여 과정에서 심장 독성(약물이 과할 때 심장에 나타나는 이상)은 나타나지 않았다. 여러 차례의 심전도 검사를 통해 환자를 신중하게 선별함으로써 심장 독성의 위험을 낮춘 결과였다.

메릴 내스 박사에 따르면, 하이드록시클로로퀸 사용을 두고 견해가 서로 엇갈리는 것은 실제 그 약의 안전성과 효능과 관련 있는 게 아니라 오히려 그 약의 사용을 막으려는 일사불란한 노력 때문에 생긴 것으로 보인다. 제약업계와 비호 세력들이 하이드록시클로로퀸 같은 저렴한 복제약이 코로나19 치료에 효과가 있다고 알려지기를 원치 않는 것은 당연하다. 참고로 하이드록시클로로퀸 14일분의 제조 원가는 약 2달러, 시판 가격은 20달러 50센트 정도다.[49, 50]

하이드록시클로로퀸이 코로나19 치료제로 널리 사용되면 백신이나 개발 중인 다른 항바이러스제가 필요하지 않을 수 있다는 것이 이 약을 반대하는 가장 명확한 이유 중 하나일 것이다.[51] 백신과 다른 치료제 개발에 수억 달러를 투자한 상황에서 제약사들은 그 10배, 아니 100배의 수익을 기대하고 있다.

미국에서는 많은 의사가 하이드록시클로로퀸에 대한 허위 선전에 맞서고 있다. 가정의학과 전문의 블라디미르 젤렌코 박사도 그중 한 명이다. 젤렌코 박사가 공동 집필한 논문에 따르면, 코로나19 환자를 '확진 직후'에 아연, 저용량 하이드록시클로로퀸, 아지트로마이신으로 치료했을 때 "입원율을 크게 낮추고, 모든 원인에 의한 사망을 5배나 줄일 수 있는 것"으로 나타났다.[52]

젤렌코 박사는 자신들이 사용한 치료법에서 바이러스를 제거한 성분은 아연이라고 밝혔다. 하이드록시클로로퀸은 단지 아연 운반체로 작용함으로써 아연이 세포 내부로 들어갈 수 있도록 해준다. 또 함께 사용한 항생제 아지트로마이신은 2차 감염을 막아준다.

의사 단체인 아메리카 프런트라인 닥터스는 하이드록시클로로퀸이 코로나19 치료제로는 너무 위험하다는 허위 정보에 맞서기 위해 결성되었다. 그들은 하이드록시클로로퀸을 입원 환자들에게 처방할 수 있으며, 아연과 함께 사용하면 고위험군의 감염 예방에도 탁월한 효과가 있다고 강조했다(매일 아연을 섭취하면서 격주로 200mg짜리 하이드록시클로로퀸 태블릿 1정만 복용하면 된다). 그리고 나서 곧 아메리카 프런트라인 닥터스 회원들은 소셜 미디어에서 퇴출되었고, 그중 한 명은 병원에서 해고되었다. 젤렌코 박사는 볼티모어 연방 검사의 조사를 받았다.

하이드록시클로로퀸이 유용한 도구이긴 하지만 초기에 사용해야 효과가 있다. 감염 직후에 투여하는 것이 가장 좋다. 바이러스 복제를 억제함으로써 작용하는 약이기 때문이다. 또 하이드록시클로로퀸을 구하기 어렵다면 케르세틴이 효능과 가격 면에서 더 나은 대안일 수 있다. 두 약은 주된 작용 메커니즘이 동일하고, 케르세틴의 경우 항염증 효과까지 있다.

하이드록시클로로퀸과 케르세틴은 둘 다 아연 운반체다. 아연을 세포 내부로 실어 나른다. 젤렌코 박사가 설명했듯이, 이 치료법의 주된 효능은 아연에서 나온다는 점을 시사하는 유력한 증거가 있다. 아연이 바이러스 복제를 효과적으로 억제하기 때문이다. 문제는 아연이 자력으로는 세포 내부에 들어가기 어렵다는 것이다. 그래서 운반체가 필요하다.

예일 대학 공중보건대학원의 전염병학 교수 하비 A. 리시 박사도 하이드록시클로로퀸에 관한 메시지를 전하려고 애썼다. 그는 시사 주간지 《뉴스위크》 2020년 7월 23일자 칼럼에서 다음과 같은 견해를 제시했다.

나는 지금까지 동료 심사를 받은 논문을 300편 이상 발표했으며, 현재 이름 있는 여러 학술지의 편집위원회에서 주요 직책을 맡고 있다.

나는 의학계 주류 내부의 입장을 지지한다. 그러나 당혹스럽게도 팬데믹 위기의 와중인 지금 나는 의학계 주류가 반대하는 치료제를 지지하기 위해 투쟁할 수밖에 없다. 그 치료제는 연구 결과 효능이 있는 것으로 입증되었지만 과학의 올바른 이해와는 무관한 이유로 인해 뒷전으로 밀려났다. 그 때문에 코로나 환자 수만 명이 죽음을 맞고 있다. (……)

다름 아닌 하이드록시클로로퀸에 관한 이야기다. 믿을 만한 연구에서 코로나19 감염 직후 바이러스가 통제 불능 상태로 복제하기 전에 이 저렴한 약을 복용하면 효과가 큰 것으로 나타났다. 특히 항생제 아지트로마이신이나 독시사이클린 그리고 아연과 함께 복용할 때 효능이 아주 좋다.[53]

의학계 테크노크라시가 팬데믹을 가능케 했다

의학계 주류 세력이 그토록 하이드록시클로로퀸 사용을 막으려고 애쓴다는 사실은 코로나19 팬데믹이 궁극적으로 모종의 동기에서 비롯되었음을 시사하는 또 다른 증거일지 모른다. 그들이 진정으로 코로나19 팬데믹으로부터 최대한 많은 사람을 구하려 한다면 효과 있는 도구는 무엇이든 간에 동원하는 것이 당연하지 않을까? 수십 년 전에 개발되어 그동안 안전성이 검증된 약을 못

쓰는 약으로 몰아붙이고자 무리수를 두었다는 사실은 그들이 진정한 의학계 주류가 아니라 의학계 테크노크라시임을 시사한다. 의학 정보를 검열하고 조작하는 것이 의학계 테크노크라시 시스템에서 그들이 시도하는 사회공학의 중요한 부분이다.

미국 국립보건원(NIH)도 지난 2005년에는 클로로퀸이 사스 코로나바이러스의 감염과 확산에 대한 강력한 억제제이며, 치료는 물론 예방에도 효능이 있다는 것을 보여주는 연구 결과를 발표했다.[54] 1984년부터 NIH 산하 기관인 미국 국립 알레르기·전염병연구소(NIAID) 소장을 맡아온 앤서니 파우치 박사라면 그 연구 결과를 잘 알고 있을 것이다. 하지만 그는 클로로퀸 계열의 약이 효능이 없다거나 증거가 불충분하다거나 또는 제시된 증거가 일화적(逸話的)일 뿐이라고 여러 차례 공개적으로 주장했다.

클로로퀸 계열의 약은 코로나19 환자의 치료와 치명률 감소에 기여할뿐더러 최근에는 인플루엔자A(신종 플루)에 대한 억제 효과도 있는 것으로 나타났다. 하이드록시클로로퀸에 퇴짜를 놓는 또 다른 이유가 그 때문일지 모른다.[55] 저렴한 복제약으로 인플루엔자를 예방할 수 있다면 계절 독감(인플루엔자) 백신의 수요가 크게 줄어들기 때문이다.

다시 말해 하이드록시클로로퀸이 제약업계에 여러모로 중대한 위협을 제기한다는 뜻이다. 더구나 이 약은 테크노크라트들이 가진 지정학적 권력을 떠받치는 가장 강력한 장치 중 하나인 생물테러도 제거할 수 있다. 인공적으로 설계된 바이러스로부터 스스로를 어떻게 보호해야 하는지 우리가 알게 되면 두려움을 조장함으로써 우리를 고분고분하게 만들 수 있는 그들의 능력이 소용없어지기 때문이다.

그래서 그들은 엄격한 검열을 통해 하이드록시클로로퀸 연구의 긍정적인 결과가 널리 알려지는 것을 차단하고, 그 대신 순전히 엉터리 연구 결과가 전파되도록 한 뒤 언론을 통해 그 내용을 증폭시켜 대중을 공포에 떨게 만들었다. 예를 들어 한 논문에서 저자들은 엉터리 데이터를 사용했는데, 어디에서도 찾을 수 없는 조작된 데이터였다. 결국 그 논문은 철회되었지만 홍보 효과는 톡톡히 누렸다.

하이드록시클로로퀸의 위험을 강조한 또 다른 논문들에서는 독성이 생길 위험이 있는 고용량을 연구에 사용한 것으로 드러났다.

하이드록시클로로퀸이 코로나19에 효과가 있다고 보고한 의사들은 기준 용량인 하루 약 200mg을 며칠 또는 2주 정도 처방한다. 그러나 빌&멜린다 게이츠 재단이 후원한 리커버리 임상 시험(RECOVERY Trial)은 하이드록시클로로퀸을 첫 24시간 동안 2,400mg(권장되는 하루 용량의 3~6배), 그다음 9일 동안 12시간마다 400mg씩 사용했다. 전체 10일 동안 사용한 용량이 무려 9,600mg에 이른다.[56, 57]

WHO가 주도한 하이드록시클로로퀸 임상 시험 솔리대리티

(Solidarity Trial)에서도 첫날 2,000mg을 포함해 10일 동안 전체 8,800mg을 사용했다.[58] 두 시험 모두 지나친 용량을 사용했다. 투여량이 많다고 반드시 결과가 더 나은 것은 아니다. 과다하면 환자가 위험해질 수 있다. 이는 생명이 걸린 문제다.

보건 당국이 공격 표적으로 삼은 유력한 코로나19 치료제가 하이드록시클로로퀸만은 아니다. 앞서 언급했듯이 N-아세틸시스테인(NAC)이 코로나19에 효능이 있다는 연구 결과가 나오자마자 FDA는 갑자기 NAC가 건강기능식품의 정의에 맞지 않는다며 일부 시판 단속을 시작했다.

코로나19와 관련한 NAC 사용에 대해서는 FDA가 아직 조치를 취하지 않았다. 일차적으로는 숙취 해소용으로 NAC를 판매하는 업체만 단속하고 있다. 그러나 미국 건강기능식품 업계의 로비 단체인 '책임 있는 영양위원회(CRN)'는 FDA가 NAC의 단속 범위를 넓힐지 모른다는 우려를 드러냈다. 지금으로서는 FDA가 하이드록시클로로퀸 접근을 차단한 것과 같은 방식으로 NAC를 제재하지 않기만을 바랄 뿐이다.

스위스 프로토콜 - 케르세틴과 아연

하이드록시클로로퀸의 부작용이 우려되거나 아예 구할 수 없다면 케르세틴을 사용하면 된다. 어쩌면 케르세틴이 더 나을지 모른다. 케르세틴도 하이드록시클로로퀸처럼 아연 운반체이기 때문에 세포의 아연 흡수를 촉진하는 작동 메커니즘도 같다. 하이드록시클로로퀸과 아연을 함께 복용하는 대신 케르세틴과 아연을 함께 섭취하면 된다.

'스위스 프로토콜'의 핵심 요소가 바로 케르세틴과 아연이다.[59] 스위스 프로토콜은 발표된 논문, 사례 연구 그리고 '정확한 의사 증언'을 바탕으로 만들어졌다.

5~7일 복용이 권장되는 스위스 프로토콜 풀 버전에는 케르세틴과 아연 외에 항응고제, 항생제, 점액용해제 그리고 하이드록시클로로퀸(다시 말하지만 케르세틴과 작용 방식이 같다)이 포함된다.

케르세틴과 아연은 저녁 식사를 마치고 몇 시간 뒤 잠자리에 들기 직전에 복용하는 것이 가장 효과가 좋다. 케르세틴과 단식은 둘 다 노화되고 손상된 좀비 세포(염증 피해를 가속화한다)를 선택적으로 제거한다. 수면 중에는 사실상 여덟 시간 정도 단식을 하는 것과 같다. 그러므로 노화 방지 혜택을 극대화하기 위해서는 잠들기 전에 케르세틴을 복용하는 것이 최선이다.

제8장

코로나19 백신, 무엇이 문제인가

조지프 머콜라 박사

감염병은 늘 인류의 건강을 심각하게 위협해왔다. 역사적으로 우리의 조상들은 감염병을 극복하기 위해 건강한 면역 체계에 의존했다. 또 지난 150년 동안 영양과 위생 분야의 눈부신 발전 덕분에 감염의 피해는 크게 줄었다.

그러나 지난 60년 동안 제약업계는 자연면역보다 백신 접종이 감염병을 막을 수 있다는 생각을 사람들의 머릿속에 주입하는 캠페인을 강하게 밀어붙였다. 제7장에서 지적했듯이 이제는 바이러스가 일으키는 질병으로부터 우리를 보호하려면 반드시 백신이 필요하다는 점을 강조하려고 세계보건기구(WHO)까지 나서서 집단 면역의 정의까지 바꾸는 기이한 일을 벌이고 있다. 이는 우리 몸에서 면역 체계가 하는 중요한 역할을 무시하는 처사라 할 수 있다.

미국에서는 1986년 국가 어린이 백신 상해법(NCVIA)이 시행되면서 백신 접종의 의무화가 탄력을 받았다. 그 법으로 말미암아 백신에 의한 상해 사건에서 제약사가 부분적으로 면책을 보장받을 수 있게 되었기 때문이다. NCVIA는 연방 정부가 승인·권장하고 주 정부가 의무화한 어린이용 백신이 상해와 사망을 일으킬 수 있음을 공식적으로 인정한 법이었다. 이에 따라 연방 백신 상해 보상 프로그램이 마련되었다. 자녀가 백신 때문에 상해를 입었을 때 부모가 보상받기 위해 제약사나 의사를 상대로 제소하는 번거로움을 덜어주고자 고안된 프로그램이었다.

그 뒤 30여 년에 걸쳐 NCVIA는 의회에 의해, 그리고 규정 제정권을 가진 연방 기관에 의해 계속 수정되면서 백신에 대한 정보 고지, 기록, 보고, 조사에 관한 조항이 삭제되어 백신 부작용으로 피해를 본 사람들이 연방 정부의 보상을 받기가 매우 어려워졌다.

2011년 미국 대법원은 '브루즈위츠 대 와이어스' 사건 재판에서 백신의 피해에 대한 제조사의 책임을 완전히 면제해주는 판결을 내렸다(소니아 소토마요르 대법관과 루스 베이더 긴즈버그 대법관 두 사람만 반대 의견을 냈다). 그때부터 제조사는 피해를 최소화하도록 백신을 만들 수 있었지만 그런 노력을 기울이지 않았다는 증거가 나와도 백신에 의한 상해나 사망에 대해 아무런 책임을 지지 않게 되었다.

제약사들은 제조한 약의 부작용으로 인한 피해에 대해서는 거액의 벌금을 부과받게 되어 있다. 하지만 정부가 권장하고 지자체가 의무화한 백신의 경우에는 이처럼 면책을 보장받게 되었다. 따라서 그들에게는 백신이 중요한 수익원이다. 이제 코로나19 팬데믹으로 그들의 면책은 더욱 확대되어 공공 준비 및 비상사태 대비법(PREPA) 덕분에 백신 상해 배상에서 완전히 면제되었다.

최초의 코로나19 백신은 화이자-바이오엔테크와 모더나가 제조한 실험적인 mRNA 백신이었다. 미국 식품의약국(FDA)은 2020년 12월 긴급 사용 승인으로 그 백신들의 미국 국내 사용을 허용했고, 이후 영국과 캐나다에서도 사용되기 시작했다. 러시아에서는 '스푸트니크' 코로나19 백신이 나왔다. 이런 새로운 코로나바이러스 백신은 언론을 통해 널리 선전되었지만 아직 해결되지 않은 안전상의 문제를 안고 있다.

미완의 실험적인 백신을 수많은 사람에게 사용한다는 것은 무모함을 초월하는 행위다. 긴급 사용 승인에 필요한 단기간의 제한된 안전성 데이터만 있을 뿐 해당 백신이 발작이나 암, 심장병, 알레르기, 자가면역 질환 등의 부작용을 일으킬 수 있는지 판단할 만한 장기적인 안전성 연구가 전혀 없기 때문이다. 이 같은 부작용은 다른 백신들에서도 관찰되었으며, 또 이전의 코로나바이러스 백신에 대한 동물 시험에서도 사례가 보고된 바 있다.

그럼에도 코로나19 백신의 경우 동물 시험은 아예 하지도 않았다. 2020년 초 미국 정부가 백신을 서둘러 개발하기 위해 시행한 '초고속 작전(Operation Warp Speed)' 프로그램으로 시간이 걸리는 동물 시험 과정이 생략되었기 때문이다. 그 결과 터무니없게도 인간이 코로나19 백신의 일차적인 시험 대상이 되었다. 더구나 각종 기저 질환 때문에 백신에 의한 부작용과 영구 상해, 심지어 사망에 더욱 취약한 사람들도 예외가 아니다.

　연구자들은 2002년 중증 급성 호흡기 증후군(사스) 유행이 발생한 이래 줄곧 코로나바이러스 백신 개발에 매달려왔다. 하지만 어느 하나도 성공하지 못했고, 그중 다수는 심각하거나 치명적인 부작용을 보였다. 여기서 기억해야 할 또 다른 중요한 점은, mRNA 백신이 이전에는 사람에게 사용될 수 있도록 승인받은 적이 없다는 사실이다. 또 장기적인 임상 시험이 없기 때문에 코로나19 백신이 앞으로 우리 몸에 어떤 영향을 줄지 예상하는 데 필요한 데이터도 없다. 그보다 훨씬 오랜 기간 테스트를 한 다른 백신들이 여지없이 실패한 마당에 이처럼 실험적이고 긴급 사용 승인된 코로나바이러스 백신이 성공하리라 기대하는 것은 환상에 가깝다.

　코로나19 백신 접종이 시작되자 많은 사람이 '일상 회복'의 기대에 부풀어 안도감을 가졌다. 그러나 얼마 가지 못하고 심각한 부작용에 대한 보도가 나오면서 그들이 주장하듯 백신이 우리에게 주는 혜택이 잠재적인 위험보다 크다는 것을 과연 믿을 수 있을까 하는 회의론이 고개를 들기 시작했다. 임상 시험 데이터를 분석한 독립적인 연구자들도 이 백신들의 효능이 과장된 것 같다고 지적했다.

터무니없이 부풀려진 백신의 효능

2020년 11월 초 화이자는 자사가 개발한 백신의 임상 시험 데이터 분석 결과, 효능이 90% 이상으로 나타났다고 발표했다. 그러자 주식 시장이 반색했다. 곧이어 효능이 95%라는 발표가 나왔다.[1] 한편 모더나는 임상 시험 결과, 효능이 94.5%라면서 화이자와 비슷하게 백신 개발의 성공을 자랑했다.[2] 그러나 문제는 효능을 어떻게 정의하는지는 밝히지 않았다는 사실이다.

화이자와 모더나의 보도 자료와 발표된 임상 시험 결과를 보면 매우 중요한 정보가 빠져 있다는 사실을 알 수 있다. 다음이 그러한 예다.[3]

- 백신 임상 시험 대상자에 대한 코로나19 확진의 바탕이 된 PCR 검사에서 CT 값이 명시되지 않았다. CT 값은 확진(양성)의 정확도 평가에서 결정적인 역할을 한다.
- 환자의 입원이나 사망에 관한 정보가 없다.
- 백신이 SARS-CoV-2 바이러스의 무증상 감염과 전파를 막아주었는지에 관한 정보가 없다. 백신 효능이 중등도 이상의 코로나19 증상은 막아주지만 감염이나 전파는 막지 못한다면 그 백신으로 집단 면역을 형성하기는 불가능할 것이다.
- 중등도 이상의 코로나19 증상에 대한 보호 효과가 얼마나 오래 지속되는지 알 수 없다. 일부 연구자들은 빈번한 추가

접종이 필요할 것이라는 점을 시사했다. 이는 3~6개월마다 또는 매년 백신 접종을 받아야 할지 모른다는 뜻이다.

몇 명이 백신 접종을 받아야 한 명의 예방 효과가 나오나?

《영국 의학 저널(BMJ)》에 실린 논평에서 뉴욕의 소아과 의사 앨런 커닝엄 박사는 화이자가 발표한 코로나19 백신의 효능은 일반인이 이해할 수 있는 방식으로 정보를 전달하지 못했다고 지적하면서 한 명의 확진을 막기 위해 화이자 백신을 접종받아야 할 사람의 수를 추정했다. 이 숫자가 훨씬 더 명확한 그림을 보여준다.

구체적인 수치는 제시되지 않았지만 다음과 같이 추정해볼 수 있다. 약 4만 명을 대상으로 실시한 임상 시험에서 확진된 사람은 94명으로 나와 있다. 진짜 백신을 접종받은 백신 그룹 2만 명 중 8명, 위약을 투여받은 대조 그룹 2만 명 중 86명이 확진되었다.

이를 기초로 하면 코로나19의 발병률은 백신 그룹의 경우 0.0004, 대조 그룹의 경우 0.0043이라는 계산이 나온다. 그렇다면 백신 접종의 상대위험도(RR, 0.0004÷0.0043)는 0.093이다. 따라서 '백신 효과'는 (1-0.093)×100 = 90.7%다. 대단해 보이지만 개인별 절대적인 위험 감소율은 (0.0043-0.0004)×100 = 0.39%, 즉 약 0.4%에 불과하다.

이때 한 명의 백신 예방 효과를 보기 위해 필요한 백신 접종 인원

(NNTV)은 1÷0.0039 = 256명이다. 단 한 명의 코로나19 확진을 막으려면 256명이 화이자 백신을 맞아야 한다는 얘기다. 그렇다면 예방 효과를 본 한 명을 제외한 나머지 255명은 아무런 혜택도 없이 백신 부작용에 노출된다.[6]

또한 미제스 연구소의 보고서에 실린 글에서 텍사스 공과대학 건강과학센터의 부교수 길버트 버딘 박사는 모더나 백신의 효능 발표에서도 이와 같은 통계적 오류가 있었다며 다음과 같이 설명했다.

모더나의 임상 시험은 3만 명을 대상으로 했다. 대조 그룹 1만 5,000명 중에서 PCR 양성은 95명(약 0.6%), 백신 접종을 받은 그룹 1만 5,000명 중에서 양성은 5명(0.6%의 약 20분의 1)이었다. 모더나의 발표에 언급된 코로나19 백신의 '효능' 수치는 승산비(교차비라고도 하며, 한 그룹에서 동일한 사례가 발생할 확률을 다른 그룹에서 발생할 확률과 비교한 값을 가리킨다)였다. (……)

사례의 발생 위험이 적을 경우 승산비로서는 절대적인 위험에 관해 잘못된 정보를 줄 수 있다. 효능의 좀 더 의미 있는 수치는 한 명의 입원이나 사망을 막는 데 필요한 백신 접종자 수다. 하지만 그 수는 그들의 발표에 나와 있지 않다.

모더나 임상 시험에서 1명의 확진을 막으려면 167명의 백신 접

종이 필요한 것으로 계산된다. 효능이 94.5%라고 말하는 것과는 큰 차이를 보여준다.[5]

공개되지 않은 또 다른 중요한 데이터는 이 백신들이 제공하는 절대 위험 감소 수치다. 제약업계는 절대 위험과 상대 위험을 얼버무려 의사들과 대중을 혼동시키는 데 솜씨가 뛰어나다. 그들은 스타틴 계열의 약에서 그런 술책으로 수백억 달러의 이익을 챙겼다. 2020년 11월 26일자 《BMJ》 논평에서 피터 도시 부편집장은 화이자가 자사의 코로나19 백신 효능이 95%라고 주장했지만 그것은 상대 위험 감소를 가리킨다고 지적했다. 그 백신의 절대 위험 감소는 1% 미만이다.[6]

그리고 후속 논평에서 도시 부편집장은 추가적인 우려를 표했다.[7] 그에 따르면, 화이자는 코로나19 증상을 보인 시험 대상자들이 실제로 PCR 검사에서 양성 판정을 받았는지 명확히 밝히지 않고 그들 중 대부분이 '코로나19 의심 환자'라고만 표현했다. 이것이 문제가 되는 것은, 그들이 주장한 효능 95%의 근거가 PCR 검사에서 확진된 환자만을 대상으로 삼았기 때문이다.

확진 환자보다 의심 환자가 20배나 많다는 것을 데이터가 보여주기 때문에 상대 위험 감소는 19% 정도일 수 있다고 도시 부편집장은 설명했다. 규제 당국의 승인에 필요한 상대 위험 감소 50%에 크게 못 미친다. 더구나 PCR 검사 결과, 위음성인 사람이 의심 환자였다면 백신의 효능은 더 낮아질 것이다.

또 다른 문제는 시험 대상자 중 371명이 "2차 접종 이전 7일 안에 중요한 프로토콜 위반이 있었다"는 이유로 효능 분석에서 제외되었다는 사실이다. 그중 311명은 실제 백신을 접종받은 그룹에 속했고, 위약 그룹 소속은 60명이었다.

효능 분석에서 제외된 대상자 중에서 실제 백신을 접종받은 그룹이 위약 그룹보다 5배나 많은 이유가 무엇이었을까? 또 제외된 이유로 제시된 '프로토콜 위반'은 정확히 무엇이었을까? 원하는 대로 효능이 '입증'되도록 통계를 조작하려는 술책일 가능성이 크다.

백신이 생명을 구하고 중증화를 줄이며
바이러스 전파까지 막을 수 있을까?

도시 부편집장에 따르면, 그런 임상 시험은 백신이 실제로 생명을 구할 수 있을지 우리에게 알려주기 위해 설계된 것이 아니다. 그렇다면 그에 따르는 위험을 감수할 만한 가치가 있을까? 그는 11월 26일자 논평에서 "백신이 '효과적'이라고 선언되었을 때 그 실질적인 의미는 무엇일까?"라고 자문했다. "대중에게는 그 뜻이 꽤 명확한 듯하다. 미국 공영 라디오 방송 NPR는 '코로나19 백신의 주된 목표는 사람들을 중증과 사망으로부터 보호하는 것'이라고 직설적으로 설명했다. (……) 그러나 이 임상 3상 시험은 이를 입증하려고 실시된 것이 아니었다. 이런 시험 중 입원이나 집중 치료, 사망 같은 심각한 상황이 줄어들 수 있는지 알아보기 위한 것은 없다."[8]

게다가 백신이 무증상 감염이나 바이러스 전파를 막아줄 수 있는지에 관한 정보도 전혀 없다. 백신의 그 같은 능력을 확인하려면 장기간에 걸쳐 일주일에 두 차례씩 PCR 검사를 해야 한다. 모더나의 최고의학책임자(CMO) 텔 잭스는 그런 시험은 "현실적으로 불가능하다"고 말했다.[9]

해결되지 않은 안전 문제들

코로나19 백신이 제조사들의 주장만큼 효과가 있는지도 문제지만 안전 문제도 간과할 수 없다. 임상 시험에서는 건강한 것으로 확인된 자원자 몇천 명만 백신에 노출되었기 때문에 백신이 얼마나 안전한지 정확히 알 수 없다. 그러므로 백신 접종이 시작되었을 때 줄을 서서 기다리며 주사를 맞은 일반 대중이 안전 문제의 실제 시험 대상자들이었던 셈이다.

코로나19 백신의 안전 문제는 한두 가지가 아니다. 제일 먼저 "RNA 백신이 DNA에 어떤 영향을 미칠 수 있는가?"라는 의문이 있다. 2020년 1월 29일 과학 전문 온라인 매체 'Phys.org'에 실린 기사는 RNA가 "DNA의 안정성에 직접적인 영향을 미친다"는 연구 결과를 소개했다.[10]

코로나19 백신이 유전자를 교란할 수 있을까? 있다면 어떤 유전자가 영향을 받을까? 우리 몸에 매우 중요한 문제다. 한 예로 실험 쥐와 사람을 대상으로 한 연구에서 화합물 6-메틸아데닌의 역할에 관여하는 유전자들이 제거되자 신경 변성이 나타났다.[11]

백신에 사용되는 지질 나노 입자와 관련된 안전 문제도 있다. 2017년 의학 전문 매체 '스탯 뉴스(Stat News)'는 황달, 근육 변성, 뇌 손상을 일으킬 수 있는 크리글러-나자르 증후군에 사용할 mRNA 기반 치료제 개발에서 모더나가 직면한 어려움을 다음과 같이 설명했다.

치료제 개발자들은 mRNA 분자를 우리 몸의 자연적 방어에서 보호하기 위해 막으로 싸야 한다. 따라서 모더나는 크리글러-나자르 증후군 치료 약물을 지질로 만들어진 나노 입자 속에 넣어야 했다. 하지만 나노 입자 때문에 개발자들은 큰 어려움에 부닥쳤다. 약물의 양이 너무 적으면 효소가 부족해 효과가 없고, 양이 너무 많으면 독성이 지나치기 때문이었다.

처음부터 모더나 개발자들은 단백질 생성을 촉진하기 위해 mRNA를 사용하는 것이 매우 힘든 일이라는 사실을 알고 있었다. 그래서 그들은 극소량의 추가 단백질로 치료할 수 있는 병이 어떤 것이 있는지 알아보기 위해 의학 문헌들을 샅샅이 뒤졌다. 모더나에서 일했던 한 소식통은 "그런 병은 거의 찾아볼 수 없었다"고 말했다.

크리글러-나자르 증후군이 그나마 성과를 내기에 가장 쉬웠다. 그럼에도 모더나는 치료제 개발에 성공하지 못했다. 안전한 용량은 너무 약해 효과가 없었고, 동물 연구에서 효과가 있을 정도의 용량을 투여하기 위해 여러 차례 주사했을 때는 심각한 간 손상이 나타났다.[12]

코로나19 백신에 사용되는 지질 나노 입자는 그보다 안전할까? 나중에 자세히 살펴보겠지만 코로나19 백신에서 가장 먼저 나타난 부작용은 아나필락시스 반응이었다. 이 과민성 반응이 나노 입자와 관련 있을 수 있다. mRNA는 신속히 분해되기 때문에 지질이나 폴리머로 감싸야 한다.

코로나19 백신은 폴리에틸렌글리콜(PEG)화된 지질 나노 입자를 사용하는데, PEG는 아나필락시스를 일으킬 수 있는 것으로 알려졌다.[13]

그 외 자가면역 장애 위험도 크다. 길버트 버딘 박사는 미제스 연구소 보고서에서 "동료들은 백신 접종 후 수개월이 지난 뒤에야 나타날 수 있는 잠재적 자가면역 관련 부작용을 우려한다"고 말했다. 지금까지 자가면역 장애가 있는 자원자가 코로나19 백신 임상 시험에 포함된 적이 없다. 따라서 면역 기능이 억제된 사람에 대한 코로나19 백신의 영향은 전혀 알려지지 않았다.

미국에서 자가면역 질환에 시달리는 사람은 1470만~2350만 명으로 추정된다.[14] 그들은 바로 그 기저 질환 때문에 처음부터 코로나19 합병증이나 사망의 고위험군에 속한다. 게다가 백신으로 인해 자가면역 문제가 악화한다면 그 결과가 어떨지 상상해보라. 보통 심각한 문제가 아니다.

백신에 의한 면역의 역설적 반응이 재앙을 부를 수 있다

이전에 개발된 코로나바이러스 백신의 임상 시험을 돌이켜보면 코로나19 백신에서도 심각한 부작용이 나타날 가능성이 클 수밖에 없다. 자주 드러난 문제 중 하나가 1960년대 이래 잘 알려진 항체의존 면역증강(ADE)이다. 백신 접종 후 기존 바이러스에서 변이된 바이러스에 감염되면 그 백신으로 생긴 항체 때문에 중증화와 사망에 더욱 취약해지는 것을 말한다.

동양 의학 전문가인 제임스 오델은 생물조절의학연구소의 보고서 2020년 12월 28일자에 기고한 글에서 이렇게 설명했다.

지난 18년 동안 여러 코로나바이러스 백신의 동물 시험이 실시되었지만 대부분 안타깝게도 중대하고 심각한 부작용을 나타냈다. 백신을 투여한 동물이 코로나바이러스에 감염되거나 자가면역 장애가 심해져 중증을 앓거나 죽었다.

부작용은 주로 항체의존 면역증강(ADE)에서 기인했다. (……)

바이러스 ADE는 특정 바이러스의 항체(대개 백신 접종으로 생긴다)가 다른 바이러스의 백혈구(단핵구, 대식 세포, 과립 세포 등) 침투나 복제를 촉진하는 생화학적 메커니즘을 말한다.

이 메커니즘이 지나친 면역 반응을 일으켜 만성 염증과 림프구 감소, 그리고 중증화나 사망과 관련 있는 것으로 알려진 '사이토카인 폭풍'을 유도한다. ADE는 질병 파종 사이클이라 할 수 있다. 백신 접종 전이나 첫 감염 때보다 다른 변종에 의한 두 번째 감염에서 면역 기능의 상향 조절(양성 되먹임)이 필요해진다.

질병의 ADE는 백신 개발과 항체 요법에서 언제나 큰 우려 사항이다. 이론적으로 볼 때 바이러스에 대한 항체의 보호가 이루어지는 메커니즘이 오히려 감염을 증폭하거나 해로운 면역 병리를 촉발할 가능성이 있기 때문이다. 코로나바이러스를 포함해 여러 바이러스의 침투에서 ADE가 관찰되었다.

기본적으로 항체는 하나의 바이러스 혈청형(항원형)을 표적으로 삼고 다른 것은 잘 중화시키지 못하므로 나중에 노출된 바이러스에 대한 ADE를 일으킨다. (……) ADE가 동물 시험에서 나타났기 때문에 코로나바이러스 백신 연구는 사람을 대상으로 하는 임상 시험으로 진도가 나가지 못했다. 그러다 코로나19 팬데믹에서 긴급 사용 승인 프로그램이 작동하면서 갑자기 상황이 바뀌었다.[15]

항체의존 면역증강(ADE)은 역설적 면역증강(PIE)이라고도 부른다. 그 위험은 학술지 《국제 임상 저널(IJCP)》 2020년 10월 28일자에 게재된 논문에 잘 설명되어 있다. '코로나19 백신 임상 시험 대상자에게 증세 악화에 대한 사전 동의 공개'라는 제목의 이 논문은 "중화 항체를 끌어내도록 설계된 코로나19 백신은 접종자들을 비접종자보다 좀 더 심각한 증상에 민감하게 만들 수 있다"며 다음과 같이 설명했다.

사스, 메르스, 호흡기 세포 융합 바이러스(RSV)를 위한 백신은 승인된 적이 없다. 이 백신들의 개발과 시험 과정에서 생성된 데이터가 심각한 우려를 보여주기 때문이다. 전통적인 접근법(코로나바이러스 스파이크 단백질을 변경하지 않거나 중화 항체를 끌어내기 위해 최소한으로 변경한 것으로 구성된다)을 사용하는 백신은 단백질로 구성되든, 바이러스 벡터나 DNA나 RNA로 구성되든 간에, 또 운반 방식에도 상관없이 항체의존 면역증강을 통해 증상을 악화시킬 수 있다.[16]

과거 코로나바이러스 백신 임상 시험이 제기한 안전성 문제

그러나 이런 위험이 화이자나 모더나의 임상 시험 참가자들에게 고지되지 않았다. 코로나19 백신 하나 이상이 이런 형태의 면역증강을 일으키는 것으로 판명된다면 사람들이 SARS-CoV-2 바이러스의 여러 변이에 노출되면서 위중증과 사망 건수가 크게 늘어날 수 있다.

가슴 아픈 일은 이 정보가 대중에 알려지지 않도록 차단된 것이다. 2020년 5월 이 문제에 관해 내가 로버트 F. 케네디 주니어를 인터뷰했을 때 그는 다음과 같은 이야기를 들려주었다.

2002년 초부터 사스 유행이 세 차례 발생한 뒤 코로나바이러스 백신 개발이 시작되었다. 중국, 미국, 유럽의 과학자들은 한목소리로 "코로나바이러스를 막는 백신을 개발할 필요가 있다"고 말했다. 2012년이 되자 코로나바이러스 백신 약 30가지가 개발되고 있었다.

그들은 그중 유망하다고 생각되는 백신 네 가지를 선택해 제조했다. 실험 대상은 흰담비였다. 흰담비의 폐 감염이 사람의 폐 감염과 가장 비슷한 양상을 보여주기 때문이었다.

흰담비의 항체 반응은 아주 좋았다. FDA가 백신을 허가하는 기준이 항체 반응이기 때문에 그들은 '대박'이라고 생각했다. 네 가지 백신 모두 마술처럼 잘 작용하는 듯했다. 그러다가 끔찍한 일이 발생했다. 흰담비들이 야생 바이러스에 노출되자 모든 장기에 염증이 생기면서 폐가 작동을 멈춘 것이다.

과학자들은 1960년대에 RSV 백신을 개발할 때도 같은 일이 있었다는 사실을 기억해냈다. 코로나바이러스와 흡사한 상기도 감염을 일으키는 바이러스였다. 당시에 그들은 동물 시험을 생략하고 곧바로 사람을 대상으로 시험에 들어갔다.

과학자들은 어린이 약 35명을 대상으로 백신을 시험했는데 똑같은 결과가 나타났다. 항체 반응이 아주 좋았고 오래가는 듯했다. 완벽한 백신처럼 보였지만 어린이들이 야생 바이러스에 노출되자 모두 병에 걸렸다. 그중 두 명이 숨졌다. 결국 그들은 백신을 포기했다. FDA와 NIH로서는 무척 당혹스러운 일이었다.

과학자들이 2012년의 일을 다시 떠올리고 문제를 자세히 검토한 결과, 코로나바이러스에 의해 생성되는 항체는 두 종류라는 사실을 알게 되었다. 하나는 우리에게 필요한 것으로 바이러스와 싸우는 중화 항체, 다른 하나는 결합 항체다.

결합 항체는 질병에 도움을 주는 경로를 만들고 역설적 면역증강을 촉발한다. 코로나바이러스 백신은 매우 위험할 수 있다. 그래서 당신과 나를 미워하는 사람들조차 한목소리로 "이 백신은 진짜 조심해야 한다"고 말하는 것이다.

mRNA 백신의 부작용 우려

코로나19 백신 접종이 시작되면서 우려할 만한 일이 벌어졌다. 모더나의 경우 임상 1상 초기부터 문제가 있었다. 100㎍ 용량 투여 그룹의 시험 대상자 중 80%가 몸 전체에 부작용을 겪었다.[17]

2차 접종 후에는 100㎍ 용량 투여 그룹의 100%가 부작용에 시달렸다. 그런데도 모더나는 같은 용량을 선택해 다음 단계 임상 시험에 들어갔다(가장 높은 용량인 250㎍ 투여 그룹의 경우 1차 접종 후 100%가 부작용을 보였다).

2020년 5월 20일 로버트 F. 케네디 주니어는 "임상 시험 결과가 최악"이었을 것이라며 이렇게 비판했다.

"모더나는 임상 시험에서 얻은 그대로의 데이터를 발표하지 않았다. 다만 그들은 모순투성이의 내용이 담긴 보도 자료에서 시험 대상자 중 세 명이 3등급 전신 부작용을 겪었다고 인정했다. 3등급은 FDA가 '일상 활동이 어렵고 치료가 필요하다'고 정의된 부작용 등급이다. (……) 그 정도의 부작용 비율이라면 '지구상의 모든 사람'이 그 백신을 접종받을 경우 15억 명이 심각한 상해를 입을 수 있다."

mRNA 코로나19 백신이 왜 그토록 위험한지 이해하려면 먼저 그 백신이 어떻게 설계되었는지를 알아야 한다. 모더나와 화이자 백신은 둘 다 메신저 RNA(mRNA) 기술을 사용해 우리 몸의 세포에 SARS-CoV-2 스파이크 단백질을 생성하도록 지시한다. 스파이크 단백질은 체세포의 ACE 수용체와 결합하는 당단백질이다. 바이러스는 이를 통해 우리를 감염시킨다.

mRNA 백신의 원리는 주사된 메신저 RNA가 체세포에 SARS-CoV-2 스파이크 단백질 생성을 지시하고, 단백질이 생성되면 면역 체계가 이에 대한 대응으로 항체를 만든다는 것이다. 여기서 고려되지 않은 요인은 그 단백질이 필요하지 않게 되었을 때 생성을 차단하는 방법이다. 경로를 차단하지 않으면 우리 몸이 바이러스 단백질 공장처럼 끊임없이 항체를 만들어낸다.

항체는 결합 항체와 중화 항체 두 종류가 있다. 결합 항체는 바이러스 감염을 막을 수 없고, 앞에서 설명한 것처럼 과장된 면역 반응을 촉발한다. 모더나는 초기 보도 자료에서 백신 접종을 받은 사람들의 결합 항체가 "코로나19에서 회복한 사람의 혈액에서 나타나는 수준과 같다"고 주장했다. 당시 시험 대상자 45명 중 25명의 데이터는 이 결합 항체 결과만 보여주었다.

한편 중화 항체 데이터는 8명에게서만 볼 수 있었다. 실제로 감염과 싸우는 중화 항체가 더 중요하다고 볼 수 있다. 또 예전의 코로나바이러스 백신 임상 시험에서 결합 항체가 일으킨 문제를 고려하면 이런 결과는 심각한 우려를 자아낼 수밖에 없다.

케네디는 이렇게 덧붙였다.

모더나는 왜 시험 대상자 중 8명에게서만 중화 항체 검사 결과가 나왔는지 그 이유를 설명하지 않았다. 이 같은 결과는 백신 접종의 가장 위험한 장애물이 여전히 앞에 놓여 있음을 말해주기 때문에 실망스럽기 그지없다. 접종받은 사람이 실제 코로나바이러스에 감염될 경우 문제가 심각해진다는 뜻이다.

과거의 코로나바이러스 백신 개발 시도는 늘 이 단계에서 실패했다. 백신 접종을 받은 동물과 사람 모두에게서 왕성한 항체 반응을

달성했다가 야생 바이러스에 노출되자 심하게 앓고 사망했기 때문이다.[18]

모더나와 화이자의 임상 2상과 3상에서도 비슷하게 높은 비율의 부작용이 나타났다. 《영국 의학 저널(BMJ)》의 도시 부편집장은 2020년 11월 다음과 같이 말했다.

"모더나의 보도 자료는 시험 대상자의 9%가 3등급 근육통을, 10%가 3등급 피로증을 경험했다고 밝혔다. 화이자는 시험 대상자의 3.8%가 3등급 피로증을, 2%가 3등급 두통을 겪었다고 발표했다. 3등급 부작용은 일상 활동이 어려운 수준으로 정의되기 때문에 매우 심각하다. 경중증 부작용을 겪은 사람은 훨씬 더 많았을 수밖에 없다."[19]

펜실베이니아 대학과 듀크 대학의 연구자들도 데이터가 제한적이긴 하지만 mRNA 백신의 잠재적 부작용을 나열했다. 국부 또는 전신 염증, 자가반응 항체에 대한 자극, 자가면역, 부종, 혈액 응고 등이 포함되었다.[20]

전신 염증과 혈액 응고 같은 부작용은 코로나19 중증 환자가 보이는 증상과 비슷하다. 그렇다면 mRNA 백신이 코로나19를 더 악화시키고, 역설적 면역증강 반응을 일으킨다는 뜻일까? 백신으로 코로나바이러스에 면역력을 가진 흰담비들이 야생의 코로나바이러스에 노출되자 견디지 못하고 죽었던 것처럼 말이다.

보고된 코로나19 백신 부작용

코로나19 백신 임상 시험 후반 단계에서 보고된 가장 우려할 만한 부작용은 횡단성 척수염이었다.[21] 다양한 기저 질환을 가진 많은 사람이 이미 모더나와 화이자 백신을 접종받은 상황이어서 광범위한 부작용이 나타나고 있다.

백신 접종 몇 주 만에 대중 매체와 소셜 미디어에서 다음과 같은 심각한 부작용이 언급되기 시작했다(우선 접종 대상자는 의료진과 요양원 환자들이었다).

- 지속되는 권태감과 극도의 피로[22, 23]
- 아나필락시스 반응[24]
- 다기관 염증 증후군[25]
- 만성 발작과 경련[26]
- 안면 신경 마비를 포함한 마비 증상[27, 28]
- 최소한 75건의 급사(미국에서 55명, 노르웨이에서 20명). 다수는 접종 몇 시간 또는 며칠 안에 발생했다.[29]

미국 질병통제예방센터(CDC)의 발표에 따르면, 2020년 12월 18일 기준으로 미국인 11만 2,807명이 코로나19 백신 1차 접종을 받는데 그중 3,150명이 '건강에 타격을 주는 문제'를 겪었다. "일상적인 활동과 일을 할 수 없으며, 의료진의 도움이 필요한

경우"를 가리킨다. 부작용 발생률이 2.79%라는 뜻이다.[30]

미국 전체 인구(약 3억 2820만 명)로 범위를 넓혀보면 남녀노소를 불문하고 그들 모두 백신을 접종받을 경우 915만 6,000명이 백신에 의한 상해를 입는 것으로 추산할 수 있다. 세계 전체 인구로 따져보면 엄청난 수의 사람이 백신 때문에 해를 당하게 된다.

백신 부작용으로 사람들이 겪는 알레르기 반응은 무엇이 원인일까? 의심되는 성분이 폴리에틸렌글리콜(PEG)이다. CDC가 PEG나 폴리소르베이트에 알레르기가 있는 사람은 mRNA 코로나 백신을 접종받지 말라고 경고한 것도 그 연관성이 충분히 인정되기 때문이다.[31]

조작된 코로나19 백신 임상 시험

백신 제조사들은 시판되는 백신이 전부 엄격한 시험을 거친다고 주장하지만 임상 시험 프로토콜 설계 자체에서부터 접종받는 사람의 안전성을 보장하려는 시도는 찾아볼 수 없다.

코로나19 백신들은 감염 예방 효과가 없어도 통과 점수를 받았다. 사실 감염 예방은 코로나19 백신의 성공 기준도 아니었다. 유일한 기준은 중등도 이상의 중증 예방이었다. 그나마 요구되는 예방 효과도 최소 수준이었다. 하버드 대학 교수를 지낸 윌리엄 헤이절타인 박사는 경제지《포브스》2020년 9월호에 실린 기사에서 코로나19 백신 임상 시험의 미심쩍은 지표를 이렇게 지적했다.

"우리 모두는 효과적인 백신이라면 바이러스에 감염되었을 때 심각한 증상을 막아주리라 기대한다. 그런데 코로나19 백신의 3대 제조사인 모더나, 화이자, 아스트라제네카는 자사의 백신이 환자를 위중증으로부터 보호해주는 게 아니라 기침이나 두통 같은 중등도 증상을 막아주는 것을 지표로 삼았다."[32]

코로나19 백신의 경우 긴급 사용이 필요했기 때문에 임상 시험의 잠정적인 분석에서 70%의 효능을 보이면 '통과' 점수를 받을 수 있었다. 하지만 효능 70%라는 것은 10명 중 7명에게서 바이러스 감염을 막아준다는 뜻이 아니다. 헤이절타인 박사는 이렇게 설명했다.

"모더나의 경우 초기 잠정적 분석은 53명이 감염된 결과만을 바탕으로 했다. 잠정적 분석에서 평가는 백신 접종 그룹과 비접종 대조 그룹 사이에서 증상을 보이는 사람이 얼마나 차이가 나느냐를 기준으로 삼아야 한다. 따라서 모더나 백신도 대조 그룹에서 유증상자 40여 명이 나온 반면, 백신 그룹의 감염자 53명 중 유증상자가 13명 이하로 나왔다는 결과를 바탕으로 평가해야 한다."

다른 백신 제조사들도 그와 비슷한 방식으로 효능을 산출했다. 백신을 접종받은 참가자 중 제한된 인원수만 바이러스에 노출시켜 그들이 겪는 증상의 정도를 평가한 것이다.

그것도 모자란 듯 그 분석에서 '코로나19 확진'의 최소한 요건도 PCR 검사 결과 양성 1회와 가벼운 증상 한두 가지(두통, 발열, 기침, 약간의 구역질 등)가 전부였다. 쉽게 말하자면 코로나19 백신이 일반 감기 증상을 최소화할 수 있는지 살펴본 것에 불과하다.

백신이 궁극적으로 감염자의 중증화와 사망을 막아줄 수 있는지는 알 수가 없다. 실제로 어느 임상 시험도 입원이나 사망의 예방에 실패한 것을 평가 기준에 포함시키지 않았다. 잠정적 분석에서 코로나19 중증 환자를 최소한 5명은 포함시켜야 한다는 프로토콜을 시행한 백신 제조사는 존슨&존슨이 유일했다. 백신이 바이러스의 감염과 전파, 감염 환자의 중증화 또는 사망을 막거나 줄이지 못한다면 상식적인 차원에서 볼 때 백신으로 팬데믹을 종식시키기란 불가능하다는 결론을 내릴 수밖에 없다.

과거 사례로 볼 때 백신은 팬데믹의 병세를 악화시켰다

백신이 오히려 코로나19 증상을 악화시킬지 모른다는 생각은 이 장 앞부분에서 살펴본 요인들을 주요 근거로 한다. 항체의존 면역증강(ADE)의 위험이 대표적인 예다. 다른 한편으로 우리는 과거의 백신 접종 캠페인을 돌아보며 교훈을 얻을 수도 있다. 예를 들면 계절 인플루엔자(독감) 백신이 팬데믹 바이러스 감염의 위험을 키울 수 있다는 연구 결과가 적지 않다.

계절 인플루엔자 예방주사가 팬데믹 바이러스 질병에 미치는 영향에 관한 문제를 제기한 논문 중 하나는 2010년 학술지 《플로스 메디신》에 실린 연구 결과다. 그에 따르면, 계절 인플루엔자 예방주사를 맞은 사람에게서 팬데믹 돼지 인플루엔자(H1N1) 감염과 그에 따른 심각한 합병증의 위험이 커진 것으로 나타났다.[33]

2008년에서 2009년으로 이어지는 겨울에 3가 인플루엔자 백신을 접종받은 사람들이 2009년 봄과 여름에 팬데믹 H1N1 바이러스에 감염될 확률이 주사를 맞지 않은 사람보다 1.4~2.5배 높았다. 흰담비를 대상으로 한 시험에서도 비슷한 결과가 나왔다. 의학 전문 온라인 매체 '메드페이지 투데이'는 캐나다 브리티시컬럼비아 질병통제센터의 인플루엔자 전문가 다누타 스코론스키 박사의 설명을 인용했다.

"계절 인플루엔자 백신이 팬데믹 H1N1 바이러스도 인식할 수 있는 교차 반응 항체를 만들지만 그 항체는 양이 적어 H1N1 바이러스를 효과적으로 중화시키지 못하고 오히려 그 바이러스의 세포 침투를 도와주는 효과를 내는 듯하다."[34]

캐나다의 여러 주에서 실시된 관찰 연구 5건도 똑같은 결과를 보여주었다. 캐나다와 홍콩에서 나온 예비 데이터도 그와 일치했다. 당시 호주의 감염병 전문가 피터 콜리뇽 교수는 ABC 뉴스와 가진 인터뷰에서 이렇게 말했다.

"완전히 새롭고 독성 강한 바이러스가 등장하면 자연적으로 그 바이러스에 감염된 사람보다 이전에 백신 접종을 받은 사람이 더 위험해질 수 있는 희한한 상황이 만들어진 것 같다."[35]

독감 백신이 코로나19의 위험을 높일까?

그렇다면 코로나19 바이러스는 어떨까? 계절 인플루엔자 백신을 접종받은 사람이 SARS-CoV-2 바이러스에 더 취약해질 수 있다는 증거는 없을까? 지금까지는 SARS-CoV-2 바이러스에 초점을 맞춰 그 문제를 들여다본 연구가 없다. 하지만 계절 인플루엔자 백신이 일반적인 코로나바이러스 감염을 악화시킬 수 있다는 연구 결과는 있다. 코로나19의 원인인 SARS-CoV-2는 사람에게서 호흡기 질환을 일으키는 것으로 알려진 일곱 가지 코로나바이러스 중 하나다.[36]

학술지 《백신》 2020년 1월 10일자에 실린 연구 결과에 따르면, 계절 인플루엔자 백신을 접종받을 경우 일부 코로나바이러스에 감염될 가능성이 커질 수 있다. '2017~2018 겨울철 미국 국방부 소속원 중에서 나타난 인플루엔자 백신과 호흡기 바이러스 간섭'이라는 제목의 이 논문 내용 중 일부를 인용한다.

계절 인플루엔자 백신을 접종받으면 다른 호흡기 바이러스의 감염 위험이 높아질 수 있다. '바이러스 간섭'으로 알려진 현상이다. 인플루엔자 백신의 효능을 살펴보는 데 자주 사용되는 방법이 검사 음성 환자를 대조군으로 설정해 양성 환자군과 비교하는 연구다. 바이러스 간섭 현상은 그런 연구의 기본적인 추정(백신 접종이 다른 호흡기 질환에 걸릴 위험에 영향을 주지 않는다)에 반한다. 따라서 그런 연구는 바이러스 간섭을 무시하고 백신 효능 결과를 긍정적인 방향으로 편향시킬 가능성이 있다.[37]

이 연구에서 계절 인플루엔자 백신이 모든 호흡기 감염의 위험을 높인 것은 아니지만 특정하지 않은 코로나바이러스(SARS-CoV-2로 특정하지 않았다는 뜻), 그리고 사람 메타뉴모바이러스(hMPV)와는 '유의미한 연관성'을 보였다. 계절 인플루엔자 백신을 접종받은 사람은 백신 주사를 맞지 않은 사람보다 코로나바이러스에 감염될 확률이 36% 높았고, hMPV에 감염될 확률은 51% 높게 나타났다.[38]

hMPV 감염병의 주요 증상은 발열, 인두통 그리고 기침이다.[39] hMPV에 감염된 고령층과 자가면역 장애를 가진 사람은 중증을 앓을 가능성이 크며, 주로 호흡 곤란과 폐렴 증상을 보인다. 이 모든 증상은 SARS-CoV-2가 일으키는 코로나19와 똑같다.

40명 중 1명이 백신 피해자다

흔히 우리는 백신으로 인해 상해를 입을 확률이 100만분의 1 정도라는 말을 듣는다. 그러나 지나친 과소평가다. 로버트 F. 케네디 주니어는 변호사 앨런 더쇼위츠와 백신 의무화의 합헌성 문제를 두고 토론하면서 미국 보건복지부 산하 보건의료연구소(AHRQ)가 실시한 조사 결과를 인용했다.[40]

AHRQ는 45가지 백신을 전체 140만 회분을 접종받은 37만 6,452명의 건강 데이터를 분석했다. 140만 회분의 접종 가운데 백신 이상 반응은 3만 5,570건이 확인되었다. 계산하면 백신 피해가 전체 접종 회분의 2.6%다. 40명 중 1명(100만 명 중 1명이 아니다!)이 백신으로 상해를 입는다는 얘기다. 백신 주사를 놓는 의사는 월평균 1.3건의 부작용을 목격한다. 앞서 설명했지만 초기 CDC 데이터를 근거로 삼는다면 코로나19 백신의 부작용 발생률은 2.79%에 이른다. 훨씬 규모가 큰 군집 분석에서도 2.6%라는 비율에 놀라울 정도로 바짝 다가간다.

백신이 상해를 일으킨다는 것은 가설이 아니다. 케네디가 지적했듯이 처음부터 백신 제조사들에 면책 특권을 준 것은 우리가 백신의 불안전성을 피할 수 없으며, 100% 안전한 백신을 만들 방법은 이 세상에 없다는 것을 인정하기 때문이었다.

1986년 국가 어린이 백신 상해법(NCVIA)에 따라 설치된 미국 백신 상해 보상 프로그램(VICP)은 기존 백신으로 영구 피해를 입었거나 사망한 어린이의 부모들에게 40억 달러 이상을 지급했다.

그 정도로도 많다고 생각하겠지만 알고 보면 보상금이 지급된 경우는 청구 건수의 극히 일부분에 불과하다. 백신으로 피해를 보았다고 주장하는 사람의 1% 미만이 법정으로 간다. 인과 관계를 입증하기가 그만큼 힘들기 때문이다. 연방 정부가 권장하고 주 정부가 의무화한 백신 접종으로 발생하는 피해에 대해서는 백신 제조사가 면책을 받는다는 사실을 고려하면 백신 부작용과 상해의 위험을 우려하지 않을 수 없다.

제2장에서 우리는 2009년 유럽 시장을 겨냥해 긴급 사용이 승인된 돼지 인플루엔자 백신 팬뎀릭스가 불러온 재앙(백신 접종 2년 뒤 어린이 발작수면이 급증한 현상에서 인과 관계가 확인되었다)에 관해 살펴보았다. 이제 코로나19라는 또 다른 논란 많은 팬데믹 와중에 우리는 그보다 더 심각한 공중 보건의 위협에 직면했다. 로버트 F. 케네디 주니어와 일부 보건 전문가들은 코로나19 백신이 사상 최대 규모의 공중 보건 재앙이 될지 모른다고 우려한다. 케네디는 이렇게 말했다.

많은 사람이 급사할 수 있다. 문제는 앤서니 파우치 NIAID 소장이 미국 국민이 낸 세금 중 5억 달러를 코로나19 백신에 쏟아부었다는 사실이다. 그는 백신 관련 특허의 절반을 소유하고 있다. 자신의 특허 사용료를 징수하는 인력만 다섯 명을 두고 있을 정도다.

부패한 시스템만 문제가 있는 것은 아니다. 이제 그들은 백신까지 장악했다. 규모가 너무 커서 되물릴 수도 없다. 그들은 엄청난 실수였다고 인정하기는커녕 오히려 "이 백신의 200만 회분을 주문하겠다"는 식으로 말한다. (……) 그들에겐 피해에 대한 배상 책임이 전혀 없다. (……) 이 세상의 어떤 의약품도 모더나 같은 안전성 실적으로는 시판될 수 없다.[41]

팬뎀릭스가 일으킨 발작수면증에 대해 제조사였던 글락소스미스클라인이 어떤 책임도 지지 않았던 것처럼 이번에도 관련자들은 책임을 면제받고, 대중의 반발도 피해갈 것이 뻔하다. 아니, 오히려 그들은 계속해서 두둑한 이익을 챙기고, 서글프게도 정확한 내막을 모르는 대중은 마치 실험 동물처럼 또 다른 위험한 백신을 접종받기 위해 줄을 설 것이다.

코로나19 백신 관련 상해와 사망 사건을 전담하는 특별 법원이 설치되다

미국 연방 정부 공보 2020년 3월 17일자에 게재된 '공공 준비 및 비상사태 대비법(PREPA) 아래 시행되는 코로나19 의료 대응책과 관련된 공표'라는 제목의 문서에는 새로운 코로나19 백신 법원을 설치한다는 내용이 들어 있다. 연방 정부가 권장한 백신으로 인한 어린이와 임신부의 상해 및 사망 사건을 다루기 위해 과거에 설치된 연방 백신 법원과 비슷한 개념이다.[42]

미국의 백신 제조업계는 일반 어느 분야와 달리 면책 특권을 톡톡히 누리고 있다. 만약 다른 제품이 소비자의 상해나 사망을 일으키면 제조사가 책임을 지기 때문에 피해자가 민사 재판을 통해 보상받을 수 있다. 그러나 FDA가 승인하고 CDC가 권장한 백신은 그런 책임에서 면제된다.

1986년 미국 의회는 연방 정부가 시행하는 미국 백신 상해 보상 프로그램(VICP)을 탄생시켰다. 워싱턴 DC 소재 미국 연방 청구 법원은 이 프로그램을 통해 백신에 의한 상해와 사망 사건을 다룬다. 백신에 의한 상해를 이유로 제소하면 백신 제조사가 아니라 미국 정부를 상대로 소송을 내는 것이 된다. 보상 판결이 나면 보상금은 대부분 미국 국민이 낸 세금에서 지급된다(나머지는 판매된 백신 유닛당 책정된 소액의 부담금으로 충당된다).

새로 설치된 코로나19 백신 법원도 연방 청구 법원과 비슷해 보인다. 다만 어린이와 임신부에 권장된 백신 관련 상해와 사망에 초점을 맞추지 않고 새로운 코로나19 백신에 국한된 피해만 다룬다는 점이 다르다. 언론인 존 라포포트는 이 문제와 관련해 다음과 같이 설명했다.

미국 연방 법전 42편 247d-6e조 공중 보건 서비스법의 319F-4항은 코로나19 대응책(예를 들어 백신)의 시행으로 직접적인 상해를 입거나 사망한 사람들에게 보상하기 위해 재난 대응 피해 보상 프로그램(CICP) 설치를 승인한다.

코로나19 백신의 직접적인 영향으로 입은 상해와 관련해 CICP 아래 이루어지는 보상은 이 공표문에서 제시된 요건과 시행령 등을 바탕으로 한다. 구체적으로 말해 백신과 신체적 상해 사이의 직접적인 인과성을 입증하기 위해서는 "설득력 있고, 믿을 만하며, 유효한 의학적·과학적 증거"가 필요하다.[43]

기존의 연방 청구 법원에서 보상금을 받아내기도 너무 어렵다는 원성이 자자하지만 CICP를 통해 코로나19 백신 보상을 받기는 더욱더 어려워질 전망이다. 대부분의 부작용이 우연의 일치라는 이유로 무시될 뿐 아니라 mRNA 백신이 인체에 어떤 영향을 주는지 우리가 잘 모르는 상황에서 '직접적인 인과성'을 입증하기란 불가능하기 때문이다.

하지만 백신 제조사들은 실험적인 백신을 판매하여 심각한 상해나 사망이 발생한다 해도 잃을 게 전혀 없다. 라포포트는 다음과 같이 쉽게 풀어서 설명했다.

그들은 이렇게 말한다. "우리는 여러분 중 수백만 명이 두통에 시달릴 것이라는 사실을 알고 있다. 어떻게 아는지는 묻지 말라. 그런 일을 막기 위해 우리는 여러분의 머리를 아주 무거운 망치로 내리칠 것이다. 그 결과로 여러분 중 몇 명이 상해를 입거나 사망한다면 유가족들이 보상을 받기 위해 제소할 수 있는 특별 법원이 설치되어 있다. 그런데 이 법원에서 우리는 보상금을 호락호락 지급하지 않기 위해 모든 수단을 동원할 것이다. 잘해보시라." 그렇다. 정부는 코로나19 백신을 승인할 때 어떤 일이 발생할지 정확히 알고 있었다. 이제 우리도 안다.[44]

코로나19 백신이 진짜 필요한가?

코로나19 백신이 아예 필요 없을지 모른다는 점을 강력히 시사하는 데이터가 많다. 이는 전 세계 사람들이 속임수에 넘어가 이 위험하고 전례 없는 실험에 타당한 이유 없이 참여하고 있음을 말해준다. 다음과 같은 증거가 그 예다.

- 코로나19의 치명률은 요양원을 제외하면 아주 낮다. 감염자의 99.7%가 회복한다. 60세 미만이라면 계절 인플루엔자로 사망할 확률이 그보다 더 높다.[45]

- 제5장에서 살펴보았듯이 데이터는 코로나19가 초과 사망으로 이어지지 않았다는 사실을 분명히 보여준다. 이는 팬데믹 기간의 전체 사망자가 예년의 평균 사망자보다 많지 않다는 뜻이다.[46]

- 여러 연구 결과가 SARS-CoV-2 감염에 대한 면역이 대중 사이에 예상보다 더 널리 퍼져 있다는 점을 시사한다. 일반 감기를 일으키는 다른 코로나바이러스와의 교차 반응성 때문이다.

- SARS-CoV-2의 무증상 감염자가 그 바이러스를 퍼뜨릴 가능성이 큰지 희박한지 여부는 불확실하다. 그러나 중국 우한 시민 약 1000만 명의 코로나19 PCR 검사 데이터를 분석한 연구에 따르면, 무증상 확진자의 밀접 접촉자 가운데 감염된

사람은 한 명도 없었다. 무증상 확진자의 바이러스 배양에서도 살아 있는 바이러스가 발견되지 않았다.[47]

우리는 이미 SARS-CoV-2에 대한 면역을 갖추고 있다

면역에는 두 가지가 있다는 사실을 이해하는 것이 중요하다. 하나는 선천 면역이고, 다른 하나는 적응(후천) 면역이다. 선천적 면역 체계는 언제든 침입하는 병원체를 즉시 공격할 태세를 갖추고 있다. 반면 적응적(후천적) 면역 체계는 이전에 특정 병원체에 노출된 것을 '기억'하고 선천적 면역 체계만큼 빠르지는 않지만 그때보다 좀 더 영구적인 장기 반응을 일으킨다.[48]

적응 면역은 다시 두 부분으로 나눌 수 있다. 하나는 체액 면역(B세포)이고, 다른 하나는 세포 매개 면역(T세포)이다. B세포와 T세포는 필요시 특화된 줄기세포에서 만들어진다.

특정 질병에 노출된 적이 없는 사람이 그 병을 앓았다가 회복한 다른 사람의 항체를 자신의 몸에 주입하면 그 병에 대한 체액 면역을 얻게 된다. 아울러 체액 면역 체계는 다른 유사한 병원체와 교차 반응성이 있는 경우에도 활성화될 수 있다.

다음의 논문들이 말해주는 것처럼 일반 감기를 일으키는 다른 코로나바이러스에 노출되었다면 코로나19를 일으키는 SARS-CoV-2에 대한 면역도 가질 수 있다.

《셀》 2020년 6월 ─ 여기에 실린 논문에 따르면, 코로나19 중등도 증상에서 회복한 환자로부터 채취한 표본 중 70%가 T세포 차원에서 SARS-CoV-2에 대한 저항성을 갖고 있는 것으로 확인되었다. 중요한 점은 SARS-CoV-2에 노출되지 않은 사람 중 40~60%도 T세포 차원에서 이 바이러스에 대한 저항성을 가진 것으로 나타났다는 사실이다.[49]

논문 저자들에 따르면, 이는 '일반 감기' 코로나바이러스와 SARS-CoV-2 사이에 T세포의 교차 반응성 인식이 있다는 점을 시사한다. 다시 말해, 특정 코로나바이러스가 일으킨 일반 감기에 걸렸다가 회복했다면 SARS-CoV-2에 노출되었을 때 체액 면역 체계가 활성화되어 코로나19에 대한 저항성을 가질 수 있다는 뜻이다.

《네이처 면역학》 2020년 9월 ─ 독일에서 실시된 연구도 이와 비슷한 결론을 얻었다.

"SARS-CoV-2에 노출되지 않은 사람의 81%에서 교차 반응성 SARS-CoV-2 펩티드가 기존의 T세포 반응을 촉발함으로써 일반 감기 코로나바이러스에 대한 것과 유사한 반응을 보여주었다. 이를 통해 SARS-CoV-2 감염에서 이종 유래 면역의 기능적인 기초가 확인되었다."[50]

이종 유래 면역이란 한 병원체에 노출되고 나서 다른 병원체에 대해 생긴 면역을 일컫는다. 독일의 연구 결과가 말하는 것은

SARS-CoV-2에 노출된 적이 없는 사람 중에서도 81%가 그 바이러스 감염에 저항성과 면역력을 갖고 있었다는 뜻이다.

《랜싯 미생물》 2020년 9월 — 여기에 게재된 논문에 따르면, 일반 감기를 일으키는 리노바이러스 감염이 자연적인 항바이러스 인터페론의 생성을 촉발함으로써 같은 시기에 발생할 수 있는 인플루엔자 감염을 대부분 막아주는 것으로 확인되었다.[51]

연구자들은 일반 감기 바이러스가 SARS-CoV-2 감염을 막는 데 도움을 주는 것으로 추정했다. 그들에 따르면, 인터페론은 초기 면역 반응의 일부분으로 그 효과는 최소 5일간 유지된다. 논문의 공동 저자인 엘런 폭스먼 박사는 UPI 통신에 이렇게 설명했다.

일반 감기가 가을에 유행한 뒤 겨울이 되어야 인플루엔자가 유행하는 이유를 이로써 설명할 수 있을지 모른다. 또 그 두 가지에 동시에 걸리는 사람이 거의 없는 이유도 그와 같다고 볼 수 있다. 우리의 연구 결과는 바이러스들 사이의 상호 작용이 그들 바이러스의 전파가 언제 어떻게 이루어지는지를 결정하는 중요한 요인이 될 수 있다는 것을 보여준다.

각각의 바이러스가 전부 다르기 때문에 일반 감기가 유행하는 계절이 코로나19 전파에 어떻게 영향을 줄지는 아직 알 수 없다. 그러나 이제 우리는 최소한 바이러스들 사이의 상호 작용을 잘 살펴야 한다는 것 정도는 안다.[52]

《네이처》 2020년 7월 — 싱가포르에서 진행된 한 연구는 베타코로나바이러스인 OC43과 HKU1이 일으키는 일반 감기에 걸린 사람은 SARS-CoV-2 감염에 더 강한 저항성을 보일 수 있으며, 그 면역력이 오래갈 수 있다는 사실을 확인했다. 2003년 사스에 걸렸다가 회복한 환자들은 17년이 지난 지금도 SARS-CoV의 N 단백질에 T세포 반응성을 갖고 있는 것으로 나타났다. 또 그 환자들은 SARS-CoV-2의 N 단백질에도 강한 교차 반응성을 갖고 있었다.

논문 저자들은 과거 OC43이나 HKU1 베타코로나바이러스에 의한 일반 감기에 걸린 적이 있는 사람의 경우 SARS-CoV-2를 인식하고 방어하는 T세포를 갖고 있을 확률은 50%로 볼 수 있다고 말했다.[53]

《셀》 2020년 8월 — 스웨덴에서 진행된 연구는 SARS-CoV-2에 한 번 노출된 사람은 항체 검사에서 음성으로 나왔다고 해도 SARS-CoV-2에 특화된 기억 T세포를 갖고 있으므로 코로나19에 대한 장기적인 면역력을 가질 가능성이 있다는 사실을 발견했다.[54] 논문 저자들은 이렇게 설명했다.

주목할 만한 점은 SARS-CoV-2에 특화된 T세포가 코로나19 확진자 가족 중 항체 혈청 음성인 사람들과 무증상 확진자나 경증으로 회복한 환자들에게서 검출되었다는 사실이다. 우리 연구의 데이터는 SARS-CoV-2가 기억 T세포의 광범위하고 활발한 반응을 촉발한다는 사실을 보여준다. 즉 자연적인 노출이나 감염이 코로나19 중증의 재발을 막을 수 있다는 뜻이다.[55]

수학 모델을 가지고 연구하는 일부 통계학자들도 코로나19의 집단 면역이 대다수 국가에서 벌써 형성되었을 가능성이 있다고 본다. 통계학자인 칼 프리스턴 교수는 이미 2020년 6월에 SARS-CoV-2에 대한 면역 형성이 세계 전체로 볼 때 최대 80%에 이를 수 있다고 주장했다.[56]

프리스턴 교수의 추산이 맞는다면 사회적 거리 두기가 필요하다는 주장은 효력을 잃게 된다. 아플 때 집 안에 머무는 것과 같은 합리적인 행동이 자발적으로 이루어지면서 록다운이 '확진자 증가'를 막아주는 효과가 자동적으로 사라지기 때문이다. 모든 점을 따져볼 때 전 세계적인 록다운은 완전히 필요 없을 가능성이 크다. 따라서 록다운이 더 이상 지속되어서는 안 된다.

병원에서 검사를 받은 사람들 중 80%가 코로나19 항체를 가졌다(코로나19 바이러스에 면역력이 있다는 뜻이다)는 데이터도 있다. 일반 대중 사이에서는 코로나19 항체를 가진 비율이 그보다 낮을 수 있지만 특정 인구 집단에서는 이미 집단 면역이 형성되었을 가능성이 매우 크다. 인도 뭄바이의 무작위 가구 조사에서 저소득 계층 지역의 주민 중 58%가 코로나19 항체를 가진 것으로 나타

났다. 뭄바이의 나머지 구역에서는 그 비율이 17% 정도였다.[57]

인구 중 다수가 이전에 다른 코로나바이러스에 노출된 경험 덕분에 코로나19에 어느 정도 면역력을 가진 것이 사실이라면 우리는 이미 자연적 집단 면역의 임계치에 도달했을 가능성이 있다. 그렇다면 지구상의 모든 사람에게 백신 주사를 맞힌다는 계획은 완전히 쓸데없는 일이 아닌가? 더구나 집단 면역의 임계치가 이전에 생각했던 것보다 훨씬 낮을지도 모른다. 만약 그렇다면 세계적인 백신 접종 캠페인은 더더욱 필요 없다.

코로나19의 집단 면역 임계치는 10% 미만일 수도

처음에 보건 관리들은 집단 면역에 도달하기 위해서는 인구의 70~80%가 면역력을 가져야 한다고 추정했다. 그러나 이제 10여 명의 과학자들이 집단 면역 임계치가 50% 아래일 가능성이 있다고 주장한다.

집단 면역은 기초 감염 재생산 지수(R_0)를 사용해 계산한다. R_0는 감염자 한 명이 몇 사람을 감염시킬 수 있는지를 추정한 값이다.[58] R_0가 1 아래이면 신규 확진자가 줄어든다는 뜻이고, 1보다 높으면 확진자가 늘어난다는 의미다(R_1은 감염자 한 명이 다른 한 명을 감염시킨다는 뜻이다).

하지만 그렇게 계산이 정확한 과학은 결코 아니다. 개인의 감염 민감성은 건강 상태, 나이, 공동체 내부의 접촉 등 많은 요인에 따라 달라진다. 코로나19의 집단 면역 임계치에 대한 초기의 R_0 계산은 모두의 민감성이 똑같고, 공동체 안에서 다른 사람들과 무작위적으로 접촉한다는 가정을 기초로 했다.

예일 대학 국제보건연구소의 사드 오메르 소장은 《뉴욕 타임스》와 가진 인터뷰에서 "실생활에서는 절대 그런 식으로 이루어지지 않는다"고 말했다.[59] "집단 면역은 집단마다, 또 소집단마다 다를 수 있다." 심지어 거주 구역에 따라 달라질 수도 있다. 산출 공식에 그러한 현실 세계의 변수를 적용할 경우 집단 면역 임계치는 크게 낮아진다. 일부 전문가들은 10~20% 정도일 수 있다고도 말한다.

스웨덴 스톡홀름 카운티의 데이터는 집단 면역 임계치가 17% 임을 보여준다.[60] 한편 영국 옥스퍼드 대학, 미국 버지니아 공과대학, 영국 리버풀 열대의학연구소의 연구자들은 민감성과 노출 측면의 개인적인 차이를 감안하면 집단 면역 임계치는 10% 아래로 떨어진다는 것을 확인했다.[61]

미국 브라운 대학의 앤드루 보스텀 교수는 한 에세이에서 이렇게 설명했다.[62]

"이스라엘 텔아비브 대학, 영국 옥스퍼드 대학과 유니버시티 칼리지 런던 그리고 스웨덴 스톡홀름 대학의 연구자들은 집단 면역 임계치를 9%, 10~20%, 17%, 43%로 달리 계산했다.[63, 64, 65, 66] 전부 다 흔히 생각하는 70%보다 크게 낮다."[67]

또 보스텀 교수는 온라인 매체 《컨서버티브 리뷰》 기고문에서 이렇게 말했다.

> 자연적으로 획득하는 코로나19 집단 면역에 고령자(특히 요양원 환자)를 보호하는 효과적인 특화 조치를 더하는 것이 인구 전체의 의무적인 백신 접종이라는 미심쩍은 만병통치약보다 훨씬 더 합리적이고 실질적인 대안이다.
> 이 전략은 스웨덴 말뫼에서 성공적으로 시행되었다. 취약한 고령자들을 성심껏 보호하는 데 초점을 맞춤으로써 코로나19 사망자가 거의 나오지 않았다. "그곳 학생들은 계속 등교했고, 주민들은 술집과 카페를 찾았으며, 미용실과 헬스장도 영업을 계속했다."[68]

스톡홀름 대학의 수학자 톰 브리턴 교수도 자연적으로 획득하는 집단 면역이 의무적인 백신 접종보다 훨씬 나은 전략이라는 보스텀 교수의 주장에 동의했다. 브리턴 교수는 《뉴욕 타임스》와 가진 인터뷰에서 바이러스 감염은 1차 유행에서 자연적으로 가장 민감한 사람을 표적으로 삼기 때문에 "감염 유행에 뒤따르는 면역력이 백신 접종에 의한 면역력보다 더 효율적으로 전파된다"고 설명했다.[69]

WHO는 집단 면역의 정의를 왜 수정했을까?

2020년 6월 WHO의 코로나19 문답 웹사이트에 올라 있던 집단 면역의 정의는 수십 년 동안 널리 용인되어 감염병의 기준으로 자리 잡은 개념과 일치했다. 인터넷 아카이브가 제작한 '디지털 타임캡슐'인 웨이백 머신의 도움을 받아 당시의 기록을 찾아보면 이렇게 되어 있다.

집단 면역은 특정 감염병에 대해 인구 집단이 백신을 통해서 면역을 갖게 되거나 이전 감염을 통해 자연적으로 면역이 생겼을 때 일어나는 간접적인 보호다.[70]

'이전 감염을 통해 자연적으로 생긴 면역'이 인류의 탄생 이래 계속 작동해온 방식이라는 사실을 명심해야 한다. 그러나 WHO 에 따르면 더는 그렇지 않은 듯싶다. 2020년 10월 WHO가 "백신 접종에 사용되는 개념"으로 업데이트한 집단 면역의 정의는 다음과 같다.

'집단 면역' 또는 '무리 면역'은 백신 접종에 사용되는 개념으로 특정 바이러스에 대한 백신 접종이 임계치에 이르렀을 때 인구 집단이 그 바이러스로부터 보호받을 수 있다는 의미다.

집단 면역은 사람들을 바이러스에 노출시킴으로써가 아니라 바이러스로부터 보호함으로써 형성된다.

백신은 우리의 면역 체계를 훈련시켜 질병과 싸우는 단백질, 즉 '항체'를 만들게 한다. 우리가 질병에 노출되었을 때 일어나는 현상과 같다. 단지 백신은 우리를 앓게 하지 않고 항체가 생기도록 한다는 점이 중요하다.

백신을 접종받으면 문제의 질병에 걸리지 않고 바이러스를 이겨낼 수 있으며, 전파의 고리도 단절할 수 있다. 더 자세한 정보는 코로나19와 백신을 다룬 우리 웹사이트에서 찾아볼 수 있다.

인구의 대다수가 백신을 접종받아 집단 면역이 형성되면 인구 전체에 퍼질 수 있는 바이러스의 양이 적어진다. 그렇게 되면 해당 질병에 걸리지 않으려고 인구 전체가 백신 접종을 받지 않아도 된다. 그로써 백신 주사를 맞을 수 없는 취약 집단이 안전해질 수 있다. 이를 두고 집단 면역이라고 한다. (……)

집단 면역을 형성하려면 얼마나 많은 사람이 항체를 가져야 하는지는 질병에 따라 다르다. 예를 들어 홍역에 대한 집단 면역에 도달하려면 전체 인구의 95%가 백신을 접종받아야 한다. 나머지 5%는 백신 접종을 받은 사람들 사이에서 홍역이 퍼지지 않음으로써 자동적으로 보호를 받는다. 소아마비의 경우에는 집단 면역의 임계치가 약 80%다.

안전하고 효과적인 백신으로 집단 면역을 달성하면 질병이 더욱 줄어들어 많은 사람이 생명을 지킬 수 있다.[71]

이처럼 왜곡된 과학은 집단 면역에 이르는 유일한 방법이 백신 접종이라는 점을 강조한다. 말도 안 되는 소리다. 하지만 그 같은 왜곡이 사회적으로 미치는 영향은 더할 수 없이 크다. 거짓 정보를 널리 퍼뜨려 옳고 그름에 대한 우리의 인식을 바꾸려 하기 때문이다. 그 결과 우리는 감염병에 걸리지 않는 유일한 방법이 백신을 통해 자신의 면역 체계를 인위적으로 조작하는 것이라고 믿게 된다.

현재 여러 신망 높은 과학자들은 코로나19 팬데믹을 극복하려면 집단 면역 접근법을 취해야 한다고 촉구하고 있다. 코로나19 중증에 걸릴 위험이 작은 사람들이 일상으로 돌아가도록 정부가 허용해야 한다는 것이다.

의사와 과학자 수천 명은 전면적인 록다운보다 '집중적인 보호'를 촉구하는 그레이트 배링턴 선언문에 서명했다. 다음은 그 선언문의 일부다.

우리는 코로나19에 의한 사망 위험이 고령자와 기저 질환자가 어린이나 젊은 층보다 1,000배 이상 높다는 사실을 안다. 어린이의 경우 코로나19는 인플루엔자를 포함해 다른 많은 질병보다 덜 위험하다. 면역력이 전체 인구에 축적되면 고위험군을 비롯한 모든 사람의 감염 위험이 낮아진다.

우리는 모든 사회가 궁극적으로 감염률이 안정되는 집단 면역에

도달할 것이라는 사실을 안다. 집단 면역 형성에 백신이 도움을 줄 수 있지만 이를 위해 백신에 의존해서는 안 된다. 우리의 목표는 집단 면역을 이룰 때까지 치명률과 사회적 피해를 최소화하는 것이 되어야 한다.

집단 면역에 도달하는 위험과 이익 사이의 균형을 맞추는 가장 온정적인 접근법은 자연적인 감염을 통해 바이러스에 대한 면역력이 축적될 수 있도록 사망 위험이 아주 작은 사람들에게 정상적인 일상생활을 허용하는 한편, 고위험군을 더욱 효과적으로 보호하는 것이다. 우리는 이를 '집중적 보호'라고 부른다.[72]

그들에겐 다 계획이 있었다

세계적으로 코로나19 백신 접종 의무화에 대한 저항이 컸다. 그러나 백신 접종이 '자발적'으로 이루어진다 해도, 다시 말해 개인의 선택에 맡긴다 해도, 접종을 거부하는 사람은 개인적인 자유를 크게 제한받을 수 있다.

코먼스 프로젝트, 세계경제포럼(WEF), 록펠러 재단은 합작으로 '코먼 패스(Common Pass)'를 탄생시켰다. 모든 국가는 아니라 해도 대다수 국가가 채택할 것으로 예상되는 디지털 '백신 여권'을 가리킨다.[73] 다시 말해 여행하고 싶다면 싫어도 백신을 접종받아야 한다는 뜻이다. 백신 때문에 영구 상해를 입는 불행한 사람 중 한 명이 되지 않기를 간절히 바라면서 말이다. 백신을 접종하지 않고는 해외여행을 할 수 없다면 백신 접종을 과연 '자발적'이라고 할 수 있을까?

코먼 패스는 2020년 4월 21일 발표된 록펠러 재단의 백서에서 그 기초가 놓였다. 백서에 근거해서 보면 백신 접종 증명서는 영구적인 감시와 사회 통제 구조의 일부임이 분명하다. 그것은 광범위한 개인적인 선택의 자유를 심각하게 제한하려는 거대한 계획을 말한다.[74]

코로나19 팬데믹의 종식이 선언되더라도 백신 접종 증명서는 폐지되지 않을 가능성이 크다. 팬데믹이 디지털 감시와 사회공학에 의존하는 새로운 테크노크라시 시스템을 도입하려는 '위대한 리셋'을 정당화하는 구실로 사용되고 있기 때문이다.

백신 접종 증명서는 고도로 침습적인 동선 추적을 가능케 하고, 그 범위는 시간이 갈수록 확대될 것이 분명하다. 록펠러 재단이 제안한 추적 시스템은 다른 미디어 데이터에 대한 접근권을 요구한다. 코로나19 감염을 추적하는 것 외에 또 다른 많은 용도가 있다는 뜻이다.

우리는 지난 수년 동안 사람들에게 백신 접종의 선택권을 보호하는 노력에 동참하지 않으면 당장은 직접적인 피해가 없어도 궁극적으로는 큰 타격을 피할 수 없다고 경고해왔다. 너무 늦으면 손을 쓸 수 없기 때문이다. 지금이 바로 그 시점이다. 그 영향은 교사와 의료 종사자들만이 아니라 남녀노소를 불문하고 모든 사람에게 미친다.

현 상황으로 보면 어떤 회사든 코로나19 백신 접종을 의무화할 수 있다. 어느 누구도 그 의무에서 자동적으로 제외되지 않는다. 그러므로 머지않아 누구나 백신 접종과 실업을 두고 선택을 고민해야 할 것이다. 대다수 학교도 학생과 교직원에 대한 코로나19 백신 접종 의무화를 거론하고 있다.

잡지 《내셔널 지오그래픽》에 따르면, 미국인의 경우 백신 접종을 거부했을 때 다음과 같은 일에서 제약을 받을 수 있다(거주지와 해당 주 의회의 정치 성향에 따라 조금씩 다르다).[75]

- 운전면허증이나 여권의 발급
- 스포츠 경기나 콘서트 관람
- 학교 등록
- 기차 등 대중교통 이용
- 가게, 식당, 술집, 커피점, 네일 살롱 등의 이용
- 병원 예약
- 수술을 위한 입원
- 요양원의 가족 방문
- 민간 건강보험 가입과 각종 의료 혜택

'위대한 리셋' 계획에서 코먼 패스는 중요한 요소임을 의심할

여지가 없다. 거기서부터 집단적인 동선 추적이 공공연히 시작된다. 모두를 감염병으로부터 안전하게 지켜준다는 미명 아래 이루어지는 일이다. 그것은 코로나19에만 국한되는 이야기가 아니다. 팬데믹은 개인 자유의 지나친 제한과 사회적인 감시 강화를 위한 구실에 불과하다.

제약업계에 대한 맹목적인 신뢰는 금물

제약업계와 보건 당국 관리들은 자신들이 안전하고 효과적인 코로나19 백신을 개발했다고 우리가 그냥 믿기를 바란다. 하지만 이 백신은 6년 이상 걸리는 임상 시험도 생략했고, 장기적인 안전성 평가도 하지 않은 채 긴급 사용 승인을 거쳐 모든 사람에게 사용되고 있다.

제약사들은 소비자를 기만하고, 부도덕한 행위를 저지른 역사가 길다. 그 때문에 수백억 달러의 벌금도 물었다. 마약성 진통제에 의한 대규모 피해 사건은 제약사 임원들이 그 약의 유해성을 인지했으면서도 이를 무시하고 시판하기로 결정한 수많은 사례 중 하나에 불과하다. 그 같은 범죄 전력이 있는 제약사들을 믿는 것을 실수라고 말할 수 있을까? 현재로서는 mRNA 백신을 우리 몸에 주입한 것이 어떤 결과를 가져올지 정확히 예측할 수도 없는데 말이다.

제6장과 제7장에서 살펴보았듯이 그나마 좋은 소식은 다른 방

식으로 우리의 면역 체계를 강화하는 전략이 있고, 또 설령 코로나19에 걸렸더라도 저렴하고 효과적인 치료제가 많다는 사실이다. 거기에 코로나19의 치명률이 언론에서 보도한 것보다 훨씬 낮다는 사실, 그리고 자연적인 집단 면역이 이미 널리 존재할 가능성이 높다는 사실을 더하면 백신의 필요성은 더욱더 설득력을 잃을 수밖에 없다.

제9장

우리의 건강은 우리가 지킨다

로니 커민스

> 세계적으로 약 26억 명이 어떤 형태로든 록다운 상태에 있다. 지금 우리는 사상 최대의 심리 실험을 하고 있는 셈이다.
>
> —엘케 반 호프 박사, 2020년 4월 9일 세계경제포럼(WEF)에서[1]

지금까지 우리는 '그들'이 글로벌 팬데믹이라는 핑계를 대고 우리를 무자비하게 착취하도록 속수무책으로 허용해왔다. '그들'이란 고삐 풀린 정치인들, 거대 IT 기업, 팬데믹 모리배들, 군산 복합체 조종자들, 거대 제약사들, 의료 과실을 일삼는 자들, 다국적 기업들, 보건과 경제 분야의 글로벌 엘리트 도당들을 가리킨다.

이 약탈자들은 미디어 검열, 엉터리 과학, 조작된 통계, 가짜 뉴스, 강압적인 정부 정책을 이용해 상상을 초월하는 권력과 부를 거머쥐고 있다. 이제 이 테크노크라트들은 대중을 감시하고 검열하고 겁주고 분열시키고 통제하는 권력을 어느 때보다 더 많이 가지고 있다.

미국 정보기관의 민간인 감시를 폭로하고 러시아로 망명한 에

드워드 스노든은 이렇게 경고했다.

"강권주의가 횡행하고 비상 법령이 양산될 경우 코로나19의 1차 유행, 2차 유행, 16차 유행이 오래전의 기억이 된다고 해서 그들의 그런 역량도 없어질 것이라고 장담할 수 있을까?"[2]

호흡기 감염 바이러스 때문에 세계를 봉쇄한 사실은 공중 보건 '전문가들'과 세계보건기구(WHO) 그리고 그들과 결탁한 세력들이 내린 사상 최악의 결정으로 역사에 기록될 게 뻔하다. 그 진정한 목적을 제대로 이해하지 못하면 단순히 비합리적이라고만 말할 수 있을 것이다. 하지만 천만의 말씀이다. 테크노크라트들의 관점에서는 그런 결정이 전혀 비합리적이지 않다.

'위대한 리셋'을 시작하려면 도덕적인 측면과 경제적인 측면 둘 다에서 반드시 붕괴가 필요하다. 테크노크라트들의 새로운 시스템 실행을 정당화하려면 모든 것과 모든 사람이 결딴나야 한다. 광범위한 절박감이 없다면 세계의 모든 사람이 그들의 계획에 순순히 따르리라는 보장이 없기 때문이다. 그들의 주장과 달리 코로나19가 치명적인 팬데믹이 아니라는 증거가 쌓여가도 테크노크라트들은 자신들의 계획대로 모든 일을 밀어붙인다.

그 이미지에 딱 들어맞는 사례가 있다. 2020년 크리스마스가 되기 며칠 전, 영국의 보리스 존슨 총리는 SARS-CoV-2의 새로운 변이가 기승을 부린다고 발표했다. 전파력이 최고 70%나 높은 변이라는 설명이었다.[3] 이 코로나19 바이러스 변이의 위협이 너무 우려스럽다는 판단에 따라 또다시 더 엄격한 록다운 명령이 내려졌다. 그 바람에 연말연시 장기 휴일에 사람들은 집 안에 머물러야 했고, 영업장이 폐쇄되었으며, 여행도 금지되었다.

새로운 바이러스 변이가 이미 2020년 9월에 확인된 것으로 알려졌는데도 그로부터 3개월이 지난 연말에 갑자기 그 난리를 친 것이다. 게다가 새로운 변이의 전파력이 기존 바이러스보다 70%나 높은지 확인하는 연구가 이루어지지조차 않은 상황이었다.

영국 옥스퍼드 대학의 증거 기반 의학 교수인 칼 헤네건은 《데일리 메일》에서 이렇게 말했다.

"이 일을 25년 동안 해온 전문가로 말하건대, 그처럼 짧은 기간에 70%라는 구체적인 수치를 확인할 수는 없다. 그런 추론을 하기에는 너무 이르다는 게 모든 전문가의 견해다."[4]

당시 《뉴욕 타임스》는 영국이 다시 시작한 엄격한 사회적 거리 두기가 앞으로 몇 개월간 유지될 것이라고 보도했다. 그처럼 비과학적인 전략이 1차 또는 2차 사회적 거리 두기 시행에서 효과가 없었는데 3차나 4차, 5차에서 효과가 나타나리라고 생각하는 것은 비상식적이다. 시행 기간이 아무리 길더라도 무슨 효과가 있겠는가?

코로나19의 기원을 추적한 책을 펴낸 맷 리들리는 영국 신문 《텔레그래프》의 오피니언 칼럼에서 바이러스의 경우 시간이 흐르면서 점점 더 많은 사람이 노출되어 독성이 자연적으로 약화된다고 설명했다. 따라서 갈수록 더 엄격한 사회적 거리 두기를 시행하면 바이러스가 주로 고위험군 사이에서만 전파되어 가장 치명적인 변이가 우세종이 된다.[5] 다시 말해 모든 것을 봉쇄하고 폐쇄하면 우리가 원하는 것처럼 코로나19의 자연적인 약화가 일어나지 않는다는 뜻이다.

'위대한 리셋'의 의제를 조금이라도 아는 사람이라면 이제 록다운이 공중 보건과는 아무 상관이 없다는 사실을 알 것이다. 록다운은 세계 역사에서 가장 큰 규모로 부를 이전시키기 위한 연막전술에 불과하다.

그 게임에서 최대의 패자는 중산층과 저소득층이다. 특히 소상공인들이 엄청난 타격을 입었다. 반면 대형 매장과 다국적 기업들은 수익의 기록을 경신했다. 소비자 단체인 '공정한 세금을 위한 미국인 연합(ATF)'의 프랭크 클레멘테 사무총장은 "미국에서 이처럼 극소수의 손에 막대한 부가 흘러들어가는 것은 전례 없는일"이라고 말했다.[6]

형세를 반전시키려면……

이 광기를 끝내려면 무엇보다도 코로나19의 진실된 기원과 성격, 독성, 예방법 및 치료법을 이해해야 한다. 올바른 이해로 무장하면 적절히 대응할 수 있다. 코로나19가 고령자와 기저 질환이 있는 사람에게 심각한 위험을 안기는 것은 사실이지만 대다수 인구, 특히 어린이와 청소년에게는 위험이 아주 적다는 것을 이제 우리도 안다.

또 다른 좋은 소식은 주류 언론에서도 드디어 코로나19 바이러스가 실험실에서 유출되었다는 지배적인 증거 쪽으로 눈을 돌리기 시작했다는 사실이다. 2021년 1월 초 생물무기 역사가인 니컬슨 베이커가 그 문제와 관련해 쓴 장편 분석 기사가 잡지 《뉴욕》에 실린 것이 한 예다.[7] 앞으로 이런 형태의 팬데믹 재발을 막으려면 코로나19 바이러스인 SARS-CoV-2의 출처를 정확히 파악해야 한다.

우리 대다수는 SARS-CoV-2가 실험실에서 유출되었다는 증거의 우세함을 잘 모른다. 그뿐 아니라 잘못 설정되고 과도하게 부풀려진 PCR 검사로 인해 코로나19 확진자가 터무니없이 과장되는 바람에 사람들이 두려움에서 자신의 자유를 제한당하는 강권주의적 조치를 순순히 받아들이게 되었다는 사실을 올바로 아는 사람도 많지 않다.

또 대다수는 코로나19 희생자의 사망진단서 중 94%가 여러 가지 합병증을 적시하고 있지만 질병통제예방센터(CDC)의 지시로 의사들이 사망자가 검사 결과 양성이거나 감염이 의심될 때는 무조건 코로나19를 '주요' 사인으로 기록할 수밖에 없다는 사실도 잘 모른다.

더구나 매년 수많은 일반 감기, 인플루엔자, 폐렴, 급성 호흡기 질환이 코로나바이러스 감염으로 발생하거나 코로나바이러스 감염과 함께 발생하기 때문에 이런 질환을 코로나19와 구분해서 진단하기가 매우 어렵다는 사실을 이해하는 사람은 더욱 드물다.

이 때문에 공포심을 조장하고 팬데믹으로 부당 이득을 챙기는 세력들은 이렇게 서로 다른 질환을 한데 묶어 수백만 명의 생명을 위협하는 코로나19의 또 다른 유행이 잇따라 발생하고 있다는 인상을 대중에게 심어줄 수 있었다.

어린이와 청소년 그리고 건강한 사람은 코로나19로 심각한 증상을 보이거나 고위험군으로 바이러스를 퍼뜨릴 가능성이 매우 작다. 따라서 자영업자에게 경제적으로 치명타를 가하고 우리 모두를 피폐하게 만드는 이동과 영업 제한, 집합 금지 등 일괄적인 록다운 없이도 고령자와 기저 질환자들을 얼마든지 효과적으로 보호할 수 있다는 점을 우리는 명심해야 한다.

고위험군 이야기가 나왔으니 정확히 짚어보자. 코로나19 사망자 중 다수(《뉴욕 타임스》에 따르면 36%)는 요양원 환자였다. 요양 시설의 집단 감염 방지에 실패하면서 그처럼 많은 사망자가 나온 것이다.[8] 감염병 대응 지침이 일관되게 지켜졌다면 사망자 수를 크게 줄일 수 있었다는 뜻이다.

그들이 골대를 계속 옮기는 이유

처음에 그들은 정부의 강권주의적인 개입을 두고 감염 전파 속도를 늦추어 의료 시스템 붕괴를 막기 위한 조치라는 핑계를 댔다. 하지만 그들은 맨 처음 세웠던 골대를 계속 옮겼다. 2주간 시행한다던 록다운이 몇 달로 연장되는 경우가 잇따랐다.

그러다가 그들은 또 백신이 나왔을 때 모든 것이 일상으로 돌아갈 수 있다고 말했다. 하지만 막상 백신 접종이 대규모로 시작되자 그들은 백신 주사를 맞더라도 마스크 착용과 사회적 거리 두기, 록다운은 2021년이나 심지어 2022년까지 계속되어야 한다며 또다시 말을 바꾸었다.

이제는 그들이 무엇이라고 말해도 더 이상 믿을 수 없다. 따라서 우리는 코로나19 팬데믹이 테크노크라트로 이루어진 글로벌 엘리트 집단에 의해 편리한 구실로 사용되었거나 아니면 팬데믹 자체가 기획된 음모일지 모른다고 생각할 수밖에 없다. 다른 논리로는 도저히 설명되지 않기 때문이다. 팬데믹 대응책을 마음대로 주무르고 있는 테크노크라트들에게로 막대한 부가 이전되는 것을 용이하게 만들고, 또 그런 사실을 감추는 동시에 우리의 개인적 자유와 시민적 자유 침해를 정당화하기 위해 팬데믹을 이용하는 것이다.

그들은 터무니없이 조작된 데이터와 결함 많은 검사를 혼합함으로써 공황 상태를 계속 연장시키고 있다. 하지만 그 모든 것이 신기루에 불과하다. 팩트를 깊숙이 살펴보면 공황은 저절로 사라진다. 두려워할 게 전혀 없다는 사실을 알 수 있기 때문이다.

PCR 검사 데이터도 엉터리이지만 특히 치명적인 팬데믹의 증거가 하나도 없다. 또 코로나19로 사망한 사람이 적지 않은 것은 사실이지만 코로나19 때문에 발생한 초과 사망은 없다.[9] 실제로 2020년의 전체 사망자 수는 다른 해와 비슷했다. 심장병, 당뇨병, 암, 인플루엔자 등으로 사람들이 사망한다고 해서 세계를 봉쇄하고 일상을 멈춰야 할까? 어느 누구도 그렇게 생각하지 않을 것이다. 그렇다면 코로나19로 사망자가 발생한다고 해서 세계를 폐쇄하는 법석을 떨 이유도 없지 않은가?

성공으로 가는 길

코로나19를 일으키는 SARS-CoV-2 바이러스가 부실하게 관리되는 중국 우한의 생물방어·생물무기 실험실에서 무모하게 만들어져 고의적으로 살포되었을까? 아니면 사고로 유출되었을까? 이 책 앞부분에서 여러 차례 언급했듯이 우리는 아직 어느 쪽인지 정확히 모른다. 다만 이 정도의 사실은 안다. 팬데믹 발생 직전에 글로벌 엘리트 집단의 막강한 네트워크가 우리 세계에 어떤 위기가 닥칠지 분명히 예견했고, 자신들의 경제적·기술적·전체주의적·반민주적 목표를 달성하기 위해 이 위기를 이용했다는 것 말이다. 빌 게이츠, 세계경제포럼(WEF), 거대 IT 기업들, 록펠러 재단 그리고 미국 국방부 등이 그 집단에 속한다.

아울러 범죄에 해당하는 부주의와 과실로 이 재앙을 일으킨 유전공학자들과 과학자들을 계속 밝혀내 고발하고, 유전공학을 통해 바이러스와 박테리아를 무기화하는 행태를 완전히 뿌리 뽑아 다시는 코로나19와 같은 팬데믹이 발생하지 않게 하는 것이 우리의 실존적인 의무라는 사실도 우리는 잘 안다.

이제 우리는 SARS-CoV-2 바이러스가 실험실에서 만들어졌으며, 글로벌 엘리트 집단의 왜곡된 과학과 의료 과실, 위기 조장이 '위대한 리셋'이라는 극악무도한 계획 아래 무기화되고 있다는 더 많은 증거를 계속 수집해야 한다. 그 과정에서 자유와 권리를 박탈당해 분노하는 대중의 힘을 하나로 뭉쳐 조직화해야 한다.

온라인 정보 사이트 '집단 진화(Collective Evolution)'의 아르준 윌리아는 "이게 우리가 진정으로 만들어가기를 원하는 세계인가? 우리가 이 정도밖에 하지 못하는가?"가 우리의 가장 강력한 구호가 되어야 한다고 말했다.[10]

우리가 2020년을 돌아보며 "이 모든 것이 '위대한 리셋'을 위한 리허설이었구나!"라는 뒤늦은 깨달음에 그냥 후회만 하고 말 것인가? 남은 생애 동안 아무 쓸모 없고, 두려움을 부추기고, 사회적으로 격리시키는 마스크를 착용하며 두려움과 죄의식에 사로잡혀 살아가기를 진정 원하는가?

아니다. 절대로 그래서는 안 된다.

자연요법과 명상을 지지하는 도슨 처치는 이렇게 설명했다.

"지금 우리는 두려움의 집단 감염 한가운데 있다. 그 두려움이 우리의 면역 체계를 억누르고, 회복력을 약화시키며, 심리정신적으로 나쁜 영향을 미치고, 우리의 대응력을 손상시킨다. 이럴 때일수록 우리에게는 긍정적인 사고와 기쁨, 감사의 마음가짐이 더욱 필요하다. 의도적으로 그런 면을 발전시켜야 한다. 그러기 위해서는 명상을 하고, 긍정적인 미디어를 접하며, 아무짝에도 쓸모없는 부정적인 감정에 굴복하지 말아야 한다."[11]

권력에 도취한 글로벌 엘리트 집단이 추진하는 '위대한 리셋'을 중단시키고, 풀뿌리에서부터 새로운 세계를 건설하고 싶다면 사적으로만 불만을 터뜨리거나 소셜 미디어에서 그런 생각을 친구들에게 전하는 데 머물러서는 안 된다. 정의와 관용, 자유, 개인적 선택권, 사생활, 표현과 종교의 자유, 헌법적 권리, 재생을 기반으로 하는 보건과 식생활, 영농을 기반으로 하는 세계를 원한다면 뜻을 모으고 조직화를 통해 체계적인 운동을 펼쳐야 한다.

지금이 바로 그럴 때다.

우리는 새로운 가족 농장 기반의 농업 시스템을 갖추어야 한다. '보약이 되는 식품', 유기농 건강식품을 모두에게 제공하면서 환경과 생물 다양성을 회생시킬 수 있는 시스템 말이다.

또한 우리는 새로운 경제 시스템도 확립해야 한다. 일하고자 하는 모든 사람에게 의미 있고, 사회적·환경적으로 책임 있는 일자리와 품위 있는 생활 수준을 제공할 수 있는 시스템을 갖추어야 한다.

다른 한편으로 우리는 코로나19 백신 접종을 의무화하려는 모든 시도에 반대해야 한다. 백신 접종을 거부하는 사람들에게 가해지는 엄격한 제한 때문에 어쩔 수 없이 '자발적으로' 접종을 받아야 하는 터무니없는 상황도 단호히 막아야 한다.

중앙은행 디지털 화폐의 위협

우리는 건전한 통화 시스템도 구축해야 한다. 실물 화폐든 블록체인 형태의 디지털 화폐든 상관없다. 우리의 사생활과 독립을 보장해주기만 하면 된다.

'위대한 리셋'은 지금 우리가 알고 있는 방식의 화폐에 근거하지 않은, 전혀 새로운 디지털 화폐 시스템을 추진한다.

한마디로 그것은 사회 통제 시스템이다. 현재의 실물 화폐를 중앙은행 디지털 화폐(CBDC)로 대체함으로써 거래 정보를 통해 시민들의 사생활을 낱낱이 파악하고 감시할 수 있기 때문이다. 그런 시스템 아래서는 우리가 마음대로 물건을 구입하거나 심지어 자유롭게 살아갈 수조차 없게 될 것이다. 우리가 사고파는 모든 것이 모니터링되고, 수시로 업데이트되는 '기준'에 따라 우리의 거래나 행동, 사고방식까지 바람직하지 않다고 판단되면 곧바로 처벌이 내려질 것이다.

과학 기술을 이용해 인간의 신체적·정신적 능력을 개선할 수 있다고 믿는 트랜스휴머니즘 어젠다도 그중 일부다. 우리 몸에 바이오센서를 주입하거나 이식하여 우리 몸 자체를 금융 시스템에 연결시키려는 것이다. 트랜스휴머니즘과 테크노크라시는 떼려야 뗄 수 없는 하나의 짝이다. 그 두 가지가 융합되면서 우리를 하루 24시간 내내 감시하고 조종할 수 있는 디지털 노예 시스템이 완성된다.

모든 것의 분산화가 정답이다

우리가 해야 할 일 가운데 무엇보다 중요한 것은 정부와 인터넷의 분산화다. 그래야 검열의 위협이 사라지고, 표현의 자유가 보장될 수 있다.

지금의 중앙 집중화 시스템은 어떤가? 일례를 들자면 어떤 소셜 미디어에서든 의약품에 의문을 제기하는 사람은 모든 소셜 미디어에서 퇴출당할 수 있다. 또 그중 다수는 페이팔 같은 디지털 금융 플랫폼 사용도 거부당할 위험이 있다.

모든 법은 최대한 특정적으로, 또 국소적으로 적용되는 것이 최선이기 때문에 개인이 가장 많은 권리를 갖는 것이 당연하다. 그러나 모든 권력이 한곳으로 집중되면 개인의 권리를 보장받을 수 없게 된다.

여기서 또 희한한 일이 벌어지고 있다. 미국과 영국의 정보기관들은 코로나19 팬데믹과 백신 문제의 진실을 밝히는 데 앞장서는 머콜라 박사의 웹사이트 Mercola.com을 비롯해 그와 비슷한 여러 웹사이트를 다국적 안보 위협으로 분류했다. 그들은 정교한 사이버 전쟁 도구를 사용하며 인터넷과 소셜 미디어에서 '백신 거부 선전'을 제거하기 위해 서로 협력하고 있다.[12]

한번 자문해보라. 공중 보건에 대한 우려 때문에 백신의 안전성과 접종 의무화 정책에 이의를 제기하는 사람들의 의사 표현을 검열하고, 그들의 금융 거래 능력을 제거하는 것이 과연 정당한 일일까? 그들이 다른 것도 아닌 전쟁 전술과 경제적인 협박을 동원해 백신에 관한 모든 논의를 차단하려 한다는 사실은 모든 사람에게 백신 주사를 맞히려는 계획이 공중 보건이나 안전 유지와는 아무 상관 없다는 점을 말해주지 않는가?

그것은 한마디로 대중을 조종하고 통제하며 복종시키려는 수작임이 뻔하다.

한데 더 중요한 것은 그 이유다. 그들이 도대체 왜 그렇게 하려는 것일까?

의료업계, 특히 백신 제조사들은 스스로 만든 심각한 신뢰성 문제를 갖고 있으면서도 거대 IT 기업과 국가 정보기관들의 도움으로 계속 성장하고 있다. 정보기관과 기술업체들이 극단적인 수단까지 동원해 백신 반대와 거부의 담론이 퍼지는 것을 막아주기 때문이다.

미국 정부가 공공 담론에 대해 이처럼 전면적인 검열을 허용한 것은 이번이 처음이다. 정부가 직접 검열에 나섰다면 큰 문제가 되었겠지만 민간 기술업체에 검열을 위임했기 때문에 이런 일이 가능했다. 민주적으로 운영되며, 자유롭고 열린 사회에서는 검열이 최대의 적이다. 이는 논란의 여지가 없는 문제다. 물론 가짜 뉴스와 허위 정보의 전파를 허용하는 것은 공공의 이익에 반하는 일이지만 그렇다고 검열을 하는 것은 사회 전반에 너무 큰 위험을 제기하기 때문에 도저히 정당화될 수 있다.

검열은 혐오스러운 정보에만 적용되지 않는다. 우리를 조종하고 통제하려는 테크노크라시 엘리트 집단에 위협이 되는 정보라면 전부 검열의 대상이 될 것이다.

거대 IT 기업들의 검열은 정부의 검열보다 더 교활하다. 정부보다 훨씬 불투명하기 때문이다. 만약 정부가 특정 표현을 검열하겠다고 발표한다면 최소한 어떤 식으로 검열이 이루어질지 어느 정도 알 수 있다. 그러나 민간 기술 기업들은 검열의 기준을 마음대로 수시로 바꾸고, 누가 무엇 때문에 어떻게 검열당하는지 명확하게 알려주지도 않는다. 게다가 이의를 제기할 수 있는 장치나 절차도 없다.

지금 우리가 직면한 문제는 검열이 권력을 강화해준다는 사실, 그리고 검열이 일단 자리 잡으면 그 뿌리를 뽑기가 아주 어렵다는 사실이다. 이 문제는 개인적 자유만이 아니라 민주주의 전반에 악영향을 미친다. 검열은 그 두 가지에 직접적인 위협을 가한다. 이점을 고려할 때 미국과 영국의 정보기관들이 검열에 관여한다는 사실은 우리에게 아주 중요한 점을 말해준다.

그것은 검열이 공중 보건을 지키기 위한 게 아니라 정부의 대중 통제력을 강화하려는 목적에서 시도되고 있다는 점이다. 아울러 백신의 안전 문제를 따지는 사람들을 정보기관이 국가 안보의 위협으로 파악한다는 사실은 정부가 민간 기업을 비호하려 애쓴다는 점을 시사한다. 정부와 기업 사이의 구분선이 사라져간다는 뜻이다.

결국 정부나 기업 중 어느 한쪽을 비판하면 자동으로 다른 쪽까지 비판하게 되는 셈이다. 쉽게 말하면 만약 당신이 민간 기업의 수익을 방해하거나 위태롭게 했을 때 당신은 곧바로 국가 안보 위협 분자로 낙인찍힌다는 의미다. 이는 정부가 해체되고 민간 기업 지도자들이 비선출 지도부로서 국가와 사회의 통치를 대신하게 된다는 테크노크라시의 규칙과 맞아떨어진다.

정부를 비판할 수 있는 권리와 자유는 민주주의의 상징이다. 따라서 진실된 정보에 맞서 싸우는 이 같은 국가 주도의 전쟁은 이제 세계가 테크노크라시에 입각한 전체주의로 급선회하고 있다는 명확한 증거다.

기로에 선 우리 – 어느 길을 선택해야 하나?

조금 늦긴 했어도 아직은 방향을 바꿀 시간이 있다. 우리는 지금 기로에 서 있다. 한쪽 길은 트랜스휴머니즘과 테크노크라시의

'권력자'들이 추구하는 독재 체제로 향하고, 다른 쪽 길은 자유와 민주주의로 안내한다. 당신은 어느 길을 택하겠는가? 나는 우리의 삶과 미래 세대의 삶을 위한 투쟁의 길로 여러분을 초대하고자 한다. 건강하고, 공정하며, 환경과 건강의 재생이 가능한 미래를 위해 사람들을 교육하고 조직화하는 우리의 일에 동참해주기를 바란다.

우리는 먼저 거주지 인근에서 생산되는 농산물을 구입하고 지자체 정치와 현지 조직화에 참여함으로써 우리를 옳지 않은 방향으로 몰아가는 개인과 기업들의 생명선을 끊을 수 있다.

데이비드 클루즈는 《코로나19 수수께끼(*The COVID-19 Conundrum*)》에서 이렇게 경고했다.

"코로나19를 이용한 사기 행각을 알고도 거기에 결탁한 정치인과 기업들에게서 등을 돌리지 않는다면 우리는 가망이 없다. 특히 사기에 가담한 대기업의 상품과 용역을 보이콧해야 한다. 그들은 코로나19 팬데믹을 계기로 나라 전체를 사실상 감옥으로 만들 수 있는지 시험했다. 우리가 그들의 그러한 행동을 용납하면 그들은 더욱 기고만장해져서 자신들의 목적 달성을 위해 가차 없이 나아갈 것이다. 그때는 누구도 말릴 수 없다."[13]

우리의 선택 하나하나가 아래로부터 위로 올라가는 상향식 변화를 촉진하는 소비자 시장 주도의 압력을 만들어낸다. 위에서 아래로 추진하는 권위적인 하향식 해결책은 역효과를 낸다. 자금력이 풍부한 로비스트와 변호사들은 언제나 일반 대중이 아니라 엘리트 집단에 더 이로운 일을 한다. 따라서 정치인들이 우리를 위해 좋은 일을 해주리라고 기대하면 늘 우리가 손해를 보게 된다.

정부 기관과 국제기구는 테크노크라트와 세계적인 극소수 거부(巨富)들의 조종을 받는다. 따라서 그런 기관과 기구에 기대지 말고 자신이 사는 공동체와 지역 사회 안에서, 또 개인적으로 긍정적인 변화를 이루면서 자유와 권리를 되찾기 위해 노력하는 것이 중요하다.

의료계 기득권층은 계속 거대 제약사들의 노예 역할을 하며 질병의 근본 원인을 다루지 않고 증상만 처치하려 한다. 그들이 그렇게 하지 못하도록 우리가 직접 막기는 어렵다. 하지만 우리는 우리 자신과 가족, 공동체와 지역 사회를 건강하고 회복력 넘치도록 만들기 위해 그런 시스템에 참여하지 않는 선택을 할 수 있다. 그것이 그들의 통제에서 벗어나는 길이다.

제6장에서 자세히 알아보았듯이 혈중 비타민 D 수치만 최적화해도 면역 체계가 강화되어 코로나19를 포함한 여러 감염병을 막아낼 수 있다는 사실을 명심하라. 그리고 제6장에서 다룬 여러 전략도 도움이 될 것이다. 특히 비타민 D의 효능은 너무나 확실하다. 의사와 과학자 등 전문가 100명 이상이 코로나19 예방과 치료에 비타민 D 사용을 늘릴 것을 촉구하는 공개서한에 서명한 것만 봐도 알 수 있다.[14]

공개서한은 "연구에 따르면, 혈중 비타민 D 수치가 낮을 경우 코로나19 감염, 또 그로 인한 입원과 사망의 위험이 높아진다는 것이 거의 확실하다. 따라서 비타민 D를 잘 활용해야 한다. 비타민 D는 부작용도 없기 때문에 우리는 가능한 한 많은 사람이 즉시 비타민 D를 복용하도록 촉구한다"며 다음과 같은 구체적인 설명을 덧붙였다.

비타민 D는 수천 개의 유전자와 선천 면역 또는 적응 면역의 많은 측면을 조절한다.

과학적인 증거는 다음과 같은 사실들을 말해준다.

- 혈중 비타민 D 수치가 높은 것은 SARS-CoV-2 감염 위험이 낮은 것과 상관관계가 있다.
- 혈중 비타민 D 수치가 높은 것은 코로나19 중증(입원, 집중 치료, 사망) 위험이 낮은 것과 상관관계가 있다.
- 무작위 대조 시험을 포함한 중재 연구(집단을 대상으로 역학적 사실을 검증하고 질병의 예방 대책을 연구하는 방법) 결과들은 비타민 D가 아주 효과적인 코로나19 치료제가 될 수 있다는 점을 시사한다.
- 많은 논문을 통해 비타민 D가 코로나19에 영향을 주는 여러 생물학적 메커니즘이 밝혀졌다.

- 인과 관계 추론 모델, 힐(Hill)의 인과 관계 기준, 중재 연구 그리고 생물학적 메커니즘에 따르면, 비타민 D가 코로나19에 미치는 영향은 단순히 상관관계에 그치는 게 아니라 인과 관계일 가능성이 크다.[15]

'어두운 겨울'을 끝내는 진실의 빛

코로나19로 인한 사망자가 급증하면서 세계 지도자들은 '어두운 겨울'을 경고했지만 우리는 희망의 끈을 놓지 말아야 한다. 진실의 빛을 비추고 투명성을 강화할 때 팬데믹의 사기 행각을 끝내고 '위대한 리셋'을 중단시킬 수 있다. 많은 사람들이 실제로 지금 무슨 일이 일어나고 있는지 깨닫고, 그들이 말하는 '리셋'의 목표가 무엇인지 이해한다면 그들도 그 일을 계속 추진할 수 없을 것이다.

테크노크라트들로 이루어진 엘리트 집단은 '위대한 리셋'이라는 자신들의 목적을 달성하기 위해 우리 모두가 수동적으로 그들의 조치를 순순히 따라주기만을 간절히 바란다. 그들보다 우리의 수가 훨씬 많기 때문에 무조건 밀어붙이기가 쉽지 않다. 그러나 팬데믹이 그들의 소원을 들어주었다. 이제 우리는 일과 여행에 가해지는 제한을 군소리 없이 받아들이는 데 익숙해지고 있다. 또 어디서 어떻게, 누구와 휴일을 즐기라는 정부의 지침을 고분고분 따르고 있다. 2020년 이전에는 생각도 할 수 없었던 상황이다. 하지만 더 이상 그런 익숙함을 용인해서는 안 된다.

노예제는 세계 역사에서 가장 수익성 높은 사업이다. 이제는 현대 기술 덕분에 더욱 완벽한 통제가 가능해졌다. 어떤 반란도 쉽게 진압할 수 있다. 또 현대 기술은 극소수가 대중을 상대로 엄청난 힘을 휘두를 수 있게 해준다.

이 상황에서 지금 우리가 어떻게 하고 있는지 깨닫는 것이 무엇보다 중요하다. 우리를 노예로 삼으려는 바로 그 통제 시스템을 구축하는 데 우리 스스로 자금을 대고 도움을 주고 있다는 사실 말이다. 우리는 그런 시스템을 구축하는 회사에서 일하지 않는가? 또 그들이 만들어 파는 상품을 구입하고, 그들이 판매나 다른 음험한 목적으로 사용하도록 우리의 개인 정보를 수집할 수 있게 허용하지 않는가?

우리가 그들의 상품을 구입하지 않고, 우리의 개인 정보를 내주지 않으면 그들은 그 시스템을 구축할 수 없다. 따라서 우리를 노예로 삼기 위해 필요한 수단을 그들에게 제공해선 안 된다. 우리 스스로 파멸을 자초하지 말아야 한다.

우리는 스스로 해결책의 일부가 되어 어두운 주변에 빛을 비추어야 한다. 정보를 공유하고, 우리 주변을 에워싸는 통제 장치를 없앨 수 있는 대안을 개발해야 한다.

우리는 이전에도 이런 일을 한 적이 있다. 유기농 운동이 좋은 예다. 인간의 기본적인 가치와 일치하는 식품 시스템을 구축하기 위해 시간과 돈을 아끼지 않은 일반인들이 그 운동의 성공을 일구었다. 그 결과, 식품에 관한 대안은 지금 마련되어 있다. 유전자 변형 식품과 정크 푸드 같은 가짜 식품 말고도 선택할 수 있는 유기농 식품이 있다.

자유롭게 살고 싶다면 그 소망을 이루기 위해 최선을 다해야 한다. 우리가 어떻게 살고 있으며 어떻게 교류하는지 주의 깊게 분석하고, 문제가 있다면 자유와 권리를 극대화하는 방향으로 현실을 고쳐나가야 한다. 그래야 트랜스휴머니즘을 바탕으로 하는 테크노크라시 통제 시스템에 대한 우리의 기여를 조금이나마 줄일 수 있다.

무증상 전파라는 비과학적인 주장, PCR 조작으로 부풀려진 팬데믹, 공포심 조장을 위해 사용되는 가짜 통계는 다 물리쳐라. 대신 진실만을 추구하라. 자신의 건강은 스스로 책임져라. 우리 모두 글로벌 엘리트 집단이 부추기는 두려움에서 벗어날 수 있도록 가족과 친구들에게 진실을 전하고 그들과 허심탄회한 토론과 대화를 가져라.

제1장

1. Antonio Regolado, tweet, April 27, 2020, https://twitter.com/antonioregalado/status /1254916969712803840?lang=en.

2. Children's Health Defense Team, "An International Message of Hope for Humanity from RFK, Jr.," *Defender*, October 26, 2020, https://childrenshealthdefense.org/ defender/message-of-hope-for-humanity.

3. Mary Holland, "What Can We Learn from a Pandemic 'Tabletop Exercise'?," Organic Consumers Association, March 25, 2020, https://www.organicconsumers. org/news/what-can-we-learn-pandemic-tabletop-exercise.

4. Martin Furmanski, "Laboratory Escapes and 'Self-Fulfilling Prophecy' Epidemics," Arms Control Center, February 17, 2014, https://armscontrolcenter.org/wp-content/ uploads/2016/02/Escaped-Viruses-final-2-17-14-copy.pdf.

5. CDC COVID Data Tracker, "United States COVID-19 Cases and Deaths by State Reported to the CDC Since January 21, 2020," accessed January 20, 2021, https:// covid.cdc.gov/covid-data-tracker/#cases_totaldeaths.

6. National Center for Health Statistics, "Weekly Updates by Select Demographic and Geographic Characteristics," CDC.gov, accessed August 26, 2020, https://www.cdc. gov/nchs/nvss/vsrr/covid_weekly/index.htm.

7. "Coronavirus Disease 2019: Older Adults," Centers for Disease Control and Prevention, updated September 11, 2020, https://www.cdc.gov/coronavirus/2019-ncov/need-extra–precautions/older-adults.html.

8. Craig Palosky, "COVID-19 Outbreaks in Long-Term Care Facilities Were Most Severe in the Early Months of the Pandemic, but Data Show Cases and Deaths in Such Facilities May Be on the Rise Again," KFF, September 1, 2020, https://www.

kff.org/coronavirus–covid-19/press-release/covid-19-outbreaks-in-long-term-care-facilities-were-most-severe–in-the-early-months-of-the-pandemic-but-data-show-cases-and-deaths-in-such-facilities-may-be-on-the-rise-again.

9.   Nurith Aizenman, "New Global Coronavirus Death Forecast Is Chilling-and Controversial," NPR online, September 4, 2020, https://www.npr.org/sections/goats andsoda/2020/09/04/909783162/new-global-coronavirus-death-forecast-is-chilling-and-controversial.

10.   David M. Cutler and Lawrence H. Summers, "The COVID-19 Pandemic and the $16 Trillion Virus," *JAMA* 324, no. 15 (2020): 1495-96, https://www.doi.org/10.1001/jama.2020.19759.

11.   Board of Governors of the Federal Reserve System, "Report on the Economic Well-Being of US Households in 2017," May 2018, https://www.federalreserve.gov/publications/files/2017-report-economic-well-being-us-households-201805.pdf.

12.   Chuck Collins, "US Billionaire Wealth Surges Past $1 Trillion Since Beginning of Pandemic-Total Grows to $4 Trillion," Institute for Policy Studies, December 9, 2020, https://ips-dc.org/u-s-billionaire-wealth-surges-past-1-trillion-since-beginning-of-pandemic/.

13.   Naomi Klein, "Screen New Deal," *Intercept*, May 8, 2020, https://www.theintercept.com/2020/05/08/andrew-cuomo-eric-schmidt-coronavirus-tech-shock-doctrine.

14.   Sainath Suryanarayanan, "Reading List: What Are the Origins of SARS-CoV-2? What Are the Risks of Gain-of-Function Research?," US Right to Know, updated October 13, 2020, https://usrtk.org/biohazards/origins-of-sars-cov-2-risks-of-gain-of-function-research-reading-list; "Attorney Dr. Reiner Fuellmich: The Corona Fraud Scandal Must Be Criminally Prosecuted for Crimes Against Humanity," FIAR News, October 9, 2020, https://news.fiar.me/2020/10/attorney-dr-reiner-fuellmich-the-corona-fraud-scandal-must-be-criminally-prosecuted-for-crimes-against-humanity; Organic Consumers Association Editors, "Covid-19: Right to Know," Organic Consumers Association, accessed November 18, 2020, https://organicconsumers.org/campaigns/covid-19.

15.   Rowan Jacobsen, "Could COVID-19 Have Escaped from a Lab?," *Boston Magazine*, September 9, 2020, https://www.bostonmagazine.com/news/2020/09/09/alina-chan-broad-institute-coronavirus.

16.   Ronnie Cummins and Alexis Baden-Mayer, "COVID-19: Reckless 'Gain of Function' Experiments Lie at the Root of the Pandemic," Organic Consumers Association, July 23, 2020, https://www.organicconsumers.org/blog/covid-19-reckless-gain-of-function-experiments-lie-at-the-root-of-the-pandemic.

17.   Fred Guterl, Naveed Jamali, and Tom O'Connor, "The Controversial Experiments and Wuhan Lab Suspected of Starting the Coronavirus Pandemic," *Newsweek*, April

27, 2020, https://www.newsweek.com/controversial-wuhan-lab-experiments-that-may-have-started-coronavirus-pandemic-1500503.

18. Cambridge Working Group, "Cambridge Working Group Consensus Statement on the Creation of Potential Pandemic Pathogens (PPPs)," July 14, 2014, https://www.cambridge workinggroup.org.

19. "Scientists Outraged by Peter Daszak Leading Enquiry into Possible Covid Lab Leak," GM Watch, September 23, 2020, https://www.gmwatch.org/en/news/latest-news/19538.

20. Alexis Baden-Mayer, "Dr. Robert Kadlec: How the Czar of Biowarfare Funnels Billions to Friends in the Vaccine Industry," Organic Consumers Association, August 13, 2020, https://www.organicconsumers.org/blog/dr-robert-kadlec-how-czar-biowarfare-funnels-billions-friends-vaccine-industry.

21. Organic Consumers Association Editors, "'Gain of Function' Hall of Shame," Organic Consumers Association, October 1, 2020, https://www.organicconsumers.org/news/gain-of-function-hall-of-shame.

22. Dr. Joseph Mercola, "Can You Trust Bill Gates and the WHO with COVID-19 Pandemic Response?," Mercola.com, April 14, 2020, https://articles.mercola.com/sites/articles/archive/2020/04/14/world-health-organization-pandemic-planning.aspx.

23. Aksel Fridstøm, "The Evidence Which Suggests That This Is No Naturally Evolved Virus," *Minerva*, July 13, 2020, https://www.minervanett.no/angus-dalgleish-birger-sorensen-coronavirus/the-evidence-which-suggests-that-this-is-no-naturally-evolved-virus/362529; Bret Weinstein and Yuri Deigin, "Did Covid-19 Leak from a Lab?," *Bret Weinstein's Dark Horse Podcast*, June 8, 2020, https://www.youtube.com/watch?v=q5SRrsr-Iug.

24. Sam Husseini, "Did This Virus Come from a Lab? Maybe Not-But It Exposes the Threat of a Biowarfare Arms Race," Salon.com, April 24, 2020, https://www.salon.com/2020/04/24/did—this-virus-come-from-a-lab-maybe-not-but-it-exposes-the-threat-of-a-biowarfare-arms-race.

25. *Preventing a Biological Arms Race*, ed. Susan Wright (Cambridge, MA: MIT Press, 1990).

26. Lynn Klotz, "Human Error in High-Biocontainment Labs: A Likely Pandemic Threat," *Bulletin of the Atomic Scientists*, February 25, 2019, https://thebulletin.org/2019/02/human-error-in-high-biocontainment-labs-a-likely-pandemic-threat.

27. Dr. Joseph Mercola, "How COVID-19 Vaccine Can Destroy Your Immune System," Mercola.com, November 11, 2020, https://articles.mercola.com/sites/articles/archive/2020/11/11/coronavirus-antibody-dependent-enhancement.aspx.

28. Kristin Compton, "Big Pharma and Medical Device Manufacturers," Drugwatch,

last modified September 21, 2020, https://www.drugwatch.com/manufacturers.

29. Leslie E. Sekerka and Lauren Benishek, "Thick as Thieves? Big Pharma Wields Its Power with the Help of Government Regulation," *Emory Corporate Governance and Accountability Review* 5, no. 2 (2018), https://law.emory.edu/ecgar/content/volume-5/issue-2/essays/thieves-pharma-power-help-government-regulation.html.

30. Dr. Joseph Mercola, "Swiss Protocol for COVID-Quercetin and Zinc," Mercola.com, August 20, 2020, https://articles.mercola.com/sites/articles/archive/2020/08/20/swiss-protocol-for-covid-quercetin-and-zinc.aspx.

31. Dr. Joseph Mercola, "How a False Hydroxychloroquine Narrative Was Created," Mercola. com, July 25, 2020, https://articles.mercola.com/sites/articles/archive/2020/07/15/hydroxychloroquine-for-coronavirus.aspx.

32. FLCCC Alliance, "FLCCC Summary of Clinical Trials Evidence for Ivermectin in COVID-19," January 11, 2021 (PDF), https://covid19criticalcare.com/wp-content/uploads/2020/12/One-Page-Summary-of-the-Clinical-Trials-Evidence-for-Ivermectin-in-COVID-19.pdf; Pierre Kory et al., "Review of the Emerging Evidence Demonstrating the Efficacy of Ivermectin in the Prophylaxis and Treatment of COVID-19," *Frontiers of Pharmacology*, provisionally accepted 2020, accessed January 21, 2021, https://doi.org/10.3389/fphar.2021.643369; "Ivermectin COVID-19 Early Treatment and Prophylaxis Studies," accessed January 20, 2021, https://c19Ivermectin.com.

33. Dr. Joseph Mercola, "Vitamin D Cuts SARS-Co-V-2 Infection Rate by Half," Mercola.com, September 28, 2020, https://articles.mercola.com/sites/articles/archive/2020/09/28/coronavirus-infection-rate-vitamin-d.aspx.

34. Dr. Joseph Mercola, "How Nebulized Peroxide Helps Against Respiratory Infection," Mercola.com, September 13, 2020, https://articles.mercola.com/sites/articles/archive/2020/09/13/how-to-nebulize-hydrogen-peroxide.aspx.

35. Dr. Joseph Mercola, "COVID-19 Critical Care," Mercola.com, May 29, 2020, https://articles.mercola.com/sites/articles/archive/2020/05/29/dr-paul-marik-critical-care.aspx.

36. Dr. Joseph Mercola, "Quercetin and Vitamin C: Synergistic Therapy for COVID-19," Mercola.com, August 24, 2020, https://articles.mercola.com/sites/articles/archive/2020/08/24/quercetin-and-vitamin-c-synergistic-effect.aspx.

37. Whitney Webb, "Operation Warp Speed Using CIA-Linked Contractor to Keep COVID-19 Vaccine Contracts Secret," Children's Health Defense, October 13, 2020, https://childrenshealthdefense.org/news/operation-warp-speed-cia-linked-contractor-covid-vaccine.

38. "Gates to a Global Empire," Navdanya International, October 14, 2020, https://navdanyainternational.org/bill-gates-philanthro-capitalist-empire-puts-the-future-of-

our-planet-at-stake.

39. John Naughton, "'The Goal Is to Automate Us': Welcome to the Age of Surveillance Capitalism," *Guardian*, January 20, 2019, https://www.theguardian.com/technology/2019/jan/20/shoshana-zuboff-age-of-surveillance-capitalism-google-facebook.

40. Dr. Joseph Mercola, "The Great Reset: What It Is and Why You Need to Know About It," Mercola.com, October 19, 2020, https://blogs.mercola.com/sites/vitalvotes/archive/2020/10/19/the-great-reset-what-it-is-and-why-you-need-to-know-about-it.aspx.

41. Alexis Baden-Mayer and Ronnie Cummins, "Gain-of-Function Ghouls: Sars-CoV-2 Isn"t the Scariest Thing That Could Leak from a Lab," Organic Consumers Association, October 14, 2020, https://www.organicconsumers.org/blog/gain-function-ghouls-sars-cov-2-isnt-scariest-thing-could-leak-lab.

42. Frederik Stjernfelt and Anne Mette Lauritzen, *Your Post Has Been Removed* (New York: Springer, 2020).

43. "Truth to Power," Organic Consumers Association, accessed November 20, 2020, https://www.organicconsumers.org/newsletter/scientist-isnt-afraid-speak-truth-power/truth-power.

44. Dr. Joseph Mercola, "The Real Danger of Electronic Devices and EMFs," Mercola.com, September 24, 2017, https://articles.mercola.com/sites/articles/archive/2017/09/24/electronic-devices-emf-dangers.aspx.

45. Natasha Anderson and Nexstar Media Wire, "New CDC Report Shows 94% of COVID-19 Deaths in US Had Contributing Conditions," WFLA, August 30, 2020, https://www.wfla.com/community/health/coronavirus/new-cdc-report-shows-94-of-covid-19-deaths-in-us-had-underlying-medical-conditions.

46. Katherine J. Wu, "Studies Begin to Untangle Obesity's Role in Covid-19," *New York Times*, September 29, 2020, updated October 14, 2020, https://www.nytimes.com/2020/09/29/health/covid-obesity.html.

47. Barry M. Popkin et al., "Individuals with Obesity and COVID-19: A Global Perspective on the Epidemiology and Biological Relationships," Obesity 21, no. 11 (2020): e13128, https://doi.org/10.1111/obr.13128.

48. Shemra Rizzo et al., "Descriptive Epidemiology of 16,780 Hospitalized COVID-19 Patients in the United States," medRxiv preprint, 2020, https://doi.org/10.1101/2020.07.17.20156265.

49. Ronnie Cummins, "Genetic Engineering, Bioweapons, Junk Food and Chronic Disease: Hidden Drivers of COVID-19," Organic Consumers Association, September 30, 2020, https://www.organicconsumers.org/blog/genetic-engineering-bioweapons-junk-food-and-chronic-disease-hidden-drivers-covid-19.

50. Dr. Joseph Mercola, "Global Uprising Underway," Mercola.com, September 16, 2020, https://articles.mercola.com/sites/articles/archive/2020/09/16/global-uprising.aspx; Ronnie Cummins, *Grassroots Rising* (White River Junction, VT: Chelsea Green, 2020).

51. "US Found to Be Unhealthiest Among 17 Affluent Countries," *American Medical News*, January 21, 2013, https://amednews.com/article/20130121/health/130129983/4.

52. Andrew Hutchinson, "YouTube Ramps Up Action to Remove Covid-19 Misinformation," *Social Media Today*, April 23, 2020, https://www.socialmediatoday.com/news/youtube-ramps-up-action-to-remove-covid-19-misinformation/576577.

53. Dr. Jospeh Mercola, "Oneness vs. the 1%," Mercola.com, November 1, 2020, https://articles.mercola.com/sites/articles/archive/2020/10/18/vandana-shiva-oneness-versus-the-1.aspx.

54. Children's Health Defense Team, "An International Message of Hope for Humanity."

제2장

1. *Washington Post* Editorial Board, "Opinion: The Coronavirus's Origins Are Still a Mystery. We Need a Full Investigation," *Washington Post*, November 20, 2020, https://www.washingtonpost.com/opinions/global-opinions/the-coronavirus-origins-are-still-a-mystery-we-need-a-full-investigation/2020/11/13/cbf4390e-2450-11eb-8672-c281c7a2c96e_story.html?mc_cid =1f31114972&mc_eid=9723e894e5; David A. Relman, "Opinion: To Stop the Next Pandemic, We Need to Unravel the Origins of COVID-19," *Proceedings of the National Academy of Sciences* 117, no. 47 (November 2020), 29246-48; https://doi.org/10.1073/pnas.2021133117.

2. Lynn C. Klotz, "The Biological Weapons Convention Protocol Should Be Revisited," *Bulletin of the Atomic Scientists*, November 15, 2019, https://thebulletin.org/2019/11/the-biological-weapons-convention-protocol-should-be-revisited/.

3. "Statement by Scientists, Lawyers, and Public Policy Activists on Why We Need a Global Moratorium on the Creation of Potential Pandemic Pathogens (PPPs) Through Gain-ofFunction Experiments," https://www.surveymonkey.com/r/XPJL2R9.

4. L. Kuo, G. J. Godeke, M. J. Raamsman, P. S. Masters, and P. J. Rottier, "Retargeting of Coronavirus by Substitution of the Spike Glycoprotein Ectodomain: Crossing the Host Cell Species Barrier," *Journal of Virology* 74, no. 3 (February 2000): 1393-406, https://doi.org/10.1128/JVI.74.3.1393-1406.2000.

5.	Suryanarayanan, "Reading List: What Are the Origins of SARS-CoV-2?"

6.	Carrey Gillam, "Validity of Key Studies on Origin of Coronavirus in Doubt; Science Journals Investigating," US Right to Know, November 9, 2020, https://www.organicconsumers.org/blog/validity-key-studies-origin-covid-in-doubt-science-journals-investigating.

7.	Relman, "Opinion: To Stop the Next Pandemic."

8.	Andrew Nikiforuk, "How China's Fails, Lies and Secrecy Ignited a Pandemic Explosion," *Tyee*, April 2, 2020, https://thetyee.ca/Analysis/2020/04/02/China-Secrecy-Pandemic/; Jeremy Page, Wenxin Fan, and Natasha Khan, "How It All Started: China's Early Coronavirus Missteps," *Wall Street Journal*, March 6, 2020, https://www.wsj.com/articles/how-it-all-started-chinas-early-coronavirus-missteps-11583508932; Steven Lee Myers, "China Created a Fail-Safe System to Track Contagions. It Failed," *New York Times*, March 29, 2020, https://www.nytimes.com/2020/03/29/world/asia/coronavirus-china.html.

9.	*Preventing a Biological Arms Race*, ed. Susan Wright.

10.	Lynn Kotz, "Human Error in High Biocontainment Labs: A Likely Pandemic Threat," *Bulletin of the Atomic Scientists*, February 25, 2019, https://thebulletin.org/2019/02/human-error-in-high-biocontainment-labs-a-likely-pandemic-threat/; Botao Xiaou, "The Possible Origins of the 2019-nCoV Coronavirus" (PDF), https://img-prod.tgcom24.mediaset.it/images/2020/02/16/114720192-5eb8307f-017c-4075-a697-348628da0204.pdf; Wang Keju, "Brucellosis Confirmed in 65 People from Lanzhou Veterinary Institute," ChinaDaily.com, updated December 16, 2019, accessed December 15, 2020, https://global.chinadaily.com.cn/a/201912/06/WS5deb4fe7a310cf3e3557c92a.html.

11.	Committee on Anticipating Biosecurity Challenges of the Global Expansion of High-Containment Biological Laboratories et al., *Biosecurity Challenges of the Global Expansion of High-Containment Biological Laboratories: Summary of a Workshop* (Washington, DC: National Academies Press, 2011), chapter 1, https://doi.org/10.17226/13315; Ian Sample, "Revealed: 100 Safety Breaches at UK Labs Handling Potentially Deadly Disease," *Guardian*, December 4, 2014, https://www.theguardian.com/science/2014/dec/04/-sp-100-safety-breaches-uk-labs-potentially-deadly-diseases; Natalie Vestin, "Federal Report Discloses Incidents in High-Containment Labs," CIDRAP, July 1, 2016, http://www .cidrap.umn.edu/news-perspective/2016/07/federal-report-discloses-incidents-high-containment-labs; Sharon Begley and Julie Steenhuysen, "How Secure Are Labs Handling World's Deadliest Pathogens?," Reuters, February 15, 2012, https://www.reuters.com/article/us-health-biosecurity-idUSTRE81E0R420120215; Lisa Schnirring, "CDC Monitoring More Staff After Anthrax Lab Breach," CIDRAP, June 20, 2014, http://www.cidrap.umn.edu/news-perspective/2014/06/cdc-monitoring-more-staff-afteranthrax-lab-breach; Christina Lin, "Biosecurity in Question at US Germ Labs," *Asia Times*, April 6, 2020, https://asiatimes.com/2020/04/biosecurity-in-question-at-us-germ-labs/; Jocelyn Kaiser, "Accidents Spur a Closer Look at Risks at Biodefense Labs," *Science* 317 (September 28, 2007): 1852-54, https://science.sciencemag.org/content/317/5846/1852?ck=nck.

12. Allison Young, "Newly Disclosed CDC Biolab Failures 'Like a Screenplay for a Disaster Movie,'" *USA Today*, June 2, 2016, https://www.usatoday.com/story/news/2016/06/02/newly-disclosed-cdc-lab-incidents-fuel-concerns-safety-transparency/84978860/; Arthur Trapotsis, "Do You Know the Difference in Laboratory Biosafety Levels 1, 2, 3 & 4?," Consolidated Sterilizer Systems, updated March 31, 2020, accessed December 15, 2020, https://consteril.com/biosafety-levels-difference/.

13. Henry Fountain, "Six Vials of Smallpox Discovered in Laboratory Near Washington," *New York Times*, July 9, 2014, https://www.nytimes.com/2014/07/09/science/six-vials-of-smallpox-discovered-in-laboratory-near-washington.html.

14. Elisabeth Eaves, "Hot Zone in the Heartland," *Bulletin of the Atomic Scientists*, accessed December 15, 2020, https://thebulletin.org/2020/03/hot-zone-in-the-heartland/; Matt Field, "Experts Know the New Coronavirus Is Not a Bioweapon. They Disagree on Whether It Could Have Leaked from a Research Lab," *Bulletin of the Atomic Scientists*, March 30, 2020, https://thebulletin.org/2020/03/experts-know-the-new-coronavirus-is-not-a-bioweapon-they-disagree-on-whether-it-could-have-leaked-from-a-research-lab/.

15. US Government Accountability Office, "High-Containment Laboratories Improved Oversight of Dangerous Pathogens Needed to Mitigate Risk," GAO.gov, August 2016 (PDF), https://www.gao.gov/assets/680/679392.pdf.

16. Joe Lauria, "Worries About a Galveston Bio-Lab," Consortium News, August 30, 2017, https://consortiumnews.com/2017/08/30/worries-about-a-galveston-bio-lab/.

17. Denise Grady, "Deadly Germ Research Is Shut Down at Army Lab Over Safety Concerns," *New York Times*, August 5, 2020, https://www.nytimes.com/2019/08/05/health/germs-fort-detrick-biohazard.html.

18. David Cyranoski, "Inside the Chinese Lab Poised to Study World's Most Dangerous Pathogens," *Nature*, February 22, 2017, https://www.nature.com/news/inside-the-chinese-lab-poised-to-study-world-s-most-dangerous-pathogens-1.21487.

19. Grace Panetta, "US Officials Were Reportedly Concerned That Safety Breaches at Wuhan Lab Studying Coronavirus in Bats Could Cause a Pandemic," *Business Insider*, April 14, 2020, https://www.businessinsider.com/us-officials-raised-alarms-about-safety-issues-in-wuhan-lab-report-2020-4.

20. Fred Guterl, "Dr. Fauci Backed Controversial Wuhan Lab with US Dollars for

Risky Coronavirus Research," *Newsweek*, April 28, 2020, https://www.newsweek.com/dr-fauci-backed-controversial-wuhan-lab-millions-us-dollars-risky-coronavirus-research-1500741.

21. NIH Project Information, "Understanding the Risk of Bat Coronavirus Emergence," Research Portfolio Online Reporting Tools, accessed December 1, 2020, https://projectreporter.nih.gov/project_info_description.cfm?aid=8674931&icde=49750546.

22. Vineet D. Menachery et al., "A SARS-Like Cluster of Circulating Bat Coronaviruses Shows Potential for Human Emergence," *Nature Medicine* 21 (2015): 1508-13, https://www.nature.com/articles/nm.3985.

23. Husseini, "Did This Virus Come from a Lab?"

24. Kevin Baker, "Did America Use Bioweapons in Korea? Nicholson Baker Tried to Find Out," *New York Times*, July 21, 2020, https://www.nytimes.com/2020/07/21/books/review/baseless-nicholson-baker.html.

25. Philip Sherwell, "Chinese Scientists Destroyed Proof of Virus in December," *Sunday Times*, March 1, 2020, https://www.thetimes.co.uk/article/chinese-scientists-destroyed-proof-of-virus-in-december-rz055qjnj.

26. Alexis Baden-Mayer, "Shi Zhengli: Weaponizing Coronaviruses, with Pentagon Funding, at a Chinese Military Lab," Organic Consumers Association, September 24, 2020, https://www.organicconsumers.org/blog/shi-zhengli-weaponizing-coronaviruses-pentagon-funding-chinese-military-lab.

27. Moreno Colaiacovo, "Fearsome Viruses and Where to Find Them," Medium.com, November 15, 2020, https://mygenomix.medium.com/fearsome-viruses-and-where-to-find-them-4e6b0ac6e602.

28. Alina Chan, Twitter thread, October 25, 2020, https://threadreaderapp.com/thread/1320344055230963712.html.

29. Jonathan Bucks, "New Cover-Up Fears as Chinese Officials Delete Critical Data About the Wuhan Lab with Details of 300 Studies Vanishing-Including All Those Carried Out by Virologist Dubbed Batwoman," *Daily Mail*, January 9, 2021, https://www.dailymail.co.uk/news/article-9129681/amp/New-cover-fears-Chinese-officials-delete-critical-data-Wuhan-lab.html.

30. Charles Calisher, "Statement in Support of the Scientists, Public Health Professionals, and Medical Professionals of China Combatting COVID-19," *Lancet* 395 (March 7, 2020): E42-E43, https://www.thelancet.com/journals/lancet/article/PIIS0140-6736(20)30418-9/fulltext.

31. Sainath Suryanarayanan, "EcoHealth Alliance Orchestrated Key Scientists' Statement on 'Natural Origin' of SARS-CoV-2," US Right to Know, November 18, 2020, https://usrtk.org/biohazards-blog/ecohealth-alliance-orchestrated-key-scientists-

statement-on-natural-origin-of-sars-cov-2/; Jonathan Matthews, "EcoHealth Alliance Orchestrated Key Scientists' Statement on 'Natural Origin' of SARS-CoV-2," GM Watch, November 19, 2020, https://www.gmwatch.org/en/news/latest-news/19600.

32.   Peter Daszak of EcoHealth Allience, email, February 6, 2020, https://usrtk.org/wp-content/uploads/2020/11/The_Lancet_Emails_Daszak-2.6.20.pdf.

33.   Rita Colwell, email to Peter Daszak, February 8, 2020, https://usrtk.org/wp-content/uploads/2020/11/The_Lancet_Emails_Daszak-2.8.20.pdf.

34.   Peter Daszak, 'Members of the Lancet COVID Commission Task Force on the Origins of SARS-CoV-2 Named," EcoHealth Alliance, November 23, 2020, https://www .ecohealthalliance.org/2020/11/members-of-the-lancet-covid-commission-task-force-on-the-origins-of-sars-cov-2-named.

35.   World Health Organization, "Origins of the SARS-CoV-2 Virus," updated January 18, 2021, https://www.who.int/health-topics/coronavirus/who-recommendations-to-reduce-risk-of-transmission-of-emerging-pathogens-from-animals-to-humans-in-live-animal-markets.

36.   Betty L. Louie, Yufeng (Ethen) Ma, and Martha Wang, "China Proposes to Tighten Biosecurity Law and Its Potential Impact on Foreign Pharmaceutical and Biotech Companies Operating in China," Orrick.com, July 10, 2020, https://www.orrick.com/en/Insights/2020/07/China-Proposes-to-Tighten-Biosecurity-Law-and-its-Potential-Impact-on-Foreign-Companies.

37.   Chaolin Huang et al., "Clinical Features of Patients Infected with 2019 Novel Coronavirus in Wuhan, China," *Lancet* 395, no. 10223 (February 15, 2020): 497-506, https://dpoi.org/10.1016/S0140-6736(20)30183-5.

38.   Frank Chen, "Coronavirus 'Lab Leakage' Rumors Spreading," *Asia Times*, February 17, 2020, http://asiatimes.com/2020/02/coronavirus-lab-leakage-rumors-spreading.

39.   Botao Xiaou, "The Possible Origins of the 2019-nCoV Coronavirus."

40.   Botao Xiaou, "The Possible Origins of the 2019-nCoV Coronavirus."

41.   Baden-Mayer, "Shi Zhengli."

42.   Guterl, "Dr. Fauci Backed Controversial Wuhan Lab"; Editors, "Gain-of-Function Hall of Shame," Organic Consumers Association, ongoing, accessed December 15, 2020, https://www.organicconsumers.org/news/gain-of-function-hall-of-shame.

43.   Robert F. Kennedy, Jr., Instagram post, April 14, 2020, https://www.instagram.com/p/B-PXQKHxhs/.

44.   Klotz, "Human Error in Bio-Containment Labs."

45.   Dennis Normille, "Lab Accidents Prompt Calls for New Containment Program," *Science* 304, no. 5675 (May 28, 2004): 1223-25, https://doi.org/10.1126/science.304.5675.1223a.

46. Josh Rogin, "Commentary: State Department Cables Warned of Safety Issues at Wuhan Lab Studying Bat Coronaviruses," *Washington Post*, republished in *Bend Bulletin*, April 14, 2020, https://www.bendbulletin.com/opinion/commentary-state-department-cables-warned-of-safety-issues-at-wuhan-lab-studying-bat-coronaviruses/article_8ftbfcf2-7e79-11ea-b101-cbcc5394b481.html.

47. Ian Birrell, "Beijing Now Admits That Coronavirus DIDN'T Start in Wuhan's Market... So Where DID It Come From, Asks IAN BIRRELL," *Daily Mail*, May 30, 2020, https://www.dailymail.co.uk/news/article-8373007/Beijing-admits-coronavirus-DIDNT-start-Wuhans-market-DID-come-from.html?ITO=applenews.

48. Chaolin Huang et al., "Clinical Features of Patients Infected with 2019 Novel Coronavirus."

49. Roger Frutos et al., "COVID-19: Time to Exonerate the Pangolin from the Transmission of SARS-CoV-2 to Humans," *Infections, Genetics and Evolution* 84 (October 2020): 104493, https://doi.org/10.1016/j.meegid.2020.104493.

50. Colaiacovo, "Fearsome Viruses and Where to Find Them."

51. Shing Hei Zhan, Benjamin E. Deverman, and Yujia Alina Chan, "SARS-CoV-2 Is Well Adapted for Humans. What Does This Mean for Re-Emergence?," bioRxiv preprint, May 2, 2020, https://doi.org/10.1101/2020.05.01.073262.

52. Sakshi Piplani et al., "In Silico Comparison of Spike Protein-ACE2 Binding Affinities Across Species; Significance for the Possible Origin of the SARS-CoV-2 Virus," arXiv:2005.06199 [q-bio.BM] preprint, May 2020, https://arxiv.org/abs/2005.06199.

53. Jon Cohen, "Wuhan Coronavirus Hunter Shi Zhengli Speaks Out," *Science*, July 31, 2020, https://science.sciencemag.org/content/369/6503/487.full; Dr. Shi Zhengli, "Reply to *Science Magazine*," accessed December 21, 2020, https://www.sciencemag.org/sites/default/files/Shi%20Zhengli%20Q&A.pdf.

54. Jocelyn Kaiser, "NIH Lifts 3-Year Ban on Funding Risky Virus Studies," *Science*, December 19, 2017, https://www.sciencemag.org/news/2017/12/nih-lifts-3-year-ban-funding-risky-virus-studies.

55. Editors, "Gain-of-Function Hall of Shame," Organic Consumers Association, ongoing, accessed December 15, 2020.

56. André Leu, "COVID 19: The Spike and the Furin Cleavage," Organic Consumers Association, June 3, 2020, https://www.organicconsumers.org/blog/covid-19-spike-and-furin-cleavage.

57. Max Roser, "The Spanish Flu (1918-20): The Global Impact of the Largest Influenza Pandemic in History," Our World in Data, March 4, 2020, https://ourworldindata.org/spanish-flu-largest-influenza-pandemic-in-history.

58. Alice Daniel, "Report to US Senator Durkin," GAO.gov, January 14, 1981 (PDF),

https://www.gao.gov/assets/140/132011.pdf.

59. Content Team, "The 1976 Swine Flu Vaccine Debacle-A Cautionary Tale for 2020," *Sault Online*, May 4, 2020, https://saultonline.com/2020/05/the-1976-swine-flu-vaccine-debacle-a-cautionary-tale-for-2020.

60. "Swine Flu 1976 Vaccine Warning, Part 1 of 2," *60 Minutes*, July 15, 2009, https://www.youtube.com/watch?v=VxeKY-TLmFk.

61. Geoff Earle, "'2 Million Dead'-Feds Make Chilling Forecast If Bird-Flu Pandemic Hits US," *New York Post*, May 4, 2006, https://nypost.com/2006/05/04/2-million-dead-feds-make-chilling-forecast-if-bird-flu-pandemic-hits-u-s/.

62. World Health Organization, "Safety of Pandemic Vaccines: Pandemic (H1N1) 2009 Briefing Note 6," August 6, 2009, https://www.who.int/csr/disease/swineflu/notes/h1n1_safety_vaccines_20090805/en/.

63. Delece Smith-Barrow, "CDC's Advice to Parents: Swine Flu Shots for All," *Washington Post*, August 25, 2009, https://www.washingtonpost.com/wp-dyn/content/article/2009/08/24/AR2009082402327.html.

64. *Eurosurveillance* Editorial Team, "Swedish Medical Products Agency Publishes Report from a Cast Inventory Study on Pandemrix Vaccination and Development of Narcolepsy with Cataplexy," *Eurosurveillance* 16, no. 26 (June 30, 2011), https://www.eurosurveillance.org/content/10.2807/ese.16.26.19904-en.

65. European Centre for Disease Prevention and Control, "Narcolepsy in Association with Pandemic Influenza Vaccination-a Multi-Country European Epidemiological Investigation," September 20, 2012, https://www.ecdc.europa.eu/en/publications-data/narcolepsy-association-pandemic-influenza-vaccination-multi-country-european; Lisa Schnirring, "Study Funds Post-H1N1-Vaccination Rise in Narcolepsy in 3 Nations," CIDRAP, January 30, 2013, http://www.cidrap.umn.edu/news-perspective/2013/01/study-finds-post-h1n1-vaccination-rise-narcolepsy-3-nations.

66. Pär Hallberg et al., "Pandemrix-Induced Narcolepsy Is Associated with Genes Related to Immunity and Neuronal Survival," *EBioMedicine* 40 (February 2019): 595-604, https://www.ncbi.nlm.nih.gov/pmc/articles/PMC6413474/.

67. S. M. Zimmer and D. S. Burke, "Historical Perspective-Emergence of Influenza A (H1N1) Viruses," *New England Journal of Medicine* 361 (2009): 279-85, https://doi.org/10.1056/NEJMra0904322.

68. C. Scholtissek, V. von Hoyningen, and R. Rott, "Genetic Relatedness Between the New 1977 Epidemic Strains (H1N1) of Influenza and Human Influenza Strains Isolated Between 1947 and 1957 (H1N1)," *Virology* 89 (1978): 613-17.

69. R. G. Webster, W. J. Bean, O. T. Gorman, T. M. Chambers, and Y. Kawaoka, "Evolution and Ecology of Influenza A Viruses," *Microbiological Reviews* 56 (1992): 152-79; A. P. Kendal et al., "Antigenic Similarity of Influenza A (H1N1) Viruses

from Epidemics in 1977-1978 to 'Scandinavian' Strains Isolated in Epidemics of 1950-1951," *Virology* 89 (197): 632-36.

70. Gerard Gallagher, "Fauci: 'No Doubt' Trump Will Face Surprise Infectious Disease Outbreak," *Infectious Disease News*, January 11, 2017, https://www.healio.com/news/ infectious-disease/20170111/fauci-no-doubt-trump-will-face-surprise-infectious-disease-outbreak.

71. Holland, "What Can We Learn from a Pandemic Tabletop Exercise?"; Editors, "Press Pause," Organic Consumers Association, accessed December 16, 2020, https://www. organicconsumers.org/newsletter/we-need-regenerative-hero/press-pause; Joseph Mercola, "Hope Despite Censorship," Mercola.com, November 6, 2020, https:// articles.mercola.com/sites/articles/archive/2020/11/06/hope-despite-censorship.aspx.

72. Colaiacovo, "Fearsome Viruses and Where to Find Them."

73. Klotz, "The Biological Weapons Convention Protocol Should Be Revisited."

74. William Gittins, "Bill Gates Predicts When the Next Pandemic Will Arrive," *AS*, December 15, 2020, https://en.as.com/en/2020/11/24/latest_ news/1606228590_532670.html; Christopher Rosen, "Bill Gates Gives Stephen Colbert a Realistic Coronavirus Vaccine Timeline," *Vanity Fair*, April 24, 2020, https://www.vanityfair.com/hollywood/2020/04/bill-gates-stephen-colbert-coronavirus-vaccine.

제3장

1. Alice Miranda Ollstein, "Trump Halts Funding to World Health Organization," *Politico*, April 14, 2020, https://www.politico.com/news/2020/04/14/trump-world-health-organization-funding-186786.

2. Josephine Moulds, "How Is the World Health Organization Funded?," World Economic Forum, April 15, 2020, https://www.weforum.org/agenda/2020/04/who-funds-world-health-organization-un-coronavirus-pandemic-covid-trump.

3. "World Leaders Commit to GAVI's Vision to Protect the Next Generation with Vaccines," Gavi, January 23, 2020, https://www.gavi.org/news/media-room/world-leaders-commit-gavis-vision-protect-next-generation-vaccines.

4. Mercola, "The Global Takeover Is Underway."

5. Steven Guinness, "Sustainable Chaos: When Globalists Call for a 'Great Reset,'" Technocracy.news, June 25, 2020, https://www.technocracy.news/sustainable-chaos-when-globalists-call-for-a-great-reset/.

6. Matt Hancock, Speech to the All-Part Parliamentary Group, "The Fourth Industrial

Revolution," Gov.UK, October 16, 2017, https://www.gov.uk/government/speeches/the-4th-industrial-revolution.

7. Department of Global Communications, "Climate Change and COVID-19: UN Urges Nations to 'Recover Better,'" UN.org, April 22, 2020, https://www.un.org/en/un-coronavirus-communications-team/un-urges-countries-%E2%80%98build-back-better %E2%80%99; Mark Tovey, "Why Biden and Boris Are Both Using 'Build Back Better,'" *Intellectual Takeout*, October 12, 2020, https://www.intellectualtakeout.org/why-biden-and-boris-are-both-using-build-back-better-/.

8. Ida Auken, "Welcome to 2030: I Own Nothing, Have No Privacy and Life Has Never Been Better," *Forbes*, November 10, 2016, https://www.forbes.com/sites/worldeconomicforum/2016/11/10/shopping-i-cant-really-remember-what-that-is-or-how-differently-well-live-in-2030/.

9. "WO/2020/060606-Cryptocurrency System Using Body Activity Data," WIPO, March 26, 2020, https://patentscope.wipo.int/search/en/detail.jsf?docId=WO2020060606.

10. Tim Schwab, "Bill Gates's Charity Paradox," *Nation*, March 17, 2020, https://www.thenation.com/article/society/bill-gates-foundation-philanthropy/.

11. Steerpike, "Six Questions That Neil Ferguson Should Be Asked," *Spectator*, April 16, 2020, https://www.spectator.co.uk/article/six-questions-that-neil-ferguson-should-be-asked; Saifedean Ammous, Twitter thread, May 3, 2020, https://twitter.com/saifedean/status/1257101783408807938?s=21.

12. Steerpike, "Six Questions That Neil Ferguson Should Be Asked."

13. David Adam, "Special Report: The Simulations Driving the World's Response to COVID-19," *Nature*, April 2, 2020, https://www.nature.com/articles/d41586-020-01003-6.

14. Schwab, "Bill Gates's Charity Paradox."

15. Michael A. Rodriguez, MD, and Robert García, JD, "First, Do No Harm: The US Sexually Transmitted Disease Experiments in Guatemala," *American Journal of Public Health* 103, no. 12 (December 2013): 2122-26, https://dx.doi.org/10.2105%2FAJPH.2013.301520.

16. Meridian 361 International Law Group, PLLC, "Rockefeller, Johns Hopkins Behind Horrific Human Syphilis Experiments, Allege Guatemalan Victims In Lawsuit," Cision, PR Newswire, April 1, 2015, https://www.prnewswire.com/news-releases/rockefeller-johns-hopkins-behind-horrific-human-syphilis-experiments-allege-guatemalan-victims-in-lawsuit-300059537.html.

17. Chuck Ross, "World Health Organization Hired PR Firm to Identify Celebrity 'Influencers' to Amplify Virus Messaging," *Daily Caller*, July 17, 2020, https://dailycaller.com/2020/07/17/world-health-organization-coronavirus-celebrity-

influencers.

18. US Department of Justice, "Exhibit A Registration Statement," Foreign Agents Registration Act, July 14, 2020, https://efile.fara.gov/docs/3301-Exhibit-AB-20200714-38.pdf.

19. Verified, accessed December 22, 2020, https://content.shareverified.com/en; Dr. Joseph Mercola, "The PR Firm Behind WHO's Celeb Endorsements," Mercola.com, August 15, 2020, https://articles.mercola.com/sites/articles/archive/2020/08/15/world-health-organization-endorsements.aspx.

20. Publicis Groupe, World Economic Forum, https://www.weforum.org/organizations/publicis-groupe-sa.

21. Publicis Groupe, "Publicis Groupe Acquires Remaining Capital of Leo Burnett/W&K Beijing Advertising Co., Ltd.," Publicis Groupe, April 29, 2010, https://www.publicisgroupe.com/sites/default/files/press-release/20100429_10-04-29_LeoB_and_W%26K_ENG_DEF.pdf; "Our Investors," NewsGuard, https://www.newsguardtech.com/about/our-investors; Tom Burt, "Defending Against Disinformation in Partnership with NewsGuard," Microsoft on the Issues (blog), August 23, 2018, https://blogs.microsoft.com/on-the-issues/2018/08/23/defending-against-disinformation-in-partnership-with-newsguard.

22. Rachel Blevins, "Ron Paul: Police State Was Planned, 9/11 Just 'Provided an Opportunity' to Implement It," Free Thought Project, September 11, 2017, https://thefreethoughtproject.com/ron-paul-patriot-act-911; Judge Andrew P. Napolitano, "The Patriot Act Must Go: It Assaults Our Freedoms, Doesn't Keep Us Safe," Fox News, last updated May 29, 2015, https://www.foxnews.com/opinion/the-patriot-act-must-go-it-assaults-our-freedoms-doesnt-keep-us-safe.

23. "Surveillance Under the Patriot Act," ACLU, https://www.aclu.org/issues/national-security/privacy-and-surveillance/surveillance-under-patriot-act.

24. Ariel Zilber, "How Bill Gates Warned in 2015 TED Talk That the Next Big Threat to Humanity Was a 'Highly Infectious Virus' That 'We Are Not Ready' For," DailyMail.com, March 19, 2020, https://www.dailymail.co.uk/news/article-8132107/Bill-Gates-warned-2015-TED-Talk-big-threat-humanity-coronavirus-like-pandemic.html.

25. James Corbett, "Who Is Bill Gates?," The Corbett Report, May 1, 2020, https://www.corbettreport.com/gates/.

26. Justin Fitzgerald, "IMF Calls for Credit Score to Be Tied to Internet Search History," Reality Circuit, December 23, 2020, https://realitycircuit.com/2020/12/23/imf-calls-for-credit-score-to-be-tied-to-internet-search-history/.

27. Ellen Sheng, "Facebook, Google Discuss Sharing Smartphone Data with Government to Fight Coronavirus, but There Are Risks," CNBC, March 19, 2020,

https://www.cnbc.com/2020/03/19/facebook-google-could-share-smartphone-data-to-fight-coronavirus.html.

28. Aaron Holmes, "Facebook Built a Tool Last Year to Map the Spread of Diseases. Now It's Being Used to Combat Coronavirus. Here's How It Works," *Business Insider*, March 18, 2020, https://www.businessinsider.com/see-how-facebooks-disease-prevention-maps-could-fight-coronavirus-2020-3.

29. "Disease Prevention Maps," Facebook Data for Good, https://dataforgood.fb.com/tools/disease-prevention-maps.

30. Kevin Granville, "Facebook and Cambridge Analytica: What You Need to Know as Fallout Widens," *New York Times*, March 19, 2018, https://www.nytimes.com/2018/03/19/technology/facebook-cambridge-analytica-explained.html.

31. Matt Perez, "Bill Gates Calls for National Tracking System for Coronavirus During Reddit AMA," *Forbes*, March 18, 2020, https://www.forbes.com/sites/mattperez/2020/03/18/bill-gates-calls-for-national-tracking-system-for-coronavirus-during-reddit-ama/?sh=737b58726a72.

32. Bill Gates, "31 Questions and Answers About COVID-19," *GatesNotes* (blog), March 19, 2020, https://www.gatesnotes.com/Health/A-coronavirus-AMA.

33. World Health Organization and World Economic Forum, "Preventing Noncommunicable Diseases in the Workplace Through Diet and Physical Activity," World Health Organization, 2008, https://www.who.int/dietphysicalactivity/WHOWEF_report_JAN2008_FINAL.pdf.

34. "The Great Reset Launch Session," World Economic Forum, June 3, 2020 (video), https://www.youtube.com/watch?v=pfVdMWzKwjc&t=1s.

35. Klaus Schwab and Theirry Malleret, *The Great Reset* (Geneva, Switzerland: World Economic Forum, 2020), 173.

36. Declan McCullagh, "Joe Biden's Pro-RIAA, Pro-FBI Tech Voting Record," *CNET*, August 24, 2008, https://www.cnet.com/news/joe-bidens-pro-riaa-pro-fbi-tech-voting-record.

37. Department of Global Communications, "Climate Change and COVID-19."

38. Department of Global Communications, "Climate Change and COVID-19."

39. "The Campaign for a Coronavirus Recovery Plan That Builds Back Better," Build Back Better, accessed December 20, 2020, https://www.buildbackbetteruk.org.

40. Anna North, "New Zealand Prime Minister Jacinda Ardern Wins Historic Reelection," *Vox*, October 17, 2020, https://www.vox.com/2020/10/17/21520584/jacinda-ardern-new-zealand-prime-minister-reelection-covid-19.

41. Paul Wong and Jesse Leigh Maniff, "Comparing Means of Payment: What Role for a Central Bank Digital Currency?," FEDS Notes, Federal Reserve, August 13,

2020, https://www.federalreserve.gov/econres/notes/feds-notes/comparing-means-of-payment-what-role-for-a-central-bank-digital-currency-20200813.htm.

제4장

1. "Provisional Death Counts for Coronavirus Disease 2019," Centers for Disease Control and Prevention, updated December 9, 2020, https://www.cdc.gov/nchs/nvss/vsrr/covid_weekly/index.htm.

2. Youyou Zhou and Gary Stix, "COVID-19 Is Now the Third Leading Cause of Death in the US," *Scientific American*, October 8, 2020, https://www.scientificamerican.com/article/covid-19-is-now-the-third-leading-cause-of-death-in-the-u-s1; Jackie Salo, "COVID-19 Is Third Leading Cause of Death in the United States," *New York Post*, August 18, 2020, https://nypost.com/2020/08/18/covid-19-is-third-leading-cause-of-death-in-the-united-states.

3. *Johns Hopkins News-Letter* (@JHUNewsLetter), "Though making clear the need for further research, the article was being used to support false and dangerous inaccuracies about the impact of the pandemic...," Twitter, November 26, 2020, https://twitter.com/JHUNewsLetter/status/1332100155986882562.

4. Yanni Gu, "A Closer Look at US Deaths Due to COVID-19," *Johns Hopkins News-Letter* web archive, November 22, 2020, https://web.archive.org/web/20201126163323/https://www.jhunewsletter.com/article/2020/11/a-closer-look-at-u-s-deaths-due-to-covid-19.

5. Ethan Yang, "New Study Highlights Alleged Accounting Error Regarding Covid Deaths," American Institute for Economic Research, November 26, 2020, https://www.aier.org/article/new-study-highlights-serious-accounting-error-regarding-covid-deaths.

6. Stephen Schwartz, PhD, "Guidance for Certifying COVID-19 Deaths," Centers for Disease Control and Prevention, National Center for Health Statistics, Division of Vital Statistics, March 4, 2020, https://www.cdc.gov/nchs/data/nvss/coronavirus/alert-1-guidance-for-certifying-COVID-19-deaths.pdf.

7. National Vital Statistics System, "Guidance for Certifying Deaths Due to Coronavirus Disease 2019 (COVID-19)," Vital Statistics Reporting Guidance, report number 3, April 2020, https://www.cdc.gov/nchs/data/nvss/vsrg/vsrg03-508.pdf.

8. National Center for Health Statistics, "COVID-19 Death Data and Resources," Centers for Disease Control and Prevention, last reviewed November 25, 2020, accessed December 8, 2020, https://www.cdc.gov/nchs/nvss/covid-19.htm.

9. Tanya Lewis, "Eight Persistent COVID-19 Myths and Why People Believe Them," *Scientific American*, October 12, 2020, https://www.scientificamerican.com/article/eight-persistent-covid-19-myths-and-why-people-believe-them/.

10. Justin Blackburn, PhD, et al., "Infection Fatality Ratios for COVID-19 Among Noninstitutionalized Persons 12 and Older: Results of a Random-Sample Prevalence Study," *Annals of Internal Medicine* (2020), https://www.acpjournals.org/doi/10.7326/M20-5352.

11. Lee Merritt, MD, "SARS-CoV2 and the Rise of Medical Technocracy," August 16, 2020 (video), DDP 38th Annual Meeting, Las Vegas, Nevada, https://www.youtube.com/watch?v=sjYvitCeMPc&feature=emb_title.

12. Frank E. Lockwood and John Moritz, "Birx Says Country Weary of COVID-19, Recognizes Arkansas' Improvement During Visit," *El Dorado News-Times*, August 18, 2020, https://www.eldoradonews.com/news/2020/aug/18/birx-says-country-weary-covid-19-recognizes-arkans/?fbclid=IwAR07eHiJSLp6UPXd6dabokayamMiX V5aR 4EOxROiEuUCf3_5ikKHMXLNGko.

13. Associated Press, "Navy ID's USS Roosevelt Sailor Killed by COVID-19," NBC San Diego online, April 16, 2020, https://www.nbcsandiego.com/news/local/military/navy-ids-uss-roosevelt-sailor-killed-by-covid-19/2307424; Nick Givas and Lucas Tomlinson, "USS Theodore Roosevelt's Entire Crew Has Been Tested for Coronavirus; Over 800 Positive, Officials Say," Fox News online, April 23, 2020, https://www.foxnews.com/world/uss-theodore-roosevelt-entire-crew-tested-coronavirus; Ryan Pickrell, "Sweeping US Navy Testing Reveals Most Aircraft Carrier Sailors Infected with Coronavirus Had No Symptoms," *Business Insider*, April 17, 2020, https://www.businessinsider.com/testing-reveals-most-aircraft0-carrier-sailors-coronavirus-had-no-symptoms-2020-4.

14. Centers for Disease Control and Prevention, "Public Health Responses to COVID-19 Outbreaks on Cruise Ships-Worldwide, February-March 2020," *Morbidity and Mortality Weekly Report* 69, no. 12 (2020): 347-52, https://www.cdc.gov/mmwr/volumes/69/wr/mm6912e3.htm.

15. Ray Sipherd, "The Third-Leading Cause of Death in US Most Doctors Don't Want You to Know About," CNBC, February 22, 2018, https://www.cnbc.com/2018/02/22/medical-errors-third-leading-cause-of-death-in-america.html?__source=sharebar%7Ctwitter&par=sharebar; Martin A. Makary and Michael Daniel, "Medical Error-The Third Leading Cause of Death in the US," *BMJ* 353 (2016): i2139, https://doi.org/10.1136/bmj.i2139.

16. John T. James, PhD, "A New, Evidence-Based Estimate of Patient Harms Associated with Hospital Care," *Journal of Patient Safety* 9, no. 3 (2013): 122-28, https://journals.lww.com/journalpatientsafety/fulltext/2013/09000/a_new,_evidence_based_estimate_of_patient_harms.2.aspx.

17. Martin Gould, "EXCLUSIVE: 'It's a Horror Movie.' Nurse Working on Coronavirus Frontline in New York Claims the City Is 'Murdering' COVID-19 Patients by Putting Them on Ventilators and Causing Trauma to the Lungs," DailyMail.com, April 27, 2020, https://www.dailymail.co.uk/news/article-8262351/nurse-new-york-claims-city-killing-COVID-19-patients-putting-ventilators.html.

18. Dr. Joseph Mercola, "CDC Admits Hospital Incentives Drove Up COVID-19 Deaths," Mercola.com, August 20, 2020, https://articles.mercola.com/sites/articles/archive/2020/08/20/hospital-incentives-drove-up-covid-19-deaths.aspx.

19. Matthew Boyle, "Exclusive-Seema Verma: Cuomo, Other Democrat Governors' Coronavirus Nursing Home Policies Contradicted Federal Guidance," Breitbart, June 22, 2020, https://www.breitbart.com/politics/2020/06/22/exclusive-seema-verma-cuomo-other-democrat-governors-coronavirus-nursing-home-policies-contradicted-federal-guidance/?fbclid=IwAR1XoAVEI4TzcoKbeVjbJk92WTdO6Qf-kPKTUIvotc9aDpcjW1VfrITW_RU.

20. Gregg Girvan, "Nursing Homes & Assisted Living Facilities Account for 42% of COVID19 Deaths," Foundation for Research on Equal Opportunity, May 7, 2020, https://freopp.org/the-covid-19-nursing-home-crisis-by-the-numbers-3a47433c3f70; Avik Roy, "The Most Important Coronavirus Statistic: 42% of US Deaths Are from 0.6% of the Population," Forbes online, May 26, 2020, https://www.forbes.com/sites/theapothecary/2020/05/26/nursing-homes-assisted-living-facilities-0-6-of-the-u-s-population-43-of-u-s-covid-19-deaths/?sh=30a0049f74cd.

21. OECD Policy Responses to Coronavirus, "Workforce and Safety in Long-Term Care During the COVID-19 Pandemic," Organization for Economic Cooperation and Development, June 22, 2020, https://www.oecd.org/coronavirus/policy-responses/workforce-and-safety-in-long-term-care-during-the-covid-19-pandemic-43fc5d50.

22. Bernadette Hogan and Bruce Golding, "Nursing Homes Have 'No Right' to Reject Coronavirus Patients, Cuomo Says," New York Post, April 23, 2020, https://nypost.com/2020/04/23/nursing-homes-cant-reject-coronavirus-patients-cuomo-says.

23. Joaquin Sapien and Joe Sexton, "Fire Through Dry Grass: Andrew Cuomo Saw COVID-19's Threat to Nursing Homes. Then He Risked Adding to It," ProPublica, June 16, 2020, https://www.propublica.org/article/fire-through-dry-grass-andrew-cuomo-saw-covid-19-threat-to-nursing-homes-then-he-risked-adding-to-it.

24. Arjen M. Dondorp et al., "Respiratory Support in COVID-19 Patients, with a Focus on Resource-Limited Settings," American Journal of Tropical Medicine and Hygiene 102, no. 6 (June 3, 2020): 1191-97, https://doi.org/10.4269/ajtmh.20-0283.

25. Giacomo Grasselli, MD, et al., "Baseline Characteristics and Outcomes of 1591 Patients Infected with SARS-CoV-2 Admitted to ICUs of the Lombardy Region, Italy," JAMA 323, no. 16 (2020): 1574-81, https://www.doi.org/10.1001/jama.2020.5394.

26. Safiya Richardson, MD, MPH, et al., "Presenting Characteristics, Comorbidities, and Outcomes Among 5700 Patients Hospitalized with COVID-19 in the New York City Area," *JAMA* 323, no. 20 (2020): 2052-59, https://www.doi.org/10.1001/jama.2020.6775.

27. Pavan K. Bhatraju, MD, et al., "Covid-19 in Critically Ill Patients in the Seattle Region-Case Series," *New England Journal of Medicine* 382 (2020): 2012-22, https://www.doi.org/10.1056/NEJMoa2004500.

28. "Sepsis," Centers for Disease Control and Prevention, accessed December 20 2020, https://www.cdc.gov/sepsis/clinicaltools/index.html?CDC_AA_refVal=https%3A%2F%2Fwww.cdc.gov%2Fsepsis%2Fdatareports%2Findex.html.

29. Vincent Liu, MD, MS, et al., "Hospital Deaths in Patients with Sepsis from 2 Independent Cohorts," *JAMA* 312, no. 1 (2014): 90-92, https://www.doi.org/10.1001/jama.2014.5804.

30. Richard Harris, "Stealth Disease Likely to Blame for 20 Percent of Global Deaths," NPR online, January 16, 2020, https://www.npr.org/sections/health-shots/2020/01/16/796758060/stealth-disease-likely-to-blame-for-20-of-global-deaths.

31. "Sepsis Alliance & Elara Caring Partner to Improve COVID-19 and Sepsis Outcomes in Home Healthcare Patients," Sepsis Alliance, July 1, 2020, https://www.sepsis.org/news/sepsis-alliance-elara-caring-partner-to-improve-covid-19-and-sepsis-outcomes-in-home-healthcare-patients.

32. Audrey Howard, "Covid-19 and Sepis Coding: New Guidelines," *Inside Angle from 3M Health Information Systems* (blog), April 2, 2020, https://www.3mhisinsideangle.com/blog-post/covid-19-and-sepsis-coding-new-guidelines.

33. Hui Li, MD, et al., "SARS-CoV-2 and Viral Sepsis: Observations and Hypotheses," *Lancet* 395, no. 10235 (May 9, 2020): 1517-20, https://www.doi.org/10.1016/S0140-6736(20)30920-X.

34. "Covid-19, Sepsis, and Cytokine Storms," Sepsis Alliance, May 20, 2020, https://www.sepsis.org/news/covid-19-sepsis-and-cytokine-storms.

35. "Report Sulle Caratteristiche dei Pazienti Deceduti Positivi a COVID-19 in Italia Il Presente Report è Basato sui Dati Aggiornati al 17 Marzo 2020," EpiCentro, March 17, 2020, https://www.epicentro.iss.it/coronavirus/bollettino/Report-COVID-2019_17_marzo-v2.pdf.

36. Centers for Disease Control and Prevention, "Hospitalization Rates and Characteristics of Patients Hospitalized with Laboratory-Confirmed Coronavirus Disease 2019-COVIDNET, 14 States, March 1-30, 2020," *Morbidity and Mortality Weekly Report* 69, no. 15 (April 17, 2020): 458-64, https://www.cdc.gov/mmwr/volumes/69/wr/mm6915e3.htm?s_cid=mm6915e3_w.

37. Richardson et al., "Presenting Characteristics, Comorbidities, and Outcomes."

38. Chao Gao et al., "Association of Hypertension and Antihypertensive Treatment with COVID-19 Mortality: A Retrospective Observational Study," *European Heart Journal* 41, no. 22 (June 7, 2020): 2058-66, https://doi.org/10.1093/eurheartj/ehaa433; Courtney Kueppers, "Study Shows High Blood Pressure Doubles Risk of Dying from COVID-19," *Atlanta Journal-Constitution*, June 5, 2020, https://www.ajc.com/lifestyles/study-shows-high-blood-pressure-doubles-risk-dying-from-covid/wUmZR3d52aBXJnEtilUnJK.

39. Deborah J. Nelson, "Blood-Pressure Drugs Are in the Crosshairs of COVID-19 Research," Reuters, April 23, 2020, https://www.reuters.com/article/us-health-conoravirus-blood-pressure-ins/blood-pressure-drugs-are-in-the-crosshairs-of-covid-19-research-idUSKCN2251GQ.

40. Deborah J. Nelson, "Blood-Pressure Drugs Are in the Crosshairs of COVID-19 Research," Reuters, April 23, 2020, https://www.reuters.com/article/us-health-conoravirus-blood-pressure-ins-idUSKCN2251GQ.

41. A. B. Docherty et al., "Features of 16,749 Hospitalised UK Patients with COVID 19 Using the ISARIC WHO Clinical Characterisation Protocol," medRxiv preprint, accessed December 20, 2020, https://doi.org/10.1101/2020.04.23.20076042.

42. "Diabetes Prevalence," Diabetes.co.uk, January 15, 2019, https://www.diabetes.co.uk/diabetes-prevalence.html.

43. Arjen M. Dondorp et al., "Respiratory Support in COVID-19 Patients, with a Focus on Resource-Limited Settings," *American Journal of Tropical Medicine and Hygiene* 102, no. 6 (June 3, 2020): 1191-97, https://doi.org/10.4269/ajtmh.20-0283.

44. Jamie Hartmann-Boyce, "The Type of Diabetes You Have Can Impact How You React to the Coronavirus," Scroll.in, June 7, 2020, https://scroll.in/article/963807/the-type-of-diabetes-you-have-can-impact-how-you-react-to-the-coronavirus.

45. Weina Guo et al., "Diabetes Is a Risk Factor for the Progression and Prognosis of COVID-19," *Diabetes/Metabolism Research and Reviews* 36, no. 7 (2020): e3319, https://doi.org/10.1002/dmrr.3319.

46. Matteo Rottoli et al., "How Important Is Obesity as a Risk Factor for Respiratory Failure, Intensive Care Admission and Death in Hospitalised COVID-19 Patients? Results from a Single Italian Centre," *European Journal of Endocrinology* 183, no. 4 (October 2020): 389-97, https://www.doi.org/10.1530/EJE-20-0541.

47. Alan Mozes, "Even Mild Obesity Raises Odds for Severe COVID-19," *US News & World Report*, July 23, 2020, https://www.usnews.com/news/health-news/articles/2020-07-23/even-mild-obesity-raises-odds-for-severe-covid-19.

48. Public Health England, "Excess Weight and COVID-19: Insights from New Evidence," July 2020, https://assets.publishing.service.gov.uk/government/uploads/

system/uploads/attachment_data/file/903770/PHE_insight_Excess_weight_and_COVID-19.pdf.

49. Fumihiro Sanada et al., "Source of Chronic Inflammation in Aging," *Frontiers in Cardiovascular Medicine* 5 (2018): 12, https://www.doi.org/10.3389/fcvm.2018.00012.

50. "Coronavirus Disease 2019: Older Adults," Centers for Disease Control and Prevention, updated December 13, 2020, https://www.cdc.gov/coronavirus/2019-ncov/need-extra-precautions/older-adults.html.

51. Amber L. Mueller, "Why Does COVID-19 Disproportionately Affect Older People?," *Aging* 12, no. 10 (May 29, 2020): 9959-81, https://doi.org/10.18632/aging.103344.

52. Mueller, "Why Does COVID-19 Disproportionately Affect Older People?"

제5장

1. "COVID-19," Organic Consumers Association, accessed December 20, 2020, https://www.organicconsumers.org/campaigns/covid-19.

2. Centers for Disease Control and Prevention, "Covid-19 Planning Scenarios, Table 1, Scenario 5: Current Best Estimate," updated September 10, 2020, https://www.cdc.gov/coronavirus/2019-ncov/hcp/planning-scenarios.html.

3. Collins, "US Billionaire Wealth Surges Past $1 Trillion Since Beginning of Pandemic."

4. Chuck Collins, "US Billionaire Wealth Surges to $584 Billion, or 20 Percent, Since the Beginning of the Pandemic," Institute for Policy Studies, June 18, 2020, https://ips-dc.org/us-billionaire-wealth-584-billion-20-percent-pandemic.

5. Gillian Friedman, "Big-Box Retailers' Profits Surge as Pandemic Marches On," *New York Times*, August 19, 2020, https://www.nytimes.com/2020/08/19/business/coronavirus-walmart-target-home-depot.html.

6. Dr. Asoka Bandarage, "Pandemic, 'Great Reset' and Resistance," Inter Press Service (IPS), December 1, 2020, https://www.ipsnews.net/2020/12/pandemic-great-reset-resistance.

7. Dr. Elke Van Hoof, "Lockdown Is the World's Biggest Psychological Experiment—And We Will Pay the Price," World Economic Forum, April 9, 2020, https://www.weforum.org/agenda/2020/04/this-is-the-psychological-side-of-the-covid-19-pandemic-that-were-ignoring.

8. Madeleine Ngo, "Small Businesses Are Dying by the Thousands—and No One Is

Tracking the Carnage," *Bloomberg*, August 11, 2020, https://www.bloomberg.com/news/articles/2020-08-11/small-firms-die-quietly-leaving-thousands-of-failures-uncounted.

9. Anjali Sundaram, "Yelp Data Shows 60% of Business Closures Due to the Coronavirus Pandemic Are Now Permanent," CNBC, September 16, 2020, https://www.cnbc.com/2020/09/16/yelp-data-shows-60percent-of-business-closures-due-to-the-coronavirus-pandemic-are-now-permanent.html.

10. Sundaram, "Yelp Data Shows 60% of Business Closures."

11. Pedro Nicolaci da Costa, "The Covid-19 Crisis Has Wiped Out Nearly Half of Black Small Business," *Forbes*, August 10, 2020, https://www.forbes.com/sites/pedrodacosta/2020/08/10/the-covid-19-crisis-has-wiped-out-nearly-half-of-black-small-businesses/?sh=5c79efb43108.

12. Claire Kramer Mills, PhD, and Jessica Battisto, "Double Jeopardy: Covid-19's Concentrated Health and Wealth Effects in Black Communities," Federal Reserve Bank of New York, August 2020, https://www.newyorkfed.org/medialibrary/media/smallbusiness/DoubleJeopardy_COVID19andBlackOwnedBusinesses.

13. Bethan Staton and Judith Evans, "Three Million Go Hungry in U.K. Because of Lock-down," *Financial Times*, April 10, 2020, https://www.ft.com/content/e5061be6-2978-4c0b-aa68-f372a2526826.

14. "Covid Pushes Millions More Children Deeper into Poverty, New Study Finds," UN News, September 17, 2020 https://news.un.org/en/story/2020/09/1072602.

15. Fiona Harvey, "Coronavirus Pandemic 'Will Cause Famine of Biblical Proportions,'" *Guardian*, April 21, 2020, https://www.theguardian.com/global-development/2020/apr/21/coronavirus-pandemic-will-cause-famine-of-biblical-proportions.

16. Morganne Campbell, "Canadians Reporting Higher Levels of Anxiety, Depression amid the Pandemic," *Global News Canada*, October 10, 2020, https://globalnews.ca/news/7391217/world-mental-health-day-canada/.

17. American Psychological Association, "Stress in America 2020: A National Mental Health Crisis," October 2020, https://www.apa.org/news/press/releases/stress/2020/report-october; Cory Stieg. "More than 7 in 10 Gen-Zers Report Symptoms of Depression During Pandemic, Survey Finds," CNBC, October 21, 2020, https://www.cnbc.com/2020/10/21/survey-more-than-7-in-10-gen-zers-report-depression-during-pandemic.html.

18. Advocacy Resource Center, "Issue Brief: Reports of Increases in Opioid-and Other Drug-Related Overdose and Other Concerns During COVID Pandemic," American Medical Association, updated December 9, 2020, https://www.ama-assn.org/system/files/2020-12/issue-brief-increases-in-opioid-related-overdose.pdf.

19. Lauren M. Rossen, PhD, et al., "Excess Deaths Associated with COVID-19, by Age

and Race and Ethnicity—United States, January 26—October 3, 2020," *Morbidity and Mortality Weekly Report* 69, no. 42 (October 23, 2020): 1522-27, https://www.cdc.gov/mmwr/volumes/69/wr/mm6942e2.htm?s_cid=mm6942e2_w; Amanda Prestigiacomo, "New CDC Numbers Show Lockdown's Deadly Toll on Young People," *Daily Wire*, October 22, 2020, https://www.dailywire.com/news/new-cdc-numbers-show-lockdowns-deadly-toll-on-young-people.

20. Jack Power, "Covid-19: Reports of Rape and Child Sex Abuse Rise Sharply During Pandemic," *Irish Times*, July 20, 2020, https://www.irishtimes.com/news/social-affairs/covid-19-reports-of-rape-and-child-sex-abuse-rise-sharply-during-pandemic-1.4308307.

21. Stacy Francis, "Op-ed: Uptick in Domestic Violence Amid Covid-19 Isolation," CNBC, October 30, 2020, https://www.cnbc.com/2020/10/30/uptick-in-domestic-violence-amid-covid-19-isolation.html.

22. "Domestic Abuse Killings Double and Calls to Helpline Surge by 50% During Coronavirus Lockdown," ITV.com, April 27, 2020, https://www.itv.com/news/2020-04-27/domestic-abuse-killings-double-and-calls-to-helpline-surge-by-50-during-coronavirus-lockdown.

23. Alan Mozes, "Study Finds Rise in Domestic Violence During COVID," WebMD, August 18, 2020, https://www.webmd.com/lung/news/20200818/radiology-study-suggests-horrifying-rise-in-domestic-violence-during-pandemic#1.

24. "UN Chief Calls for Domestic Violence 'Ceasefire' amid 'Horrifying Global Surge,'" UN News, April 6, 2020, https://news.un.org/en/story/2020/04/1061052.

25. Nicola McAlley, "Calls to Domestic Abuse Helpline Double During Lockdown," STV.tv, July 1, 2020, https://news.stv.tv/highlands-islands/calls-to-domestic-abuse-helpline-double-during-lockdown?top.

26. Jai Sidpra, "Rise in the Incidence of Abusive Head Trauma During the COVID-19 Pandemic," *Archives of Disease in Childhood*, July 2, 2020, https://www.doi.org/10.1136/archdischild-2020-319872.

27. Perry Stein, "In DC, Achievement Gap Widens, Early Literacy Progress Declines During Pandemic, Data Show," *Washington Post*, October 30, 2020, https://www.washingtonpost.com/local/education/data-indicate-worsening-early-literacy-progress-and-widening-achievement-gap-among-district-students/2020/10/30/bebe2914-1a25-11eb-82db-60b15c874105_story.html.

28. "Lockdowns Could Have Long-Term Effects on Children's Health," *Economist*, July 19, 2020, https://www.economist.com/international/2020/07/19/lockdowns-could-have-long-term-effects-on-childrens-health.

29. SBG San Antonio, "HOSPITAL: 37 Children Attempted Suicide in September, Highest Number in Five Years," CBS Austin, October 27, 2020, https://cbsaustin.

com/news/local/cook-childrens-hospital-admits-alarming-rate-of-suicide-attempts-in-children.

30. Selina Wang, Rebecca Wright, and Yoko Wakatsuki, "In Japan, More People Died from Suicide Last Month than from Covid in All of 2020. And Women Have Been Impacted Most," CNN, November 30, 2020, https://edition.cnn.com/2020/11/28/asia/japan-suicide-women-covid-dst-intl-hnk/index.html.

31. Nate Doromal, "Covid Antifragility: Trusting Our Strength in Uncertain Times," *Evolution of Medicine*, December 3, 2020, https://goevomed.com/blogs/covid-antifragility-trusting-our-strength-in-uncertain-times.

32. Nate Doromal, "Covid Antifragility: Trusting Our Strength in Uncertain Times," Organic Consumers Association, December 14, 2020, https://www.organicconsumers.org/news/covid-antifragility-trusting-our-strength-uncertain-times.

33. "Great Barrington Declaration," Great Barrington Declaration, accessed December 15, 2020, https://gbdeclaration.org.

34. Desmond Sutton, MD, et al., "Correspondence: Universal Screening for SARS-CoV-2 in Women Admitted for Delivery," *New England Journal of Medicine* 382 (April 13, 2020): 2163-64, https://www.nejm.org/doi/full/10.1056/NEJMc2009316.

35. Travis P. Baggett et al., "COVID-19 Outbreak at a Large Homeless Shelter in Boston: Implication for Universal Testing," medRxiv preprint, April 15, 2020, https://doi.org/10.1101/2020.04.12.20059618.

36. Shiyi Cao et al., "Post-Lockdown SARS-CoV-2 Nucleic Acid Screening in Nearly Ten Million Residents of Wuhan, China," *Nature Communications* 11, article number 5917 (November 20, 2020), https://www.nature.com/articles/s41467-020-19802-w.

37. "Provisional Death Counts for Coronavirus Disease 2019," Centers for Disease Control and Prevention, updated December 9, 2020, https://www.cdc.gov/nchs/nvss/vsrr/covid_weekly/index.htm.

38. Merritt, "SARS-CoV-2 and the Rise of Medical Technocracy," approximately eight minutes in (Lie No. 1: Death Risk); D. G. Rancourt, "All-Cause Mortality During COVID-19: No Plague and a Likely Signature of Mass Homicide by Government Response," *Technical Report*, June 2020, https://www.doi.org/10.13140/RG.2.24350.77125; Yanni Gu, "A Closer Look at US Deaths Due to COVID-19," *Johns Hopkins News-Letter*, November 22, 2020 (archived), https://web.archive.org/web/20201126163323/https://www.jhunewsletter.com/article/2020/11/a-closer-look-at-u-s-deaths-due-to-covid-19.

39. "Fauci Says Schools Should Try to Stay Open," Mercola.com, December 27, 2020,

https://blogs.mercola.com/sites/vitalvotes/archive/2020/12/27/fauci-says-schools-should-try-to-stay-open.aspx.

40. Ariana Eunjung Cha, Loveday Morris, and Michael Birnbaum, "Covid-19 Death Rates Are Lower Worldwide, But No One Is Sure Whether That's a Blip or a Trend," *Washington Post*, October 9, 2020, https://www.washingtonpost.com/health/2020/10/09/covid-mortality-rate-down.

41. Alex Berenson, *Unreported Truths About COVID-19 and Lockdowns* (New Jersey: Bowker, 2020), 20.

42. Centers for Disease Control and Prevention, "CDC 2019 Novel Coronavirus RT-PCR Diagnostic Panel," July 13, 2020 (PDF), https://www.fda.gov/media/134922/download.

43. Barbara Cáceres, "Coronavirus Cases Plummet When PCR Tests Are Adjusted," *Vaccine Reaction*, September 29, 2020, https://thevaccinereaction.org/2020/09/coronavirus-cases-plummet-when-pcr-tests-are-adjusted/; Jon Rappoport, "Smoking Gun: Fauci States COVID Test Has Fatal Flaw; Confession from the 'Beloved' Expert of Experts," *Jon Rappoport's Blog*, November 6, 2020, https://blog.nomorefakenews.com/2020/11/06/smoking-gun-fauci-states-covid-test-has-fatal-flaw; Vincent Racaniello, "COVID-19 with Dr. Anthony Fauci," *This Week in Virology* 641 (July 16, 2020), https://youtu.be/a_Vy6fgaBPE?t=260.

44. Jon Rappoport, "Smoking Gun"; Vincent Racaniello, "COVID-19 with Dr. Anthony Fauci," *This Week in Virology*, July 16, 2020 (video), 4:20, https://www.youtube.com/watch?t=260.

45. Rita Jaafar et al., "Correlation Between 3790 Quantitative Polymerase Chain Reaction-Positives Samples and Positive Cell Cultures, Including 1941 Severe Acute Respiratory Syndrome Coronavirus 2 Isolates," *Clinical Infectious Diseases* ciaa 1491 (September 28, 2020), https://doi.org/10.1093/cid/ciaa1491.

46. Victor Corman et al., "Diagnostic Detection of Wuhan Coronavirus 2019 by Real-Time RT-PCR, January 13, 2020," WHO.int. January 13, 2020 (PDF), https://www.who.int/docs/default-source/coronaviruse/wuhan-virus-assay-v1991527e5122341d99287a1b17c 111902.pdf; Victor M. Corman et al., "Detection of 2019 Novel Coronavirus (2019-nCoV) by Real-Time RT-PCR," *Eurosurveillance* 25, no. 3 (2020): pii 2000045, https://www.doi.org/10.2807/1560-7917. ES.2020.25.3.2000045.

47. Centers for Disease Control and Prevention, "CDC 2019 Novel Coronavirus RT-PCR Diagnostic Panel," July 13, 2020 (PDF), https://www.fda.gov/media/134922/download.

48. Stacey Lennox, "PREDICTION: Joe Biden Would Manage COVID-19 in One of Two Ways—Both Should Infuriate You," PJ Media, October 27, 2020, https://

pjmedia.com/columns/stacey-lennox/2020/10/27/prediction-joe-biden-would-manage-covid-19-in-one-of-two-ways-both-should-infuriate-you-n1092407; "COVID-19: Do We Have a Coronavirus Pandemic, or a PCR Test Pandemic?," Association of American Physicians and Surgeons, October 7, 2020, https://aapsonline.org/covid-19-do-we-have-a-coronavirus-pandemic-or-a-pcr-test-pandemic/.

49. Rappoport, "Smoking Gun."

50. Bernard La Scola et al., "Viral RNA Load as Determined by Cell Culture as a Management Tool for Discharge of SARS-CoV-2 Patients from Infectious Disease Wards," *European Journal of Clinical Microbiology & Infectious Diseases* 39 (2020): 1059-61, https://doi.org/10.1007/s10096-020-03913-9.

51. T. Jefferson et al., "Viral Cultures for COVID-19 Infectious Potential Assessment–A Systematic Review," *Clinical Infectious Diseases* ciaa 1764, December 3, 2020, https://doi.org/10.1093/cid/ciaa1764.

52. "Every Scary Thing You're Being Told, Depends on the Unreliable PCR Test," YouTube, December 27, 2020 (video), https://www.youtube.com/watch?app=desktop&v=6ny 9nNFHQsY&feature=youtu.be.

53. Florida Health, "Mandatory Reporting of COVID-19 Laboratory Test Results: Reporting of Cycle Threshold Values," December 3, 2020, https://www.flhealthsource.gov/files/Laboratory-Reporting-CT-Values-12032020.pdf.

54. Tyler Durden, "For the First Time, a US State Will Require Disclosure of PCR 'Cycle Threshold' Data in COVID Tests," ZeroHedge, December 7, 2020, https://www.zerohedge.com/medical/first-time-us-state-will-require-disclosure-pcr-test-cycle-data.

55. Pieter Borger et al., "External Peer Review of the RTPCR Test to Detect SARS-CoV-2 Reveals 10 Major Scientific Flaws at the Molecular and Methodological Level: Consequences for False Positive Results," Corman-Drosten Review Report, November 27, 2020, https://cormandrostenreview.com/report.

56. Dr. Wolfgang Wodarg and Dr. Michael Yeadon, "Petition/Motion for Administrative/Regulatory Action Regarding Confirmation of Efficacy End Points and Use of Data Connection with the Following Clinical Trial(s)," Corona Transition, December 1, 2020, https://corona-transition.org/IMG/pdf/wodarg_yeadon_ema_petition_pfizer_trial_final_01dec2020_signed_with_exhibits_geschwa_rzt.pdf.

57. Borger et al., "External Peer Review of the RTPCR Test."

58. Corman et al., "Detection of 2019 Novel Coronavirus (2019-nCoV) by Real-Time RT-PCR."

59. Acu2020.org, "A20 Chief Inspector Michael Fritsch in the Extra-Parliamentary Corona Committee of Inquiry (English Version)," accessed January 20, 2021, https://acu2020.org/english-versions/; Dr. Reiner Fuellmich, "German Corona

Investigative Committee," Algora (blog), October 4, 2020, https://www.algora.com/
Algora_blog/2020/10/04/german-corona-investigative-committee.

60. Celia Farber, "Ten Fatal Errors: Scientists Attack Paper That Established Global
PCR Driven Lockdown," *UncoverDC*, December 3, 2020, https://uncoverdc.
com/2020/12/03/ten-fatal-errors-scientists-attack-paper-that-established-global-pcr-
driven-lockdown/.

61. Borger et al., "External Peer Review of the RTPCR Test."

62. Shiyi Cao et al., "Post-Lockdown SARS-CoV-2 Nucleic Acid Screening."

63. "Attorney Dr. Reiner Fuellmich: The Corona Fraud Scandal Must Be Criminally
Prosecuted."

64. "CDC 2019-Novel Coronavirus (2019-nCoV) Real-Time RT-PCR Diagnostic
Panel," US Food and Drug Administration, revised and updated December 1, 2020,
https://www.fda.gov/media/134922/download.

65. "Open Letter from Medical Doctors and Health Professionals to All Belgian
Authorities and All Belgian Media," Docs 4 Open Debate, September 5, 2020,
https://docs4opendebate .be/en/open-letter.

66. "WHO Information Notice for IVD Users 2020/05," World Health Organization,
January 20, 2021, https://www.who.int/news/item/20-01-2021-who-information-
notice-for-ivd-users-2020-05.

67. Jamey Keaten, "Biden's US Revives Support for WHO, Reversing Trump Retreat,"
AP NEWS, January 21, 2021, https://apnews.com/article/us-who-support-
006ed181e016afa 55d4cea30af236227.

68. "WHO Information Notice for IVD Users." World Health Organization, December
14, 2020, https://web.archive.org/web/20201222013649/https:/www.who.int/news/
item/14-12-2020-who-information-notice-for-ivd-users.

69. "WHO Information Notice for IVD Users 2020/05."

70. Meryl Nass, MD, "Shameless Manipulation: Positive PCR Tests Drop after
WHO Instructs Vendors to Lower Cycle Thresholds: We Have Been Played Like a
Fiddle," *Anthrax Posts* (blog), February 12, 2021, https://anthraxvaccine.blogspot.
com/2021/02/positivity-of-pcr-tests-drops-as.html.

71. "US Currently Hospitalized," The COVID Tracking Project, https://covidtracking.
com/data/charts/us-currently-hospitalized.

72. Nass, "Shameless Manipulation."

73. "Lord Sumption on the National 'Hysteria' Over Coronavirus," UnHerd, *The Post*,
March 30, 2020, https://unherd.com/thepost/lord-sumption-on-the-national-
coronavirus-hysteria.

74. Amnesty International, "Biderman's Chart of Coercion," 1994 (PDF), https://

www.strath.ac.uk/media/1newwebsite/departmentsubject/socialwork/documents/
eshe/Bidermanschartofcoercion.pdf; Center for the Study of Human Rights in the
Americas at the University of California at Davis, "Military Training Materials,"
http://humanrights.ucdavis.edu/projects/the-guantanamo-testimonials-project/
testimonies/testimonies-of-the-defense-department/military-training-materials.

제6장

1. Monique Tan, Feng J. He, and Graham A. MacGregor, "Obesity and Covid-19: The
    Role of the Food Industry," *BMJ* 369 (2020): m2237, https://doi.org/10.1136/bmj.
    m2237.

2. "Partnership for an Unhealthy Planet," Corporate Accountability, accessed December
    15, 2020, https://www.corporateaccountability.org/wp-content/uploads/2020/09/
    Partnership-for-an-unhealthy-planet.pdf.

3. Gareth Iacobucci, "Food and Soft Drink Industry Has Too Much Influence over
    US Dietary Guidelines, Report Says," *BMJ* 369 (2020): m1666, https://doi.
    org/10.1136/bmj.m1666.

4. Sarah Steele et al., "Are Industry-Funded Charities Promoting 'Advocacy-Led
    Studies' or 'Evidence-Based Science'?: A Case Study of the International Life Sciences
    Institute," *Globalization and Health* 15, no. 36 (2019), https://doi.org/10.1186/
    s12992-019-0478-6.

5. "Partnership for an Unhealthy Planet."

6. Anaïs Rico-Campà et al., "Association Between Consumption of Ultra-Processed
    Foods and All Cause Mortality: SUN Prospective Cohort Study," *BMJ* 365 (2019),
    https://doi.org/10.1136/bmj.l1949.

7. "Provisional Death Counts for Coronavirus Disease 2019 (COVID-19)," Centers
    for Disease Control and Prevention, accessed August 26, 2020, https://www.cdc.gov/
    nchs/nvss/vsrr/covid_weekly/index.htm.

8. "Government Launches Obesity Strategy," BBC News, July 27, 2020, https://www.
    youtube.com/watch?app=desktop&v=55CrH0fGWFA&feature=youtu.be; Dr.
    Aseem Malhotra (@DrAseemMalhotra), tweet, "The government and public health
    england are ignorant and grossly negligent for not telling the public they need to
    change their diet now...," April 20, 2020, https://twitter.com/DrAseemMalhotra/
    status/1252253860497948674.

9. Oliver Morrison, "Coronavirus and Obesity: Doctors Take Aim at Food Industry
    over Poor Diets," FOODnavigator.com, last updated April 27, 2020, https://www.

foodnavigator.com/Article/2020/04/22/Coronavirus-and-obesity-Doctors-take-aim-at-food-industry-over-poor-diets.

10. Morrison, "Coronavirus and Obesity."

11. Aseem Malhotra, "Covid 19 and the Elephant in the Room," *European Scientist*, April 16, 2020, https://www.europeanscientist.com/en/article-of-the-week/covid-19-and-the-elephant-in-the-room.

12. Bee Wilson, "How Ultra-Processed Food Took over Your Shopping Basket," *Guardian*, February 12, 2020, https://www.theguardian.com/food/2020/feb/13/how-ultra-processed-food-took-over-your-shopping-basket-brazil-carlos-monteiro.

13. "Interactive Web Tool Maps Food Deserts, Provides Key Data," US Department of Agriculture blog, February 21, 2017, https://www.usda.gov/media/blog/2011/05/03/interactive-web-tool-maps-food-deserts-provides-key-data.

14. Bara El-Kurdi et al., "Mortality from Coronavirus Disease 2019 Increases with Unsaturated Fat and May Be Reduced by Early Calcium and Albumin Supplementation," *Gastroenterology* 159, no. 3 (2020): 1015-18.e4, https://www.doi.org/10.1053/j.gastro.2020.05.057.

15. Andrea Di Francesco et al., "A Time to Fast," *Science* 362, no. 6416 (November 16, 2018): 770-75, https://doi.org/10.1126/science.aau2095.

16. Amy T. Hutchison et al., "Time-Restricted Feeding Improves Glucose Tolerance in Men at Risk for Type 2 Diabetes: A Randomized Crossover Trial," *Obesity*, April 19, 2019, https://doi.org/10.1002/oby.22449.

17. "How to Boost Your Immune System," Harvard Health Publishing, Harvard Medical School, last updated April 6, 2020, https://www.health.harvard.edu/staying-healthy/how-to-boost-your-immune-system; Ruth Sander, "Exercise Boosts Immune Response," *Nursing Older People* 24, no. 6 (June 29, 2012): 11, https://doi.org/10.7748/nop.24.6.11.s11.

18. Josh Barney, "Exercise May Protect Against Deadly Covid-19 Complication, Research Suggests," *USA Today*, April 15, 2020, https://news.virginia.edu/content/exercise-may-protect-against-deadly-covid-19-complication-research-suggests; University of Virginia Health System, "COVID-19: Exercise May Protect Against Deadly Complication," EurekAlert!, April 15, 2020, https://www.eurekalert.org/pub_releases/2020-04/uovh-cem 041520.php; Zhen Yan and Hanna R. Spaulding, "Extracellular Superoxide Dismutase, A Molecular Transducer of Health Benefits of Exercise," *Redox Biology* 32 (May 2020): 101508, https://doir.org/10.1016/j.redox.2020.101508.

19. Christopher Weyh, Karsten Krüger, and Barbara Strasser, "Physical Activity and Diet Shape the Immune System During Aging," *Nutrients* 12, no. 3 (2020): 622, https://doi.org/10.3390/nu12030622.

20. "Coping with Stress," Centers for Disease Control and Prevention, updated December 11, 2020, https://cdc.gov/coronavirus/2019-ncov/daily-life-coping/managing-stress-anxiety.html.

21. S. K. Agarwal and G. D. Marshall, Jr., "Stress Effects on Immunity and Its Application to Clinical Immunology," *Clinical and Experimental Allergy* 31 (2001): 25-31, https://media.gradebuddy.com/documents/1589333/fcfea000-0fb6-4dde-b786-dda6725fd20c.pdf.

22. Jennifer N. Morey et al., "Current Directions in Stress and Human Immune Function," *Current Opinion in Psychology* 5 (October 2015): 13-17, https://doi.org/10.1016/j.copsyc.2015.03.007.

23. Tobias Esch, Gregory L. Fricchione, and George B. Stefano, "The Therapeutic Use of the Relaxation Response in Stress-Related Diseases," *Medical Science Monitor* 9, no. 2 (February 2003): RA23-34, https://pubmed.ncbi.nlm.nih.gov/12601303.

24. Bruce Barrett et al., "Meditation or Exercise for Preventing Acute Respiratory Infection: A Randomized Controlled Trial," *Annals of Family Medicine* 10, no. 4 (July 2012): 337-46, https://doi.org/10.1370/afm.1376.

25. Harvey W. Kaufman et al., "SARS-CoV-2 Positivity Rates Associated with Circulating 25-Hydroxyvitamin D Levels," *PLoS One* 15 (September 17, 2020): e0239252, https://doi.org/10.1371/journal.pone.0239252.

26. Carlos H. Orces, "Vitamin D Status Among Older Adults Residing in the Littoral and Andes Mountains in Ecuador," *Scientific World Journal* (2015): 545297, https://doi.org/10.1155/2015/545297.

27. "dminder," dminder.ontometrics.com, https://dminder.ontometrics.com.

28. "Are Both Supplemental Magnesium and Vitamin K₂ Combined Important for Vitamin D Levels?," GrassrootsHealth Nutrient Research Institute, accessed December 18, 2020, https://www.grassrootshealth.net/blog/supplemental-magnesium-vitamin-k2-combined-important-vitamin-d-levels/.

29. "Are Both Supplemental Magnesium and Vitamin K₂ Combined Important for Vitamin D Levels?"

30. Alexey V. Polonikov, "Endogenous Deficiency of Glutathione as the Most Likely Cause of Serious Manifestations and Death in Patients with the Novel Coronavirus Infection (COVID-19): A Hypothesis Based on Literature Data and Own Observations," preprint, https://www.researchgate.net/publication/340917045_Endogenous_deficiency_of_glutathione_as_the_most_likely_cause_of_serious_manifestations_and_death_in_patients_with_the_novel_coronavirus_infection_COVID-19_a_hypothesis_based_on_literature_data_and_o.

31. Dr. Joseph Deb?, "NAC Is Being Studied in COVID-19. Should You Take It?," *Nutritious Bytes* (blog), April 3, 2020, https://www.drdebe.com/blog/2020/4/2/0txsa

p858db2lx8l6b 21fultjorb4x; S. De Flora, C. Grassi, and L. Carati, "Attenuation of Influenza-Like Symptomatology and Improvement of Cell-Mediated Immunity with Long-Term N-acetylcysteine Treatment," European Respiratory Journal 10 (1997): 1535-41, https://erj.ersjournals.com/content/10/7/1535.long.

32. De Flora, Grassi, and Carati, "Attenuation of Influenza-Like Symptomatology and Improvement of Cell-Mediated Immunity."

33. Vittorio Demicheli et al., "Vaccines for Preventing Influenza in Healthy Adults," *Cochrane Database of Systematic Reviews*, March 13, 2014, updated February 1, 2018, https://doi.org/10.1002/14651858.CD001269.pub5.

34. Adrian R. Martineau et al., "Vitamin D Supplementation to Prevent Acute Respiratory Tract Infections: Systematic Review and Meta-Analysis of Individual Participant Data," *BMJ* 256 (2017): i6583, https://doi.org/10.1136/bmj.i6583.

35. Alexey Polonikov, "Endogenous Deficiency of Glutathione as the Most Likely Cause of Serious Manifestations and Death in COVID-19 Patients," ACS Infectious Diseases 6, no. 7 (2020): 1558-62, https://doi.org/10.1021/acsinfecdis.0c00288.

36. Bin Wang, Tak Yee Aw, and Karen Y. Stokes, "N-acetylcysteine Attenuates Systemic Platelet Activation and Cerebral Vessel Thrombosis in Diabetes," *Redox Biology* 14 (2018): 218-28., https://doi.org/10.1016/j.redox.2017.09.005.

37. Sara Martinez de Lizarrondo, et al., "Potent Thrombolytic Effect of N-Acetylcysteine on Arterial Thrombi," *Circulation* 136, no. 7 (2017): 646-60, https://doi.org/10.1161/CIRCULATIONAHA.117.027290.

38. Francis L. Poe and Joshua Corn, "N-Acetylcysteine: A Potential Therapeutic Agent for SARS-CoV-2," *Medical Hypotheses* 143 (2020): 109862, https://doi.org/10.1016/j.mehy.2020.109862.

39. "ClinicalTrials.gov," U.S. National Library of Medicine, accessed February 8, 2021, https://clinicaltrials.gov/ct2/results?recrs=&cond=COVID-19&term=NAC&cntry=&state=&city=&dist=.

40. G. A. Eby, D. R. Davis, and W. W. Halcomb, "Reduction in Duration of Common Colds by Zinc Gluconate Lozenges in a Double-Blind Study," *Antimicrobial Agents and Chemotherapy* 25, no. 1 (1984): 20-24, https://doi.org/10.1128/aac.25.1.20.

41. Harri Hemilä, "Zinc Lozenges and the Common Cold: A Meta-Analysis Comparing Zinc Acetate and Zinc Gluconate, and the Role of Zinc Dosage," *JRSM Open* 8, no. 5 (May 2017): 2054270417694291, https://dx.doi.org/10.1177%2F2054270417694291.

42. Zafer Kurugöl, "The Prophylactic and Therapeutic Effectiveness of Zinc Sulphate on Common Cold in Children," *Acta Paediatrica* 95, no. 10 (November 2006): 1175-81, https://doi.org/10.1080/08035250600603024.

43. Dinesh Jothimani et al., "COVID-19: Poor Outcomes in Patients with Zinc

Deficiency," *International Journal of Infectious Disease* 100 (November 2020): 343-49, https://dx.doi.org/10.1016%2Fj.ijid.2020.09.014.

44. Artwaan J. W. te Velthuis et al., "Zn²⁺ Inhibits Coronavirus and Arterivirus RNA Polymerase Activity *in Vitro* and Zinc Ionophores Block the Replication of These Viruses in Cell Culture," *PLoS Pathogens* 6 (November 4, 2010): e1001176, https:/doi.org/10.1371/journal.ppat.1001176.

45. "Zinc Fact Sheet for Health Professionals," US Department of Health and Human Services, National Institutes of Health, updated July 15, 2020, https://ods.od.nih.gov/factsheets/Zinc-HealthProfessional.

46. Venkataramanujan Srinivasan, PhD, et al., "Melatonin in Septic Shock–Some Recent Concepts," *Journal of Critical Care* 25 (2010): 656.e1-656.e6, https://www.researchgate.net/publication/261798535_melatonin_and_septic_shock_-_some_recent_concepts.

47. Grazyna Swiderska-Kołacz, Jolanta Klusek, and Adam Kołataj, "The Effect of Melatonin on Glutathione and Glutathione Transferase and Glutathione Peroxidase Activities in the Mouse Liver and Kidney In Vivo," *Neuro Endocrinology Letters* 27, no. 3 (June 2006): 365-8, https://pubmed.ncbi.nlm.nih.gov/16816830.

48. Dun-Xian Tan et al., "Melatonin: A Hormone, a Tissue Factor, an Autocoid, a Paracoid, and an Antioxidant Vitamin," *Journal of Pineal Research* 34, no. 1 (December 17, 2002), https://doi.org/10.1034/j.1600-079X.2003.02111.x.

49. Feres José Mocayar Marón et al., "Daily and Seasonal Mitochondrial Protection: Unraveling Common Possible Mechanisms Involving Vitamin D and Melatonin," *Journal of Steroid Biochemistry and Molecular Biology* 199 (May 2020): 105595, https://doi.org/10.1016/j .jsbmb.2020.105595.

50. Dario Acuna-Castroviejo et al., "Melatonin Role in the Mitochondrial Function," *Frontiers in Bioscience* 12 (January 1, 2007): 947-63, https://doi.org/10.2741/2116.

51. Sylvie Tordjman et al., "Melatonin: Pharmacology, Functions and Therapeutic Benefits," *Current Neuropharmacology* 15, no. 3 (April 2017): 434-43, https://doi.org/10.2174/1570159X14666161228122115.

52. Antonio Carrillo-Vico et al., "Melatonin: Buffering the Immune System," *International Journal of Molecular Sciences* 14, no. 4 (April 2013): 8638-83, https://doi.org/10.3390/ijms14048638.

53. Y. Yadi Zhou et al., "A Network Medicine Approach to Investigation and Population-Based Validation of Disease Manifestations and Drug Repurposing for COVID-19," *PLoS Biology* 18, no. 11 (November 6, 2020): e3000970, https://doi.org/10.1371/journal.pbio.3000970.

54. Alpha A Fowler, III, et al., "Effect of Vitamin C Infusion on Organ Failure and Biomarkers of Inflammation and Vascular Injury in Patients with Sepsis and Severe

Acute Respiratory Failure: The CITRIS-ALI Randomized Clinical Trial," *JAMA* 322, no. 13 (2019): 1261-70, https://doi.org/10.1001/jama.2019.11825.

55. Ruben Manuel Luciano Colunga Biancatelli et al., "Quercetin and Vitamin: An Experimental, Synergistic Therapy for the Prevention and Treatment of SARS-CoV-2 Related Disease (COVID-19)," *Frontiers in Immunology*, June 19, 2020, https://doi.org/10.3389/fimmu.2020.01451.

56. Patrick Holford et al., "Vitamin C—an Adjunctive Therapy for Respiratory Infection, Sepsis, and COVID-19," *Nutrients* 12, no. 12 (December 7, 2020): 3760, https://www.mdpi.com/2072-6643/12/12/3760/htm.

57. Holford et al., "Vitamin C—an Adjunctive Therapy."

58. Front Line COVID-19 Critical Care Alliance, January 14, 2020, https://covid19criticalcare.com.

59. Paul Marik, MD, "EVMS Critical Care COVID-19 Management Protocol," Eastern Virginia Medical School, August 1, 2020, https://www.evms.edu/media/evms_public/departments/internal_medicine/EVMS_Critical_Care_COVID-19_Protocol.pdf.

60. S. F. Yanuck et al., "Evidence Supporting a Phased Immuno-Physiological Approach to COVID-19 from Prevention Through Recovery," *Integrative Medicine* 19, no. S1 (2020) [Epub ahead of print] (PDF), https://athmjournal.com/covid19/wp-content/uploads/sites/4/2020/05/imcj-19-08.pdf.

61. Ling Yi et al., "Small Molecules Blocking the Entry of Severe Acute Respiratory Syndrome Coronavirus into Host Cells," *Journal of Virology* 78, no. 20 (September 2004): 11334-39, https://doi.org/10.1128/JVI.78.20.11334-11339.2004; Lili Chen et al., "Binding Interaction of Quercetin-3-beta-galactoside and Its Synthetic Derivatives with SARS-CoV 3CL(pro): Structure-Activity Relationship Studies Reveal Salient Pharmacophore Features," *Bioorganic & Medicinal Chemistry* 14, no. 24 (2006): 8295-306, https://doi.org/10.1016/j.bmc.2006.09.014; Nick Taylor-Vaisey, "A Made-in-Canada Solution to the Coronavirus Outbreak," Maclean's, February 24, 2020, https://www.macleans.ca/news/canada/a-made-in-canada-solution-to-the-coronavirus-outbreak/.

62. Nicholas Smith and Jeremy C. Smith, "Repurposing Therapeutics for COVID-19: Supercomputer-Based Docking to the SARS-CoV-2 Viral Spike Protein and Viral Spike Protein-Human ACE2 Interface," ChemRxiv preprint, November 3, 2020, https://doi.org/10.26434/chemrxiv.11871402.v4; "Quercetin—a Treatment for Coronavirus?," Greenstarsproject.org, March 27, 2020, https://greenstarsproject.org/2020/03/27/quercetin-a-treatment-for-coronavirus/.

63. Yao Li et al., "Quercetin, Inflammation and Immunity," *Nutrients* 8, no. 3 (March 15, 2016): 167, https://doi.org/10.3390/nu8030167.

64. Yao Li et al., "Quercetin, Inflammation and Immunity."

65. Husam Dabbagh-Bazarbachi et al., "Zinc Ionophone Activity of Quercetin and Epigallocatechin-Gallate: From Heba 1-6 Cells to a Liposome Model," *Journal of Agricultural and Food Chemistry* 62, 32 (July 22, 2014): 8085-93, https://doi.org/10.1021/jf5014633.

66. James J. DiNicolantonio and Mark F. McCarty, "Targeting Casein Kinase 2 with Quercetin or Enzymatically Modified Isoquercitrin as a Strategy for Boosting the Type 1 Interferon Response to Viruses and Promoting Cardiovascular Health," *Medical Hypotheses* 142 (2020): 109800, https://doi.org/10.1016/j.mehy.2020.109800.

67. DiNicolantonio and McCarty, "Targeting Casein Kinase 2 with Quercetin or Enzymatically Modified Isoquercitrin."

68. József Tözser and Szilvia Benkö, "Natural Compounds as Regulators of NLRP3 Inflammasome-Mediated IL-1β Production," *Mediators of Inflammation* 2016 (2016): 5460302, https://doi.org/10.1155/2016/5460302.

69. Ling Yi et al., "Small Molecules Blocking the Entry"; Thi Thanh Hanh Nguyen et al., "Flavonoid-Mediated Inhibition of SARS Coronavirus 3C-Like Protease Expressed in *Pichia pastoris*," *Biotechnology Letters* 34 (2012): 831-38, https://doi.org/10.1007/s10529-011-0845-8; Young Bae Ryu et al., "Biflavonoids from *Torreya nucifera* Displaying SARS-CoV 3CL[pro] Inhibition," *Bioorganic & Medicinal Chemistry* 18, no. 22 (2010): 7940-47, https://doi.org/10.1016/j.bmc.2010.09.035.

70. Siti Khaerunnisa et al., "Potential Inhibitor of COVID-19 Main Protease (M[pro]) from Several Medicinal Plant Compounds by Molecular Docking Study," *Preprints* 2020, 2020030226, Preprints.org, March 12, 2020, https://doi.org/10.20944/preprints202003.0226.v1.

71. Paul Marik, MD, "EVMS Critical Care COVID-19 Management Protocol," Eastern Virginia Medical School, August 1, 2020, https://www.evms.edu/media/evms_public/departments/internal_medicine/EVMS_Critical_Care_COVID-19_Protocol.pdf.

72. Hira Shakoor et al., "Be Well: A Potential Role for Vitamin B in COVID-19," *Maturitas* 144 (2021): 108-11, https://doi.org/10.1016/j.maturitas.2020.08.007.

73. Shakoor et al., "Be Well."

74. Dmitry Kats, PhD, MPH, "Sufficient Niacin Supply: The Missing Puzzle Piece to COVID-19, and Beyond?" OSF Preprints, December 29, 2020, https://osf.io/uec3r/.

75. Shakoor et al., "Be Well."

76. Zahra Sheybani et al., "The Rise of Folic Acid in the Management of Respiratory Disease Caused by COVID-19," ChemRxiv preprint, March 30, 2020, https://doi.

org/10.26434/chemrxiv.12034980.v1

77. Sheybani et al., "The Rise of Folic Acid in the Management."

78. Vipul Kumar and Manoj Jena, "In Silico Virtual Screening-Based Study of Nutraceuticals Predicts the Therapeutic Potentials of Folic Acid and Its Derivatives Against COVID-19," Research Square, May 26, 2020, https://doi.org/10.21203/rs.3.rs-31775/v1.

79. A. David Smith et al., "Homocysteine-Lowering by B Vitamins Slows the Rate of Accelerated Brain Atrophy in Mild Cognitive Impairment: A Randomized Controlled Trial," *PloS One* 5, no. 9 (September 8, 2010): e12244, https://doi.org/10.1371/journal.pone.0012244.

80. Jane E. Brody, "Vitamin B12 as Protection for the Aging Brain," *New York Times*, September 6, 2016, https://www.nytimes.com/2016/09/06/well/mind/vitamin-b12-as-protection-for-the-aging-brain.html.

81. Shakoor et al., "Be Well."

82. Mark F. McCarty and James J DiNicolantonio, "Nutraceuticals Have Potential for Boosting the Type 1 Interferon Response to RNA Viruses Including Influenza and Coronavirus," *Progress in Cardiovascular Diseases* 63, no. 3 (2020): 383-85, https://doi.org/1016/j.pcad.2020.02.007.

83. Lionel B. Ivashkiv and Laura T. Donlin, "Regulation of Type I Interferon Responses," *Nature Reviews Immunology* 14, no. 1 (2014): 36-49, https://doi.org/10.1038/nri3581.

84. Anna T. Palamara, "Inhibition of Influenza A Virus Replication by Resveratrol," *Journal of Infectious Diseases* 191, no. 10 (May 15, 2005): 1719-29, https://academic.oup.com/jid/article/191/10/1719/790275.

85. Kai Zhao et al., "Perceiving Nasal Patency Through Mucosal Cooling Rather than Air Temperature or Nasal Resistance," *PLoS One* 6, no. 10 (2011): e24618, https://doi.org/10.1371/journal.pone.0024618.

86. A. V. Arundel et al., "Indirect Health Effects of Relative Humidity in Indoor Environments," *Environmental Health Perspectives* 65 (March 1986): 351-61, https://dx.doi.org/10.1289%2Fehp.8665351.

87. Gordon Lauc et al., "Fighting COVID-19 with Water," *Journal of Global Health* 10, no. 1 (June 2020), http://jogh.org/documents/issue202001/jogh-10-010344.pdf.

88. Eriko Kudo et al., "Low Ambient Humidity Impairs Barrier Function and Innate Resistance Against Influenza Infection," *PNAS* 116, no. 22 (May 28, 2019): 10905-10, https://doi.org/10.1073/pnas.1902840116.

89. J. M. Reiman et al., "Humidity as a Non-Pharmaceutical Intervention for Influenza A," *PLoS One* 13, no. 9 (September 25, 201): e0204337, https://doi.org/10.1371/

journal.pone.0204337.

제7장

1. Patricia J. García, "Corruption in Global Health: The Open Secret," *Lancet*
    394, no. 10214 (December 7, 2019): 2119-24, https://doi.org/10.1016/S0140-
    6736(19)32527-9.

2. García, "Corruption in Global Health."

3. Ron Law, "Rapid Response: WHO Changed Definition of Influenza Pandemic,"
    BMJ 2010, no. 340 (June 6, 2010): c2912, https://www.bmj.com/rapid-
    response/2011/11/02/who-changed-definition-influenza-pandemic; World Health
    Organization. "Epidemic and Pandemic Alert and Response," Wayback Machine,
    archived May 11, 2009 (PDF), http://whale.to/vaccine/WHO1.pdf.

4. World Health Organization, "Pandemic Preparedness," Wayback Machine, archived
    September 2, 2009 (PDF), http://whale.to/vaccine/WHO2.pdf.

5. Merritt, "SARS-CoV2 and the Rise of Medical Technocracy"; D. G. Rancourt, "All-
    Cause Mortality During COVID-19: No Plague and a Likely Signature of Mass
    Homicide by Government Response," *Technical Report*, June 2020, https://www.
    doi.org/10.13140/RG.2.24350 .77125; Yanni Gu, "A Closer Look at US Deaths
    Due to COVID-19," *Johns Hopkins News-Letter* web archive, November 22, 2020,
    https://web.archive.org/web/20201126163323/https://www.jhunewsletter.com/
    article/2020/11/a-closer-look-at-u-s-deaths-due-to-covid-19.

6. Lisa M. Krieger, "Stanford Researcher Says Coronavirus Isn't as Fatal as We Thought;
    Critics Say He's Missing the Point," *Mercury News*, May 20, 2020 (archived),
    https://archive.is/IWWCC; Justin Blackburn, PhD, et al., "Infection Fatality Ratios
    for COVID-19 Among Noninstitutionalized Persons 12 and Older: Results of a
    Random-Sample Prevalence Study," *Annals of Internal Medicine*, 2020, https://
    www.acpjournals.org/doi/10.7326/M20-5352; Edwin Mora, "Doctor to Senators:
    Coronavirus Fatality Rate 10 to 40x Lower than Estimates That Led to Lockdowns,"
    Breitbart, May 7, 2020, https://www.breitbart.com/politics/2020/05/07/doctor-
    to-senators-coronavirus-fatality-rate-10-to-40x-lower-than-estimates-that-led-
    to-lockdowns/; Scott W. Atlas, MD, "How to Re-Open Society Using Evidence,
    Medical Science, and Logic," US Senate testimony, May 6, 2020 (PDF), https://
    www.hsgac.senate.gov/imo/media/doc/Testimony-Atlas-2020-05-06.pdf; John P. A.
    Ioannidis, MD, DSc., US Senate testimony, May 6, 2020, https://www.hsgac.senate.
    gov/imo/media/doc/Testimony-Ioannidis-2020-05-06.pdf.

7. John P. A. Ioannidis, Cathrine Axfors, and Despina G. Contopoulos-Ioannidis,

"Population-Level COVID-19 Mortality Risk for Non-Elderly Individuals Overall and for Non-Elderly Individuals Without Underlying Diseases in Pandemic Epicenters," medRxiv preprint, May 5, 2020, https://doi.org/10.1101/2020.04.05 .20054361; John P. A. Ioannidis, Cathrine Axfors, and Despina G. Contopoulos-Ioannidis, "Population-Level COVID-19 Mortality Risk for Non-Elderly Individuals Overall and for Non-Elderly Individuals Without Underlying Diseases in Pandemic Epicenters," *Environmental Research* 188 (September 2020): 109890, https://doi.org/10.1016/j.envres.2020.109890.

8. Jeffrey A. Tucker, "WHO Deletes Naturally Acquired Immunity from Its Website," American Institute for Economic Research, December 23, 2020, https://www.aier.org/article/who-deletes-naturally-acquired-immunity-from-its-website/.

9. Tucker, "WHO Deletes Naturally Acquired Immunity from Its Website."

10. Carolyn Dean, *Death by Modern Medicine* (Matrix Verde Media, 2005).

11. Barbara Starfield, "Is US Health Really the Best in the World?," *JAMA* 284 no. 4. (July 26, 2000): 483-85, https://doi.org/10.1001/jama.284.4.483.

12. Martin A. Makary, MA, and Michael Daniel. "Medical Error—The Third Leading Cause of Death in the US," *BMJ* 353 (May 3, 2016): i2139, https://doi.org/10.1136/bmj.i2139.

13. John C. Peters et al., "The Effects of Water and Non-Nutritive Sweetened Beverages on Weight Loss During a 12-Week Weight Loss Treatment Program," *Obesity* 22, no. 6 (June 2014): 1415-21, https://doi.org/10.1002/oby.20737; William Hudson, "Diet Soda Helps Weight Loss, Industry-Funded Study Finds," CNN, May 27, 2014, https://www.cnn.com/2014/05/27/health/diet-soda-weight-loss/index.html.

14. Centers for Disease Control and Prevention, "Disclosure," CDC.gov, accessed January 22, 2021, https://www.cdc.gov/mmwr/cme/serial_conted.html.

15. "US Right to Know Petition to the CDC," November 5, 2019 (PDF): 3, https://usrtk.org/wp-content/uploads/2019/11/Petition-to-CDC-re-Disclaimers.pdf.

16. "US Right to Know Petition to the CDC"; Gary Ruskin, "Groups to CDC: Stop Falsely Claiming Not to Accept Corporate Money," US Right to Know, November 5, 2019, https://usrtk.org/news-releases/groups-to-cdc-stop-falsely-claiming-not-to-accept-corporate-money/.

17. Chelsea Bard and Lindsey Mills, "Maine Ballot Re-Sparks Vaccination Exemptions Debate," News Center Maine, February 4, 2020, https://www.newscentermaine.com/article/news/politics/maine-ballot-re-sparks-vaccination-exemptions-debate/97-4d9dcc72-2d0d-4575-9c26-da3a685b6d51.

18. Andrew Ward, "Vaccines Are Among Big Pharma's Best Selling Products," *Financial Times*, April 24, 2016, https://www.ft.com/content/93374f4a-e538-11e5-a09b-1f8b0d268c39.

19. Markets and Markets, "Vaccines Market by Technology (Live, Toxoid, Recombinant), Disease (Pneumococcal, Influenza, DTP, Rotavirus, TT, Polio, MMR, Varicella, Dengue, TB, Shingles, Rabies), Route (IM, SC, ID, Oral), Patient (Pediatric, Adult), Type–Global Forecast to 2024," accessed January 22, 2021, https://www.marketsandmarkets.com/Market-Reports/vaccine-technologies-market-1155.html.

20. Bret Stephens, "The Story of Remdesivir," *New York Times*, April 17, 2020, https://www.nytimes.com/2020/04/17/opinion/remdesivir-coronavirus.html.

21. Stephens, "The Story of Remdesivir."

22. Sydney Lupkin, "Remdesivir Priced at More than $3,100 for a Course of Treatment," NPR, June 29, 2020, https://www.npr.org/sections/health-shots/2020/06/29/884648842/remdesivir-priced-at-more-than-3-100-for-a-course-of-treatment.

23. Elizabeth Woodworth, "Remdesivir for Covid-19: $1.6 Billion for a 'Modestly Beneficial' Drug?," *Global Research*, August 27, 2020, https://www.globalresearch.ca/remdesivir-covid-19-1-6-billion-modestly-beneficial-drug/5717690.

24. Alexa Lorenzo et al., "Florida Seeing 'Explosion' in COVID-19 Cases Among Younger Residents, but Patients Less Sick," WFTV 9, updated June 23, 2020, https://www.wftv.com/news/florida/watch-gov-desantis-speak-orlando-hospital-about-covid-19-1230-pm/UCJ3VAS7ZJDNJKR6KHWZXLCH3E/.

25. John H. Beigel et al., "Remdesivir for the Treatment of Covid-19-Final Report," *New England Journal of Medicine*, 383 (November 5, 2020): 1813-26, https://doi.org/10.1056/NEJMoa2007764.

26. National Institute of Allergy and Infectious Diseases (NIAID), "Adaptive COVID-19 Treatment Trial (ACTT)," ClinicalTrials.gov, first posted February 21, 2020, last update December 9, 2020, https://clinicaltrials.gov/ct2/show/NCT04280705.

27. FDA News Release, "Coronavirus (COVID-19) Update: FDA Issues Emergency Use Authorization for Potential COVID-19 Treatment," FDA.gov, May 1, 2020, https://www.fda.gov/news-events/press-announcements/coronavirus-covid-19-update-fda-issues-emergency-use-authorization-potential-covid-19-treatment.

28. Yeming Wang et al., "Remdesivir in Adults with Severe COVID-19: A Randomised, Double-Blind, Placebo-Controlled, Multicentre Trial," *Lancet* 395 (2020): 1569-78, https://doi.org/10.1016/S0140-6736(20)31022-9.

29. Marie Dubert et al., "Case Report Study of the First Five COVID-19 Patients Treated with Remdesivir in France," *International Journal of Infectious Diseases* 98 (2020): 290-93, https://doi.org/10.1016/j.ijid.2020.06.093.

30. Yeming Wang et al., "Remdesivir in Adults with Severe COVID-19."

31. US Food and Drug Administration, "Coronavirus Disease 2019 (COVID-19) Resources for Health Professionals," FDA.gov, November 16, 2020, accessed January

22, 2021, https://www.fda.gov/health-professionals/coronavirus-disease-2019-covid-19-resources-health-professionals#testing.

32. FLCCC Alliance, "MATH+ Hospital Treatment Protocol for Covid-19," July 14, 2020, https://covid19criticalcare.com/wp-content/uploads/2020/04/MATHTreatmentProtocol.pdf.

33. Leon Caly et al., "The FDA-Approved Drug Ivermectin Inhibits the Replication of SARSCoV-2 *in Vitro*," *Antiviral Research* 178 (June 2020): 104787, https://doi.org/10.1016/j.antiviral.2020.104787.

34. FLCCC Alliance, "I-MASK+ Protocol-Downloads and Translations," accessed January 22, 2021, https://covid19criticalcare.com/i-mask-prophylaxis-treatment-protocol/i-mask-protocol-translations/.

35. FLCCC Alliance, "MATH+ Hospital Protocol-Downloads and Translations," accessed January 22, 2021, https://covid19criticalcare.com/math-hospital-treatment/pdf-translations/.

36. Richardson et al., "Presenting Characteristics, Comorbidities, and Outcomes Among 5700 Patients."

37. Joyce Kamen, "The MATH+ Protocol Will Likely Have the Most Dramatic Impact on Survival of Critically Ill Covid19 Patients Worldwide," Medium.com, June 16, 2020, https://joyce-kamen.medium.com/the-math-protocol-will-have-the-most-dramatic-impact-on-survival-of-critically-ill-covid19-35689f7ce16f.

38. FLCCC Alliance, "Front Line COVID-19 Critical Care Alliance," December 8, 2020, https://covid19criticalcare.com/.

39. Swiss Policy Research, "Covid-19: WHO-Sponsored Preliminary Review Indicates Ivermectin Effectiveness," December 31, 2020, https://swprs.org/who-preliminary-review-confirms-Ivermectin-effectiveness/.

40. FLCCC Alliance, "One Page Summary of the Clinical Trials Evidence for Ivermectin in COVID-19," as of January 11, 2021 (PDF), https://covid19criticalcare.com/wp-content/uploads/2020/12/One-Page-Summary-of-the-Clinical-Trials-Evidence-for-Ivermectin-in-COVID-19.pdf.

41. "Ivermectin Meta-Analysis by Dr. Andrew Hill," YouTube, December 27, 2020 (video), https://www.youtube.com/watch?v=yOAh7GtvcOs&feature=emb_logo.

42. US FDA, "FAQ: COVID-19 and Ivermectin Intended for Animals," December 16, 2020, https://www.fda.gov/animal-veterinary/product-safety-information/faq-covid-19-and-ivermectin-intended-animals.

43. FLCCC Alliance, "One Page Summary of the Clinical Trials Evidence for Ivermectin."

44. FLCCC Alliance, "FLCCC Alliance Invited to the National Institutes of Health

(NIH) COVID-19 Treatment Guidelines Panel to Present Latest Data on Ivermectin," January 7, 2020 (PDF), https://covid19criticalcare.com/wp-content/uploads/2021/01/FLCCC-PressRelease-NIH-C19-Panel-FollowUp-Jan7-2021.pdf.

45. FLCCC Alliance, "NIH Revises Treatment Guidelines for Ivermectin for the Treatment of COVID-19," January 15, 2021 (PDF), https://covid19criticalcare. com/wp-content/uploads/2021/01/FLCCC-PressRelease-NIH-Ivermectin-in-C19-Recommendation-Change-Jan15.2021-final.pdf.

46. FLCCC Alliance, "NIH Revises Treatment Guidelines for Ivermectin."

47. Matthieu Million et al., "Early Treatment of COVID-19 Patients with Hydroxychloroquine and Azithromycin: A Retrospective Analysis of 1061 Cases in Marseille, France," *Travel Medicine and Infectious Disease* 35 (2020): 101738, https://doi.org/10.1016/j.tmaid.2020.101738; Scott Sayare, "He Was a Science Star. Then He Promoted a Questionable Cure for Covid-19," *New York Times Magazine*, May 12, 2020, https://www.nytimes.com/2020/05/12/magazine/didier-raoult-hydroxychloroquine.html.

48. Phulen Sarma et al., "Virological and Clinical Cure in COVID-19 Patients Treated with Hydroxychloroquine: A Systematic Review and Meta-Analysis," *Journal of Medical Virology* 92, no. 7 (2020): 776-85, https://doi.org/10.1002/jmv.25898.

49. Robert F. Service, "Would-Be Coronavirus Drugs Are Cheap to Make," *Science*, April 10, 2020, https://www.sciencemag.org/news/2020/04/would-be-coronavirus-drugs-are-cheap-make.

50. "Hydroxychloroquine," GoodRx, accessed January 22, 2021, https://www.goodrx.com/hydroxychloroquine.

51. Bill Gates, "What You Need to Know About the COVID-19 Vaccine," *GatesNotes* (blog), April 30, 2020, https://www.gatesnotes.com/Health/What-you-need-to-know-about-the-COVID-19-vaccine.

52. Roland Derwand et al., "COVID-19 Outpatients: Early Risk-Stratified Treatment with Zinc Plus Low-Dose Hydroxychloroquine and Azithromycin: A Retrospective Case Series Study," *International Journal of Antimicrobial Agents* 56, no. 6 (2020): 106214, https://doi.org/10.1016/j.ijantimicag.2020.106214.

53. Harvey A. Risch, MD, PhD, "The Key to Defeating COVID-19 Already Exists. We Need to Start Using It," *Newsweek*, July 23, 2020, https://www.newsweek.com/key-defeating-covid-19-already-exists-we-need-start-using-it-opinion-1519535?amp=1&__twitterimpression=true.

54. Martin J. Vincent et al., "Chloroquine Is a Potent Inhibitor of SARS Coronavirus Infection and Spread," *Virology Journal* 2, no. 69 (August 22, 2005), https://doi.org/10.1186/1743-422X-2-69.

55. Eng Eong Ooi et al., "In Vitro Inhibition of Human Influenza A Virus Replication

by Chloroquine," *Virology Journal* 3, no. 39 (May 29, 2006), https://doi.org/10.1186/1743-422X-3-39.

56. Meryl Nass, MD, "WHO 'Solidarity' and U.K. 'Recovery' Clinical Trials of Hydroxychloroquine Using Potentially Fatal Doses," *Age of Autism*, https://www.ageofautism.com/2020/06/who-solidarity-and-uk-recovery-clinical-trials-of-hydroxychloroquine-using-potentially-fatal-doses.html.

57. "Hydroxychloroquine: Drug Information," UpToDate, accessed July 6, 2020, https://www.uptodate.com/contents/hydroxychloroquine-drug-information.

58. World Health Organization, "'Solidarity' Clinical Trial for COVID-19 Treatments," accessed July 6, 2020, https://www.who.int/emergencies/diseases/novel-coronavirus-2019/global-research-on-novel-coronavirus-2019-ncov/solidarity-clinical-trial-for-covid-19-treatments.

59. "Swiss Protocol for COVID−Quercetin and Zinc," Editorials 360, August 20, 2020, https://www.editorials360.com/2020/08/20/swiss-protocol-for-covid-quercetin-and-zinc/.

제8장

1. Berkeley Lovelace, Jr., "Pfizer Says Final Data Analysis Shows Covid Vaccine Is 95% Effective, Plans to Submit to FDA in Days," CNBC, November 18, 2020, https://www.cnbc.com/2020/11/18/coronavirus-pfizer-vaccine-is-95percent-effective-plans-to-submit-to-fda-in-days.html; Courtenay Brown, "Stock Market Rises After Pfizer Coronavirus Vaccine News," Axios, November 19, 2020, https://www.axios.com/stock-market-pfizer-coronavirus-vaccine-c3c131d7-b46f-4df0-94c9-503d1dc906df.html; Joe Palca, "Pfizer Says Experimental COVID-19 Vaccine Is More than 90% Effective," NPR, November 9, 2020, https://www.npr.org/sections/health-shots/2020/11/09/933006651/pfizer-says-experimental-covid-19-vaccine-is-more-than-90-effective.

2. Joe Palca, "Moderna's COVID-19 Vaccine Shines in Clinical Trial," NPR, November 16, 2020, https://www.npr.org/sections/health-shots/2020/11/16/935239294/modernas-covid-19-vaccine-shines-in-clinical-trial.

3. Gilbert Berdine, MD, "What the Covid Vaccine Hype Fails to Mention," Mises Wire, November 24, 2020, https://mises.org/wire/what-covid-vaccine-hype-fails-mention.

4. Allen S. Cunningham, MD, November 13, 2020, comment on Elisabeth Mahase, "Covid-19: Vaccine Candidate May Be More than 90% Effective, Interim Results Indicate," *BMJ* 2020, no. 371 (2020): m4347, https://doi.org/10.1136/bmj.m4347.

5. Berdine, "What the Covid Vaccine Hype Fails to Mention."

6. Peter Doshi, "Pfizer and Moderna's 95% Effective Vaccines-Let's Be Cautious and First See the Full Data," *BMJ Opinion*, November 26, 2020, https://blogs.bmj.com/ bmj/2020/11/26/peter-doshi-pfizer-and-modernas-95-effective-vaccines-lets-be-cautious-and-first-see-the-full-data/.

7. Doshi, "Pfizer and Moderna's 95% Effective Vaccines."

8. Peter Doshi, "Will Covid-19 Vaccines Save Lives? Current Trials Aren't Designed to Tell Us," *BMJ* 2020, no. 371 (October 21, 2020), https://doi.org/10.1136/bmj. m4037.

9. Doshi, "Will Covid-19 Vaccines Save Lives?"

10. Eyrun Thune, "Modified RNA Has a Direct Effect on DNA," Phys.org, January 29, 2020, https://phys.org/news/2020-01-rna-effect-dna.html.

11. Thune, "Modified RNA Has a Direct Effect on DNA."

12. Damian Garde, "Lavishly Funded Moderna Hits Safety Problems in Bold Bid to Revolutionize Medicine," Stat News, January 10, 2017, https://www.statnews. com/2017/01/10/moderna-trouble-mrna/.

13. James Odell, OMD, ND, L.Ac., "COVID-19 mRNA Vaccines," Bioregulatory Medicine Institute, December 28, 2020, https://www.biologicalmedicineinstitute. com/post/covid-19-mrna-vaccines.

14. Autoimmune Registry, "Estimates of Prevalence for Autoimmune Disease," accessed January 22, 2021, https://www.autoimmuneregistry.org/autoimmune-statistics.

15. Odell, "COVID-19 mRNA Vaccines."

16. Timothy Cardozo and Ronald Veazey, "Informed Consent Disclosure to Vaccine Trial Subjects of Risk of COVID-19 Vaccines Worsening Clinical Disease," *International Journal of Clinical Practice*, October 28, 2020, https://doi.org/10.1111/ ijcp.13795.

17. Lisa A. Jackson et al., "An mRNA Vaccine Against SARS-CoV-2-Preliminary Report," *New England Journal of Medicine* 383, no. 20 (2020): 1920-31, https://doi. org/10.1056/NEJMoa2022483.

18. Robert F. Kennedy, Jr., "Catastrophe: 20% of Human Test Subjects Severely Injured from Gates-Fauci Coronavirus Vaccine by Moderna," May 20, 2020, https://fort-russ.com/2020/05/catastrophe-20-of-human-test-subjects-severely-injured-from-gates-fauci-coronavirus-vaccine-by-moderna/.

19. Doshi, "Pfizer and Moderna's 95% Effective Vaccines."

20. Norbert Pardi et al., "mRNA Vaccines-a New Era in Vaccinology," *Nature Reviews Drug Discovery* 2018, no. 17 (January 12, 2018): 261-79, https://www.nature.com/ articles/nrd.2017.243.

21. Sissi Cao, "Here Are All the Side Effects of Every Top COVID-19 Vaccine in US," *Observer*, October 20, 2020, https://observer.com/2020/10/vaccine-side-effects-moderna-pfizer-johnson-astrazeneca/.

22. Haley Nelson, Facebook post, December 30, 2020, https://www.facebook.com/photo. php?fbid=10219326599539838&set=p.10219326599539838&type=3; Tara Sekikawa, Facebook post, December 27, 2020, https://www.facebook.com/photo?fbid=10218204338126951&set=a.1290324145245.

23. Karl Dunkin case, Facebook post, January 5, 2021, https://www.facebook.com/marcellaterry/posts/10225204405125047.

24. "Boston Doctor Says He Almost Had to Be INTUBATED After Suffering Severe Allergic Reaction from Moderna Covid Vaccine," RT, December 26, 2020, https://www.rt.com/usa/510775-moderna-covid-vaccine-allergic-reaction/; Children's Health Defense Team, "FDA Investigates Allergic Reactions to Pfizer COVID Vaccine After More Healthcare Workers Hospitalized," *Defender*, December 21, 2020, https://childrenshealthdefense.org/defender/fda-investigates-reactions-pfizer-covid-vaccine-healthcare-workers-hospitalized/?utm_source=salsa&eType=EmailBlastContent&eId=8c0edf71-f718-4f0d-ae2a-84905c9c8919; Thomas Clark, MD, MPH, "Anaphylaxis Following m-RNA COVID-19 Vaccine Receipt," CDC. gov, December 19, 2020, https://www.cdc.gov/vaccines/acip/meetings/downloads/slides-2020-12/slides-12-19/05-COVID-CLARK.pdf.

25. Children's Health Defense Team, "Fauci: COVID Vaccines Appear Less Effective Against Some New Strains+More," *Defender*, January 12, 2021, https://childrenshealthdefense.org/defender/covid-19-vaccine-news/?utm_source=salsa&eType=EmailBlastContent&eId=62360bc6-a144-49b4-8b74-803793be13fc.

26. Shawn Skelton, Facebook post, January 7, 2021, https://www.facebook.com/shawn.skelton.73/posts/403541337597874; Brant Griner, Facebook post, January 10, 2021, https://www.facebook.com/brant.griner.7/posts/899042044166409; WION Web Team, "Mexican Doctor Admitted to ICU After Receiving Pfizer Covid-19 Vaccine," WioNews, January 2, 2021, https://www.wionews.com/world/mexican-doctor-admitted-to-icu-after-receiving-pfizer-covid-19-vaccine-354093.

27. Alanna Tonge-Jelley, Facebook post, January 9, 2021, https://www.facebook.com/permalink.php?story_fbid=2749373985391622&id=100009571428119.

28. Shivali Best, "Covid Vaccine: Four Pfizer Trial Participants Developed Facial Paralysis, FDA Says," *Mirror*, December 11, 2020, https://www.mirror.co.uk/science/covid-vaccine-four-pfizer-trial-23151047.

29. Sophie Bateman, "Coronavirus Vaccine Patient 'Dies Five Days After Receiving Pfizer Jab,'" *Daily Star*, December 30, 2020, https://www.dailystar.co.uk/news/world-news/breaking-coronavirus-vaccine-patient-dies-23239055; "Health Authorities on Alert After Nurse DIES Following Vaccination with Pfizer's Covid-19 Shot in

Portugal," RT, January 4, 2021, https://www.rt.com/news/511524-portuguese-nurse-dies-pfizer-vaccine/; Children's Health Defense Team, "'Perfectly Healthy' Florida Doctor Dies Weeks After Getting Pfizer COVID Vaccine," *Defender*, January 7, 2021, https://childrenshealthdefense.org/defender/healthy-florida-doctor-dies-after-pfizer-covid-vaccine/; Zachary Stieber, "55 People Have Died in US After Receiving COVID-19 Vaccines: Reporting System," *Epoch Times*, January 17, 2021, https://www.theepochtimes.com/55-people-died-in-us-after-receiving-covid-19-vaccines-reporting-system_3659152.html.

30. Clark, "Anaphylaxis Following m-RNA COVID-19 Vaccine Receipt."

31. Centers for Disease Control and Prevention, "COVID-19 Vaccines and Allergic Reactions," CDC.gov, https://www.cdc.gov/coronavirus/2019-ncov/vaccines/safety/allergic-reaction.html.

32. William A. Haseltine, "Covid-19 Vaccine Protocols Reveal That Trials Are Designed to Succeed," *Forbes*, September 23, 2020, https://www.forbes.com/sites/williamhaseltine/2020/09/23/covid-19-vaccine-protocols-reveal-that-trials-are-designed-to-succeed/?sh=2212afc25247.

33. Danuta M. Skowronski et al., "Association Between the 2008-09 Seasonal Influenza Vaccine and Pandemic H1N1 Illness During Spring-Summer 2009: Four Observational Studies from Canada," *PLoS Medicine*, April 6, 2010, https://doi.org/10.1371/journal.pmed.1000258; Maryn McKenna, "New Canadian Studies Suggest Seasonal Flu Shot Increased H1N1 Risk," CIDRAP, April 6, 2010, https://www.cidrap.umn.edu/news-perspective/2010/04/new-canadian-studies-suggest-seasonal-flu-shot-increased-h1n1-risk.

34. Ed Susman, "Ferrets Keep Flu Vaccine/H1N1 Pot Boiling," *MedPage Today*, September 9, 2010, https://www.medpagetoday.org/meetingcoverage/icaac/34674?vpass=1.

35. Annie Guest, "Vaccines May Have Increased Swine Flu Risk," March 4, 2011, https://www.abc.net.au/news/2011-03-04/vaccines-may-have-increased-swine-flu-risk/1967508.

36. Centers for Disease Control and Prevention, "Human Coronavirus Types," CDC.gov, accessed January 22, 2021, https://www.cdc.gov/coronavirus/types.html.

37. Greg G. Wolff, "Influenza Vaccination and Respiratory Virus Interference Among Department of Defense Personnel During the 2017-2018 Influenza Season," *Vaccine* 38, no. 2 (January 10, 2020): 350-54, https://doi.org/10.1016/j.vaccine.2019.10.005; Michael Murray, ND, "Does the Flu Shot Increase COVID-19 Risk (YES!) and Other Interesting Questions," DoctorMurray.com, accessed January 22, 2021, https://doctormurray.com/does-the-flu-shot-increase-covid-19-risk/.

38. Wolff, "Influenza Vaccination and Respiratory Virus Interference,", results and Table 5.

39. American Lung Association, "Human Metapneumovirus (hMPV) Symptoms and Diagnosis," accessed December 20, 2021, https://www.lung.org/lung-health-diseases/lung-disease-lookup/human-metapneumovirus-hmpv/symptoms-diagnosis.

40. Dr. Joseph Mercola, "Vaccine Debate-Kennedy Jr. vs Dershowitz," Mercola.com, August 22, 2020, https://articles.mercola.com/sites/articles/archive/2020/08/22/the-great-vaccine-debate.aspx.

41. Mercola, "Vaccine Debate."

42. Health and Human Services Department, "Declaration Under the Public Readiness and Emergency Preparedness Act for Medical Countermeasures Against COVID-19," *Federal Register*, March 17, 2020, https://www.federalregister.gov/documents/2020/03/17/2020-05484/declaration-under-the-public-readiness-and-emergency-preparedness-act-for-medical-countermeasures.

43. Jon Rappoport, "Exposed: There's a New Federal Court to Handle All the Expected COVID Vaccine Injury Claims," September 22, 2020, https://www.naturalblaze.com/2020/09/exposed-theres-a-new-federal-court-to-handle-all-the-expected-covid-vaccine-injury-claims.html.

44. Rappoport, "Exposed."

45. Justin Blackburn, PhD, "Infection Fatality Ratios for COVID-19 Among Noninstitutionalized Persons 12 and Older: Results of a Random-Sample Prevalence Study," *Annals of Internal Medicine*, January 2021, https://doi.org/10.7326/M20-5352.

46. Rancourt, "All-Cause Mortality During COVID-19"; Merritt, "SARS-CoV-2 and the Rise of Medical Technocracy."

47. Shiyi Cao et al., "Post-Lockdown SARS-CoV-2 Nucleic Acid Screening."

48. Khan Academy, "Adaptive Immunity," accessed January 22, 2021, https://www.khanacademy.org/test-prep/mcat/organ-systems/the-immune-system/a/adaptive-immunity.

49. Alba Grifoni et al., "Targets of T Cell Responses to SARS-CoV-2 Coronavirus in Humans with COVID-19 Disease and Unexposed Individuals," *Cell* 181, no. 7 (2020): 1489-1501.e15, https://doi.org/10.1016/j.cell.2020.05.015; Jason Douglas, "Before Catching Coronavirus, Some People's Immune Systems Are Already Primed to Fight It," *Wall Street Journal*, June 12, 2020 (archived), archive.is/b4UZq.

50. Annika Nelde et al., "SARS-CoV-2-Derived Peptides Define Heterologous and COVID19-Induced T Cell Recognition," *Nature Immunology* 22 (September 30, 2020): 74-85, https://www.nature.com/articles/s41590-020-00808-x.

51. Anchi Wu, "Interference Between Rhinovirus and Influenza A Virus: A Clinical Data Analysis and Experimental Infection Study," *Lancet Microbe* 1, no. 6 (September 4, 2020): e254-62, https://doi.org/10.1016/S2666-5247(20)30114-2; Brian B. Dunleavy, "Study: Common Cold May Help Prevent Flu, Perhaps COVID-19," UPI, September 4, 2020, https://www.upi.com/Health_News/2020/09/04/Study-Common-cold-may-help-prevent-flu-perhaps-COVID-19/7341599247443/.

52. Anchi Wu, "Interference Between Rhinovirus and Influenza A Virus"; Dunleavy, "Study: Common Cold May Help Prevent Flu."

53. Nina Le Bert et al., "SARS-CoV-2-Speciiic T Cell Immunity in Cases of COVID-19 and SARS, and Uninfected Controls," *Nature* 584, no. 7821 (2020): 457-62, https://doi.org/10.1038/s41586-020-2550-z; Beezy Marsh, "Can a Cold Give You Coronavirus Immunity? Some Forms of Common Respiratory Illness Might Help Build Protection from Covid-19... and It Could Last Up to 17 YEARS, Scientists Say," *Daily Mail*, June 11, 2020, https://www.dailymail.co.uk/news/article-8412807/Can-cold-coronavirus-immunity.html; Hannah C., "Some Forms of Common Cold May Give COVID-19 Immunity Lasting Up to 17 Years, New Research Suggests," June 12, 2020, https://www.sciencetimes.com/articles/26038/20200612/common-cold-give-covid-19-immunity-lasting-up-17-years.htm.

54. Takya Sekine et al., "Robust T Cell Immunity in Convalescent Individuals with Asymptomatic or Mild COVID-19," *Cell* 183, no. 1 (2020): 158-68.e14, https://doi.org/10.1016/j.cell.2020.08.017.

55. Sekine et al., "Robust T Cell Immunity in Convalescent Individuals."

56. Freddie Sayers, "Karl Friston: Up to 80% Not Even Susceptible to Covid-19," Unherd.com, June 4, 2020, https://unherd.com/2020/06/karl-friston-up-to-80-not-even-susceptible-to-covid-19/.

57. Apoorva Mandavilli, "What If 'Herd Immunity' Is Closer than Scientists Thought?," *New York Times*, August 17, 2020, https://www.nytimes.com/2020/08/17/health/coronavirus-herd-immunity.html.

58. Max Fisher, "*R₀*, the Messy Metric That May Soon Shape Our Lives, Explained," *New York Times*, April 23, 2020, https://www.nytimes.com/2020/04/23/world/europe/coronavirus-R0-explainer.html.

59. Fisher, "R0, the Messy Metric."

60. P. V. Brennan and L. P. Brennan, "Susceptibility-Adjusted Herd Immunity Threshold Model and Potential *R₀* Distribution Fitting the Observed Covid-19 Data in Stockholm," medRxiv preprint, May 22, 2020 (PDF), https://doi.org/10.1102/2020.05.19.20104596.

61. M. Gabriela M. Gomes et al., "Individual Variation in Susceptibility or Exposure to SARSCoV-2 Lowers the Herd Immunity Threshold (PDF)," medRxiv preprint, May

21, 2020, https://www.medrxiv.org/content/10.1101/2020.04.27.20081893v3.full.
pdf; J. B. Handley, "Second Wave? Not Even Close," *Off-Guardian*, July 7, 2020,
https://off-guardian.org/2020/07/07/second-wave-not-even-close/.

62. Andrew Bostom, "UPDATED—Educating Dr. Fauci on Herd Immunity and
Covid-19: Completing What Rand Paul Began," Andrewbostom.org, September
28, 2020, https://www.andrewbostom.org/2020/09/educating-dr-fauci-on-herd-
immunity-and-covid-19-completing-what-rand-paul-began/.

63. Shmuel Safra, Yaron Oz, and Ittai Rubinstein, "Heterogeneity and Superspreading
Effect on Herd Immunity," medRxiv preprint, September 10, 2020, https://doi.org/
10.1101/2020.09.06.20189290.

64. Ricardo Aguas et al., "Herd Immunity Thresholds for SARS-CoV-2 Estimated from
Unfolding Epidemics," medRxiv preprint, August 31, 2020, https://doi.org/10.1101
/2020.07.23.20160762.

65. Brennan and Brennan, "Susceptibility-Adjusted Herd Immunity Threshold Model."

66. Tom Britton, Frank Ball, and Pieter Trapman, "The Disease-Induced Herd Immunity
Level for Covid-19 Is Substantially Lower than the Classical Herd Immunity Level,"
Cornell University arXiv.org, May 6, 2020, https://arxiv.org/abs/2005.03085;
Tom Britton, Frank Ball, and Pieter Trapman, "A Mathematical Model Reveals
the Influence of Population Heterogeneity on Herd Immunity to SARS-CoV-2,"
Science 369, no. 6505 (August 14 2020): 846-49, https://science.sciencemag.org/
content/369/6505/846.long.

67. Haley E. Randolph and Luis B Barreiro, "Herd Immunity: Understanding
COVID-19," *Immunity* 52, no. 5 (May 19, 2020): 737-41, https://doi.org/10.1016/
j.immuni.2020.04.012.

68. Gomes et al., "Individual Variation in Susceptibility or Exposure to SARS-CoV-2."

69. Mandavilli, "What If 'Herd Immunity' Is Closer Than Scientists Thought?"

70. "Coronavirus Disease (COVID-19): Serology Q&A," World Health Organization,
June 9, 2020, https://web.archive.org/web/20201101161006/https:/www.who.int/
news-room/q-a-detail/coronavirus-disease-covid-19-serology.

71. "Coronavirus Disease (COVID-19): Herd Immunity, Lockdowns and COVID-19,"
World Health Organization, updated October 15 2020, https://web.archive.
org/web/20201223100930/https://www.who.int/emergencies/diseases/novel-
coronavirus-2019/question-and-answers-hub/q-a-detail/herd-immunity-lockdowns-
and-covid-19.

72. "Great Barrington Declaration."

73. World Economic Forum, "Common Trust Network," December 20, 2020, https://
www.weforum.org/platforms/covid-action-platform/projects/commonpass.

74. Rockefeller Foundation, "National COVID-19 Testing Action Plan-Strategic Steps to Reopen Our Workplaces and Our Communities," April 21, 2020 (PDF), https://www.rockefellerfoundation.org/wp-content/uploads/2020/04/TheRockefellerFoundation_WhitePaper_Covid19_4_22_2020.pdf.

75. Jillian Kramer, "COVID-19 Vaccines Could Become Mandatory. Here's How It Might Work," *National Geographic*, August 19, 2020, https://www.nationalgeographic.com/science/2020/08/how-coronavirus-covid-vaccine-mandate-would-actually-work-cvd/.

제9장

1. Van Hoof, "Lockdown Is the World's Biggest Psychological Experiment."

2. Arjun Walia, "Edward Snowden Says Governments Are Using COVID-19 to 'Monitor Us Like Never Before,'" Collective Evolution, April 15, 2020, https://www.collective-evolution.com/2020/04/15/edward-snowden-says-governments-are-using-covid-19-to-monitor-us-like-never-before/.

3. Carl Zimmer and Benedict Carey, "The U.K. Coronavirus Variant: What We Know," *New York Times*, December 21, 2020 (archived), https://archive.is/dMEdJ; Apoorva Mandavilli, "The Coronavirus Is Mutating. What Does That Mean for Us?" *New York Times*, December 20, 2020 (archived), https://archive.is/4zjFT.

4. Colin Fernandez, "Show Us the Evidence': Scientists Call for Clarity on Claim That New Covid-19 Variant Strain Is 70% More Contagious," *Daily Mail*, December 21, 2020, https://www.dailymail.co.uk/news/article-9073765/Scientists-call-clarity-claim-new-Covid-19-variant-strain-70-contagious.html.

5. Matt Ridley, "Lockdowns May Actually Prevent a Natural Weakening of This Disease," *Telegraph*, December 22, 2020 (archived), https://archive.is/d9otf.

6. Americans for Tax Fairness, "American Billionaires Rake in Another $1 Trillion Since Beginning of Pandemic," Children's Health Defense, December 14, 2020, https://childrenshealthdefense.org/defender/american-billionaires-another-1-trillion-since-pandemic/.

7. Nicholson Baker, "The Lab-Leak Hypothesis," *New York* magazine, January 4, 2021, https://nymag.com/intelligencer/article/coronavirus-lab-escape-theory.html.

8. "More Than One-Third of US Coronavirus Deaths Are Linked to Nursing Homes," *New York Times*, updated January 12, 2021, https://www.nytimes.com/interactive/2020/us/coronavirus-nursing-homes.html.

9. Merritt, "SARS-CoV-2 and the Rise of Medical Technocracy"; Rancourt. "All-Cause

Mortality During COVID-19"; Yanni Gu, "A Closer Look at US Deaths Due to COVID-19."

10. Arjun Walia, "Another Vatican Insider: COVID Is Being Used by 'Certain Forces' to Advance Their 'Evil Agenda,'" Collective Evolution, December 28, 2020, https://www.collective-evolution.com/2020/12/28/another-vatican-insider-covid-is-being-used-by-certain-forces-to-advance-their-evil-agenda/.

11. Dr. Jospeh Mercola, "Mind to Matter: How Your Brain Creates Material Reality," Mercola.com, January 17, 2021, https://articles.mercola.com/sites/articles/archive/2021/01/03/dawson-church-eco-meditation.aspx.

12. Lucy Fisher and Chris Smyth, "GCHQ in Cyberwar on Anti-Vaccine Propaganda," The Times, November 9, 2020, https://www.thetimes.co.uk/article/gchq-in-cyberwar-on-anti-vaccine-propaganda-mcjgjhmb2; George Allison, "GCHQ Tackling Russian Anti-Vaccine Disinformation-Report," U.K. Defence Journal, November 10, 2020, https://ukdefence journal.org.uk/gchq-tackling-russian-anti-vaccine-disinformation-report/; Nicky Harly, "U.K. Wages Cyber War Against Anti-Vaccine Propaganda Spread by Hostile States," National News, November 9, 2020, https://www.thenationalnews.com/world/uk-wages-cyber-war-against-anti-vaccine-propaganda-spread-by-hostile-states-1.1108527.

13. David Klooz, The COVID-19 Conundrum (self-pub., 2020), 71.

14. "Over 200 Scientists & Doctors Call for Increased Vitamin D Use to Combat COVID19," VitaminD4all.com, December 7, 2020, https://vitamind4all.org/letter.html.

15. "Over 200 Scientists & Doctors Call for Increased Vitamin D Use."

코로나 3년의 진실

초판 1쇄 발행 | 2022년 6월 21일

지은이 | 조지프 머콜라·로니 커민스
옮긴이 | 이원기
발행인 | 승영란
편집주간 | 김태정
마케팅 | 함송이
경영지원 | 이보혜
디자인 | 여상우
출력 | 블루엔
인쇄 | 다라니인쇄
제본 | 경문제책사
펴낸 곳 | 에디터
주소 | 서울특별시 마포구 만리재로 80 예담빌딩 6층
전화 | 02-753-2700, 2778 팩스 | 02-753-2779
출판등록 | 1991년 6월 18일 제313-1991-74호

값 18,000원
ISBN 978-89-6744-246-0 03300